유아교육기관 운영관리

유아교육기관 운영관리

ADMINISTRATION AND MANAGEMENT FOR EARLY CHILDHOOD PROGRAMS

김수향 · 이용주 · 이은진 · 김동환 공저

dm 동문사

머리말

우리나라 유아교육은 사회적·국가적 관심의 증대와 사회적 책무성에 대한 인식으로 많은 변화의 시대에 직면해 있다. 유아교육에 대한 국가적 차원의 노력으로 유아교육기관 공립화가 가속화되고 있다. 유치원 측면에서는 단설유치원이 증가하고 있으며 사립유치원의 경우에도 국가적 차원의 경제적 지원과 함께 시스템적인 관리가 강화되고 있다. 어린이집 측면에서도 지방자치단체 주도의 국공립어린이집 증가, 각 기업체 주도의 직장어린이집 증가, 민간어린이집에 대한 국가적 차원의 지원 및 관리가 강화되고 있다. 그만큼 사회적으로 유아교육에 대한 중요성이 강조되고 있고 이를 실현하기 위한 노력이 이루어지고 있다는 것을 의미한다.

또한 유아교육기관의 운영 형태나 유아교육기관 규모가 과거에 비해 다양화되었다. 이에 유아교육기관 구성원들에게 요구되는 업무도 다양화되고 있다. 과거 유아교육기관의 교사들은 교육과정을 잘 설계하고 학급을 잘 운영하는 것이 주된 업무였다면, 현재 유아교사들은 교육과정 설계자 및 일과계획 및 운영자로서의 역할뿐만 아니라 관계 기관들과의 업무추진을 위한 행정업무 및 관리자로서의 역할, 현장 연구자, 생활지도자, 유아 및 학부모 상담자 및 조언자 등의 역할을 수행해야 한다. 이뿐만 아니라 학부모, 동료 교사와의 원만한 관계 형성, 지역사회와의 연계를 위한 노력 등을 강화해 나가야 한다. 더 이상 유아교육기관은 유아교육기관만으로 존재하는 것이 아니라 다양한 관계자와 지역사회 여러 기관과의 협력 체제 속에서 함께 성장해 가는 기관이 되어야 할 것이다. 따라서 유아교사는 이러한 과업을 실현하는 데 필요한 직무능력을 갖추어야 할 것이며 그에 필요한 역할을 수행해 나가야 한다.

이러한 측면에서 『유아교육기관 운영관리』 책을 내면서 저자들은 현 시점에서 유아교육기관에 종사하는 구성원들이 유아교육기관 일원으로 직무를 수행하는 데 필요한 역할이 무엇인지에 대해 면밀히 검토하고 이를 기초로 각 장을 구성하고자 노력하였다.

이 책의 구성은 크게 세 부분으로 다음과 같이 이루어졌다.

1부는 유아교육기관 운영관리의 기초 이론으로 구성하였다. 세부적인 내용으로는 유아교육기관의 정의 및 유형, 개념 그리고 한국 유아교육정책의 이해를 돕기 위한 내용을 소개하였다.

2부에서는 유아교육기관의 운영관리에 관한 내용을 중점적으로 다루었다. 유아교육기관의 설립과정, 유아교육기관의 시설과 설비, 유아교육기관의 교재와 교구, 유아교육기관의 재정관리, 유아교육기관의 사무관리 그리고 유아교육기관의 평가로 구분하여 유아교육기관의 효율적 운영을 위한 이론과 실제적 방안들을 소개하였다.

3부에서는 유아교육기관의 인적관리에 관한 내용으로 구성하였다. 세부적인 내용으로 유아교육기관 인사관리, 유아교육기관의 조직풍토를 소개하였다.

4부에서는 학급 운영관리에 필요한 내용 중 중요한 부분을 제시하고자 노력하였다. 특히 이번 개정판에서는 최근 강조되고 있는 유아교육기관에서의 유아 인권에 관한 내용을 담고자 노력하였다. 유아 인권의 개념과 중요성, 유아 인권과 교육과정 및 유아 인권교육의 실제를 제시하여 현장의 유아교사들이 유아 인권에 관한 올바른 인식을 바탕으로 유아 인권교육을 실천할 수 있도록 안내하였다. 또한 이 부분을 유아교육기관 원아모집과 학급관리, 학급공간, 생활습관의 관리로 세분화하였다.

마지막으로 5부에서는 가정 및 지역사회 연계에 관한 내용으로 구성되었으며, 세부적으로 부모 및 지역사회와의 연계 그리고 유아교육기관의 행사를 소개하였다.

이 책이 유아교육을 전공하는 예비유아교사, 현장에 근무하는 현직 유아교사와 원장, 유아교육에 관심을 가진 사람들에게 도움이 되기를 기대한다.

2024년 2월 저자 일동

차 례

Part 03 • 유아교육기관의 인적관리

Part 04 • 학급 운영관리

Part 05 • 가정 및 지역사회 연계

Part 01

유아교육기관 운영관리의 기초

Chapter 01

유아교육기관의 정의 및 유형

01 유아교육기관의 정의 및 변화

일반적으로 유아교육은 6세 이전의 유아에게 1~2년 동안 교육시키는 형식적 교육 프로그램으로 인식되어 왔으며, 취학 전 교육, 학령 전 교육, 조기교육, 보육 등의 용어와 함께 여러 가지 명칭으로 모호하게 쓰여 왔다. 또한 현재 유아교육을 담당하고 교육시키는 시설 명칭도 다양하고 복잡하여 매우 혼란스러운 상태에 있다. 그러나 현대에 와서 유아교육의 개념은 0세부터 8세까지의 유아를 대상으로 한 교육으로 확장되었으며, 유아교육은 제도적·형식적인 교육기관과 가정에서 이루어지고 있다. 그러므로 유아교육기관은 유아교육의 목적을 달성하기 위한 형식적·비형식적인 교육활동이 이루어지는 곳이다(성영혜·이상희, 2004).

유아교육기관은 역사적·사회적 변천과정을 통해 크게 두 가지 방향으로 발전되어 왔다(이연섭, 1996). 첫째는 국가의 복지적 차원에서 세워진 기관으로, 1767년 오베르랑(Oberlin)에 의해 세워진 편물학교(Ecole a Tricoter), 1816년 오웬(Owen)의 유아학교(Infant School), 오늘날의 어린이집 등이며, 다른 하나는 학교교육의 일환으로 19세기 프뢰벨(Fröbel)의 세계 최초의 유치원(Kindergarten)에 효시를 두고 이후 오늘날까지 발전되어 온 각국의 공·사립유치원, 유아원 등이다.

최근에는 이 두 가지 유형을 통합해 보려는 시도가 이루어지고 있다. 즉, 복지적 측면과 교육적 측면을 통합하여 유아의 최적의 발달을 도모하고자 하는 보육(educare)의 개념이 등장하였다. 이는 현대사회 구조의 급격한 변화와 여성의 사회참여 증가로 유아교육기관이 가정의 기능을 대체해야 하기 때문에 그로 인해 '보육'의 필요성이 대두된 것이다. 그러므로 유아교육기관의 역할은 가정을 대체하고 보충하는 것에 1차적인 의미를 두어 왔으며, 현대사회에서 유아교육기관은 과거에 비해 보다 중요하고 복잡한 기능을 하는 기관으로 변해 가고 있다. 즉, 현대의 유아교육기관은 직접적으로 아동과 그 부모를 돕고 간접적으로 사회에 봉사하는 복합적 기관으로 변천해 가고 있다(성영혜·이상희, 2004).

따라서 사회 문화의 급속한 변화로 유비쿼터스[1] 시대의 유아교육의 과제와 방향 역시 달라지고 있다(김경중, 2013).

첫째, 다양한 학문의 통섭을 통한 유아교육의 이론적 배경의 변화 및 유·보 통합

유비쿼터스 시대는 지금보다 다양한 학문영역들이 유아교육과 통합·융합되고 통섭될 것이다. 즉, 현재 유아교육의 이론적 기초는 철학적·심리학적·사회문화적 기초로 거의 일반화되고 있는 기초수준을 넘어 깊은 통찰과 뇌 과학에 대한 관심, 자연과학의 영역까지 유아교육과보다 더 깊고 다양한 모습으로 통합되고 융합되며, 통섭될 것이다.

그 다음으로 유아교육과 보육의 통합과 통섭을 통해 우선적으로 학문적 통섭의 방향을 먼저 도출하고, 유치원 단체와 보육인 단체 간의 통섭도 이끌어내야 한다. 이러한 통합을 위해 본질과 원리에 관한 보다 많은 연구의 노력이 있어야 한다.

둘째, GNR혁명과 유아교육 현장의 변화

유전학(Genetics), 나노공학(Nanotechnology), 로봇공학(Robotics)의 발달은 인류 미래를 혁신적으로 변화시킬 것이다. 따라서 유아교육의 현장 역시 변화가 요

---

1) 마크 와이저(Mark Weiser, 1988)가 처음으로 제창.
유비쿼터스(Ubiquitous): 사용자가 네트워크나 컴퓨터를 의식하지 않고 장소에 상관없이 자유롭게 네트워크에 접속할 수 있는 정보통신 환경. 유비쿼터스가 되면 네트워크의 가상공간뿐만 아니라 실제 물질적 공간 자체가 훨씬 중요해져서, 정보통신 기술이 사회 전면적으로 발달해 언제 어디서나 원할 때 네트워킹할 수 있는 하부 구조가 깔린 세계로 이런 하드웨어를 기반으로 해서 실제와 가상 사이에 다양한 문화적 관계를 형성한다(김경중, 2013).

구된다. 즉, 뉴미디어 시대에 교수-학습방법의 혁신적 변화를 불러올 것이다. 그러므로 유아교사들은 이러한 미디어의 사용방법과 메커니즘에 대한 관심과 연구가 더 많이 필요하게 될 것이다.

셋째, GNR혁명과 사회문화적 측면에서 확대

GNR혁명의 파급효과는 한 민족과 지역 국가의 영역을 넘어서 다양한 분야로 확대될 것이다. 특히 사회문화적 측면에서의 영향은 또 다른 의미의 새로운 변화들을 연쇄적으로 몰고 오게 될 것이다. 한국 민족의 특성으로 늘 내세우던 단일민족, 순혈주의, 지역주의 전통은 사라지고 다문화 글로벌사회가 보편화될 것이다. 그러므로 다양한 민족과 문화를 창조적인 시각으로 수용하여 글로벌사회에서 뛰어난 핵심 역량을 키워 가기 위해서 유아교육이 그 핵심적 역할을 맡게 될 것이다.

넷째, 풍부속의 빈곤: 창의성과 인성의 필요성 증대

유비쿼터스 시대는 단순한 지식의 전달과 습득보다는 활용과 방법 그리고 창의성과 함께 올바른 인성이 생존과 성패, 삶의 질을 결정하는 핵심적인 덕목으로 그 가치가 갈수록 강조될 것이다. 따라서 유아교육에서 창의성과 인성 개발을 위한 혁신적인 다양한 시도와 노력이 필요하다.

다섯째, 자연환경 기후에 대한 관심과 자연에서의 생활과 체험활동

현대 유아들은 놀이공간도 바깥에서 안으로, 흙에서 콘크리트 건물 속으로 밀려나게 되었으며, 장난감은 흙, 모래, 돌멩이 등의 자연물이 아닌 공장에서 만든 인공물인 장난감이 대부분이다. 이러한 스트레스와 매스미디어의 중독, 제한된 놀이공간과 놀잇감 등은 유아들에게 정신적 불안과 주의력 결핍, 과잉 행동 장애, 컴퓨터 중독, 소아우울증 등과 같은 정신적 질환을 증가시키는 추세로 만들고 있다. 이러한 잘못된 방향으로 흘러가고 있는 우리나라 유아교육의 현실과 급격한 사회 변화로 자연, 놀이, 아이다움을 잃어 가고 있는 현실 속에서 이제는 유아교육이 자연친화적인 방향으로 전환되어야 할 것이다(마경희, 1999).

이상에서 살펴본 바와 같이 유아교육기관은 현대에 와서 그 기능과 역할이 복잡해지고 그 중요성이 대두되고 있으며, 프로그램의 종류도 다양해지고 있다. 그러므로 유아교육기관은 사회적 국가의 필요불가결한 기관이 되었으며, 미

래사회에 중요한 영향을 미치는 기관으로서 그 중요성이 더욱더 강화되고 있다.

02 유아교육기관의 유형

1) 유아교육기관의 체제

유아교육기관은 유아의 발달 특성상 보육과 교육의 기능을 통합해야 하므로 그 두 가지 기능을 함께 수행해 왔다. 따라서 이러한 특성으로 인해 유아교육기관은 두 가지 체제로 발달해 왔다. 즉, 유아교육기관은 보육과 교육이 일원화된 체제와 분리된 이원화 체제로 나눌 수 있다(이영자, 1993). 먼저 일원화 체제에서는 유아를 위한 교육은 보호와 교육의 기능이 따로 분리될 수 없음을 인정하여 보호와 교육의 기능이 통합되어 하나의 행정체제로 관할되는 것을 의미한다. 일원화 체제 모형을 취하는 국가로는 영국, 스웨덴, 서독, 구소련, 북한 등이 있다.

이원화 체제란 유아의 보육 기능을 강조하는 보건복지부(보건성 또는 후생성) 관할의 어린이집과 유아의 교육 기능을 강조하는 교육부(문부성 또는 교육성) 관할의 유치원으로 이원화된 체제를 말한다. 이원화 체제 모형을 따르는 국가로는 한국, 일본 등이 있다. 이원화 체제의 또 다른 형태로는 유아의 연령에 따라 3세 미만은 보건복지부에서 관할하고 취학 전 연령까지의 유아들은 교육부에서 관할하는 국가들도 있다. 이 체제를 취하는 국가로는 중국, 프랑스 등이 있다.

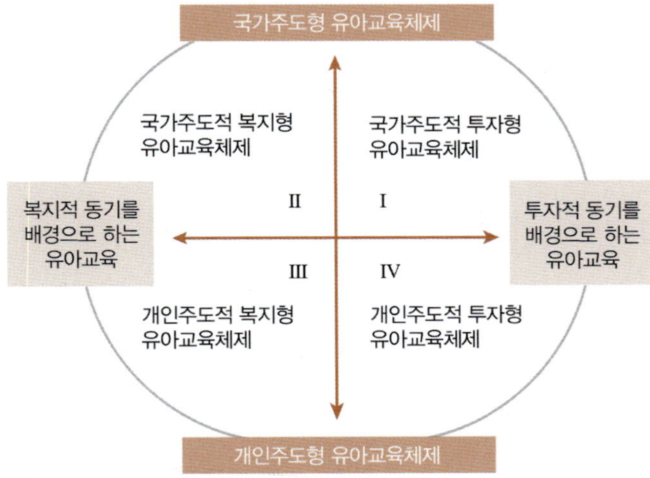

그림 1-1 국가의 역할 관계로 본 유아교육체제 유형

출처: 이일주(1999). 한국 유아교육 일원화체제 모형 탐색. 동국대학교 대학원 박사학위논문, p. 48.

OECD 국가들의 유아교육기관 체제 유형을 정리하면 **표 1-1**과 같다.

표 1-1 OECD 국가들의 유아교육체제 유형

형별	국가	정책 결정	관할 부처	대상 연령	담당 기관	주된 취원 대상	취원율	재정 부담
일원통합 체제 (4)	호주	주/지방	복지부	3~6	학교	근로자 자녀	80%	주·지방정부 및 부모
				0~3	센터		3%	
	뉴질랜드	국가	교육부	3~5		보편적 (4~5)		국가
				0~3		특수아, 저소득층 근로자 자녀		국가
	스페인	주/지방	교육부	0~6	학교	보편적 (3~6)	3~6: 84% 0~3: 5%	정부(무상)
				3세 미만	센터			정부, 부모(소득 고려, 최대 20%)
	스웨덴	국가와 지방	교육부	0~6	센터	보편적, 근로자 자녀, 특수아	3~6: 84% 1~3: 48%	국가, 지방정부, 부모(소득 고려 약 13%)

형별	국가	정책 결정	관할 부처	대상 연령	담당 기관	주된 취원 대상	취원율	재정 부담
연령구분 체제 (5)	벨기에	주정부	교육부	2, 5~6	학교	보편적	97%	정부(무상)
			복지부	3세 미만	센터	근로자, 특수아, 저소득층	30%	정부, 고용주, 부모(소득 고려)
	캐나다	주정부	교육부	5~6	학교	보편적	50%	정부(무상)
			복지부	5세 미만	센터, 가정보육시설	특수아, 저소득층 근로자	45%	주로 부모 부담
	프랑스	국가/지방정부	교육부	2~6	학교	보편적	3~6: 99%	정부(무상)
			보건/복지부	3월 ~3	학교, 센터, 가정보육시설	근로자, 특수아	2~3: 35% 0~3: 29%	지방, 부모(소득 고려, 최대 25%)
	독일	주정부	교육부	3~6	학교	보편적	85%	주, 지방정부, 부모(소득 고려 최대 20%)
			복지부	3세 미만	센터	특수아, 저소득층 근로자 자녀	서부: 5% 동부: 50%	
	이태리	국가/지방정부	교육부	3~6	학교	보편적	95%	국가(무상)
			보건/복지부	3세 미만	센터	근로자 자녀	6%	지방, 부모(소득 고려, 최대 20%
이원병행 체제 (4)	덴마크	국가/지방정부	교육부	5~7	학교	보편적	100%	정부
			복지부	6월 ~6	센터, 가정보육시설 (3세 미만)	근로자 자녀	3~6: 83% 0~3: 58%	지방정부, 부모(소득 고려, 최대 30%)
	핀란드	국가/지방정부	교육부	6세	센터, 가정보육시설 (3세 미만)	보편적	3~6: 73% 1~3: 48%	중앙정부, 지방정부, 부모(소득 고려)
			복지부	1~7		보편적 (근로자 자녀 우선)		
	영국	국가/지방정부	교육부	3~4	학교		60%	정부(무상)
			복지부	0~4	센터, 가정보육시설	특수아, 저소득층		무상 또는 소득 고려
	미국	국가/지방정부	교육부	5세	학교	보편적	95%	주와 지방정부
			교육부와 복지부	0~4	학교, 센터	특수아, 저소득층 근로자 자녀	0~3: 26%	국가/주/지방 정부, 부모 (최대 76%)

자료: 이일주(1999). 한국 유아교육 일원화체제 모형 탐색. 동국대학교 대학원 박사학위논문, pp 187-188(S. B. Kamerman(1998). OECD 국가들의 유아교육 관리체제를 유아교육체제 유형별로 재정리한 것을 발췌함).

2) 유아교육기관의 유형

유아교육기관은 설립목적, 교육목표, 설립기관의 특성, 유아의 연령, 수준 등에 따라 여러 가지 유형으로 나눌 수 있다. 우리나라의 유아교육기관의 유형은 크게 교육부에서 관할하는 유치원과 보건복지부에서 관할하는 어린이집으로 나눌 수 있다. 이 두 가지 유형은 후원체제에 따라 유치원은 공립유치원 / 사립유치원으로, 어린이집은 국공립어린이집 / 민간어린이집 / 직장어린이집 / 가정어린이집으로 분류된다. 우리나라의 유아교육기관을 대표하는 유치원과 어린이집에 대해 구체적으로 살펴보면 다음과 같다.

(1) 유치원

유치원은 만 3세부터 취학 전 시기까지 유아들을 교육하고 유아에게 알맞은 교육환경을 제공하여 심신의 조화로운 발달을 조장하는 것을 목적으로 하는 학교기관이다. 유아교육법에서 유치원은 유아의 교육을 위하여 유아교육법에 따라 설립·운영되는 학교를 말한다. 유치원은 국립유치원, 공립유치원, 사립유치원으로 구분된다.

국립유치원은 국가가 설립·경영하는 유치원을 말한다. 공립유치원은 지방자치단체가 설립·경영하는 유치원으로서 설립주체에 따라 시·도립유치원으로 구분할 수 있다. 유치원은 초·중등교육법 제2조의 규정에 따라 초등학교, 중학교 및 고등학교에 병설할 수 있는데, 많은 공립유치원이 대부분 초등학교에 병설되어 운영되고 있다.

사립유치원은 법인 또는 개인이 설립·경영하는 유치원을 말한다. 학교법인인 경우 유치원은 초등학교, 중·고등학교, 대학에 병설하거나 부속기관으로 설립할 수 있다.

외국인유치원은 국내에 체류 중인 외국인의 자녀에 대한 교육을 위하여 설립된 유치원이다. 외국인유치원은 국내의 다른 유치원에 적용되는 입학연령, 유치원 생활기록부 작성·관리, 건강검진 및 급식사항, 교육과정 운영에 대한 장학지도, 유치원 운영실태 평가와 평가결과 공개, 교원의 자격, 무상교육 등에 관한 규정이 적용되지 않는다(강문희 외, 2006).

(2) 어린이집

① 어린이집 유형

어린이집은 취업모의 자녀를 주로 대상으로 하여 장시간 운영하는 기관이다. 즉, 영유아를 위한 보육시설은 부모의 육아 기능을 지원하여 영유아의 전인적인 성장과 발달을 이끌어 주는 유아교육기관을 의미한다.

어린이집의 입학대상은 0~6세 미만의 취학 전 영유아를 원칙으로 하되 시·군·구 보육위원회의 의결을 거쳐 12세까지 연장할 수 있다. 또한 어린이집의 연간 보육시간은 공휴일을 제외하고 연중 계속 운영해야 하며, 하루 보육시간은 12시간 이상 운영함을 원칙으로 하되 보호자의 근로시간을 참작하여 조정할 수 있다(성영혜·이상희, 2004).

어린이집은 크게 국공립어린이집, 법인 및 민간어린이집, 가정어린이집, 직장어린이집, 부모협동어린이집으로 구분할 수 있다. 어린이집은 부모의 보호를 받지 못하는 영유아의 건강·영양·교육의 욕구를 충족시키기 위한 보호와 교육의 포괄적 서비스를 제공하는 것을 목적으로 하는 기관이다.

국공립어린이집은 국가와 지방단체가 설치·운영(위탁운영 포함)하는 기관으로서 지역주민 자녀를 보육아동 정원의 50% 이상 보육하는 어린이집을 말한다. 국공립기관의 직원 자녀를 위주로 보육하는 어린이집은 직장어린이집으로 분류한다. 영유아 11인 이상을 보육하여야 하며 명칭은 '어린이집'으로 하여야 한다.

법인어린이집은 사회복지법에 의해 사회복지법인이 설치·운영하는 기관을 말한다. 민간어린이집은 사회복지법인이 아닌 법인, 단체 또는 개인이 설치하여 운영하는 기관으로서 직장어린이집이나 가정어린이집이 아닌 기관을 말한다. 법인 및 민간어린이집은 영유아 21인 이상을 보육하여야 하며, 명칭은 '어린이집'으로 하여야 한다.

가정어린이집은 개인이 가정 또는 그에 준하는 곳에 설치하여 운영하는 시설을 말한다. 영유아 5인 이상 20인 이하를 보육하여야 한다.

직장어린이집은 사업주가 사업장의 근로자를 위하여 단독 또는 공동으로 사업장 안이나 그에 준하는 인근지역과 사원주택 등 사업장 근로자의 밀집 주거

지역에 설치하여 운영하는 기관을 말한다. 보육정원 아동의 1/3 이상이 동일한 사업장 근로자의 자녀이어야 한다. 기업이 주거지역에서 지역주민의 자녀를 대상으로 설치·운영하는 어린이집은 민간어린이집으로 분류하여야 한다. 상시 영유아 5인 이상을 보육하여야 하며 명칭은 '어린이집'으로 하여야 한다(강문희 외, 2006).

② 공공형 어린이집

정부는 우수한 민간어린이집을 대상으로 보육서비스 품질을 보다 높이면서 공공성을 강화하여 '믿고 맡길 수 있는' 공공보육 인프라로 기능할 수 있는 새로운 어린이집 운영 모형을 창출하기 위하여 2011년 7월 1일부터 공공형 어린이집 시범사업을 시행하였다(김윤행, 2013).

공공형 어린이집은 우수한 민간, 가정, 법인, 단체 등 어린이집이 안정적인 운영과 품질관리를 위한 운영비를 지원하여 양질의 보육을 제공하고 공공보육 인프라로서 기능하는 새로운 유형의 어린이집이다(보건복지부, 2012).

■ 공공형 어린이집 선정 및 재선정 기준

공공형 어린이집 선정 및 재선정 기준을 보건복지부 2018년 공공형 어린이집 업무매뉴얼을 중심으로 제시하면 다음과 같다.

2018년 공공형 어린이집 선정 및 재선정 기준 변경 개요

▣ 신규 선정 기준

1. 평가인증 결과(참여 기본요건) 적용기준 변경

- 선정 시점에서 유효한 평가인증 결과 등급 또는 점수가 제3차 평가인증 통합지표인 경우 A등급, 2차·3차 지표 시범사업인 경우 90.00점 이상인 어린이집

▣ 재선정 기준

1. 신규 선정 기준 수준으로 재선정 기준 강화

- 방향: 그간의 재선정 기준을 유지하면서, '17년 신규 선정 기준을 추가 적용
- 기준: 필수항목(기존 재선정 기준) + 운영항목('17년 신규 선정 기준)
- 통과기준: 필수항목(10항목, 20점)은 충족여부로, 운영항목(10항목, 80점)은 항목별 배점 합산으로 산정, 총점 72.0점 이상일 경우 통과

  *필수항목은 모두 충족시켜야 하며, 일부 필수 및 운영항목에 대해서는 이행계획서 검토 후 조건부 통과 가능

2. 재선정 세부 선정 기준

1) 필수항목(10개, 20점)

*10항목 중 1항목이라도 미준수 시(조건부 해당 제외) 재선정 미통과

항목	신규선정	재선정	비고
평가인증 결과(등급 및 점수)	기본요건	A등급 90점 이상	B~D등급 조건부 통과(연내 신청)
정원충족률	기본요건	지역별 기준 준수	조건부 통과(3개월 내 준수)
행정처분·처벌	제외대상	준수여부	
원장 및 대표자 1인 1시설	제외대상	준수여부	
월 임대료 및 융자금 상환액 비율	제외대상	준수여부	조건부 통과(3개월 내 준수)
보육교직원 보수교육 이수	제외대상	준수여부	조건부 통과(연내 이수)
누리과정 보조교사 채용	제외대상	준수여부	
보육료 추가 수납 금지	운영기준	준수여부	
어린이집 정보공시 여부	제외대상	준수여부	
어린이집 설치기준 충족	제외대상	준수여부	

2) 운영항목(10개, 80점)

*항목별 배점 합산으로 산정

항목	신규선정	재선정	비고
건물소유형태	20점 – 급간별 배점	제외 – 필수항목 20점으로 대체	
최근 3년간 대표자 변경	3점	3점	
대표자 및 원장 동일인	5점	5점	
열린어린이집 지정	지정 주체에 따라 급간 배점 – 우수형 10점 – 지방자치단체형 5점	지정 주체 구분 없이 10점 배점	조건부 통과 ('19년 말까지)
맞벌이 자녀 재원율	5점	5점	
1급 보육교사 비율	20점 – 급간별 배점	20점 – 급간별 배점	
영유아 관련학과 전문학사 보육교사 비율	4점	4점	
원장의 전문성 – 원장의 영유아 관련학과 학사학위 및 보육교사 경력 3년 이상 – 원장 재직경력 7년 이상	6점 – 3점 – 3점	6점 – 3점 – 3점	
담임 보육교사 급여 지급 수준	최대 15점 – 1호봉 이상일 경우 15점	경력에 따른 차등 지급 인정 – 차등 지급일 경우 15점 – 1호봉만 지급할 경우 10점	운영기준이므로 기준 상이
현 어린이집 3년 이상 근속 교사 비율	5점	5점	
지역별 자율평가	최대 7점	최대 7점	

출처: 보건복지부(2018). 2018년 공공형 어린이집 업무매뉴얼. pp. 6–7.

■ **취소 기준**

(기준 추가) 입소 우선순위를 준수하지 않았거나, 학부모 및 관할 지자체 요청에도 시간연장, 장애아통합보육, 휴일보육, 시간제 보육 등 취약보육 실시를 2회 이상 거부한 경우(지정기관만 해당)

■ 2023년 지정 및 운영기준 개정사항

2023년 공공형 어린이집 지정 및 운영기준 개정사항을 2023년 공공형 어린이집 업무매뉴얼을 중심으로 살펴보면 다음과 같다(보건복지부와 한국보육진흥원, 2023).

2023년 지정 및 운영기준 개정사항

❑ 추진 방향

- (방향) 지방이양 취지에 맞게 지자체 자율성을 확대함과 더불어, 우수한 민간 보육 인프라로 기능할 수 있도록 품질관리를 강화하고, 우수사례 확산 도모
- (지정·운영기준) 참여 기본요건 및 지역별 자율평가로 구성
  - 지역별 자율평가의 경우 지역주민의 보육수요, 보육특수시책 등을 고려하여 탄력적 운용 가능

❑ 주요 개정내용

- 자치단체 전환 사업 취지에 맞게 중앙은 공공형 어린이집 운영 매뉴얼을 '가이드라인'으로 제시하고, 지역 특성에 따라 활용하도록 안내
- 지정요건(필수, 지정 제외) 확대
  가. (지정) 항목 확대 (8항목 → 9항목)
  나. (재지정) 항목 확대 (8항목, 20점 → 9항목, 20점)
- 배점항목 개선(공통기준을 삭제하고, 지역별 자율평가로 통합)
  가. 공통기준
    - (지정) 8항목, 67점 → 지역별 자율평가로 이동
    - (재지정) 7항목, 49점 → 지역별 자율평가로 이동
  나. 지역별 자율평가
    - (지정) 9항목, 33점 → 16항목, 100점
    - (재지정) 9항목, 31점 → 14항목, 80점
    ※ 지자체 특성에 따라 항목 선택 및 배점 조정 가능하며, 지자체 고유의 평가항목 신설 가능

❑ 공공형 어린이집 지정

구분	현행	개선
지정 요건, 지정 제외	〈8항목〉	〈9항목〉
	■ 평가 최상위등급(법령) ■ 영유아보육법 및 지침 준수 운영 ■ 행정처분·처벌 여부(확인기간 ±2년 가감 가능) ■ 공공형 취소·매도 이력	■ 평가 최상위등급(법령) ■ 영유아보육법 및 지침 준수 운영 ■ 행정처분·처벌 여부(확인기간 ±2년 가감 가능) ■ 공공형 취소·매도 이력

구분	현행	개선
	■ 대표자 및 원장의 1인 1시설 운영 ■ 월 임대료·융자금 상환액이 월 보육료 수입의 5% 미만(+5% 가능) ■ 어린이집 정보공시 ■ 어린이집 설치기준 준수(법령) – 놀이터, 비상재해대비시설, CCTV, 영상정보 열람 기준	■ 대표자 및 원장의 1인 1시설 운영 ■ 월 임대료·융자금 상환액이 월 보육료 수입의 5% 미만(+5% 가능) ■ 어린이집 정보공시 ■ 어린이집 설치기준 준수(법령) – 놀이터, 비상재해대비시설, CCTV, 영상정보 열람 기준 ■ 누리 보조교사 최소 기준 이상 채용여부(공통 기준에서 이동)
공통 기준	〈8항목, 67점〉	〈0항목, 0점〉
	■ 건물 소유형태(15점) ■ 정원충족률(17점) ■ 대표자·원장 동일인 여부(5점) ■ 연장반 운영·전담교사 채용 여부(3점) ■ 누리과정 보조교사 최소 기준 이상 채용(3점) ■ 담임 보육교사 급여지급 수준(15점) ■ 원장, 보육교직원 보수교육 이수(4점) ■ 현 어린이집 근속 보육교사(5점)	■ (지역별 자율평가 항목으로 이동) ■ (지역별 자율평가 항목으로 이동) ■ (지역별 자율평가 항목으로 이동) ■ (지역별 자율평가 항목으로 이동) ■ (참여기본요건으로 이동) ■ (지역별 자율평가 항목으로 이동) ■ (지역별 자율평가 항목으로 이동) ■ (지역별 자율평가 항목으로 이동)
지역별 자율 평가	〈9항목, 33점〉	〈16항목, 100점〉
	■ 취약보육 서비스 운영 여부(1점) ■ 시간제보육 서비스 운영 여부(1점) ■ 최근 3년간 대표자 변경(3점) ■ 열린어린이집 지정(5점) ■ 최근 6개월 급·간식비 지출(2점) ■ 1급 보육교사 비율(10점) ■ 영유아 관련학과 전문학사 교사(4점) ■ 원장의 전문성(학사학위, 경력 등)(6점) ■ 기타 지역별 자율평가 항목(1점)	■ 취약보육 서비스 운영 여부(2점) ■ 시간제보육 서비스 운영 여부(1점) ■ 최근 3년간 대표자 변경(3점) ■ 열린어린이집 지정(5점) ■ 최근 6개월 급·간식비 지출(4점) ■ 1급 보육교사 비율(10점) ■ 영유아 관련학과 전문학사 보육교사(4점) ■ 원장의 전문성(학사학위, 경력 등)(6점) ■ 시도별 신규지표 발굴 적용(1점) ■ 건물 소유형태(공통기준에서 이동)(15점) ■ 대표자·원장 동일인 여부(공통기준에서 이동)(5점) ■ 정원충족률(공통기준에서 이동)(17점) ■ 연장반 운영·전담교사 채용 여부(공통기준에서 이동)(3점) ■ 원장, 보육교직원 보수교육 이수(공통기준에서 이동)(4점) ■ 담임 보육교사 급여지급 수준(공통기준에서 이동)(15점) ■ 현 어린이집 근속 보육교사(공통기준에서 이동)(5점)

❑ 공공형 어린이집 재지정

구분	현행	개선
필수 항목	〈8항목, 20점〉	〈9항목, 20점〉
	■ 평가 최상위등급(법령) ■ 행정처분·처벌 여부 ■ 대표자 및 원장의 1인 1시설 운영 ■ 월 임대료·융자금 상환액이 월 보육료 수입의 10% 미만 ■ 보육료 추가수납 금지 ■ 어린이집 정보공시 ■ 어린이집 설치기준 준수(법령) – 놀이터, 비상재해대비시설, CCTV, 영상정보 열람 기준 ■ 열린어린이집 운영	■ 평가 최상위등급(법령) ■ 행정처분·처벌 여부 ■ 대표자 및 원장의 1인 1시설 운영 ■ 월 임대료·융자금 상환액이 월 보육료 수입의 10% 미만 ■ 부모부담보육료(차액보육료) 수납금지 ※ 부모로부터 추가 보육료 수납금지를 의미, 단 지자체에서 부모부담보육료를 지원하는 경우 공공형 어린이집도 지원대상으로 포함 가능 ■ 어린이집 정보공시 ■ 어린이집 설치기준 준수(법령) – 놀이터, 비상재해대비시설, CCTV, 영상정보 열람 기준 ■ 열린어린이집 운영 ■ 누리과정 보조교사 최소 기준 이상 채용 여부(공통기준에서 이동)
공통 기준	〈7항목, 49점〉	〈0항목, 0점〉
	■ 정원충족률(14점) ■ 대표자·원장 동일인 여부(5점) ■ 연장반 운영·전담교사 채용 여부(3점) ■ 누리 보조교사 최소 기준 이상 채용(3점) ■ 담임 보육교사 급여지급 수준(15점) ■ 원장, 보육교직원 보수교육 이수(4점) ■ 현 어린이집 근속 보육교사(5점)	■ (지역별 자율평가 항목으로 이동) ■ (지역별 자율평가 항목으로 이동) ■ (지역별 자율평가 항목으로 이동) ■ (참여기본요건으로 이동) ■ (지역별 자율평가 항목으로 이동) ■ (지역별 자율평가 항목으로 이동) ■ (지역별 자율평가 항목으로 이동)
지역별 자율 평가	〈9항목, 31점〉	〈14항목, 80점〉
	■ 취약보육 서비스 운영 여부(1점) ■ 시간제보육 서비스 운영 여부(1점) ■ 최근 3년간 대표자 변경(3점) ■ 품질관리 사업 희망 참여(3점) ■ 최근 6개월 급·간식비 지출(2점) ■ 1급 보육교사 비율(10점) ■ 영유아 관련학과 전문학사 교사(4점) ■ 원장의 전문성(학사학위, 경력 등)(6점) ■ 기타 지역별 자율평가 항목(1점)	■ 취약보육 서비스 운영 여부(2점) ■ 시간제보육 서비스 운영 여부(1점) ■ (항목 삭제) ■ 품질관리 사업 희망 참여(5점) ■ 최근 6개월 급·간식비 지출(4점) ■ 1급 보육교사 비율(10점) ■ 영유아 관련학과 전문학사 교사(4점) ■ 원장의 전문성(학사학위, 경력 등)(6점) ■ 시도별 신규 지표 발굴 적용(2점) ■ 대표자·원장 동일인 여부(공통기준에서 이동)(5점) ■ 정원충족률(공통기준에서 이동)(14점)

구분	현행	개선
		▪ 연장반 운영·전담교사 채용 여부(공통기준에서 이동)(3점) ▪ 원장, 보육교직원 보수교육 이수(공통기준에서 이동)(4점) ▪ 담임 보육교사 급여지급 수준(공통기준에서 이동)(15점) ▪ 현 어린이집 근속 보육교사(공통기준에서 이동)(5점)

❑ 공공형 어린이집 운영기준

구분	현행	개선
공통 운영 기준	▪ 지정기간 동안 평가 최상위등급 유지 ▪ 부모부담보육료(차액보육료) 수납금지 ▪ 필요경비 지자체별 수납한도액 준수 ▪ 보육교사 월 급여 ≥ 국공립 1호봉 ▪ 열린어린이집 필수 운영 ▪ 어린이집 설치기준 등 규정 준수(법령) ▪ 표준보육과정 기반 연령별 보육프로그램 운영 ▪ 안전공제회 의무가입 ▪ 공공형 어린이집 품질관리 의무참여 ▪ 정보공시 현행화 ▪ 공공형 어린이집 지정기준(건물소유형태 등) 준수 ▪ 반기별로 지자체에 사업실적 제출	▪ 지정기간 동안 평가 최상위등급 유지 ▪ 부모부담보육료(차액보육료) 수납금지 ※ 부모로부터 추가 보육료 수납 금지를 의미, 단 지자체에서 부모부담보육료를 지원하는 경우 공공형 어린이집도 지원 대상으로 포함 가능 ▪ 필요경비 지자체별 수납한도액 준수 ▪ 보육교사 월 급여 ≥ 국공립 1호봉 ▪ 열린어린이집 필수 운영 ▪ 어린이집 설치기준 등 규정 준수(법령) ▪ 표준보육과정 기반 연령별 보육프로그램 운영 ▪ 안전공제회 의무가입 ▪ 공공형 어린이집 품질관리 의무참여 ▪ 정보공시 현행화 ▪ 공공형 어린이집 지정기준(건물소유형태 등) 준수 ▪ 반기별로 지자체에 사업실적 제출
시도별 운영 기준	▪ 취약계층 우선보육·입소우선권 ▪ 공공형 어린이집 운영시간 ▪ 운영현황 조사 협조 ※ 시·도에서는 표준 운영기준을 참고하여 지역별 운영기준 마련 가능	▪ 취약계층 우선보육·입소우선권 ▪ 공공형 어린이집 운영시간 ▪ 운영현황 조사 협조 ※ 시·도에서는 표준 운영기준을 참고하여 지역별 운영기준 마련 가능

연구문제

01 유아교육기관의 정의 및 변화를 설명하시오.

02 유치원과 어린이집을 비교 설명하시오.

Chapter 02

유아교육기관 운영관리의 개념

01 운영관리의 개념 및 필요성

유아교육기관의 주목적은 유아에게 양질의 교육과 보호의 서비스를 제공하여 유아가 전인적인 성장을 이룰 수 있도록 하는 교육활동이며, 이러한 교육활동은 유아교육기관의 제반 여건들이 적절하게 구비되고 원활하게 움직일 때 그 효과를 극대화시킬 수 있다. 즉, 유아교육기관의 주목적인 교육활동의 효율성을 극대화하기 위해서는 무엇보다도 유아교육기관의 운영이 잘 이루어져야 할 것이다.

이러한 운영관리의 개념은 학자들마다 운영관리의 내용 중 어디에 강조점을 두는가에 따라 다소 차이가 있다. 임재택(2001)은 운영관리란 기관의 목적을 달성하기 위하여 사람, 돈, 공간, 시간 등을 효율적으로 계획하고, 조직하고, 실행하고, 평가하는 일련의 과정으로 정의하였다. 김옥련(1993)은 시설의 목적과 목표를 효과적으로 달성하기 위한 인적, 물적, 재정적 및 운영방법적 조건을 정비하고 운용하는 일이라고 규정하였다. 즉, 운영관리란 어떤 기관의 목적이나 목표의 효과적 달성을 위하여 그 기관에 소속된 사람, 시설, 환경 및 돈을 합리적이고 체계적인 방법으로 운용하는 것이다. Decker와 Decker(2001)는 운영관리란 기관의 목적을 달성하기 위해 주어진 인적, 물적 자원을 동원하여 최대한 효율적으로 기관 운영과 관련된 모든 것을 계획, 조직, 실행, 평가하고 재검토하는 일련의 과정이라고 정의하였다. 이처럼 운영관리란 조직체의 목적, 목표를 능률적이고 효과적으로 달성하도록 그 업무와 활동을 계획, 조직, 지시, 조정하고 평가하는 과정을 의미한다.

유아교육기관의 운영관리는 유아교육기관의 주된 목적인 교육을 실현하기 위해 필요한 여러 가지 인적, 물적인 제반 여건을 정비하여 유아교육기관의 목적을 최대한으로 실현할 수 있도록 지원해 주는 것이다. 즉, 유아교육기관의 운영관리란 인적, 물적, 재정적 조건을 갖추고 교육의 목적, 목표를 달성하도록 인사, 시설, 재정, 교육과정, 학급, 기타 필요한 업무를 계획하고 실시하며 평가하는 과정을 말한다(이대균·송정원, 2004). 이러한 유아교육기관에서의 운영관리는 유아교육기관의 목적 실현을 위한 수단이며 운영관리가 유아교육기관의 주목적이 되어서는 안 된다. 예를 들어, 유아교육기관에서 부모참여활동의 목적은 부모를 유아교육기관의 활동에 참여시킴으로써 가정과 유아교육기관 간의 협력을 통한 유아들의 발달을 극대화시키고자 하는 것이다. 그러나 일부 유아교육기관에서 이러한 부모참여활동이 교육활동의 연계를 위한 목적으로 보다 유아교육기관의 홍보를 위한 목적으로 이용되고 있는 경우가 있다. 이는 운영관리가 유아교육기관의 주목적인 교육활동을 지원해 주는 수단으로서의 역할을 제대로 실행하고 있지 못하고 있음을 나타낸다. 즉, 유아교육기관의 운영관리란, 관련되는 인적, 물적, 재정적뿐만 아니라 제반 여러 여건을 합리적이고 체계적으로 계획, 조직, 실행, 평가하는 일련의 과정이며 이는 교육활동을 지원해 주는 수단이지 그 자체가 주 활동이 되어서는 안 된다.

또한 유아교육기관 운영관리의 필요성에 대해 살펴보면, 지금까지 유아교육기관은 설립자나 기관장에 따라 운영관리가 천차만별적으로 이루어져 왔다. 그러나 유아교육기관의 체계적이고 합리적인 관리를 위해서 유아교육기관 운영관리의 과학화가 이루어져야 할 필요성이 대두되고 있다. 합리적이고 일관성 있는 유아교육기관의 운영 정책은 유아교육의 목적 달성을 위한 지침이 되며 운영 책임자로 하여금 확신을 가지고 정책 실현을 위한 결정을 할 수 있도록 해 주기 때문에 그 필요성이 더욱더 증가하고 있다.

유아교육의 효율성을 극대화하고 조직의 합리적인 관리와 운영을 위하여 유아교육기관의 운영관리는 반드시 필요하며, 보다 과학적이고 체계적인 방법을 적용한 운영관리의 과학화가 하루속히 이루어져야 할 것이다.

02 운영관리의 원리

유아교육기관 운영의 책임은 그 기관의 원장이며 원장은 효율적이고 합리적인 방법으로 유아교육기관이 원활하게 움직일 수 있도록 해야 한다. 유아교육기관 운영자가 기관을 운영하는 데 있어서 고려해야 할 운영관리의 원리를 살펴보면 다음과 같다(이영자·권영례, 2002).

1) 타당성의 원리

운영관리는 기관의 주목적인 교육활동의 보조적인 역할에 적합해야 한다. 기관에서 교육활동을 계획하고 이를 실천해 나가는 데 있어서 운영관리의 활동은 보조활동이 되어야 함을 의미한다. 예를 들어, 유아교육기관에서 운동회를 계획한다면 이는 교육활동을 더 활성화시킬 수 있는 수단이 되어야지, 그 자체가 목적이 되어 교육활동을 방해해서는 안 된다는 것이다.

2) 민주성의 원리

기존까지 유아교육기관의 운영은 원장이나 설립자의 독단에 의해 많이 운영되었으나 유아교육기관은 인간 집단으로 구성되어 있으며 민주적인 인간 형성을 이루고자 하는 조직체이다. 따라서 유아교육기관 전체 구성원들과의 민주적 합의에 의한 운영이 필요하다.

민주성의 원리는 운영관리의 실행과정에서 독단과 편견을 배제하고 민주적으로 이루어져야 한다는 것을 의미한다. 따라서 유아교육기관의 구성원들이 유아교육기관의 운영방침에 대해 함께 토의하고 의결하며 유아교육기관의 목적을 수립하고, 운영계획을 세우며, 이를 평가하는 과정에 적극적으로 참여하고 자신의 의견을 제시할 수 있어야 할 것이다.

유아교육기관의 운영이 전체 교직원들의 참여를 통하여 민주적으로 이루어질 때, 이러한 분위기는 각 반의 교육환경에도 영향을 미쳐 민주적인 분위기를 창출하게 된다. 비민주적인 방법은 운영관리의 창의적 발전을 저해할 뿐만 아니라 교사들에게 무력감이나 소외감을 제공하게 되며, 이는 인간집단으로 구성된 유아교육기관에서 그대로 유아들에게 전달될 것이다. 따라서 민주적인 시민 육성을 위해서도 유아교육기관의 운영관리는 반드시 민주적인 원리에 입각해서 실현되어야 할 것이다.

3) 효율성의 원리

효율성의 원리는 최소한의 노력과 경비로 최대한의 효과를 얻어야 함을 의미하는 것이다. 그러나 교육의 효과는 단기간에 나타나는 것이 아니므로 유아교육기관의 운영관리 측면에서 효율성의 원리란 '최소한의 수단으로 최대의 목적을 달성한다'는 경제적 효율성보다는 '주어진 수단으로 최대의 목적을 달성한다'는 사회적 효율성이 강조되어야 한다.

따라서 유아교육기관에서 무조건 최소의 비용과 시간을 들이는 것이 아니라 각 기관에 주어진 여건 아래에서 최대의 효과를 이룰 수 있는 방안을 고려해야 한다. 유아교육기관은 영리목적의 기관이 아니라 인간 형성을 목적으로 하는 교육기관이다.

4) 적응성의 원리

적응성의 원리란, 교육은 사회의 변화에 따라 달라지기 때문에 효율적인 운영관리를 위해서 유아교육기관의 운영관리는 그 기관이 처해 있는 현실적인 상황을 충분히 고려하며, 과학의 진보나 사회의 변화에 적응할 수 있는 능력을 갖추어야 한다는 것이다. 즉, 유아교육에 대한 국가의 정책 변화, 사회의 흐름을 받아들이고 현시대에 필요한 교육으로 변화할 수 있는 적응성이 필요하다는 것을 의미한다.

시대가 변화하고 그 속에 포함된 사회구성원들의 의식이 변화함에도 불구하고 유아교육기관이 적응성을 발휘하지 못하고 머물러 있다면, 사회구성원들의 요구에 부응하지 못하게 될 것이며 궁극적으로 소임을 다하지 못하게 될 것이다. 따라서 유아교육기관의 기관장이나 교사는 시대적인 흐름을 잘 파악하고 이를 유아교육의 궁극적인 목적에 위배되지 않는 범위 안에서 적절하게 프로그램과 운영에 잘 반영할 수 있어야 할 것이다.

5) 안정성의 원리

적응성의 원리와 대응하는 원리이며, 이는 유아교육기관의 원장은 사회적 변화나 유아교육정책의 변화에 따라 적응성을 발휘하는 동시에 그 기관의 교육 철학적 입장 및 고유의 가치관 등을 지켜나감으로써 장기적인 안목을 가지고 기관을 운영해야 함을 의미한다.

안정성의 원리는 지나치게 시대적인 흐름에 예민한 현시대의 유아교육기관을 운영할 때 특히 요구되는 원리로 보인다. 유아교육기관은 학부모의 선택에 의해서 선정되는 사경제의 원리가 좌우되는 기관이므로 이러한 부모들의 요구나 시대적인 흐름에 민감한 것이 현실이다. 하지만 유아교육기관은 교육기관이며 바람직한 인간 형성을 목적으로 하는 기관이다. 따라서 시대적인 흐름과 학부모들의 요구에 민감해야 하지만, 한편으로는 교육기관으로서 그 기관이 궁극적으로 추구하는 교육목적에 있어서는 흔들리지 않는 안전성을 유지해야 한다.

03 운영관리의 내용

운영관리 측면에서 유아교육기관에서 다루어야 할 내용은 유아교육기관의 활동에 관련되는 모든 영역을 포괄한다. 즉, 유아교육기관의 가장 주요한 업무라고 할 수 있는 교육활동의 계획에서부터 심지어는 교육활동의 원활한 운영을 위해 필요한 쾌적한 환경을 위한 청소 업무에 이르기까지 모든 업무가 운영관리의 영역에 포함된다고 할 수 있다.

그러나 유아교육기관은 다른 교육기관과 달리 그 설립 목적이나 경영 철학에 따라 성격이 다양하기 때문에 운영 정책의 영역과 각 영역에 포함된 구체적인 사항들이 유아교육기관의 유형에 따라 상당한 차이가 존재할 수 있다. 즉, 운영시간, 대상연령, 유아교육기관이 위치한 지역 특성, 원의 규모 등에 따라 필요한 인적 자원, 물적 자원, 교육 프로그램 등과 같은 운영관리의 특성이나 업무의 양은 다소 차이를 나타낼 수 있다.

각 유아교육기관의 입장에 따라 운영관리의 특성이나 업무의 양에 있어서는 차이가 있으나 모든 기관에서 기본적으로 다루어야 할 운영관리의 영역은 일정하다. 학자(Decker & Decker, 2001; 이대균·송정원, 2004)들이 제시하고 있는 일반적이고 공통적인 운영관리의 영역을 살펴보면 다음과 같다.

1) 교육활동

유아교육기관에서 제공하는 주요 활동인 교육 및 보호 서비스뿐만 아니라 교재교구관리, 환경 구성 등과 같은 유아교육기관의 교육활동과 그와 관련된 사항들을 어떻게 운영, 관리할지에 관한 부분이다. 즉, 연간 교육 프로그램의 계획과 운영, 일과계획 및 운영, 행사계획 및 운영, 유아관찰 및 기록 등과 같은 교육 서비스와 교재교구의 구입 및 관리, 환경 구성, 흥미영역의 구성 및 관리, 현장견학과 같은 내용이 포함된다.

2) 교직원 관리

유아교육기관에 종사하는 교원과 직원의 선발, 배치, 지도, 복지 등과 관련된 사항들을 어떻게 운영, 관리할지에 관한 부분이다. 교직원의 자격·채용 및 임용에 관련된 사항, 업무 분담, 교직원 재교육, 교직원 관리 및 감독, 승진, 퇴직, 급여, 복지, 휴직 및 이직에 대한 대책, 교직원의 개인적/전문적 활동과 관련된 사항 등에 대한 정책과 관련된다. 담임배정, 교사연수, 근무평가, 장학지도 등의 내용이 포함된다.

3) 유아관리

유아와 관련된 사항들을 어떻게 운영, 관리할지에 관한 부분으로 원아모집,

입학과 출석관리, 원아의 보호, 교육 등에 관한 각종 서비스활동, 아동의 발달 상황에 대한 평가와 보고 등에 관한 정책을 수립해야 하는 영역이다. 가정환경 조사, 관찰기록, 생활습관 지도 등의 내용이 포함된다.

4) 건강 및 안전

유아교육기관에서 유아의 건강과 안전에 관련된 사항들을 어떻게 계획하고 운영, 관리할 것인가에 해당하는 부분이다. 유아교육기관에 입학하기 전에 실시하는 각종 검사, 일일 건강검진, 아픈 유아에 대한 조치, 유아에 대한 약물 투여 여부, 사고 및 응급상황에 대한 처리, 영양 관리 및 음식물 취급, 건강 및 영양에 대한 교육 등에 대한 정책을 수립해야 한다. 건강, 영양 및 안전에 관한 내용이 포함된다.

5) 재정관리

유아교육기관 운영에 있어서 재정적 문제와 관련된 영역으로, 운영 자금의 출처, 예산편성, 물품 구입 및 서비스 이용과 관련된 지침 및 세부 절차, 결산 및 회계감사 등에 대한 정책을 수립해야 한다. 교육비의 수납, 운영비의 지출, 회계장부 기록, 결산서 작성 등의 내용이 포함된다.

6) 문서관리

유아교육기관에서 비치, 관리, 보존해야 하는 문서에 관련된 부분으로 기관 비치용 문서에 대한 규정, 문서 보존 기간, 공문서 처리, 문서 보관 장소, 문서 관리 책임자 등에 대한 정책을 수립해야 한다. 서류관리 및 문서관리 등의 내용이 포함된다.

7) 학부모와의 협력

유아교육기관과 부모와의 연계에 관련된 부분으로 부모의 요구에 대한 충족,

부모 참여, 부모가 원장 및 교직원과 접촉하기 위해 거쳐야 하는 절차 등에 대한 정책을 수립해야 하는 부분이다. 뿐만 아니라 연간 부모교육계획, 유아교육기관 운영위원회 조직 등에 관련된 내용이 포함된다.

8) 대외정책

지역사회 및 유아교육 관련 단체 등과의 관계 유지와 관련된 영역으로, 기관 운영에 있어 지역사회 인사의 참여, 지역사회의 유아교육기관 시설 활용, 다양한 유아교육 단체 및 지역사회와의 의사소통 등에 대한 정책을 수립해야 한다. 지역사회 기관과의 협력, 자원봉사자 모집 및 운영 등의 내용이 포함된다.

9) 시설·설비의 관리

유아교육기관의 시설·설비에 관련된 부분으로 건물, 교실, 놀이터, 주변 환경관리, 시설·설비의 구입, 수리, 유지, 관리 등의 내용이 포함된다. 시설·설비의 건축이나 개·보수와 같은 부분에 대한 관리뿐만 아니라, 청소와 같은 부분에 대한 내용도 포함된다.

04 운영관리 측면에서 유아교육기관의 특수성과 강조점

유아교육기관은 다른 영리추구의 기관과는 달리 교육기관이며 이에 운영관리적인 측면에서 교육기관이 가지고 있는 특성과 유아교육기관만이 가지고 있는 독특성을 동시에 소유하고 있다. 이러한 유아교육기관만이 가지고 있는 독특성을 고려하여 기관을 운영할 때 교육의 효율성을 극대화할 수 있을 것이다. 이에 먼저 운영관리 측면에서 유아교육기관만이 가지고 있는 독특성을 살펴보고자 한다.

첫째, 유아교육기관은 조직이 단순하다. 유아교육기관은 규모가 크지 않으며 이에 포함되어 있는 조직 구성의 수도 소수이다. 이러한 까닭에 운영관리 자체가 필요하지 않거나 최상의 결정이나 정책보다는 힘 있는 소수의 의견이 정책 결정을 좌지우지하는 결과를 초래할 수 있다.

둘째, 정책상 전문성이 미약하다. 예를 들어, 행정적인 측면에서 각종 행정 조직의 구성이나 역할분담이 명확히 이루어지는 학교 조직에 반해 유아교육기관은 문서관리, 청소관리, 교육활동 등을 담당하는 역할에 대한 구분이 불분명하다.

셋째, 유아교육기관의 교육이나 운영 프로그램은 거시적인 국가 차원의 안목보다는 유아교육기관의 원장이나 기관장의 교육철학에 의해 영향을 더 많이 받는다. 유아교육기관은 원장이나 기관장의 교육철학과 추구하는 교육내용에 따라 각 원마다의 성격이 달라지는 경향이 있다. 이에 반해 각급 초·중등학교의 교육 프로그램은 국가에서 추구하는 교육과정을 중심으로 대부분의 학교가 약간의 자율성을 부여받는 게 전부이다. 그러나 유아교육기관은 각 원마다의 다양한 성격을 엿볼 수 있으며, 이는 유아교육기관의 자율성이 인정된다는 점에서 이점이기도 하나 원장의 자질에 따라 유아교육기관 운영의 차이를 초래할 것이기 때문에 원장의 자질 확보가 중요함을 나타낸다.

넷째, 학생모집이 비교적 안정적인 학교에 비해 유아교육기관은 원아모집 경쟁이 치열한 편이다. 또 학교에 비해 각 지역에 설립된 기관의 수도 많은 편이다.

운영관리 측면에서 이러한 유아교육기관의 독특성을 고려하고 유아교육의 효율성을 도모하기 위해서, 이대균과 송정원(2004)은 유아교육기관 운영관리에서 다음의 사항들이 강조되어야 한다고 제시하고 있다.

① 원장은 효율적인 리더십을 발휘하기 위해 부단히 노력하여야 한다.
유아교육기관의 운영관리는 결국 판단과 문제해결 과정의 연속이므로 최종 책임자이자 의사결정의 권한을 가지고 있는 원장의 지도력에 가장 큰 영향을 받게 된다. 따라서 원장의 부단한 자기 연수가 필요하다.

② 교직원 사이의 화목한 인간관계가 중시되어야 한다.

유아교육기관 운영관리의 주체는 그 기관에 근무하는 교직원이므로 다양한 갈등상황에 슬기롭게 극복하고 협력을 통해 기관의 역량을 최대한으로 높일 수 있는 화기애애한 분위기 조성을 위해 노력해야 한다.

③ 민주적인 의사결정의 과정이 존중되어야 한다.
유아교육기관을 운영함에 있어 주요 정책 결정에 대해 교직원들과 전체회의를 통한 집단 토의와 실무 담당자를 중심으로 한 개별 토의과정을 거쳐 서로 다른 의견에 대해 절충하는 과정은 집단의 응집력을 높여준다.

④ 재정 운영에 있어서 절약하는 습관이 정착되어야 한다.

⑤ 교직원에 대한 재교육을 위해 노력하여야 한다.
유아교육의 질은 교직원의 질을 넘을 수 없다. 그러므로 교직원에 대한 재교육을 위해 다각적인 노력을 기울여야 한다. 특히 원장을 중심으로 한 원내 장학을 통해 교직원의 부족한 점을 파악하고 이를 보완해야 한다.

⑥ 유아교육기관 교직원의 처우 개선에 노력하여야 한다.
유아교육기관의 경영 합리화와 절약을 통해 재원을 마련하여 교직원의 처우 개선에 노력함으로써, 교직원의 이직을 예방하고 사기진작을 통해 자율적으로 최선을 다하는 풍토를 조성해야 한다.

⑦ 학부모의 의견을 적극적으로 반영하여야 한다.
학부모가 유아교육기관의 운영관리에 대해서 건의하는 내용이나 개선을 요구하는 사항에 대해서는 단 한 사람의 의견이라도 진지하게 검토하여 교육의 질을 높이는 데 활용하도록 하여야 한다.

⑧ 유아들의 개인차를 존중하여야 한다.
유아들의 다양한 개인차를 파악하고 이에 대한 교육적 대응과 조치를 하여 유아들이 자신의 능력과 취향에 따라 의기소침하지 않고 자신감을 가지고 활동할 수 있는 배려가 강조되어야 한다.

⑨ 유아교육기관의 운영관리에 있어 일관성 있는 정책이 필요하다.
유아교육기관의 목적을 설정하고 이 목적을 달성하기 위한 유아교육기관의 장·단기 운영관리 계획을 수립하여 모든 정책이 일관성을 가지고 시행될 수 있도록 노력하여야 한다. 이것은 교직원에게 안정감을 주고 학부모에게는 신뢰감을 더할 수 있다.

⑩ 유아교육기관의 질을 높이기 위해 자체평가를 실시하여야 한다. 유아교육기관의 질 관리를 위해 계획-실행-평가를 반복하여 유아교육기관 운영관리상의 문제점을 파악하고 이를 시정하고 개선하며 보완하는 노력을 통해 기관의 계속적인 발전을 도모하여야 한다.

연구문제

01 유아교육기관 운영관리의 필요성에 대해 설명하시오.

02 유아교육기관의 특수성을 고려한 운영관리의 방향을 설정해 보시오.

Chapter 03

한국 유아교육정책의 이해

우리나라 유아교육의 역사를 대한민국 정부수립 이전(1908~1946)과 이후(1948~현재)로 나누어, 유아교육 관련법규 및 제도를 중심으로 살펴보고자 한다.

01 대한민국 정부수립 이전

우리나라 유아교육의 시작은 한성고등여학교로부터라고 볼 수 있다. 1908년 4월 2일에 칙령 제22호로 대한제국은 '조선여학교령'을 제정·공포하였으며, 동령 제1조에 "고등여학교에 부속유치원을 설(設)함을 득(得)함"이라고 명문화하여, 고등여학교에 부속유치원을 설립할 수 있는 법적 근거를 마련하였다. 이 법적 근거에 따라 이 땅에 최초의 여자 관립학교와 부속유치원이 탄생되었다. 이에 대하여 경기여고 60년사에는 다음과 같이 기록되어 있다.

우리나라 최초로 관비에 의하여 조정이 의욕적으로 설립한 한성고등여학교는 초기 예과 1학급, 부속유치원 약간 명으로 조촐하게 출발되었다.

위와 같은 학교령에 따라 1908년 4월 7일부터 전문 24조로 된 관립 한성고등여학교의 학칙이 시행되었다. 여기에는 유아의 연령, 정원, 교육내용, 1일 보육 시간, 보모 1인당 유아 수, 보육료, 기타 사항을 규정하고 있다(김옥련, 1993).

1910년 한일강제병합으로 인해 나라의 주권을 상실하였다. 따라서 이 시기에는 한국인이 아닌 일본총독부에 의해 결정되고 집행된 내용들이다. 1911년 일본은 '제1차 조선교육령'을 공포하였으나 그 안에 유치원 관련 내용은 포함되어 있지 않았다.

이 시기의 유아교육은 민간인들에 의해서 자생적으로 유치원교육이 이루어졌다. 이 시기에 설립된 유치원은 설립 및 교육 목적에 따라 세 가지로 대별되는데, 다음과 같다.

① 경성유치원(1913): 친일파 한국인이 설립한 것으로 일본인 원장과 보모 밑에서 일본의 풍습과 습관을 가르쳤으며, 이른바 '식민지 동화정책'을 위한 조기교육 실시
② 이화유치원(1914): 미국인 선교사 브라운리(Brownlee)에 의해 기독교 선교를 목적으로 설립
③ 중앙유치원(1916): 민족의식을 고취시키기 위한 일환으로 한국인 자녀의 유아기 단계의 교육을 실천한 유치원으로 박희도에 의해 설립

1922년 이후의 변화는 다섯 가지 유형으로 살펴볼 수 있는데, 다음과 같다.

첫째, 1922년 2월 16일에 제2차 조선교육령이 공포되었고, 이 속에 소학교령으로 유치원에 관한 규정(총독부령 제11호)이 포함되었다. 이 규정은 1908년 4월 2일에 대한제국이 공포한 칙령 제22호에 나타난 유치원 관계 규정과 비교해볼 때, 취원 연령, 설립요건과 절차, 폐원절차, 보육요지와 목적, 보육항목 등에 대해 보다 구체적으로 밝히고 있다.

둘째, 1922년 2월 23일 조선총독부령 제17호로 공포된 '사범학교 규정'에는 부속유치원을 설치할 수 있는 조항이 7개조로 명문화되어 있다. 동년 공포된 '조선공립학교관제'에는 공립인 사범학교 부속유치원의 직원에 관한 정원, 지위, 봉급 등을 규정하고 있다.

셋째, 1922년 4월 1일 조선총독부령 제54호 '조선공립학교직원 정원규정'에 의해 공립유치원의 보모 정원을 규정하였고, 동년 8월 11일에는 조선총독부령 제100호로 '공립유치원 보모의 자격·봉급에 관한 건'이 제정되었으나 재한 일본인유치원을 위한 것이었으며, 실제로 광복 전에 사범학교 부속유치원은 설립되지 않았다(이상금, 1987). 1929년까지 한국인에 의해 70개의 유치원이 설립되

었고 일본인에 의해 42개의 유치원이 설립되었다. 1920년에 일본이 관립유치원까지 개설하면서 유치원의 수를 늘린 것은 한국인의 일본인화 교육정책 때문이었다.

넷째, 유치원교사 양성기관의 변화는 다음과 같다. 1915년에 신설된 이화유치원 사범과가 1928년 이화보육학교로 바뀌었고(이상금, 1987), 1922년에 설립된 중앙유치원 사범과가 중앙보육학교로 승격되었으며, 1924년에는 숭의여학교가 평양에 2년제 보육과를 신설하였고, 1926년에는 서울에 경성보육학교가 설립되었다(김경철, 1991).

다섯째, 식민지시대 36년간을 통해서 유치원교육에 관한 지침이었던 소학교령 속의 유치원 규정(1922)은 1931년 4월 1일 조선총독부령 제39호에 의해 개정되었는데, 문구 수정에 그쳤을 뿐 실질적인 내용의 변화는 없었다(이상금, 1987). 그리고 1936년 10월 16일 훈령 제31호에 의해 유치원교육에 관한 업무는 조선총독부 학무국 학무과에서 담당하게 되었다.

1931년에 일제가 만주사변을 일으키고, 1937년에 중일전쟁, 1941년에 태평양전쟁을 치르면서 한국을 대륙 침략을 위한 병참기지화함으로써 식민지적 수탈관계가 더욱 강화되어 유아교육은 앞의 확산기와는 달리 침체현상을 보였다. 1940년 시작된 창씨개명으로 유치원 어린이들의 이름도 대부분 일본식으로 개명되었고, 집단생활의 질서, 규율훈련, 생활훈련을 중시하면서 유아의 개별적인 성장·발달은 경시되었다. 이리하여 1920년대에 기독교계 유치원을 중심으로 질과 양의 양면에서 향상되고 개화하려던 유치원교육은 많은 피해를 입고 변질되었으며, 그 영향이 광복 후 오랫동안 지속되었다(김옥련, 1993).

1946년 10월 16일(군정법령 제64호)부터 유치원교육에 관한 업무를 문교부 보통교육국 초등교육과에서 담당하게 되었다.

02 대한민국 정부수립 이후

1948년 대한민국 정부수립 이후 현재까지를 유아교육 관련 주요 정책의 변화에 근거하여 다음의 다섯 시기로 나누어 고찰하였다. 아래의 내용은 이대균·송정원(2004)이 제시한 내용들을 기초로 하면서 현재의 변화 등은 각 문헌들을 기초로 재정리하였다.

1) 제1기(1948~1961): 유아교육정책 등한기

정부는 1949년 12월 31일 민주국가 발전의 기반이 되는 교육의 기본법인 교육법을 법률 제86호로 공포하였다. 전문 11장, 제173조로 구성된 이 교육법 제5장 제10절 제146조, 제147조, 제148조에 유치원에 관한 조항을 삽입하였다. 이로써 유치원은 교육법 속에 그 자리를 차지하고 유치원교육의 목적, 목표 등을 정하였으며, 1952년 대통령령 제633호로 공포된 교육법 시행령을 통해 유치원 설립인가, 원아수, 교육과목, 교육일수 등에 대한 규정으로 균등한 교육기반의 법적 근거가 마련되었다.

그러나 1950~1953년까지 전쟁을 치르는 동안 우리 사회는 극도로 불안하고 빈곤하여 유치원교육에 대한 관심은 지극히 저하되어 있었다. 따라서 1950년대에 정부나 문교당국에 의한 뚜렷한 유아교육정책은 없었다(1950년에 문교부에서 국립유치원 설치 계획을 발표하였으나 전쟁으로 실현되지 못함). 거기에다 부모의 무관심과 유아교육을 담당했던 교사와 원장까지도 전문지식이 부족하고 사명의식이 투철하지 못함으로 인해 우리나라 초기 유아교육의 발달은 상당 기간 부진을 면할 수가 없었다(한국교육개발원, 1986).

1955년 2월 17일부터는 대통령령 제1000호로 공포된 교육법 시행령에 의해 문화국 사회교육과에서 유치원교육에 관한 업무를 담당하게 되었다.

이 유아교육정책 등한기에, 한국유치원교육의 발전에 이바지한 하나의 사건은 1955년 4월 26일 이화여자대학교 보육학과 교수이며 선교사였던 하워드(Clala Howard: 許吉來)가 한국 중·남부 지역의 유아교육을 진흥하기 위해 대전에 대전보육학원을 설립하고 초대원장에 취임하여 유치원교사를 양성하기 시작한 것이다. 허길래 선생은 부모교육에도 주력하여 어머니교육과 함께 아버지교육도 선도하였다(이원영 외, 1996). 그 후 대전보육학원은 대전보육초급대학을 거쳐 배재대학교로 발전되어 왔다.

2) 제2기(1962~1975): 유아교육체제 정비기

이 시기는 유아교육체제 정비기로 1962년 8월 문교부령 제106호로 '유치원 시설기준령'이 공포되어 1963년부터 시행하게 되었다. 이로써 그동안 무질서하게 설치·운영되었던 유치원에 대해 유치원교육에 필요한 최소한의 시설기준을 정함으로써 유치원의 교육적 환경을 개선하는 데 중요한 법적 근거가 되었다. 이 시설기준령은 유치원의 위치, 원사, 시설과 설비, 완구와 교구, 소방시설 등에 대하여 구체적으로 명시하였다.

그 후 1967년 10월 26일 대통령령 제3253호로 공포된 유치원 '외곽시설기준령'에 의해 유치원 외곽시설을 정비하려 하였으나 현실과 너무 거리가 먼 이상형이란 비판을 받았으며 제대로 시행되지 못하였다.

1968년 2월 8일 문교부령 제188호로 '유치원 수업료 및 입학금 정액표'가 정식 발표되었다. 그러나 이것은 당시의 물가로 볼 때 매우 비현실적인 수준이어서, 1급지인 서울의 수업료 월 790원으로는 도저히 유치원을 운영할 수 없는 금액이었다.

이 시기의 교육과정에 대한 정책 변화는 1966년 문교부에서 유치원교육의 외적 기준과 함께 내적 기준을 마련키로 하고 1966년 7월 15일에 제1차 유치원교육과정을 제정키로 결정하였다. 이때까지 유치원의 교육내용은 이론 구성의 단계를 밟지 않고 이미 성립된 내용을 손쉽게 받아들였기 때문에 설립인가청이 설립인가 당시 결정하는 내용이 교육과정으로 통용되었다(중앙교육연구원, 1976).

1969년 2월 19일 문교부령 제207호로 제1차 유치원교육과정이 제정·공포되었다. 건강한 신체와 정신으로 생활하는 유능한 한국인 양성을 일반목표로 설정하고, 구체적인 목표로는 튼튼한 몸과 마음, 기초적인 생활습관, 올바른 사회적 태도와 도덕성, 자연 및 사회의 제 현상에 관심 가지기, 과학적이고 민주적인 사고력, 심미적 태도, 창조적인 표현 능력을 기르는 것이었다. 교육과정의 조직은 이러한 구체적 목표와 연관 지으면서 동시에 생활영역에 의하여 구분함으로써 건강, 사회, 자연, 언어, 예능으로 조직되었다. 그리고 연간 교육일수는 200일 이상, 1일 교육시간은 3시간을 기준으로 정하였으며, 생활 중심, 경험 중심, 놀이 중심의 학습 형태를 강조하였다.

우리나라 유치원교육사에서 정비기로 일컬어지는 이 시기는 1962년의 시설 기준령을 기점으로 교육과정령에 이르기까지, 정부가 유치원교육의 형식과 내용에 대한 정비에 노력하였지만 유치원교육의 기회 균등을 위한 노력은 하지 못하였다(김옥련, 1993).

이 시기의 행정 조직의 변화는 1963년 12월 16일부터 대통령령 제1737호로 공포된 교육법 시행령에 의해 문화국 사회교육과에서 보통교육국 교육행정과로 유치원교육에 관한 업무가 이관되었다.

3) 제3기(1976~1987): 유아교육 공교육 확대기

(1) 유치원 확대 및 지원

이 시기는 유아교육 공교육 확대기로서 정부는 유아교육의 공교육화 정책을 추진하기 위해 1976년 공립유치원인 국민학교 병설유치원을 5개 초등학교(서울 4개소, 부산 1개소)에 설치한 것을 시작으로 매년 그 수를 늘려 갔다. 1980년에 전국에 설립된 공립초등학교 병설유치원은 40개로 늘어났으며 공교육의 혜택을 받는 유아 수도 2,324명으로 전체 원아의 3.5%에 달했다. 정부는 또한 제4차 경제개발 5개년 계획(1977~1981)의 일환으로 유엔아동기금(UNICEP)의 재정적인 지원을 받아 전국에 69개의 시범유치원을 설치·운영할 계획을 세워 이를 추진하였다(김경철, 1991).

1980년대 초반에서 중반까지는 제5공화국 정부의 유아교육 확대정책에 힘입어 공립유치원과 유아원이 전국의 유아교육 소외 지역을 중심으로 설립되었다. 그 결과 1980년에 59개이던 공립유치원 학급수는 1987년에는 5,831개로 100

배가 증가하였다. 이 기간 중 사립유치원과 새마을유아원의 학급수도 대폭 확충되어 1980년에 1,847개이던 사립유치원 학급수는 1987년에 6,853학급으로, 1982년에 3,212개이던 새마을유아원 학급수는 5,327학급으로 증가하였다. 이와 같은 유치원 및 유아원의 증설로 1975년에 2.8%이던 유치원 취원율은 1987년에 54.8%(5세 기준, 유아원 포함)로 대폭 증가되었다.

공교육 확대기의 주요 유아교육지원 정책을 보면, 1981년 제5공화국이 출범하면서 청와대에 '교육·문화 비서실'이 신설되었고, 대통령 국정연설에서 취학 전 교육에 대한 강화방침이 발표되었다. 이에 대한 정부는 1982년 3월 26일 '유아교육진흥 종합계획'을 발표하였고, 이 종합계획에 의거하여 문교부와 내무부는 유아교육진흥 세부추진계획을 마련하였다. 문교부는 제5~6차 경제사회개발계획(1982~1991)의 일환으로 1, 2차 유아교육진흥 종합계획에 따라 다원화된 유아교육기관의 불합리성을 해소하기 위해 종전의 새마을 협동유아원, 어린이집, 농번기 상설유아원 등을 내무부 산하의 새마을유아원으로 통합하고, 1982년부터 공립유치원을 전국에 걸쳐 설립하였다(김경철, 1991).

1982년 12월 31일 법률 제3635호로 「유아교육진흥법」이 제정·공포됨으로써 유아교육기관을 유치원과 유아원으로 이원화하고 정부의 행정지원 및 재정지원을 체계화하였다.

1983년 2월 23일에는 정부의 이러한 유아교육 진흥정책에 따라 대통령령 제11057호에 의거 문교부 산하의 유아교육행정 전담부서가 신설되었다.

이로써 보통교육국 의무교육과에서 담당했던 유치원교육 업무는 보통교육국 산하의 '유아교육담당관'으로 이관되었다. 그리고 각 시·도 교육위원회에는 유아교육담당 장학관과 장학사를, 각 지역 교육청에는 담당 장학사를 배치하였다. 1985년 2월 25일에는 사립유치원 납입금 자율화를 시행하였고, 1986년 1월 31일에 공립유치원 전임강사 운영지침을 마련하고 전임강사의 자격기준을 유치원교사 자격증 소지자로 규정하여 1986년에 공립유치원에 1,465명이 있던 초등학교 겸직교사를 1988년까지 유아교육을 전공한 전임강사 및 정규교사로 대치하였다.

이와 같은 행정적 지원과 함께 재정적 지원도 강화되어 제5차 경제사회개발 5개년 계획기간(1982~1986) 중의 유아교육 투자실적은 1982년 93억, 1983년 96

억, 1984년 112억, 1985년 110억, 1986년 121억으로 5개년간 총 512억 원에 이른다(교육개혁심의회, 1987; 이대균·송정원, 2004 재인용). 한편 유아교육진흥 예산은 1981년 26억 원에서 1986년에는 121억 원으로 증액되었다(유아교육담당관실, 1992; 이대균·송정원, 2004 재인용).

(2) 유치원교육과정 개정

이 기간 동안에 세 차례에 걸쳐 유치원교육과정이 개정되었다. 1979년 3월 1일 문교부 고시 제424호로 제2차 유치원교육과정이 공포되었으며, 제1차 교육과정이 5개의 생활영역별로 편성되어 있던 것과는 달리 사회·정서발달영역, 인지발달영역, 언어발달영역, 신체발달 및 건강영역으로 전인적 발달을 강조하여 영역을 구분한 것이 특징이었다. 교육일수와 시간은 제1차 교육과정과 운영지침 역시 같은 맥락에서 이루어졌으며, 제1차 유치원교육과정에 비해 정서발달과 인지발달을 새롭게 강조한 특징이 뚜렷하였다. 이는 그동안 유치원교육에서는 유아의 정서발달을 꾸준히 도모해 왔으며, 1970년대부터 인지발달을 강조하는 세계적 추세에 힘입었기 때문이었다고 볼 수 있다.

1981년 12월 31일 문교부 고시 제442호로 제3차 유치원교육과정이 공포되었으며, 이 교육과정은 처음으로 초·중등학교 교육과정의 개정에 발맞추어 함께 고시된 교육과정이었다. 이전까지는 초등학교 교육과정과 유치원을 전혀 무관한 것으로 생각해 오다가 비로소 상호 연계성 속에서 논의하고 검토하였다는 데 그 의미가 있다. 제3차 교육과정은 제2차 교육과정의 사회·정서발달영역을 사회성 발달과 정서발달영역으로 나누고, 신체발달 및 건강영역은 신체발달영역으로 바꾸어 신체, 정서, 언어, 인지, 사회성 발달 등 5개의 발달영역으로 편성되었다. 제3차 유치원교육과정에서는 연간 교육일수를 180일 이상으로 규정하여 제1, 2차 교육과정에 비해 20일 단축하였는데, 이는 유아의 발달단계에 비추어 무리하지 않도록 융통성을 주기 위한 조정이었다.

1987년 6월 30일 문교부 고시 제87-9호로 제4차 유치원교육과정이 공포되었다. 제4차 교육과정은 제3차 때와 같이 신체, 언어, 인지, 정서, 사회성 등 5개의 발달영역 그대로 편성되었으나, 이 교육과정에서는 전인발달을 위한 교육을 더 강조하기 위하여 각 발달영역별 내용은 제시하지 않았고 각 영역별로 일반 목표와 하위 목표로 구성하였다. 제4차 유치원교육과정은 교육목표를 지침으로 교사들이 교육내용을 자율적으로 설정할 수 있게 함으로써 다양성을 가질 수는 있었으나, 일정 수준의 질적 수준을 유지하기가 힘든 단점을 드러냈다. 그것은 유치원교사들의 학력과 경험, 자질에 따라 교육내용이나 활동 선정 시 큰 폭의 차이를 보인 것이 이와 같은 목표 중심의 교육과정에 의한 문제점이었다. 제4차 유치원교육과정의 편제와 시간, 운영지침은 제3차 유치원교육과정과 유사하였으나, 유아의 발달수준, 지역사회의 실정, 유치원의 특성, 활동내용 및 계절 등에 따라 하루 교육시간은 3시간을 기준으로 조정 가능하도록 하였다.

(3) 유치원교사 양성 및 현직연수

이 시기에는 유치원의 증설정책에 따라 자연히 교사의 수급 문제가 대두되었다. 1973년 통계에 의하면, 유치원 교원 중 고졸 이하의 학력 소지자가 26%를 차지하였으며, 무자격 교사가 전체의 16%이고, 어린이집의 경우는 50%의 교사가 고졸 이하의 학력 소지자로 나타났다(대한교육연합회, 1973; 이대균·송정원, 2004 재인용). 이러한 비전공 교사의 해소와 신설되는 유치원 및 새마을유아원의 교사를 충원하기 위해 문교부는 1979학년도부터 전문대학에 보육과를 설치하였고, 4년제 대학에도 보육과의 설치를 권장하였다. 그리하여 1980년에는 국립대학교인 부산대학교에도 유아교육과가 설치되었으며 대학원 과정이 이화여자대학교(1952년에 교육학과 내에 설치, 1992년에 유아교육과로 독립)에 이어 중앙대학교(1974년)에도 개설되어 유치원교사의 학력 향상 및 교수 요원의 확보가 가능해졌다. 1975년에 4년제 대학 중 보육과가 설치된 곳은 3개 대학에 입학 정원이 100명이었으나, 1987년에는 14개 대학에 484명으로 5배 가까이 증원되었다. 또한 1975년에 전문대학 및 2년제 초급대학 중 보육과가 설치된 곳은 13개 대학에 입학정원 880명이었으나, 1987년에는 55개 전문대학에 6,720명으로 8배 가까이 늘어났다. 1982년도부터 한국방송통신대학에 유아교육과가 개설되었으며, 1984년도부터는 개방대학에서도 유치원교사를 양성하게 되었다.

1987년에 대학원 박사과정에 유아교육학과가 설치되어 있는 곳은 이화여대,

중앙대(2곳)였고, 일반 대학원에 석사과정이 설치되어 있는 곳은 이화여대, 중앙대, 덕성여대(3곳), 교육대학원은 이화여대, 중앙대, 숙명여대, 계명대, 국민대, 대구대, 원광대, 부산대, 건국대(9곳)였다(이대균·송정원, 2004 재인용).

문교부(현 교육부)는 유치원 교원의 자질을 향상시키기 위해 1982년부터 1987년까지 매년 5,000~8,000명을 대상으로 직무연수를 실시하였으며 같은 기간 동안 1·2급 자격연수를 3,354명에게, 원감 자격연수를 213명에게, 원장 자격연수를 288명에게 실시하였다. 또한 137명을 대상으로 국외 연수를 실시하였다.

(4) 유치원 교재·교구 개발

문교부(현 교육부)는 유치원교육의 내실을 기하고 개정된 유치원교육과정이 효율적으로 적용될 수 있도록 각종 교재와 교구를 제작하여 보급하였으며, 새마을유아원에도 지원하였다. 문교부는 1982년부터 전국 단위의 유아교육 교재·교구 전시회를 개최하고 우수한 교재·교구의 보급에 힘썼다. 이 전시회는 1986년 제5회 전시회를 끝으로 1987년부터는 각 시·도별 개최로 변경되었다. 또한 교사용 지도자료집 등을 개발하여 무상으로 전국의 유치원에 보급하였다. 이와는 별도로 서울특별시 교육위원회에서는 자체적으로 교사용 지도 자료집 등을 개발하여 관내의 유치원에 보급하였으며, 이들 교재 중의 일부는 문교부의 지원을 받아 전국의 유치원에 보급되었다.

4) 제4기(1988~2007): 유아교육 질적 고양기

(1) 유치원 확대 및 지원

공립유치원 학급수는 1987년에 5,831학급에서 2003년에 6,122학급으로 5%가 증가하였으나, 취원 원아수는 1987년에 169,243명에서 2003년에 121,053명으로 28%가 감소하였다. 이에 따라 공립유치원 취원율은 5세 기준 1987년 17.7%에서 2003년에 13.6%로 감소하였다. 이것은 1980년부터 1987년까지 같은 기간(7년) 동안 100배(59학급이었던 학급수가 5,831학급으로 증가됨) 가까이 늘어났던 것에 비추어 보면 정부의 유아교육에 대한 정책적 변화를 쉽게 파악할 수 있다.

한편, 이 기간 동안 사립유치원 학급수는 1987년 6,853학급에서 2003년에 15,714학급으로 늘어나 사립유치원의 취원율은 5세 기준 1987년의 20.3%에서 2003년 33.3%로 늘어났다. 그러나 사립유치원의 학급수 증가는 1991년에 공포된 영유아보육법에 의거 1991년부터 1993년 말까지 3년간 새마을유아원에서 유치원으로 전환한 학급수를 고려해야 한다(1990년 당시 4,587개이던 새마을유아원의 학급수는 그 후 3년간 유치원이나 어린이집으로 전환되었다).

종합해 보면, 1987년에 5세아 기준 54.8%(공립 17.7%, 사립 20.3%, 새마을유아원 16.8%)였던 유치원 취원율(유아원 포함)은 2003년에 46.9%로 감소하였다.

1988년에 문교부는 시 지역 교육(구)청당 1개 공립유치원(72개원)을 선정하여 지역 중심 유치원으로 운영하는 정책을 실시하였다. 이 정책의 목적은 지역 중심 유치원을 중심으로 교수-학습방법을 개선하고 이를 지역 내 타 유치원으로 확산시켜 전반적인 유아교육 성취수준을 제고할 수 있는 계기를 마련하기 위한 것으로, 연간 원당 250만 원이 지원되었으며 1989년까지 계속되었다.

1990년 2월 5일에는 전국 179개의 지역 교육청 중에서 서울 9개, 부산 4개, 인천 2개, 대전 2개, 경기 4개, 경남 2개 등 모두 23개의 지역 교육청에 유아교육계를 설치하였으며, 1991년까지 대구 2개, 광주 2개, 전북 1개가 추가되어 총 28개의 교육청에 유아교육계가 설치되었다.

1991년 1월 14일 영유아보육법이 제정되어 내무부가 관장하던 새마을유아원은 1993년까지 교육부 산하의 유치원이나 보건사회부(현 보건복지부) 산하의 어린이집으로 전환하게 되었다.

1991년 12월 31일에는 법률 제4474호로 교육법이 개정되어 유치원 취원 연령이 만 4세, 5세에서 만 3세, 4세, 5세로 조정됨으로써 1992년 3월부터 유치원에는 만 3세 유아가 입학하게 되었다.

1992년 9월 30일에는 교육부 고시 제1992-15호로 제5차 유치원교육과정이 제정·공포되었다. 이 교육과정은 유치원 취원 연령에 포함된 3세 유아를 위한 교육내용의 선정, 기본 생활교육의 강조, 종일반 운영의 강조, 유치원 교수-학습원리 제시에 초점을 두어 구성되었다.

1994년 1월 29일, 교육부는 교원자격검정령을 개정하여 원장자격인가 추천

기준에 "취임 예정 유치원의 설립자로서 당해 유치원 운영경력이 5년 이상이고 교육부 장관이 지정하는 교육기관에서 유아교육 전공과목 6과목 이상 이수자(1999년 12월 31일까지)"를 삽입하였다.

위와 같은 결정에 의해 1994년 7월 11일부터 8월 20일까지 교육부가 지역에 따라 지정한 7개 대학에서 523명의 무자격 원장이 3개의 전공과목과 4개의 선택과목을 이수하였다.

1998년 6월 30일에는 교육부 고시 제1998-10호로 제6차 유치원교육과정이 제정·공포되었다. 이 교육과정은 수준별 교육내용의 적절성 도모, 교육시간 운영의 다양화, 기본 생활습관 및 협동적인 생활태도 강조, 감성계발교육의 강조, 창의성 함양교육의 강화, 세계화에 대비한 전통문화교육의 충실 등을 강조하고 있다.

1997년 이후 국회상정과 폐기를 거듭해 오던 유아교육법이 2004년 1월 8일 국회 본 회의를 통과하였고, 동년 1월 29일 노무현 대통령은 이를 법률 제7120호로 공포하였다. 「유아교육법」 제정은 다음과 같은 이유에서 그 의미가 크다(이원영, 2004).

첫째, 유아교육법은 초·중등교육법, 유아교육진흥법 등 여러 곳에 산재되어 있는 유치원 관련 법 조항을 체계적으로 정비하여 국가인적자원의 기본 틀을 유아단계부터 체계화하여 교육법 체계를 완성하게 한 것이다. 즉, 교육인적자원부(현 교육부)는 그동안 교육기본법, 초·중등교육법, 고등교육법, 평생교육법 4법에 의해 교육을 하여 왔으나 100년이 넘는 역사를 가진 유치원에 대한 독립된 법이 없었다. 유아교육법 제정으로 교육인적자원부는 교육5법을 완성하게 되었고, 국가인적자원의 기초 수준교육을 탄탄히 할 수 있는 계기를 마련하게 된 것이다.

둘째, 유아교육법이 제정됨으로 인해 유아교육 공교육 체제 구축의 법적 근거가 마련되었으며, 유아들은 보다 질적 수준이 높은 유아교육기관에서 균형적이고 조화로운 발달을 조장하는 교육을 받을 수 있게 되었다. 그동안 유치원은 독립된 모법이 없어 재정지원과 교육예산 편성상 불이익을 받아왔었다. 1990년 영유아보육법이 제정된 이후 시설의 확대, 보육재정의 확충 등 괄목할 만한 발전을 해 온 보육시설과 비교할 때 그 차이는 더욱 극명하였다. 2004년 현재

보육시설에 투입되는 예산은 지방재정까지 합하여 약 4,000억 원이지만, 유치원에 투입되는 재정은 그 1/12 정도인 약 300억 원인 것은 좋은 예이다. 유아교육법이 통과됨으로 인해 유치원은 행정적·재정적 지원을 받을 수 있는 기반을 마련하게 되어 유치원교육의 질적 수준은 높아질 가능성이 많아졌다.

셋째, 유아교육법은 만 5세 유아를 위한 무상교육을 의무조항으로 규정하고 있고, 만 3, 4세 유아도 저소득층의 자녀부터 점진적으로 무상교육을 실시할 수 있도록 하였기 때문에 학부모들은 무상 또는 저렴한 비용으로 좋은 유아교육기관을 선택할 수 있게 되었다. 지금까지는 집 가까운 곳에 유치원이 있거나 그곳의 교육활동이 자신의 자녀에게 더 적합하여도 무상교육비가 지급되지 않아 먼 곳에 있지만 무상교육비가 지급되는 어린이집으로 자녀를 보낼 수밖에 없었다. 이제는 학부모에게 유아교육기관 선택의 기회가 많아졌다.

넷째, 유아교육법에는 "국가 및 지방자치단체는 대통령령이 정하는 바에 따라 사립유치원의 설립 및 유치원교사의 인건비 등 운영에 소요되는 경비의 전부 또는 일부를 보조한다"라는 조항이 있어 사립유치원의 경쟁력 제고에 좋은 계기가 되었다. 현재 사립유치원은 전국 사립유치원의 약 10%에 해당하는 10학급 이상의 대규모 유치원을 제외하고는 영세하여 교사 인건비가 열악한 실정인데, 사립유치원에 인건비를 지급할 수 있는 법적 근거가 마련되었으므로 교사 처우개선이 될 것이고, 교사 처우가 개선되면 교사의 사기가 진작되어 유아교육의 질적 수준은 높아질 것이다.

(2) 영유아교육과정의 새로운 변화: 4차 표준보육과정과 2019 개정 누리과정

유아교육법이 통과되고 유아교육의 질적 수준향상에 따라 영유아교육과정은 새로운 변화를 보였다. 보육시설에서 2007년 최초로 보육과정을 개발하고 시행하였고, 2012년에 5세 누리과정 제정과 더불어 0~4세를 포함한 제2차 표준보육과정을 고시하였다. 그리고 2013년에 0~1세 보육과정, 2세 보육과정, 3~5세 보육과정(누리과정)을 포함한 제3차 표준보육과정을 고시하였다. 그리고 2020년 놀이중심 교육과정으로 제4차 표준보육과정을 고시하였다(중앙육아종합지원센터 보육과정 웹사이트 https://www.nccw.educare.or.kr/web/main.do).

제4차 표준보육과정 0~2세와 3~5세 보육과정으로 구성하고 있다.

제4차 표준보육과정의 성격은 다음과 같다.

- 국가수준의 공통성과 지역, 기관 및 개인 수준의 다양성을 동시에 추구한다.
- 영유아의 전인적 발달과 행복을 추구한다.
- 영유아 중심과 놀이 중심을 추구한다.
- 영유아의 자율성과 창의성 신장을 추구한다.
- 영유아, 교사, 원장, 부모 및 지역사회가 함께 실현해 가는 것을 추구한다.

각 영역의 구성은 다음과 같이 이루어졌다.

- 표준보육과정은 다음의 영역을 중심으로 구성한다.
  - 0~1세 보육과정과 2세 보육과정은 기본생활, 신체운동, 의사소통, 사회관계, 예술경험, 자연탐구의 6개 영역을 중심으로 구성한다.
  - 3~5세 보육과정(누리과정)은 신체운동·건강, 의사소통, 사회관계, 예술경험, 자연탐구의 5개 영역을 중심으로 구성한다.
- 0~5세 영유아가 경험해야 할 내용으로 구성한다.
- 초등학교 교육과정과의 연계성을 고려하여 구성한다.

유치원교육과정은 1969년 처음으로 제정·공포된 이후 1979년, 1981년, 1987년, 1992년, 1998년, 2006년까지 여섯 차례에 걸쳐 개정, 고시되어 2007년에는 2007 개정 유치원교육과정을 운영하였다. 2007 개정 유치원교육과정은 사회변화에 부응한다는 교육과정 개정의 일반적 필요성 외에 실질적으로는 초·중등교육과정과의 동시개정 및 고시에 대비한 것이며, 유치원 공교육화 및 학제 개편 논의 등의 시대적·사회적 요구상황에 따른 것이다.

2012년 교육과학기술부와 보건복지부는 5세 누리과정을 도입하였다. 5세 누리과정 도입으로 2012년 3월 1일부터 만 5세는 어린이집, 유치원을 다닐 경우 소득수준에 관계없이 유아학비·보육료를 지원받게 되었다. 만 3·4세의 경우 현행과 같이 소득하위 70%에 대해 지원이 실시되며, 2월 1일부터 동일한 방법으로 신청할 수 있게 되었다(교육과학기술부, 보건복지부 보도자료, 2012.1.31).

2012년 5세 누리과정에서 5세 무상교육을 시작으로 3~4세 완전 무상교육을 위해 3~5세 연령별 누리과정을 도입하였다. 만 5세 유아에 대한 무상교육 원칙은 1997년에 「초·중등교육법」이 제정되면서 법제화되었으나, 만 3~4세 유아에 대한 무상교육은 이번에 「유아교육법」이 개정됨으로써 처음으로 법제화되었다. 만 5세 무상교육 원칙은 1997년에 법제화되었으나 2012년 3월 '5세 누리과정' 도입으로 법제화 15년 만에 공통과정 도입, 소득 수준에 관계없이 지원이 실현되었다. 2013년부터 3~5세 연령별 누리과정을 실시하게 되었다(교육과학기술부, 보건복지부 보도자료, 2012.7.6).

2019년 유아가 중심이 되고, 놀이가 살아나는 3~5세 공통교육과정 2019 개정 누리과정을 발표하였다. 개정 누리과정은 국정과제 '학생중심의 교육과정 개편' 정부혁신의 일환으로 '유아교육혁신방안('17.12.)'에서 제시한 '유아·놀이중심 교육과정 개편'이며 미래핵심역량을 반영한 교육과정으로의 전환이다.

누리과정 개정의 주요 특징은 다음과 같다.

① 유아중심·놀이중심 교육과정

교사주도활동을 지양하며, 유아가 충분한 놀이경험을 통해 몰입과 즐거움 속에서 자율·창의성을 신장하고, 전인적 발달과 행복을 추구할 수 있도록 하였다.

② 국가수준교육과정으로서 구성체계 확립

누리과정의 성격을 국가수준공통교육과정으로 명시하고, 미래사회 핵심역량을 반영한 인간상*과 목표를 밝혀 교육과정으로서 구성체계를 확립하였다.

*건강한 사람, 자주적인 사람, 창의적인 사람, 감성이 풍부한 사람, 더불어 사는 사람

③ 내용구성의 간략화를 통한 현장자율성 확대

교육과정의 5개 영역*은 유지하되, 연령별 세부내용(369개)을 연령통합(59개)으로 간략화하고 다양한 교육방식이 발현될 수 있도록 현장자율성을 확대하

였다.

*신체운동 · 건강, 의사소통, 사회관계, 예술경험, 자연탐구

④ 교사의 누리과정 실행력 지원

교사의 과다한 일일교육계획 작성을 경감하고, 주제와 유아놀이를 일치시켜야 하는 부담감 등을 완화해 교사의 자신감 회복을 도우며 자율성과 책무성을 강조하여 누리과정 실행력을 지원하는 데 중점을 두었다.

'2019 개정 누리과정'은 2020년 3월부터 유치원·어린이집에 공통 적용되고 있다(교육부, 보건복지부 보도자료, 2019.07.18).

5) 제5기(2023~현재): 바람직한 한국형 유보통합기

유보통합의 방향과 과제에 대한 정책적 측면을 유보통합 관련 발표 및 선행연구 등을 중심으로 살펴보고자 한다.

(1) 유보통합의 필요성

새 정부는 복지부 차원에서 46번째 국정과제로 '안전하고 질 높은 양육환경 조성'이라는 과제를 제시하여 보육교사 처우개선 등 보육환경 전반의 질적 향상과 더불어 0~5세 영유아 대상 보육과 유아교육의 단계적 통합 방안 마련을 주요 내용으로 제시하고 있다. 이를 위하여 관계 부처와 함께 '유보통합 추진단'을 구성·운영하도록 하여 유보통합 정책추진의 의지를 표명하고 있다. 또한 81번째 국정과제로 '100만 디지털 인재 양성'이라는 과제를 제시하고 있는데, 유아교육 단계에서의 '유·초 연계' 준비 및 디지털 교육격차 방지 대책 필요성을 주요 내용으로 제시하고 있다(대한민국정부, 2022).

이러한 유보통합의 필요성과 관련하여 한국유아교육학회장 정정희(2023) 교수님의 기고를 중심으로 제시하면 다음과 같다. 2022년 12월 11일 이주호 사회부총리 겸 교육부 장관은 2025년부터 유치원과 어린이집 관리체계를 교육청

이 전담해서 관리하는 것으로 발표하였다. 이후 교육부는 2023년 1월 30일 보도자료를 통해 유보통합으로 '출생부터 국민이 안심할 수 있는 책임교육과 돌봄'을 실현하기 위해, 2023년부터 유치원과 어린이집 간 격차 해소 과제를 우선적으로 추진하고, 관리체계 통합을 위한 법률에 대한 일괄적 제·개정을 추진하겠다고 발표하였다. 구체적인 통합기관 모델은 유보통합추진위원회에서 충분히 논의한 후 제시하는 것으로 하였다.

유아교육과 보육계의 오랜 숙원과제였던 유보통합이 이번 정부에 들어서 국정과제에 포함되고, 유보통합을 위한 우선적인 과제라 여겨졌던 부처 일원화와 교육부로의 통합부터 이루어지자 유보통합 실현에 대한 기대가 한층 고조되고 있다. 앞으로 유보통합을 위한 구체적인 세부안까지 모두 마무리되기까지는 상당한 시일이 더 소요될 것으로 보이지만 2025년부터 교육부로 관리체계가 통합되는 것이 확정되었다.

유보통합은 다음과 같은 점에서 필요성이 제기된다.

영유아를 대상으로 하는 교육과 돌봄은 서로 분리될 수 없는 것이지만 제도적으로는 출발점과 목표 및 지향점을 달리하여 유아교육과 보육이 상이한 경로로 발전해 왔다. 유아교육은 공교육 부처 소관으로 교육서비스 제공에 중점을 두고 운영되어 왔으며, 보육은 사회복지 부처 소관으로 취업모를 대신하여 돌봄서비스를 제공하는 데 주력해 왔다.

이후 1980년대부터 전 세계적으로 저출산 문제와 여성의 사회참여 증가, 아동발달과 권리에 대한 인식이 변화되자 영유아기 교육과 보육에 대한 관심이 더욱 증가하고 아동양육에 대한 국가책임과 역할이 매우 중요하게 강조되었다. 이와 같이, 교육과 돌봄으로 이원화되었던 유치원과 어린이집의 기능적 특성이 유사해짐에 따라 OECD 국가들은 유보통합을 적극적으로 추진하게 되었다.

이러한 추세로 인해, 우리나라에서도 유아교육과 보육 이원화 체제의 비효율성과 문제점들이 지적되면서 유보통합에 대한 논의가 지속되어 왔다. 이명박 정부 시절인 2012년부터는 유치원 교육과정과 어린이집의 보육과정을 「3~5세 연령별 누리과정」으로 통합하면서 누리과정 지원비를 지방교육재정교부금으로 지급하기 시작하였다.

이후 박근혜 정부에서도 유보통합을 국정과제로 채택하고 「단계별 유보통합 추진방안」을 추진하였는데 정보공시와 기관 평가 등 통합이 용이한 사안들에 한해 일부 통합이 진행되었고 통합의 핵심 부분인 관리부처와 교사 자격 및 양성체계 단계까지는 진행되지 못하였다. 현 정부에서는 유보통합을 국정과제로 포함하여 단계적 유보통합을 추진하도록 하였으며 유보통합추진단이 구성되어 2025년까지 교육부를 소관 부처로 하는 통합을 발표하는 데까지 이르게 되었다.

(2) 유보통합의 기대효과

유보통합의 궁극적인 목적은 우리나라 '모든 영유아들에게 질 높은 교육과 돌봄을 제공하여 출발선 평등을 보장하고 행복한 삶을 영위하도록 하기 위한 것'이다. 우리나라에서 태어난 영유아들이라면 누구나 차별 없이 질 높은 교육과 보호를 받을 수 있는 '평등권' 보장이 필요하다.

유치원과 어린이집이 이원화된 체제로 운영되는 것은 여러 가지 측면에서 비효율적이다. 동일 대상에 대해 유사한 기능을 제공하는 유치원과 어린이집을 각기 다른 행정부처에서 관리함으로써 유아교육 정책 수립과 실행에 있어서의 효율성, 형평성, 일관성 측면의 불합리성이 지속적으로 제기되었다.

따라서 유아교육기관 운영의 투명성, 책무성을 높이고 유아교육 분야의 공공성 강화를 위해 부처 일원화를 통한 일관된 전달체계 확립의 필요성이 강하게 제기되었다. 이미 유보통합을 실현한 OECD 국가들 대부분이 교육 서비스 질적 수준 제고를 위해 교육부를 통합부처로 채택하고 있다. 우리나라에서도 유아교육과 보육이 통합하여 학교 체제를 갖춘 보편적 교육기관으로서의 역할을 수행하고, 초중등과 같은 각급 학교와의 연계성을 가지며 발전하도록 하기 위해서는 교육부로 행정부처를 통합하는 것이 필요하다.

또한, 유보 이원화는 양 기관의 교사 자격 및 교육여건이 현저히 달라 교육서비스 질에 있어서 격차가 발생하고, 부모의 유아교육기관 선택에 혼란을 줄 뿐만 아니라 유아교육과 초등교육 간의 연계도 어렵게 하고 있다. 이러한 이유로 인해 유보 이원화는 영유아의 공정한 출발과 지속적이고 일관성 있는 발달에 지장을 초래할 수 있다는 우려를 낳고 있다. 유보통합을 통해 동일한 연령의 유아들이 유아교육기관에 다닐 수 있는 접근성을 보장해 줌과 함께 어떠한 기관을 선택하더라도 동등한 교육의 질이 보장되고 유아 개개인의 발달이 최적화될 수 있는 환경을 제공하는 것이 필요하다.

지금까지 유보통합에 관한 논의가 진행되어 오면서 다양한 이해관계 당사자들의 의견 충돌로 인해 많은 갈등이 야기되어 왔다. 오랫동안 완성되지 못한 유보통합이 이번 정부에서 본격적으로 추진되고 실현 단계에까지 이르게 되어 유아교육과 보육계는 많은 기대를 하고 있다. 이러한 시점에 다른 어떤 관련 집단의 이해관계나 이익보다는 유아교육과 보육의 이원화로 인해 가장 큰 피해를 받고 있는 우리 '영유아'들의 입장을 최우선적으로 고려하는 통합으로 나아가는 것이 중요하다. 현 정부 임기 내에 완전한 유보통합이 실현되어 우리나라 영유아들의 행복한 미래를 위한 첫 출발을 '유아 학교'로부터 시작할 수 있기를 기대해 본다(출처: 정정희, 2023, https://korea.kr/news/contributePolicyView.do?newsId=148911444. 대한민국 정책 브리핑).

(3) 유보통합의 과제

유보통합의 과제는 '유보통합 정책의 진행과 쟁점 분석 및 제안' 내용 중심으로 살펴보면 다음과 같다(유구종, 2022).

① 부처 통합(행정체계 일원화 문제)

통합의 단계적 추진에서 시의성이 중요하기 때문에 가장 중요하고 핵심적인 사안으로 '유아교육·보육 소관 부처 일원화'를 우선적으로 추진하는 것의 적절성을 강조하였다(이덕난, 2022). 또한 유아교육, 보육 소관 부처 일원화 이후의 추가 및 상향 지원은 공정하게 실시하고 실용적으로 점검·관리가 필요하다는 점을 지적하였다. 구체적인 실시 및 관리 방식은 '선 지원 후 평가' 또는 '선정 평가 후 지원' 등의 방식을 사안별로 적절하게 적용 가능하다는 점을 강조하였다.

유보통합 대상 모든 기관 및 종사자들에 대해 동일하게 상향 지원하는 방식은 시대적 가치로 부상한 '공정' 등의 원칙에 부합하지 않는다는 것이다.

이런 점을 고려할 때, 교육부로의 통합을 고려하여 기관 통합의 구체적인 실시 및 관리 방식은 '선 지원 후 평가' 또는 '선정 평가 후 지원' 등의 방식을 사안별로 적절하게 적용하는 방안이 현시점에서 가장 합리적인 방안으로 모색될 수 있을 것이다. 연령별 유보통합 중 만 0~1세 영아들의 양육정책은 가정양육 우선 정책과 병행 추진하는 것으로 해결 방안을 마련할 수 있다.

이러한 행·재정 측면에서의 교육부 차원으로의 통합 움직임이 힘을 받기 위해서는 지방 교육행정을 중심으로 한 각 지역 유치원이나 어린이집들의 지역별 노력이 선행되어야 하는데, 이 과정에서 조례 제정과 지속적 시행을 비롯하여 각 지자체(시·도)나 시의회 차원의 지원이 요구된다.

② 재정지원 및 통합

유보통합 추진이 힘을 받기 위해서는 재정 측면이 중요하며 지방교육재정교부금 사용에 관한 법률적 명시와 더불어 '유아교육지원특별회계'와의 연계 추진이 무엇보다도 중요하다. 유보통합을 위한 학계의 제안들이 실제 실행이 되려면 무엇보다 정부의 실천 의지가 있어야 하고 이러한 실천 의지는 예산안에 반영되어야 한다는 것이다. 또한 학부모들의 부담을 줄이기 위해서는 정부 차원에서의 지원금 인상이 있어야 한다고 주장한다.

③ 교사자격, 기관과 시설의 통합

유치원 명칭을 유아학교로 변경할 필요성을 제기하면서 유보통합 소관 부처 이관 후 추진할 것을 제안하였다(이덕난, 2022). 유치원교사와 원장 등을 각각 유아학교 교사, 교장으로 변경할 것이며 유아교육과 보육의 소관 부처가 일원화되면 일정한 요건을 충족시키는 어린이집에 대해 유아학교로 허용을 검토해야 한다는 의견을 제시하였다.

'유아학교'로의 명칭 변경은 유아교육, 보육 분야에서 일정부분 합의가 이루어지고 있는 사항으로, 유구종(2015, 2020)은 '영유아학교'라는 명칭 사용을 제안한 바 있는데, 보육 분야에서의 불만을 고려하여 사용한 명칭이었다. 마찬가지로 보육 분야에서의 형평성 관련 불만이 야기될 수 있다는 점을 고려할 때 일정한 요건을 충족시키는 어린이집에 대해 유아학교로 허용을 검토해야 한다는 의견은(이덕난, 2022) 유치원에도 똑같이 적용되어야 할 것이다.

부처 및 조직 일원화에 따라 영유아학교로의 통합을 위해서 전환되어야 하는 시설에는 유치원 시설 기준을 준용하되 최대 학급 규모, 면적 기준, 학급당 원아수, 활동실의 규모나 필요 면적 기준, 융자 가능 비율 등과 같은 기준 제시와 더불어 필수시설과 권장시설 등의 기본 기준만 설정하고 이를 충족한 경우 유아학교(가칭)로 인가할 수 있도록 하며, 조건의 충족을 위한 예외 규정과 유예기간을 둘 필요가 있다. 또한 유아학교 인가 이후 예산 지원과 더불어 행·재정 지원과 규제 규정을 명시하되 이전 공과를 소급 적용하지 아니할 필요도 있다.

배연희(2022)에 의하면 유보통합이 어려운 이유로 유치원과 어린이집에서 근무하는 현장 종사자 간의 이해 상충에 따른 교사 자격의 통합을 가장 어려운 과제로 제시하였다. 즉, 유치원과 보육시설의 교사 자격이나 이들이 처한 현장의 상황이 다르고, 두 기관 종사자에 대한 학부모들의 인식 역시 다른 상황 속에서 통합이 진행될 경우 중요 이해 당사자들이 공감하지 못하고 혼란만을 가중시킬 것이라는 문제점이 지적되고 있다는 것이다.

따라서 현재 이원화되어 있는 유치원교사와 보육교사의 자격을 통합하는 방법에 대한 합의점을 찾는 것이 유보통합을 위해 가장 우선시해야 할 것이라고 주장하고 있다.

표 3-1 유치원의 법령 및 정책의 변화(1949년부터 현재까지)

연도 및 날짜	법령 및 정책의 변화
1948~1961	유아교육 정책 등한기
1949. 12. 31	교육법(법률 제86호) 제정·공포
1962~1975	유아교육체제 정비기
1962. 8	유치원 시설기준령 공포. 63년 시행
1969. 2. 19	유치원교육과정(문교부령 제207호) 제정·공포
1970. 2. 12	교육법 시행령(대통령령 제4589호) 제정·공포
1976~1987	유아교육 공교육 확대기

연도 및 날짜	법령 및 정책의 변화
1976	유아교육 공교육 확대기: 초등학교 병설유치원 설치(서울 4개, 부산 1개)
1979. 3. 1	제2차 유치원교육과정 공포 전문대학 및 4년제 대학에 보육과 설치 권장: 비전공 교사 해소
1981. 12	제3차 유치원교육과정 공포
1982. 12. 31	유아교육진흥법(법률 제3635호) 제정·공포
1983. 6. 9	유아교육진흥법 시행령(대통령령 제11141호) 제정·공포 전국 단위 유아교육 교재·교구 전시회 개최
1987. 6. 30	제4차 유치원교육과정 공포
1988~1998	유아교육 질적 고양기
1990. 2. 5	지역 교육청에 유아교육계 설치
1992. 3. 1 1992. 9. 30	유치원 입학연령을 만 4세에서 만 3세로 한 살 낮춤(교육법 개정) 제5차 유치원교육과정 제정·공포
1996. 3. 1	만 5세아 초등학교 조기입학 시행(교육법 개정)
1997. 12. 13	초·중등교육법(법률 제5438호) 제정·공포(기존 교육법 폐지)
1998. 3. 1	만 5세아 유치원 무상교육 시행(초·중등교육법)
1998. 6. 30	제6차 교육과정 제정·공포
1998. 9. 17	유아교육진흥법(법률 제5567호) 전면개정·공포
2004. 1. 8	유아교육법 국회 본회의 통과
2004. 1. 29	유아교육법 공포(법률 제7120호) 공교육으로서의 기본 틀 마련 *공교육 체제 확립의 필요성 ① 교육의 기회균등 ② 유아교육에 대한 가정의 교육비 부담 해소 ③ 여성취업을 위한 사회적 변화에 부응하기 위해서 ④ 교육에 대한 투자가치 극대화 *공교육의 방향 ① 초등학교 취학 전 1년 무상교육: 출발점 평등의 원칙 구현, 국가·지방자치단체의 지원확대, 교육예산 확충필요 ② 교원의 전문성 신장, 신분보장, 복지향상 ③ 유아교육 관련 행정 조직 확충하여 유아교육의 질을 고양할 수 있는 체제 확립, 담당 인력의 전문화, 장학체제 보강 ④ 유치원의 유아 보호 기능 강화: 종일반 전담인력, 시설설비 확보
2006. 4	제7차 유치원교육과정 개정 시안
2007	2007 개정 유치원교육과정 고시
2011	5세 누리과정 고시

연도 및 날짜	법령 및 정책의 변화
2012. 7. 4	3~5세 연령별 누리과정 고시
2013. 3. 1	3~5세 연령별 누리과정 시행
2019	2019 개정 누리과정

표 3-2 보육시설의 법령 및 정책의 변화(1962년부터 현재까지)

연도 및 날짜	법령 및 정책의 변화
1962~1981	아동복리법에 의거 보사부 주관으로 탁아사업 실시
1981. 4. 13	아동복지법(법률 제3438호로 아동복리법을 전문 개정함)
1982년 이후	유아교육진흥법에 의거 '어린이집' 691개소를 '새마을유아원'으로 흡수 운영 법 제정 및 장학지도는 교육부가 맡고 시설운영은 내무부가 담당
1988. 12. 4	남녀고용평등법에 의한 직장탁아제 도입
1989. 9. 19	아동복지법 시행령에 탁아사업 실시 근거 부활
1990. 1. 15	탁아시설 설치·운영규정 제정
1991. 1. 14	영유아보육법 제정·공포, 보육사업을 보건복지부로 일원화, 종전의 단순 '탁아'에서 보호와 교육을 통합한 '보육'의 기능으로 확대
1991. 8. 1	영유아보육법 시행령 제정·공포
1998. 3. 1	만 5세아 유치원 무상교육 시행(초·중등교육법)
1998. 7. 1	보육시설 신고제 전환
2004. 1. 29	영유아보육법 공포(법률 제7120호)
2004. 6	영유아보육사무국이 보건복지부에서 여성부로 이관
2004. 10	한국여성개발원 내 '보육시설평가인증사무국' 설치
2005	보육시설평가인증 시범운영 실시
2005. 11. 30	표준보육과정 개발
2006	표준보육과정령 마련(영유아보육법 시행규칙 별표 8의2)
2007	표준보육과정의 구체적 보육내용 및 교사지침 여성가족부 장관 고시
2011	5세 누리과정 고시
2012	3~5세 연령별 누리과정 고시/제2차 표준보육과정
2013	3~5세 연령별 누리과정 시행/제3차 표준보육과정
2020	제4차 표준보육과정

연구문제

01 유치원의 법령 및 정책의 변화를 1949~2006년까지 설명하시오.

02 유아교육과 보육의 통합 필요성을 설명하시오.

Part 02

유아교육기관의 운영관리

Chapter 04

유아교육기관의 설립과정

01 유치원의 설립과정

1) 유치원 설립

유아교육법에서 '유치원'이라 함은 유아(만 3세부터 취학 전까지의 어린이)의 교육을 위하여 이 법에 따라 설립·운영되는 학교를 말한다. 유아교육법에서는 유치원의 종류를 국립유치원(국가가 설립·경영하는 유치원)과 공립유치원(지방자치단체가 설립·경영하는 유치원) 그리고 사립유치원(법인 또는 개인이 설립·경영하는 유치원)으로 구분하고 있다.

유치원을 설립하고자 할 때는 다른 각급 학교와는 달리 독특한 특성이 있으므로 설립 계획 시 고려해야 할 점이 있다(강문희 외, 2006).

첫째, 기준 우수 유치원을 사전 답사하고 실질적 정보를 수집한다.

둘째, 유치원의 설립과 운영에 관한 각종 법규, 규정, 기준 등을 검토한다.

셋째, 지역사회의 특성을 검토하고 구청이나 군청을 통해 연령별 유아의 예상 수를 파악한다.

넷째, 재정 상태와 입지조건 등을 고려하여 이에 적합한 부지를 마련하고 유치원 건축계획 초안에 유아교육 전문가나 다경험 원장들의 자문을 듣고 이를 반영한다.

2) 설립 절차

유치원을 설립하고자 하는 자는 관련 법규에 제시된 절차와 기준에 준하여야 한다. 유치원 설립에 관한 근거 법규는 유아교육법 제8조 및 같은 법 시행령 제8조·제9조, 고등학교 이하 각급 학교 설립·운영규정 제2조 내지 제8조, 제10조, 제15조 제2항 및 같은 법 시행규칙 제2조 및 제4조 등에 제시되어 있다.

유치원 설립 절차는 다음과 같이 이루어진다.

유치원 설립인가 근거 법령 및 신청 절차

▸ 근거 법령

- 유아교육법 제8조 및 같은 법 시행령 제8조, 제9조
- 고등학교 이하 각급 학교 설립·운영 규정 제2조 내지 제8조, 제10조, 제15조 제2항 및 같은 법 시행규칙 제2조 및 제4조
- 사립학교법 제2조
- 경기도교육감 행정권한 위임에 관한 조례 제6조 및 규칙 제6조
- 교육환경 보호에 관한 법률 제6조, 제8조, 제9조
- 경기도교육청 유치원 교구·설비 기준

▸ 설립인가 처리과정

1. **유아수용계획상 설립가능 권역 확인** — 설립예정지 관할 지역교육지원청 확정 공고문에 의함
2. **위치선정 및 교육환경평가서 제출** — 각 지역교육지원청 접수
3. **교육환경평가서 승인 여부 통보** — 제출받은 날로부터 45일 이내(지역 교육환경 보호 위원회 심의)
4. **유치원설립계획 승인신청서 제출** — 매년 3.31.까지 관할 지역교육지원청 제출
5. **유치원설립계획 승인 여부 통보** — 설립계획승인신청서 받은 날로부터 (학교법인) 3개월 이내 (사인) 2개월 이내
6. **교사동 건축 및 교재·교구 확보 등** — 매년 3.31.까지 관할 지역교육지원청 제출
7. **유치원 설립인가 신청** — 건축법 22조에 따른 사용 승인을 받은 후, 개교예정일 4개월 이전까지 관할 지역교육지원청에 제출
8. **유치원 설립인가 통보** — 설립인가 신청받은 날로부터 2개월 이내
9. **유치원 개원 및 교원 임용보고**

유치원 설립인가 신청 절차

유치원을 설립하고자 하는 자는 매년 3월 31일까지 유치원 설립계획 승인신청서를 관할 지역교육지원청에 제출하여 승인을 받아야 한다. 유치원 설립계획의 승인 통보를 받은 후 개원예정일 4개월 이내에 인가 기준에 부합하는 서류를 관할 지역교육지원청에 제출하여야 한다.

3) 필요한 구비 서류

유치원을 설립하고자 하는 자는 관할 지역교육지원청에 유치원 설립인가를 신청하여야 하며 이전에 유치원 설립계획 승인신청을 하여야 한다. 따라서 유치원 설립에 필요한 서류는 유치원 설립계획 승인신청과 유치원 설립인가 신청 서류로 나누어진다.

유치원 설립계획 승인신청 시 필요한 서류와 유치원 설립인가 신청 시 필요한 서류는 다음과 같다.

유치원 설립계획 및 설립인가 신청 서류(화성오산교육지원청)

▸ 유치원 설립계획 승인신청 서류

1. 설립계획 승인신청서
2. 설립자 관련 서류
   –(사인) 인감증명서, 주민등록초본, 이력서
   –(법인) 인감증명서, 법인등기사항증명서
   대표자 인감증명서, 주민등록초본, 이력서
   –성범죄 및 아동학대 범죄 전력 및 결격사유 조회 동의서
   (결격사유 관련 추가 서류: 건강진단서로 갈음)
3. 교지(校地)확보계획서
   –토지대장 및 토지등기사항증명서
   –지적도, 토지이용계획확인원
   –토지매입 및 분양계획서(계약한 경우) 또는 토지소유자의 동의서
4. 교사(校舍) 건축계획서
   –교사 및 체육장 평면도(★면적 기재) –정원산출 관련
   –층별 건물 배치도 및 기본설계도
   –건축물대장(현황도 포함), 건물등기사항증명서[신축 시 생략]
5. 교구·설비 확보 계획서
6. 설립자 소요경비조달계획서
7. 설립자(법인인 경우 대표자)의 재산명세서 및 확보계획
   –예금잔액증명서, 공시지가조서(또는 감정평가서), 토지·건물등기부 등본 등
   (재산가치액을 확인할 수 있는 객관적 증빙자료)
8. 이사회 회의록(법인인 경우)

9. 교육환경평가 결과 통보서

▸ 유치원 설립인가 신청 서류

1. 설립인가신청서
2. 유치원 규칙
3. 설립자 관련 서류
   –(사인) 인감증명서, 주민등록초본, 이력서
   –(법인) 인감증명서, 대표자 인감증명서, 주민등록초본, 이력서 신원진술서, 기본증명서
   –성범죄 및 아동학대 범죄 전력 및 결격사유 조회 동의서
   (결격사유 관련 추가 서류: 건강진단서로 갈음)
4. 설립자(사인) 경비의 지급 및 변제 능력 관련 서류
   –경비의 유지방법, 경비지변 각서
   –경비지변 능력 증명서(재산세 납부증명서 등)
5. 설립자(법인) 등기 및 출연금에 관한 서류
   –출연재산목록(교육용 및 수익용 기본재산, 보통재산)
   –법인정관 사본, 법인이사회 회의록
   –법인등기사항증명서
   –경비의 유지방법, 경비지변 각서, 대표자 각서
6. 원장 및 교원 임용 관련 서류
   –원장 신원진술서, 기본증명서, 주민등록초본
   –원장 채용승낙서, 경력증명서, 자격증 사본
   –원장 성범죄 및 아동학대 범죄 전력 및 결격사유 조회 동의서
   (결격사유 관련 추가 서류: 건강진단서로 갈음)
   –교직원 확보계획서(원장, 원감, 교사)
7. 시설 및 설비 관련 서류
   –토지대장 및 토지등기사항증명서
   –건축물대장(현황도 포함) 및 건물등기사항증명서
   –유치원 위치도, 지적도, 토지이용계획확인원
   –교지, 교사(체육장 포함) 평면도(★면적 기재)
   –시설설비 조서
   –급수·온수 공급 시설 설치도면
   –소방시설완공검사필증(방염 후 처리성능검사 결과서 포함)
   –소방·전기·가스 안전점검 확인서
   –어린이놀이시설 설치검사 합격증
   –어린이놀이시설 안전교육 수료증(설치 후 6개월 이내)
   –어린이놀이시설 보험가입 증서(설치 후 30일 이내)
   –어린이활동공간 확인검사 결과증명서
   –조도, 소음, 실내온도 등 측정결과서
8. 유치원 교구·설비 확보 현황
   –사진첨부(실별, 교재·교구 영역별로 구분), 파일 제출
9. 예산서

4) 설립 기준

유치원을 설립하고자 하는 자는 다음과 같은 조건에 유의하여야 한다.

첫째, 유치원 근처에는 교육환경 보호에 관한 법률 제8조, 제9조에 따라 유치원 설립예정지 보호구역 내 금지대상(유흥, 숙박, 기타 유해업소) 업소가 없어야 한다(절대보호구역: 학교출입문으로부터 직선거리로 50m까지인 지역, 상대보호구역: 학교경계등으로부터 직선거리로 200m까지인 지역 중 절대보호구역을 제외한 지역).

둘째, 건물의 용도가 건축법 시행령 제3조의5 별표 1 10호에 의한 '교육연구시설(유치원)'로 되어 있어야 한다.

셋째, 고등학교 이하 각급 학교 설립·운영규정 제7조에 따라 유치원의 교사 및 교지는 유치원을 설립·경영하는 자의 소유여야 하며, 교지 안에는 설립주체 외의 자가 소유하는 건축물을 둘 수 없다. 또한 설립주체는 사립학교법 제28조 제2항 및 제51조에 따라 학교법인 및 사인의 재산 중 학교교육에 직접 사용되는 재산은 매도·담보에 제공할 수 없다.

넷째, 유치원의 교사는 건물의 3층 이하로 한다. 다만, 건물 전체를 사용하는 경우 최대 5층까지 설치 가능하나 유아의 안전을 고려하여 4층 이상에는 교수·학습활동에 간접적으로 필요한 지원 시설(교사실, 자료실, 도서실 등)로 활용한다.

다섯째, 유치원을 유치원 외 용도의 시설과 복합으로 건축하는 경우에는 주택건설기준 등에 관한 규정 제52조 제2항에 따라 의료시설·주민운동시설·어린이집·종교집회장 및 근린생활시설에 한하여 함께 설치할 수 있다. 유치원을 유치원 외의 용도의 시설과 복합으로 건축하는 경우 주택건설기준 등에 관한 규정 제52조 제3항에 의해 유아교육의 환경이 보호될 수 있도록 유치원의 출입구, 계단, 복도 및 화장실 등을 다른 용도의 시설과 분리한다.

유치원 설립인가 기준

▸ 유치원 시설·설비 기준

시설 구분	시설기준	근거
교지	• 교지 = 교사용 대지면적 + 체육장 면적 - 교지는 교사용 대지와 체육장의 면적을 합한 용지로서 교사의 안전·방음·환기·채광·소방·배수 및 학생의 통학에 지장이 없는 곳에 위치하여야 함	고등학교 이하 각급 학교 설립·운영규정 제6조
교사	• 교사의 기준 면적 - 40명 이하: 총학생수*5㎡ - 41명 이상: (총학생수*3㎡)+80㎡ • 교사는 교수-학습과 보건위생에 적합하여야 함 • 교사내부 환경기준 - 조도: 300럭스 이상 - 소음: 55데시벨 이하 - 온도: 섭씨 18도 이상	고등학교 이하 각급 학교 설립·운영규정 제3조
교사용 대지	기준면적은 건축 관련 법령의 건폐율 및 용적률에 관한 규정에 따라 산출한 면적으로 함	고등학교 이하 각급 학교 설립·운영규정 제4조
체육장 (유원장)	• 배수가 잘 되거나 배수시설을 갖춘 곳에 위치하여야 함 • 체육장 기준면적 - 40명 이하: 160㎡ - 41명 이상: 총학생수+120㎡ - 기준면적 확보가 곤란한 경우 교내에 수영장, 체육장, 강당, 무용실 등 실내체육시설이 있는 경우 바닥 면적의 2배의 면적을 제외할 수 있음 - 교육상 지장이 없다고 인정되는 경우로서 새로이 설립되는 각급 학교가 초·중등교육법 제2조의 규정에 의한 학교의 체육장 또는 공공체육 시설 등과 인접하여 공동사용이 용이한 경우에는 체육장을 두지 아니할 수 있음	고등학교 이하 각급 학교 설립·운영규정 제5조
급수시설	• 급수시설을 두어야 하되, 수질검사결과 위생상 무해하다고 판명된 것이어야 함 • 학교에는 온수를 공급할 수 있는 시설을 갖추어야 함	고등학교 이하 각급 학교 설립·운영규정 제10조

〈용어 해설〉
- 교지: 학교의 설립·운영에 필요한 토지로 교사용 대지와 체육장 면적을 합한 것
- 교사용 대지: 교사를 건축하기 위하여 필요한 토지
- 교사: 학교의 용도로 사용되는 모든 건축물
- 체육장: 학생의 체육활동에 사용되는 옥외체육장
- 건폐율: 대지면적에 대한 건축면적의 비율(건축면적/대지면적)
- 용적률: 대지면적에 대한 건축물의 연면적의 비율(건축물의 연면적의 합계/대지면적 × 100%)

▸ **교육환경 및 기타 기준**

시설 구분	기준	근거
교육환경	•유치원 설립예정지 보호구역 내 금지대상(유흥, 숙박, 기타 유해업소) 업소가 없어야 함 – 절대보호구역: 학교(유치원) 출입문으로부터 직선거리 50m – 상대보호구역: 학교(유치원) 경계선으로부터 직선거리 200m	교육환경 보호에 관한 법률 제8조
건축물 용도	건축물의 용도는 "교육연구시설" 중 "유치원"이어야 함	건축법 제2조
교사 및 교지의 소유주체	•사립인 각급 학교의 교사 및 교지는 해당 학교를 설립·경영하는 자(이하 "설립주체"라 한다)의 소유이어야 하며, 교지에는 설립주체 외의 자가 소유하는 시설·건축물이 없어야 함 •학교교육에 직접 사용되는 학교법인의 재산 중 대통령령으로 정하는 것은 매도하거나 담보로 제공할 수 없음	고등학교 이하 각급 학교 설립·운영 규정 제7조, 사립학교법 제28조
기타 시설기준	•유치원을 유치원 외 용도의 시설과 복합으로 건축하는 경우에는 의료시설·주민운동시설·어린이집·종교집회장 및 근린생활시설(교육환경 보호에 관한 법률 제8조에 따른 교육환경보호구역에 설치할 수 있는 시설에 한한다)에 한하여 이를 함께 설치할 수 있음 •유치원을 유치원 외 용도의 시설과 복합으로 건축하는 경우에는 유아교육·보육의 환경이 보호될 수 있도록 유치원의 출입구·계단·복도 및 화장실 등을 다른 용도의 시설(어린이집 및 사회복지사업법 제2조 제5호의 사회복지관을 제외한다)과 분리된 구조로 하여야 함	주택건설기준 등에 관한 규정 제52조

경기도교육청 고시 제2023-524호에 의거하여 고등학교 이하 각급 학교 설립·운영 규정 제8조에 의거하여 유치원에 설치된 교구· 설비기준 중 일부 내용을 부분 개정하여 다음과 같이 고시함.

▸ **유치원 교구·설비 기준**

제1조(목적) 이 고시는 고등학교 이하 각급 학교 설립·운영 규정 제8조에 의거하여 경기도 교육청 유치원에 필요한 교구 및 설비 기준 등에 대하여 최소한의 기준을 정함을 목적으로 한다.

제2조(정의) ① '교구'라 함은 교육목표를 효과적으로 달성하기 위하여 교수·학습 활동에 직접적으로 활용되는 교육 매체를 말한다.

② '설비'라 함은 교육적인 환경 조성을 위하여 시설에 기본적으로 설치되거나 비치되어 교육활동을 간접적으로 돕는 보조물을 말한다.

제3조(교구·설비의 기준) 유치원에 갖추어야 할 교구·설비의 기준은 다음과 같다.

① 설비의 기준은 [1–1], [1–2], [1–3]과 같다.

② 교구의 기준은 [2–1]과 같다.

제4조(교구·설비 기준의 적용) ① 제3조에 따른 교구·설비 기준은 당해 유치원의 교육과정 운영에 따라 적용한다.
② 제3조에 따른 교구·설비의 종목별 수량은 이용하는 데 지장이 없어야 한다.
③ 제3조에 따른 실별 기준에서 '권장'으로 명시된 교구·설비를 갖추었을 때는 그 교구·설비 기준을 적용한다.
④ 초등학교 시설 설비를 겸용하는 경우에는 이를 '보유항목'으로 인정한다.

제5조(기타 필요한 교구·설비 등의 확보) 유치원장은 유치원 교육과정 운영, 유치원의 특성 및 지역 실정에 따라 필요하다고 인정되는 경우에는 기준 외의 교구·설비 및 교육 자료를 갖추어야 한다.

제6조(노후 교구·설비의 대체) 유치원에서 보유하고 있는 교구·설비는 가급적 사용 연한이 경과하기 전에 대체 또는 보완되어야 한다.

부　칙
기준은 고시한 날부터 시행한다.

1. 유치원 설비 기준

1-1. 유치원 실별 기준

구분	시설명	규격	소요기준	구분		비고
				필수	권장	
교육 활동실	① 보통교실		급당1	○		
	② 체육장		원당1	○		
	③ 방과후과정 교실		급당1		○	
	④ 강당		원당1		○	
	⑤ 특별실		원당1		○	교육활동을 위한 다목적실
	⑥ 도서실		원당1		○	
계	6			2	4	
교육 지원실	① 교무실		원당1	○		
	② 조리실		원당1	○		
	③ 자료실(자료제작실)		원당1	○		
	④ 화장실		원당1	○		
	⑤ 원장실		원당1		○	
	⑥ 행정실		원당1		○	
	⑦ 회의실		원당1		○	

구분	시설명	규격	소요기준	구분		비고
				필수	권장	
	⑧ 보건실		원당1		○	
	⑨ 식당		원당1		○	
	⑩ 문서보관실		원당1		○	
	⑪ 창고		원당1		○	
	⑫ 시설관리실		원당1		○	
	⑬ 방송실		원당1		○	
계	13			4	9	

1-2. 교육활동실 설비 기준

시설명	종목	규격	소요기준	구분		비고
				필수	권장	
보통 교실 및 방과후 과정 교실	① 냉난방시설		급당1	○		바닥 난방 포함
	② 태극기		급당1	○		
	③ 책상	유아용	유아 수 비례	○		
	④ 의자	유아용	책상 수 비례	○		
	⑤ 교구장	유아용	급당5 이상	○		
	⑥ 도서정리장	유아용	급당1	○		
	⑦ 시계		급당1	○		
	⑧ 교수용 컴퓨터		급당1	○		
	⑨ 시청각 매체		급당1	○		TV, 교수용 모니터, 빔프로젝터 등
	⑩ 공기청정기		급당1	○		
	⑪ 침구	유아용	급당1	○		방과후과정
	⑫ 전화기		급당1	○		
	⑬ 사물함	유아용	유아 수 비례		○	
	⑭ 게시판		급당1		○	
	⑮ 거울		급당1		○	
	⑯ 살균소독기		급당1		○	
	⑰ 피아노(키보드)		급당1		○	
	⑱ 교수용 프린터		급당1		○	

시설명	구분	종목	규격	소요기준	구분		비고
					필수	권장	
체육장	운동 놀이 시설	① 종합놀이기구		① 또는 원당 3종 이상	○		
		② 그네			○		
		③ 시소			○		
		④ 미끄럼틀			○		
		⑤ 정글짐			○		
		⑥ 터널			○		
		⑦ 구름다리			○		
		⑧ 망오름대			○		
	모래 놀이장	① 모래 놀이장	모래 깊이 30㎝ 이상	원당1	○		
		② 모래놀이 도구세트		원당1	○		
		③ 도구정리장		원당1	○		
	물 놀이장	① 물놀이장		원당1	○		
		② 물놀이 도구세트		원당1	○		
		③ 도구정리장		원당1	○		
	수도 시설	① 급수대, 세면대		원당1	○		
	목공 놀이장	① 목공 놀이대		원당1		○	
		② 목공놀이 도구세트		원당1		○	
		③ 도구정리장		원당1		○	
	휴식 및 체험 학습장	① 휴식 공간(그늘집)		원당1		○	
		② 자연관찰장		원당1		○	

시설명	종목	규격	소요기준	구분		비고
				필수	권장	
강당	① 냉난방시설		원당1		○	
	② 준비실		원당1		○	
	③ 빔 프로젝터 (스크린 포함)		원당1		○	
	④ 피아노		원당1		○	
	⑤ 정수기		원당1		○	
	⑥ 화장실		원당1		○	
특별실	① 냉난방시설		실별1	○		

시설명	종목	규격	소요기준	구분		비고
				필수	권장	
도서실	① 냉난방시설		실별1	○		
	② 유아용 도서		급당 50권 이상	○		
	③ 교사용 도서			○		
	④ 도서정리장		원당1	○		
	⑤ 책상, 의자	유아용	원당1 이상		○	

[비고] 교구·설비 종목별 소요 수량

순번	소요기준	수량
1	원당	소요기준에서 정하는 수량
2	급당	소요기준에 당해 교구를 사용하는 소요 학급수를 곱한 수량
3	실별	당해 소요기준에서 설비를 사용하는 데 필요한 시설
4	책상 수 비례	의자를 필요로 하는 책상을 사용하는 유아 수
5	유아 수 비례	당해 교구 또는 설비를 사용하는 전체 유아 수

1-3. 교육지원실 설비 기준

시설명	설비종목	규격	소요기준	구분		비고
				필수	권장	
교무실	① 냉난방시설		실별1	○		
	② 방송시설		실별1	○		기타실에 설치 가능
	③ 책상, 의자		1인당 1조	○		
	④ 서류보관함		원당1	○		
	⑤ 전화기		원당1	○		
	⑥ 팩스		원당1	○		
	⑦ 복사기(복합기)		원당1	○		
	⑧ 컴퓨터		1인당 1	○		보통교실의 교수용 컴퓨터를 교사용 컴퓨터로 활용 가능
	⑨ 프린터		원당1	○		
	⑩ 문서파쇄기		원당1	○		
	⑪ 구급약 냉장고		원당1	○		
	⑫ 수도시설		원당1		○	

시설명	설비종목	규격	소요기준	구분		비고
				필수	권장	
조리실	① 냉난방시설		실별1	○		
	② 환기시설		원당1	○		
	③ 조리시설		원당1	○		
	④ 이동식 운반대		원당1	○		
	⑤ 방충망		원당1	○		
	⑦ 온도계		원당1	○		
자료실 (자료 제작실)	① 영역별 교구		급당1	○		
	② 도서	교사용, 유아용	연령별1	○		
	③ 교사용 교수자료		연령별1		○	
	④ 자료제작용 책상, 의자		원당 1조		○	
	⑤ 실물화상기		급당1		○	
	⑥ 코팅기		원당1		○	
	⑦ 종이제단기		원당1		○	
	⑧ 제본기		원당1		○	
화장실	① 대변기		급당1	○		
	② 소변기		급당1	○		
	③ 세면대		실당1	○		
	④ 샤워기		실당1	○		
	⑤ 핸드드라이기		실당1		○	
	⑥ 세탁기		원당1		○	
원장실	① 냉난방시설		실별1	○		
	② 책상, 의자		원당1	○		
	③ 수도시설		원당1		○	
	④ 서류보관함		원당1		○	
	⑤ 회의용 탁자		원당1		○	
	⑥ 전화기		원당1		○	
	⑦ 컴퓨터		원당1		○	
	⑧ 프린터		원당1		○	

시설명	설비종목	규격	소요기준	구분		비고
				필수	권장	
행정실	① 냉난방시설		실별1	○		
	② 책상, 의자		1인당 1조	○		
	③ 팩스		원당1	○		
	④ 전화기		원당1	○		
	⑤ 서류보관함		원당1	○		
	⑥ 복사기(복합기)		원당1	○		
	⑦ 컴퓨터		원당1	○		
	⑧ 프린터기		원당1	○		
	⑨ 문서파쇄기		원당1	○		
	⑩ 수도시설		원당1		○	
식당	① 배식·퇴식대		원당1	○		
	② 식탁, 의자		급당1	○		
	③ 손 세척시설		원당1		○	
보건실	① 냉난방시설		실별1	○		
	② 수도시설		원당1	○		
	③ 구급약 냉장고		원당1	○		
	④ 신장계		원당1	○		
	⑤ 체중계		원당1	○		
	⑥ 침대	유아용	원당1	○		
	⑦ 침구류	유아용	원당1 이상	○		
	⑧ 이불장		원당1	○		
회의실	① 냉난방시설		실별1	○		
	② 회의용 책상		원당1		○	
	③ 의자		원당1		○	
	④ 태극기		원당1		○	
	⑤ 전화기		원당1		○	
	⑥ 게시판		원당1		○	
문서 보관실	① 환기시설		원당1		○	
	② 문서보관장		원당1		○	
창고	① 환기시설		원당1		○	
	② 보관장		원당1		○	

시설명	설비종목	규격	소요기준	구분		비고
				필수	권장	
시설 관리실	① CCTV 감지기		원당1		○	
	② TV		원당1		○	
	③ 전화기		원당1		○	
	④ 이불장 및 침구 세트		원당1		○	
	⑤ 화장실		원당1		○	
방송실	① 방송시설		원당1		○	
	② 영상 촬영기		원당1		○	
	③ 유선, 무선 마이크		원당1		○	

2. 유치원 교구 기준

2-1. 영역별 교구 기준

구분	종목	규격 및 교구 종류	소요기준	구분		비고
				필수	권장	
쌓기	① 블록	다양한 재질의 블록류	급당 5종 이상	○		
	② 모형	동물, 식물, 사람, 교통기관, 교통표지판, 지역사회기관 등	급당 3종 이상	○		
역할	① 가구	싱크대, 화장대, 소파, 낮은 탁자, 의자, 옷장 등	급당 3종 이상	○		
	② 주방용품	냉장고, 모형 가스레인지, 믹서, 토스터, 프라이팬, 냄비, 주전자, 쟁반, 국자, 도마, 칼, 컵, 각종 그릇, 수저, 포크, 나이프, 음식 모형 등	급당 10종 이상	○		
	③ 소품	소꿉놀이, 마트놀이, 홈쇼핑놀이, 캠핑놀이, 여행놀이, 우주여행 놀이, 방송국 놀이, 결혼식 놀이, 계절 관련 놀이, 직업 관련 놀이 등을 위한 소품 일체	원당 10종 이상	○		
언어	① 듣기자료	음향기기, 헤드폰, 음성 동화책 등	급당 1종	○		
	② 말하기자료	인형극 틀, 손인형, 마이크, 역할놀이용 머리띠, 각종 동화자료 등	급당 3종 이상	○		
		이야기 나누기 및 꾸미기 자료	급당 3종 이상	○		

구분	종목	규격 및 교구 종류	소요기준	구분		비고
				필수	권장	
	③ 읽기자료	동시판, 그림책, 그림카드, 글자카드 등	급당 3종 이상	○		
		유아용 도서	급당 50권 이상	○		
	④ 쓰기자료	다양한 종류의 쓰기 자료	급당 3종 이상	○		
수·조작	① 수놀이자료	짝짓기, 수세기, 분류, 비교, 부분과 전체, 기초와 통계, 도형, 서열 등을 위한 놀이 자료	급당 4종 이상	○		
	② 조작놀이자료	그림퍼즐, 단추끼우기, 지퍼올리기, 끈끼우기, 리본묶기, 찍찍이붙이기, 벨트채우기, 바느질 놀이도구, 구슬꿰기 등	급당 3종 이상	○		
	③ 게임놀이자료	각종 카드 게임, 게임판, 주사위, 민속놀이 자료	급당 3종 이상	○		
과학	① 실험 및 관찰도구	거울, 자석, 확대경, 프리즘, 감각상자 등	급당 3종 이상	○		
	② 측정도구	길이측정도구, 양측정도구, 모래시계, 온도계, 체온계 등	급당 3종 이상	○		
	③ 생명체 관련 자료	동물, 식물 기르기 등	원당 1종	○		
	④ 자연현상 관련 자료	여러 가지 자연물, 지구본, 우리나라 지도, 세계지도, 기후 관련 사진이나 그림 등	원당 1종	○		
음률	① 악기	리듬악기류	급당 3종 이상	○		
		멜로디악기류	급당 1종	○		
		국악기류	급당 1종	○		
	② 감상활동	음향기기, 헤드폰 등	급당 1종 이상	○		
	③ 표현활동	노래자료, 다양한 표현활동 자료	원당 1종	○		
미술	① 그리기 도구	크레파스, 색연필, 사인펜, 유성매직, 종이류, 물감, 붓류 등	급당 3종 이상	○		
	② 만들기 도구	안전가위, 모양가위, 펀치, 스테이플러, 점토, 스펀지, 리본, 잡지, 풀, 테이프, 수수깡, 빨대, 털실, 모루, 재활용품 등	급당 3종 이상	○		
	③ 기타	작품 건조대, 작품 게시대, 이젤, 작업복,	급당	○		

구분	종목	규격 및 교구 종류	소요기준	구분		비고
				필수	권장	
		감상 자료, 활동순서도 등	3종 이상			
신체놀이	① 운동놀이기구	평균대, 뜀틀, 매트, 유니바 등	원당 2종 이상	○		
	② 놀이기구	여러 가지 크기의 공, 풍선, 훌라후프, 줄넘기, 스카프, 줄, 고리 던지기 등	원당 3종 이상	○		
	③ 전통놀이도구	투호, 사방치기판, 굴렁쇠, 윷, 제기, 팽이, 딱지, 비석치기판 등	원당 3종 이상	○		
모래놀이	① 모래놀이도구	다양한 크기의 삽, 다양한 크기와 모양의 그릇, 모래틀, 체, 컵, 깔때기, 계량용기 등	원당 5종 이상	○		
물놀이	① 물놀이도구	다양한 물놀이 도구	원당 5종 이상	○		
컴퓨터	① 컴퓨터		급당 1종		○	태블릿 PC 등
	② 프린터		급당 1종		○	
	③ 소프트웨어		원당 5종 이상		○	

02 어린이집의 설립과정

1) 어린이집의 설립

어린이집의 설치에 관해서는 2023년도 보육사업안내(보건복지부, 2023)에 제시된 내용을 살펴보고자 한다.

(1) 국공립어린이집

① 정의

- 국가와 지방자치단체가 설치·운영(위탁운영 포함)하는 시설 중에서 직장어린이집을 제외한 시설

② 규모 및 명칭

- 상시 영유아 11인 이상을 보육할 수 있는 시설
- 어린이집의 명칭은 '○○어린이집'으로 함

③ 설치기준 및 절차

- 영유아보육법령상의 설치기준을 모두 갖추어야 함
- 국가 및 지방자치단체의 장이 인가절차 없이 직접 설치하되, 어린이집 수급계획 등을 포함한 보육계획을 사전에 수립
- 지방자치단체의 경우 설치 시 지방보육정책위원회의 심의를 거쳐야 함
- 국공립어린이집은 보육통합정보시스템에 설치 등록 시 대표자명에 시장·군수·구청장 개인 성명 또는 '○○시장, ○○군수, ○○구청장'으로 기재
- 국공립어린이집은 개원 2주 전부터 보육통합정보시스템에 입소대기 신청 가능일을 선택할 수 있음

④ 우선 설치지역

- 국공립어린이집은 영유아보육법 제11조의 보육계획에 따라 다음 지역에 우선적으로 설치
  - 도시 저소득주민 밀집 주거지역 및 농어촌지역 등 취약지역
  - 산업입지 및 개발에 관한 법률 제2조 제8호에 따른 산업단지 지역

⑤ 의무 설치지역

- 지방자치단체는 주택법 제2조 제3호에 따른 신규 500세대 이상 공동주택에 같은 법 제35조에 따라 설치되어야 하는 어린이집을 국공립어린이집으로 운영하여야 함

⑥ 시설의 위탁운영 등

- 국공립어린이집 위탁체 선정관리 권장 표준안 참조

국공립어린이집 위탁체 선정관리 권장 표준안

가. 주요 목적

보육에 관한 전문적인 지식과 경험을 가진 위탁체를 선정하고, 안정적이고 효율적인 시설 운영으로 보육사업의 전문성을 제고하고, 국공립어린이집의 위탁과 관련한 공통된 기준을 마련, 적용하도록 권장함으로써 전국적인 통일성과 형평성을 확보하고 위탁체 선정의 객관성과 공정성, 투명성을 도모하고자 함

나. 기본방향

1) 합리적인 선정 기준 및 선정과정의 객관적 절차 운영으로 최적의 운영체 선정
- 운영체의 수탁능력과 자격을 엄정히 검증하여 심사의 타당성·신뢰성 극대화
- 선정 기준의 객관화로 심사위원의 자의적 심사 방지 및 공정성 확보
- 선정 기준 및 그 절차의 표준안을 제시함으로써 행정업무 효율성 제고

2) 위탁기준과 절차 및 심의 결과의 공개로 공정성 및 투명성 제고

3) 운영체 및 원장 등의 전문성 및 시설 운영능력은 면접실시로 심층검증

다. 기본원칙

1) 적용대상

국가 및 지방자치단체에서 설치·운영 중이거나, 신규로 설립 예정인 어린이집 중 민간위탁을 하고자 하는 국공립어린이집

용어의 정의

- 신규위탁: 어린이집 최초의 공개경쟁으로 선정하는 경우를 말한다.
- 재 위 탁: 위탁기간이 만료되어 계약기간을 갱신함에 있어 위탁기간 만료 전의 수탁자에게 보육정책위원회의 심사에 따라 위탁하는 경우를 말한다.
- 변경위탁: 재위탁 심사에서 부적격 및 재위탁 대상자가 없거나, 재위탁하지 않고 수탁자를 새로 공개경쟁으로 선정하는 경우를 말한다. (기존 수탁자도 공개경쟁 참여 가능)

영유아보육법 제24조 제2항에 따라 공개경쟁으로 국공립어린이집의 수탁자를 최초 선정하는 경우 영유아보육법 시행규칙 별표 8의2('12.2.5. 시행)의 규정을 적용

※ 영유아보육법 제24조 제2항 단서 조항(민간어린이집을 국가 또는 지자체에 기부채납하여 국공립어린이집으로 전환하는 경우 등)에 해당하는 경우 위탁체 모집 방식은 공개경쟁에 의하거나 재위탁에 준하여 지방보육정책위원회에서 수탁심의를 통해 수탁자 선정 가능

2) 선정시기

신축시설의 신규위탁 경우 개원예정일 6개월 이전, 재위탁의 경우 계약 만료일 3개월 이전 심사 결정, 변경위탁은 2개월 이전 선정 완료

- 위탁체를 조기에 선정, 내실 있는 프로그램 운영과 시설의 효율적 관리 도모
- 규모가 크거나 다양한 프로그램 운영이 필요한 경우, 설계 단계에서 위탁체 선정 가능

3) 선정방법 및 결과공개

- 신규위탁 및 변경위탁은 반드시 공개경쟁으로 하고 재위탁은 지방자치단체의 보육정책위원회 또는 수탁자선정심의위원회의 심의를 거쳐 결정
  ※ 기존 수탁자에게 재위탁하는 경우 지자체에서 조례로 정하는 바에 따라 재위탁 횟수 제한 가능
- 위탁관련 일체의 절차 및 방법 공개
- 위탁업무의 공정성, 투명성을 위해 심의결과는 공개

4) 위탁기간

위탁기간은 어린이집의 일관되고 안정적인 운영을 위하여 5년으로 함. 다만, 원장의 위탁계약 가능기간이 정부의 보조금 지급 상한 연령으로부터 5년 미만인 경우 등 조례로 정하는 사유에 해당하는 경우에는 3년 이상 5년 이내의 범위에서 위탁기간을 조정 가능

5) 운영체(법인·단체·개인) 신청자격

- 사회복지법인, 비영리법인, 단체(육아종합지원센터 등 포함) 또는 개인
- 인건비지원 상한 연령을 감안하여 과도한 연령제한 금지

신청자격 제외대상(법인 및 단체의 대표자 또는 임원이 해당되는 경우도 포함한다.)

- 영유아보육법 제16조 및 같은 법 제20조의 결격사유에 해당하는 자
- 최근 5년 이내 관련 법령 위반으로 위탁 취소 및 위탁해지 처분을 받은 운영체(자)
- 위탁체 명의만 가지고 위탁하고자 하는 법인 및 단체
- 주사무소와 상근 인력이 없는 등 실체가 없는 법인·단체
- 그 밖에 지방자치단체장이 지방보육정책위원회의 심의를 거쳐 부적합하다고 인정하는 자

6) 운영조건

- 신규 및 변경위탁, 재위탁 심사 시 영유아보육법 제26조에 따른 취약보육(영아·장애아·그 밖의 연장형·다문화아동 보육) 중 2개 이상 실시를 전제로 하되, 장애아, 그 밖의 연장형 보육을 권장
  - 취약보육을 2개 이상 실시하지 못할 경우, 지역 여건 등을 감안하여 보육수요 조사를 실시 후 그 적용 여부를 보육정책위원회에서 결정
- 개인이 위탁체로 선정되는 경우에는 반드시 원장 직무를 수행해야 함
- 운영을 위탁받으려는 자는 「영유아보육법 시행규칙」 제24조 제2항 제5호에 따라 제출하는 어린이집 운영계획서에 해당 어린이집의 기존 종사자의 고용승계에 관한 사항을 포함해야 하며, 지방자치단체장은 동 시행규칙 제24조 제4항에 따라 위탁계약 체결 시 계약서에 기존 종사자의 고용승계에 관한 사항을 명시해야 함

7) 선정심사위원회

지방자치단체의 지방보육정책위원회에서 원칙적으로 심사
단, 지방자치단체의 조례에 의거 지방보육정책위원회의 기능을 담당하기에 적합한 다른 위원회가 있으며, 그 위원회의 위원이 보육정책위원회의 자격을 갖춘 경우 심사가능(영유아보육법 제6조 참조)

8) 심사원칙

- 심사기준은 권장 표준안을 참조하되 보육정책위원회에서 조정가능
  - 심사기준은 보건복지부의 표준안으로 지역의 보육여건 및 시설 특수성 등을 감안하여, 보육정책위원회에서 심사항목, 배점, 동점처리 등 검토 후 조정가능
- 신청 운영체와 특수한 관계(배우자, 친족, 이해관계인 등)에 있는 자는 위원 제척, 심의의 공정을 기대하기 어려운 사정이 있는 경우 위원의 기피신청 가능(영유아보육법 시행령 제10조의2(위원의 제척·기피·회피) 참고)
- 심사는 집합심사를 하되, 보육정책위원회의 확인이 필요할 시 현장확인 실시
- 심사결과, 신청 운영체가 모두 부적격으로 판정될 경우에는 보육정책위원회에서 위탁체 재모집

결정

※ 심사 시 연령, 성별 등 영유아보육법령에 규정되지 않은 사항을 기준으로 적합 여부를 판단하여서는 아니 됨

※ 참고자료: 〈대법원 2009.5.28., 선고 2007 추134판결〉

라. 세부지침

1) 위탁체(신규·변경) 선정

- 선정시기
  - 신축은 개원예정일 6개월 이전, 기존시설은 계약만료일 2개월 이전
- 위탁체 모집
  - 공고: 일간지 또는 시·군·구보, 지방자치단체 홈페이지, 육아종합지원센터, 보육통합정보시스템 또는 아이사랑포털 등 관련 기관에 게재하여 공개모집
  - 기간: 공고일로부터 접수 마감까지 20일 이상
  - 공고사항

> • 위탁대상시설, 위탁기간, 선정 기준 방법, 위탁운영 조건, 사업설명회 개요, 신청서 교부, 신청서접수(장소 및 기간), 지원사항, 구비서류, 심사결과 공개 등

- 사업설명회 개최
  - 개최시기: 공고일로부터 7일 이내
  - 주요내용: 시설개요, 위탁시설 업무, 위탁절차 등 설명
  - 현장설명: 필요시
- 신청서 및 심사자료 접수
  - 접수기간: 접수 개시일로부터 7일 이상
  - 제출서류

구분	서류항목	운영체			비고
		법인	단체	개인	
개별사항	• 법인의 정관 및 등기부등본	○			
	• 등록증 또는 단체의 회칙 또는 규약		○		
	• 시설위탁운영 이사회 결의서 등	○	○		
	• 주민등록등본			○	
공통사항	• 어린이집 위탁신청서 • 이력서, 자기소개서(법인, 단체의 경우 대표자, 원장) • 자격 및 경력을 증명하는 서류(법인, 단체의 경우 대표자, 원장) • 경비의 지급 및 변제 능력에 관한 서류(자산현황) – 부동산(등기부등본), 동산(정기예금성 예금만 인정) – 공고일 전일 현재 잔액증명 – 법인(법인명의 재산), 단체(단체명의 재산), 개인(부부) • 운영체의 복지 및 보육 관련 사업운영 실적 • 어린이집 운영계획서 및 예산서 • 기타 지방자치단체장이 필요로 하는 서류(평가 등)				

- 심사기준: 위탁체(신규·변경) 선정관리 표준안
- 심사결정
  - 개별위원 점수의 최고·최저점수는 점수합산에서 제외하고 70점 이상의 최다 득점을 받은 운영체로 결정
  - 결과 점수가 동점이 나온 경우에는 어린이집 운영계획, 원장의 전문성, 시설운영 실적 고득점자 순으로 결정
  - 심사결과는 공정성·투명성·책임성 확보 차원에서 지방자치단체 홈페이지 등을 활용, 공개 원칙

2) 재위탁 심사

- 심사시기: 계약만료일 3개월 이전
- 재위탁 신청서 및 심사자료 접수
  - 제출서류

구분	서류항목	운영체			비고
		법인	단체	개인	
개별사항	• 법인의 정관 및 등기부등본	○			
	• 등록증 또는 단체의 회칙 또는 규약		○		
	• 시설위탁운영 이사회 결의서 등	○	○		
	• 주민등록등본			○	
공통사항	• 어린이집 위탁신청서 • 경비의 지급 및 변제 능력에 관한 서류(자산현황) – 부동산(등기부등본), 동산(정기예금성 예금만 인정) – 신청일 전일 현재 잔액증명 – 법인(법인명의 재산), 단체(단체명의 재산), 개인(부부) • 시설운영 기간 동안 사업운영 실적 • 어린이집 운영계획서 및 예산서 • 기타 지방자치단체장이 필요로 하는 서류(평가 등)				

- 심사기준: 재위탁 선정관리 표준안
- 심사결정
  - 보육정책위원회에서 심사결과 80점 미만일 경우 부적격 처리
  - 운영체의 재위탁 부적격 처리 시 변경위탁(공개경쟁)으로 추진
  - 심사결과는 지방자치단체 홈페이지 등을 활용, 공개 원칙

마. 행정사항

- 국공립어린이집 위탁업무 수행 시 영유아보육법 및 사회복지사업법 등 관련 법, 각 지방자치단체의 관련 조례와 함께 동 권장 표준안을 참조
  ※ 국공립어린이집 위탁체 공통심사 기준표 및 선정관리 기준 등은 보육사업안내 부록 참조
- 국가 또는 지방자치단체가 설치한 사회복지관의 국공립어린이집은 사회복지사업법 제34조에 따

라 사회복지관 위탁 시, 어린이집을 포함하여 심의 가능. 다만, 지방자치단체의 조례에 지방보육정책위원회의 위탁심의 기능을 수행할 수 있는 자격을 갖춘 위원으로 구성된 심사위원회에 의함
※ 사회복지관 위탁 시 어린이집을 포함하여 심의하는 경우 어린이집 운영에 대한 실질적인 심의가 가능하도록 어린이집 위탁심의 관련 비중을 조정

(2) 사회복지법인어린이집, 법인·단체 등 어린이집, 민간어린이집

① 정의

- 사회복지법인어린이집이란 사회복지사업법에 의한 사회복지법인이 설치·운영하는 어린이집
- 법인·단체 등 어린이집이란 각종 법인(사회복지법인을 제외한 비영리법인)이나 단체 등이 설치·운영하는 어린이집
- 민간어린이집이란 국공립·사회복지법인·법인·단체 등·직장·가정·협동어린이집이 아닌 어린이집

② 규모 및 명칭

- 상시 영유아 21인 이상을 보육할 수 있는 시설을 갖추어야 함
- 어린이집의 명칭은 '○○어린이집'으로 하며, 명칭 사용에 유치원, 학원 등 유사기관으로 오인할 수 있는 명칭은 사용할 수 없음
  - ○○유치원 부설·○○미술·○○영어 어린이집 등 사설학원으로 오인할 수 있는 표기는 할 수 없으며, 동일 간판 또는 상하좌우에 붙어 있는 간판에 유치원 명칭 사용 불가

③ 설치기준 및 절차

- 영유아보육법령상의 설치기준을 모두 갖추어야 함
- 관할 특별자치시장·특별자치도지사·시장·군수·구청장에게 사전에 인가 신청
- 사회복지법인어린이집은 보육통합정보시스템 등록 및 인가증 발급 시 대표자명에 법인대표의 성명 또는 '○○사회복지법인 대표이사'로 기재

- 근로복지공단어린이집은 보육통합정보시스템 등록 및 인가증 발급 시 대표자명에 근로복지공단 이사장의 성명 또는 '근로복지공단 이사장'으로 기재
- 법인·단체 등 어린이집(영유아보육법 시행령 제18조의2 제1호, 제2호, 제4호 중 비영리법인이 설치·운영하는 어린이집만 해당)은 보육통합정보시스템 등록 및 인가증 발급 시 대표자명에 법인대표의 성명 또는 '○○법인·단체 등 대표이사'로 기재

④ 배치기준

- 지역 보육수요와 어린이집의 공급 현황 등을 감안하여 지역별로 균형 있게 배치되도록 함

(3) 직장어린이집

① 정의

- 사업주가 사업장의 근로자를 위하여 설치·운영하는 어린이집(국가나 지방자치단체의 장이 소속 공무원 및 국가나 지방자치단체의 장과 근로계약을 체결한 자로서 공무원이 아닌 자를 위하여 설치·운영하는 어린이집 포함)
  - 직장어린이집을 설치·운영하는 사업장 소속의 피보험자의 자녀 수가 전체 보육아동수의 3분의 1 이상이거나 4분의 1 이상이면서 피보험자(다른 사업장 소속 피보험자를 포함)의 자녀의 수가 2분의 1 이상일 것(재직증명서 또는 고용지원센터의 '고용보험 피보험자격 확인통지서'로 확인)

② 규모 및 명칭

- 상시 영유아 5인 이상을 보육할 수 있는 어린이집
- 어린이집의 명칭은 '○○어린이집'으로 함

③ 설치기준 및 절차

- 직장어린이집은 영유아보육법상의 설치기준을 모두 갖추어야 하며, 사업주

가 직장어린이집을 설치할 경우에는 안전사고 및 재난에 대비한 시설을 갖추어 건물 내 5층까지 보육실을 설치할 수 있음

– 산업단지관리공단·입주기업협의체·한국산업단지공단이 산업단지 내에 해당 기관 및 산업단지 입주기업체·지원기관의 근로자를 위해 공동직장어린이집을 설치·운영할 경우 산업단지에 있는 건물의 5층까지 설치 가능

- 상시 영유아 20인 이하를 보육하는 직장어린이집은 가정어린이집을 설치할 수 있는 곳에도 설치할 수 있음
- 직장어린이집을 설치하고자 하는 자는 관할 특별자치시장·특별자치도지사·시장·군수 또는 구청장에게 사전에 인가를 신청
- 직장어린이집은 보육통합정보시스템 등록 및 인가증 발급 시 대표자명에 사업주 개인의 성명 또는 '○○사업장의 대표 직함'으로 기재
- 직장어린이집 설치 인가 시 보육통합정보시스템에 사업장 정보 입력

④ 직장어린이집 설치 의무 및 의무 미이행 시 제재

- '상시 여성 근로자 300인 이상 또는 근로자 500인 이상을 고용하고 있는 사업장'의 사업주는 직장어린이집을 설치하여야 함
- 의무사업장의 사업주가 직장어린이집을 단독으로 설치하기 어려운 경우에는 사업주 공동으로 직장어린이집을 설치·운영하거나, 지역의 어린이집과 위탁계약을 체결하여 근로자 자녀의 보육을 지원해야 함
- 보건복지부 장관은 직장어린이집 설치, 위탁보육 등의 의무를 이행하지 아니하거나 실태조사에 불응한 사업장의 명단을 공표할 수 있음
- 시·도지사 또는 시·군·구청장은 직장어린이집 설치의무 미이행사업장에 대하여 이행명령, 이행강제금을 부과할 수 있음
- 사업주 단독 또는 공동으로 직장어린이집을 설치한 경우 또는 어린이집과 위탁계약을 맺은 사업주는 직장어린이집의 운영 및 수탁 보육 중인 영유아의 보육에 필요한 비용의 100분의 50 이상을 보조해야 함
- 의무사업장 여부를 판단하기 위한 상시 근로자의 수 산정은 전체 기업규모가 아닌 단위사업장을 기준으로 하며, 이 경우 '사업장'은 사업이 행하여지고 있는 인적·물적 시설이 존재하는 장소적 범위를 중심으로 보는 개념으

로서 동일 장소에 소재하여야 함. 또한 '상시근로자'는 임시직, 정규직, 일용직 등을 총망라하여 평균적으로 사용하는 근로자를 말함

- 직장어린이집 설치 의무는 국가 및 지자체에도 적용

⑤ 위탁보육 세부 이행기준

- 위탁 중인 영유아의 보육에 필요한 비용의 100분의 50 이상을 부담
- 입소순위 적용에 따른 현실적인 위탁보육의 어려움과 유치원 이용, 가정 내 양육 등 다른 양육수단을 고려하여 어린이집 위탁률 30%를 의무이행으로 간주
- 위탁비용은 사업주가 어린이집에 직접 지급
- 위탁계약서에는 어린이집이 위탁비용의 범위 내에서 부모로부터 특별활동비 등 추가비용의 징수를 금지하는 조항 명기
- 위탁비용은 별도계정(전입금)으로 관리하며, 위탁보육은 위탁보육에 따른 필요경비 및 특별활동비 등 부모 부담분을 우선 회계처리
- 위탁계약서는 양식을 참조하여 작성

⑥ 설치권장 및 행정지도

- 기업의 직장어린이집 설치
  - 직장어린이집 설치 의무사업장에 대하여 조속히 시설을 설치하도록 시·도지사가 지도하여야 함
  - 필요한 경우 남녀고용평등과 일·가정 양립지원에 관한 법 제21조에 따라 관할 구역 내 지방노동청장 또는 지방노동지청장과 협조하여 근로감독차원의 행정지도를 병행
  - 의무사업장 이외의 사업장에 대하여 고용노동부의 지원(고용보험금기금에서 설치·운영비 지원 등)계획을 안내하여 직장어린이집 설치를 적극 유도하고, 사내 근로복지기금에서 설치·운영비 등을 지원하도록 권장·지도
  - 장소부족·비용부담 등으로 직장어린이집을 설치하지 못하는 다수의 중소기업이 밀집해 있을 경우, 지자체·대학(부설병원 포함)이 참여, 비용 일부

를 부담하여 직장어린이집을 설치할 수 있음을 안내(고용부 지원)

- 공공기관의 직장어린이집 설치
  - 시·도지사는 관내 시·도, 시·군·구청 내 유휴 공간(또는 별도 신축)을 활용하여 직원(국가·지자체와 계약을 체결한 공무원이 아닌 자 포함) 자녀를 위한 직장어린이집을 설치해야 함
  - 직장어린이집은 근로자의 자녀 양육 지원 환경을 조성하는 데 그 목적이 있으므로 공공기관의 경우 우선적으로 직장어린이집을 설치장·운영하여야 하며, 보육수당 지급으로 직장어린이집 설치를 대체하는 것은 부득이한 경우(사업장 내 또는 인근에 영유아의 안전을 위협하는 위험시설이 있거나 보육수요가 부족한 경우)에 한함
  - 상시 여성근로자 300인 이상 또는 근로자 500인 이상을 고용하고 있는 정부(재) 투자기관, 정부출연기관 등에 대해서도 단독 또는 공동으로 직장어린이집을 설치·운영하도록 적극 지도
  - 공공기관 직장어린이집 운영 시 정원에 일정수준 이상의 여유가 있을 경우 지역 아동도 이용할 수 있도록 지역사회에 직장어린이집을 개방
- 직장어린이집 입소대상 및 운영비 지원
  - 사업주는 사업장 근로자의 자녀가 우선적으로 직장어린이집을 이용할 수 있도록 운영해야 함
  - 운영비 지원대상(고용보험기금): 중소기업 직장어린이집 보육영유아 중 고용보험 피보험자의 자녀

⑦ 이행강제금의 부과

- 시·도지사는 관할 시·군·구 중 설치의무 미이행사업장(시·군·구청)에 이행명령, 이행강제금을 부과하고, 그 외 모든 설치의무 미이행사업장은 시·군·구청장이 이행명령, 이행강제금을 부과함
- 직장어린이집 설치의무(직접설치, 위탁보육) 미이행사업장에 대하여 부과주체인 시·도지사 또는 시·군·구청장이 조사하고, 이행명령, 이행강제금 부과
- 부과금액은 (해당사업장 근로자 자녀 수의 65%) × (연령별 보육료 지원단가 평균의 50%) × (6개월)을 부과함(단, 회당 최대 1억 원)

- 직장어린이집 설치 의무 미이행 사업장이 아래 사항 중 하나에 해당하는 경우 100분의 50의 범위에서 가중부과 가능
  - 최근 3년간 이행강제금의 부과처분을 2회 이상(시행령 제25조의3 제2항에 따라 이행강제금 부과처분이 취소된 경우는 제외한다) 받은 경우
  - 거짓이나 그 밖의 부정한 방법으로 의무이행 실태조사에 응하여 법 제44조의2에 따른 이행명령 및 법 제44조의3에 따른 이행강제금의 부과처분을 받지 않은 경우
- 최초 이행명령 → (상당한 기간을 부여) 미이행 시 다시 이행명령 → (상당한 기간을 부여) 이행강제금 부과·징수한다는 뜻을 문서로 계고 → (상당한 기간을 부여) 이행강제금 부과(1회), 미이행 시 또다시 이행강제금 부과·징수한다는 뜻을 문서로 계고 → (상당한 기간을 부여) 이행강제금 부과(2회)(1년간 2회)
- 이행명령 및 이행강제금 부과 시 처분일 기준으로 7일 이내 보육통합정보시스템에 입력

⑧ 직장어린이집 실태조사 불응사업장 과태료 부과

- 직장어린이집 설치 등 의무이행에 관한 실태조사 대상 사업장의 사업주는 실태조사에 따라야 함
- 직장어린이집 설치 등 의무이행 실태조사에 따르지 않은 경우 1차 위반 시 5천만 원, 2차 위반 및 3차 이상 위반 시 각각 1억 원의 과태료를 부과함

⑨ 직장어린이집의 운영 위탁

- 직장어린이집 위탁은 국공립어린이집 위탁체 선정관리 표준안을 참조. 단, 사업장의 특성 및 여건 등을 감안하여 심사항목, 배점 등 조정가능

⑩ 직장어린이집 설치현황 보고

- 시·도지사 및 시·군·구청장은 매년 실시하는 직장어린이집 실태조사에 협조해야 함

(4) 가정어린이집

① 정의

- 개인이 가정이나 그에 준하는 곳에서 설치·운영하는 어린이집

② 규모 및 명칭

- 상시 영유아 5명 이상 20명 이하를 보육할 수 있는 어린이집
- 어린이집의 명칭은 '○○어린이집'으로 하며, 명칭사용에 유치원, 학원 등 유사기관으로 오인할 수 있는 명칭은 사용할 수 없음
  - 기존의 가정어린이집이 '○○어린이집'으로 명칭을 변경할 경우, 동일 시·군·구 내 다른 어린이집과 동일한 명칭을 사용할 수 없음

③ 설치 절차

- 영유아보육법상의 설치기준을 모두 갖추어야 함
- 관할 특별자치시장·특별자치도지사·시장·군수 또는 구청장에게 사전에 인가 신청

④ 배치기준

- 지역 보육수요와 어린이집의 공급현황 등을 감안하여 지역별로 균형 있게 배치되도록 함

(5) 협동어린이집

① 정의

- 보호자 또는 보호자와 보육교직원 11인 이상이 조합을 결성하여 설치·운영하는 어린이집

② 규모 및 명칭

- 상시 영유아 11인 이상을 보육할 수 있는 어린이집

• 어린이집의 명칭은 “○○어린이집”으로 하며, 명칭사용에 유치원, 학원 등 유사기관으로 오인할 수 있는 명칭은 사용할 수 없음

③ 설치 절차

• 관할 특별자치시장·특별자치도지사·시장·군수 또는 구청장에게 사전에 인가 신청
• 상시 영유아 20인 이하를 보육하는 협동어린이집은 가정어린이집을 설치할 수 있는 곳에도 설치할 수 있음

④ 설치 및 운영방식

• 보육아동을 둔 보호자 또는 보호자와 보육교직원 11인 이상이 상호 출자하여 공동으로 어린이집을 설치·운영할 것을 약정함으로써 그 효력이 발생
• 보육아동을 둔 보호자 또는 보호자와 보육교직원 11인 이상이 상호 출자하여 공동으로 어린이집을 설치·운영할 것을 약정함으로써 그 효력이 발생
• 어린이집운영위원회에 준하는 총회(또는 조합원을 대표하는 5~10인 이내 이사회)를 운영해야 함
• 출자는 조합원의 약정에 따라 금전, 기타 재산 또는 노무로 할 수 있음
• 조합원은 아동보육의 필요성이 없게 되거나 기타 조합계약으로 정하는 시기에 탈퇴할 수 있으며, 출자금은 탈퇴 당시 조합의 재산 상태 및 지분에 의하며, 부득이한 사유 없이 조합의 불리한 시기에 탈퇴하지 못함
• 조합의 업무집행자는 조합계약 또는 조합원의 3분의 2 이상의 찬성으로 선임
• 어린이집 대표자는 조합원 중에서 선임하고, 시설 운영에 관한 통상 사무는 원장이 전임하며, 주요사항은 조합원 과반수 찬성으로 결정
• 조합원이 최대한 보육과정 및 의사결정에 참여하여 소기의 설립 목적을 달성하도록 노력
• 기타 사항은 민법 제703조 내지 제724조를 적용

2) 인가절차 및 유의사항

(1) 인가절차

- 신규(변경)인가

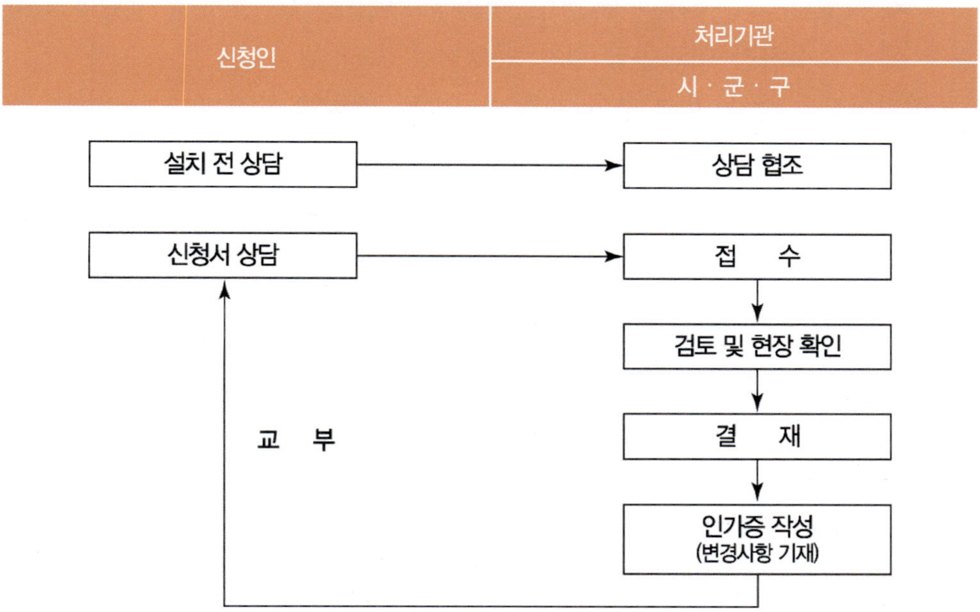

(2) 인가신청

- 국공립어린이집 외의 어린이집을 설치하고자 하는 자는 시설의 소재지를 관할하는 특별자치시장·특별자치도지사·시장·군수 또는 구청장의 인가를 받아야 함
- 어린이집을 설치하고자 하는 자 또는 설치인가사항을 변경하려는 자는 보육수요 등 지역여건 및 어린이집 설치기준에 관하여 관할 특별자치시장·특별자치도지사·시장·군수·구청장에게 사전에 설치 전 상담을 요청할 수 있음
- 어린이집의 설치를 신청하고자 하는 자는 어린이집 인가신청서를 관할 특별자치시장·특별자치도지사·시장·군수·구청장에게 제출

- 어린이집 인가신청서에 첨부해야 할 서류(전자문서 포함)는 시행규칙 제5조 제1항 각 호[2]에 따름(시행규칙 별지 제4호 서식)
  - 영유아의 안전과 어린이집의 안정적인 운영을 위해 건축물대장등본을 어린이집 시설인가 시 확인하도록 하고 있으나, 건축물대장등본의 소유자와 사실상 소유자가 다를 경우 이를 증명할 수 있는 서류를 확인하여 사실상 소유자가 어린이집 설치·운영하는 자가 됨
- 어린이집을 설치·운영 중인 자가 인가받은 사항 중 중요사항(시설의 종류·명칭·대표자·소재지·정원)을 변경하려는 경우, 어린이집 변경인가신청서를 사전에 제출
- 어린이집 변경인가신청서에 첨부해야 할 서류(전자문서 포함)는 시행규칙 제5조의2 제1항 각 호[3]에 따름

---

2) 1. 법인의 정관 및 출연금 등에 관한 서류(법인인 경우에만 해당한다)
2. 단체의 회칙 또는 규약(단체인 경우에만 해당한다)
3. 임대차계약서(부동산을 임차하는 경우에만 해당한다)
4. 어린이집의 구조별 면적이 표시된 평면도와 시설 및 설비 목록
5. 어린이집의 원장의 자격을 증명하는 서류
6. 보육교직원 채용계획서
7. 어린이집 운영계획서(운영경비와 유지방법을 포함한다)
8. 설립자가 개인인 경우 경비의 지급 및 변제 능력에 관한 서류
9. 인근 놀이터 이용계획서(영유아 50인 이상의 어린이집으로서 옥외놀이터나 옥내놀이터를 설치하지 아니하는 경우에 한한다)
10. 「도시가스사업법 시행규칙」 제25조 및 「액화석유가스의 안전관리 및 사업법 시행규칙」 제29조에 따른 정기검사증명서
11. 「소방용품의 품질관리 등에 관한 규칙」 제5조에 따른 현장처리물품의 방염성능검사 성적서 및 방염성능검사확인표시

3) 1. 법인의 이사회 회의록(법인의 대표자가 변경되는 경우에 한한다)
2. 변경되는 대표자가 개인인 경우 경비의 지급 및 변제 능력에 관한 서류
3. 변경어린이집의 평면도(소재지 또는 보육정원의 변경 등으로 시설의 변경이 있는 경우에 한한다)
4. (삭제)
5. 시설 및 재산에 관한 사용·처분계획서(소재지가 변경되는 경우에 한한다)
6. 보육영유아에 대한 조치계획서(소재지가 변경되는 경우에 한한다)
7. 어린이집인가증
8. 임대차계약서(대표자 또는 소재지가 변경되는 경우로서 부동산을 임차하는 경우에만 해당한다)
9. 어린이집운영계획서(운영경비와 유지방법을 포함하며, 대표자 변경의 경우에만 해

(3) 인가 시 유의사항

- 신규인가 시설에 적용하는 것을 원칙으로 하며, 조건에 따라 대표자·소재지·정원 변경 및 증·개축시설에 적용함
- 2층 이상 어린이집의 인가 또는 변경인가 시 소방시설 및 피난시설의 설치 및 변경이 있는 경우에는 관할 소방관서에 그 어린이집의 비상재해대비시설 적합 여부에 대한 확인을 요청해야 함

① 어린이집의 설치 전 상담 협조

- 지방자치단체의 장은 어린이집을 설치하고자 하는 자가 사전에 상담을 요청하는 경우, 관할 지역의 보육수요, 어린이집 입지조건 및 설치기준 등에 관하여 사전 고지하는 등 적극 협조해야 함(시행규칙 제4조의3)

② 설치 전 상담 시 유념하여 고지할 사항

- 어린이집의 인가 관련 법령 준수 여부 확인
  - 영유아보육법령 및 건축관계법령, 소방관계법령, 장애인·노인·임산부 등의 편의증진 보장에 관한 법률, 장애인차별금지 및 권리구제 등에 관한 법률, 어린이놀이시설 안전관리법, 실내공기질 관리법, 환경보건법 등 어린이집 인가관련법령 및 인가절차를 고지하고, 법령 준수여부를 확인 후 인가함
- 어린이집의 입지 관련 사항
  - 시행규칙 별표1에 따른 옥외 놀이터 및 비상재해대비시설 설치, 어린이

당한다)

10. 인근놀이터 이용계획서(대표자 또는 소재지가 변경되는 경우로서 50인 이상의 시설로서 옥외놀이터나 옥내놀이터를 설치하지 아니하는 경우만 해당한다)
11. 도시가스사업법 시행규칙 제25조 및 액화석유가스의 안전관리 및 사업법 시행규칙 제29조에 따른 정기검사증명서(소재지가 변경되는 경우에만 해당한다)
12. 소방용품의 품질관리 등에 관한 규칙 제5조에 따른 현장처리물품의 방염성능검사성적서 및 방염성능검사확인표시(대표자 또는 소재지가 변경되는 경우만 해당하되, 대표자만을 변경하면서 현장처리물품을 교체하지 않을 때에는 이에 대한 소방관서의 확인서로 갈음할 수 있다)

집 입지조건 중 위험시설 이격거리 기준

- 건축물의 일부를 어린이집으로 사용하면서 건물의 2층 이상에 어린이집을 설치한 경우, 2005.1.30.부터 대표자·정원(증원)·소재지·종류의 변경 등이 제한

• 경비의 지급 및 변제능력에 관한 서류

- 경비의 지급 및 변제능력이란 국가 및 지자체가 지급한 보육료·보조금 등의 반환에 필요한 경제적 능력 등을 의미
- 경비의 지급 및 변제능력에 관한 서류는 어린이집을 설치·운영하고자 하는 자(개인)의 자산 및 부채현황 등 경비의 지급 및 변제를 입증할 수 있는 서류

※ 다만, 어린이집 운영에 따른 연간 경상보조금 수입 총액과 보육료 수입을 기준으로 보증보험(공제)에 가입한 증명서류(보증기간 1년 이상)를 제출하는 경우, 동 서류를 제출한 것으로 갈음할 수 있음

• 가정·민간어린이집 설치 또는 대표자 변경 시 재산요건 관련

- 어린이집으로 사용되는 토지·건물에 대한 대표자의 부채비율이 50% 미만이 되도록 함

※ 임차건물일 경우 전세·월세 보증금을 자산으로 봄

- 어린이집 자산 금액(실거래가, 공시지가 또는 감정평가액 등) 대비 대표자의 금융기관 부채 중 어린이집 설치·운영과 관련된 부채비율로 계산

※ 자산 금액은 감정평가액을 기준으로 산정 가능하며, 매매 시 실거래가나 공시지가 또는 인근 지역의 국토교통부 실거래가 적용(증여, 상속, 본인 소유의 부동산 등의 사유로 실거래 자료가 없는 경우) 가능, 경매를 통해 취득한 경우 낙찰가 적용 가능

- 부채금액은 금융기관에서 발급한 부채증명원, 한국신용정보원 등 신용정보(평가)회사에서 발급한 개인신용 정보(보고)서를 제출받아 대표자가 어린이집 설치·운영과 관련된 부채가 아님을 소명

※ 어린이집 신규인가 또는 대표자 변경인가 시 소명한 부채 내역이 부정 또는 허위인 경우 (변경)인가를 취소할 수 있다는 내용을 인가 시 부관 등으로 명시

- 종전에 인가받은 어린이집이 2013. 1. 1. 이후 소재지가 변경되거나 상속·증여로 어린이집 토지·건물을 무상취득한 경우 재산요건을 충족한 것으로 인정

③ 보육계획 수립 등 유의사항

- 보육계획의 내용
  - 지방자치단체의 장은 어린이집이 지역별로 균형 있게 배치되고 지역주민의 보육에 대한 요구를 반영할 수 있도록 지방보육정책위원회의 심의를 거쳐 보육계획 및 연도별 시행계획을 수립하고 인가 시 이를 판단기준으로 활용할 수 있음(법 제11조, 시행령 제19조, 시행규칙 제5조)
  - 보육계획은 보육사업의 기본방향, 어린이집의 설치 및 수급에 관한 사항, 어린이집 보육교직원에 관한 사항, 어린이집의 운영 및 평가에 관한 사항, 보육비용에 관한 사항, 그 밖에 영유아 보육에 관하여 필요한 사항을 포함해야 함
  - 시·도지사 및 시장·군수·구청장은 보육계획 수립 시 국공립어린이집 확충계획(법 제12조) 및 취약보육 활성화를 위한 시책(법 제26조)을 포함해야 함
  - 시·도지사 및 시장·군수·구청장은 일정수준 이상의 어린이집이 균형 있게 배치되도록 어린이집 평가등급 목표율을 정할 수 있음
  - 시·도지사 및 시장·군수·구청장은 해당 지역 어린이집의 수급현황을 분석하여 보육계획에 반영해야 하며, 어린이집이 난립하거나, 어린이집의 질적 수준이 낮은 지역에 대하여는 이를 인가 시 판단기준으로 활용할 수 있음

    ※ 특별자치시장·특별자치도지사·시장·군수·구청장은 인가를 할 경우 해당 지역의 보육수요를 고려해야 함(법 제13조 제2항)

> **예시 인가제한 판단기준**
>
> - 해당 지역의 어린이집별 정원이 '보육수요'보다 많을 경우
> - 해당 지역의 어린이집 평가등급 비율이 전국 및 각 시·도 평가등급 비율 미만이거나, 자체 수립한 평가등급 목표율 미만인 경우

  - 어린이집 수급현황 분석 및 이용권역 설정 시 읍·면·동 단위까지 세분화하는 것을 원칙으로 하되 지자체장이 생활권 등 해당 지역 실정을 감안하

여 시·군·구 단위 내에서 인가제한권역을 설정할 수 있음

– 보육계획은 5년마다 수립하고, 매년 2월 말까지 연도별 시행계획을 수립함

• 보육계획 및 어린이집 수급계획에 의한 인가(변경인가 포함) 제한 금지

– 국공립어린이집, 공동주택 단지 내 의무어린이집, 직장어린이집, 협동어린이집, 사회복지법인어린이집*, 거점형 공공직장어린이집(근로복지공단 설치)의 경우

* 다만, 장애아전문어린이집으로 운영하기 위해 국가·지자체로부터 신축비 지원을 받은 사회복지법인 어린이집에 한함

– 인가제한 기준일 이전에 시행규칙 제4조의3에 의하여 어린이집 설치 전 상담을 하고, 상담 시 설정한 유효기간 이내에 어린이집을 설치한 경우(사전 상담의 유효기간은 지자체에서 설정)

– 재개발, 토지수용 등으로 불가피하게 폐지 후 동일지역에서 신규인가를 원하는 경우에 한하여 폐지일로부터 재개발 등 공사완료 시점과 해당 지역의 영유아 보육수요 등을 고려하여 시장·군수·구청장이 정하는 기간까지 인가제한을 하지 않을 수 있음

• 인가제한 시 주의사항

– 영유아보육법 제16조(결격사유)에서 정하지 아니하는 사유로 어린이집의 설치·운영자의 자격을 제한할 수 없음

예시 설치자의 자격을 일정 자격증 소지자로 제한하거나 일정 지역 거주자로 제한

– 신규인가를 제한하면서 어린이집의 종류를 선별하여 신규인가를 허용하는 것은 법적 형평성에 어긋날 수 있음

예시 민간·가정어린이집의 인가제한 지역에서 법인어린이집의 인가를 허용

예시 공동주택 단지 내 가정어린이집을 인가하면서 동일 인가권역 내 민간·법인어린이집의 인가를 제한 등

– 신규인가 제한 권역에서는 원칙적으로 기존 어린이집의 정원 증원은 불가하나, 다음의 경우 지방보육정책심의위원회 심의 등을 거쳐 증원 허용 가능

• 어린이집의 폐쇄 등을 고려하여 객관적 기준을 마련하여 시행하는 경우

• 어린이집 동일 이용권역 내 동일 대표자가 설치·운영 중인 2개 이상의 어린이집 중 일부를 폐지하고, 폐지한 어린이집의 정원 내에서 나머지

어린이집의 증원을 허용하는 경우

- 정원을 증원하고자 하는 어린이집의 정원충족률이 전국 또는 시도 정원 충족률 이상이며, 해당 어린이집의 입소대기 등 수요 고려 시 정원 증원이 필요하다고 판단되는 경우

  예시 ㅇㅇ어린이집 정원충족률이 90%, 전국 또는 시도 정원충족률이 85%, 입소대기 발생 등 보육수요가 있는 경우 정원 증원 허용

- 어린이집 간 거리 제한 또는 공동주택 세대수를 기준으로 인가를 제한하는 경우는 해당 지역의 보육수요에 대한 합리적 근거를 마련하고 이에 기초해야 함

  예시 대규모 공동주택단지의 경우, ① 입주민 대상으로 6세 미만 보육 대상 아동수를 조사한 후, ② 이용권역의 보육수요율을 적용하여 보육수요를 산출한 후, ③ 의무어린이집의 정원을 감안하여 신규인가시설의 정원을 산정하는 등 객관적 근거 필요

- 법적 근거 없이 건물의 용도 등을 이유로 인가를 허용하는 사항

  예시 건물의 용도가 어린이집이거나 어린이집 전용으로 건축한 경우에도, 건축법령에 의하여 용도 변경이 제한되어 있지 아니하여 영유아보육법령에서 인정하지 않음에도 인가

- 신규인가가 제한된 지역의 어린이집 정원충족률이 전국 평균치(매년도말 기준)를 초과하는 경우, 초과 범위 내에서 어린이집 신규인가 허용
  - 특별자치시장·특별자치도지사·시장·군수·구청장은 해당 지역의 향후 보육수요의 증가 전망, 어린이집 평가등급 비율 등을 고려하여 지방보육정책위원회 심의를 거쳐 초과범위는 어린이집 정원충족률 전국 평균치 내에서 자율적으로 결정

    예시 ○○구의 어린이집 정원충족률이 89.5%인 경우, 전국 어린이집 평균 정원충족률(82.2%, 2010.12.31. 기준)의 초과율 82.2%~89.5% 범위에서 신규인가 허용 가능

- 변경인가 시 유의사항
  - 어린이집의 대표자·종류 변경 시, 현장 확인 후 인가하는 것을 원칙으로 하며, 필요하다고 판단되는 경우 건축물대장등본, 시설의 평면도, 임대차계약서(임대시설)를 확인할 수 있음
  - 법 제45조 제1항에 각 호의 사유로 행한 행정제재처분(시설폐쇄, 운영정지)의 효과는 어린이집의 양수인 등에게 승계됨. 따라서 행정제재처분 절차가 진행 중이거나 처분 이후 대표자 변경 신청이 있는 경우, 위반 내용 및 행정제재 처분의 승계 효과에 대하여 어린이집의 설치·운영자 및 양수인

등에게 사전 고지한 후 변경인가(어린이집에 대한 조사가 시작되는 등 어린이집에 대한 행정처분이 예상되는 경우 포함)

- 가정·민간어린이집의 대표자가 양도에 따라 변경되는 경우 해당 지역의 보육수요를 고려하여 보육정원 감원을 조건으로 변경인가 가능
  - 감원 대상은 3년간 1회 이상 대표자가 변경된 어린이집, 고액의 권리금이 거래된 어린이집 또는 매월 말일 기준으로 최근 1년간 평균 정원충족률이 60% 이하인 어린이집

    ※ 다만, 대표자 또는 공동대표자 중 1인의 사망·질병 등 불가피한 사유로 3년 이내에 대표자가 변경되는 경우, 직계 존·비속(배우자의 직계 존·비속 포함) 간 어린이집을 양도·양수하는 경우, 상속으로 인해 대표자를 변경하는 경우, 정원 감원 시 설치기준에 위반되는 경우 감원 대상에서 제외
  - 해당 어린이집 총 정원의 20% 이내에서 지자체장이 보육수급상황을 고려하여 결정
  - 정원이 감원된 경우 일정 기간(2년 이후) 안정적인 어린이집 운영 후 변경인가(정원증원)를 신청할 수 있으며, 정원감원 시 보육의 불편을 해소하기 위하여 자연감원 처리하며, 감원요인으로 인한 사유로 영유아를 강제 퇴소 조치 불가

• 2015.1.28. 이후 원장 변경

- 어린이집 원장이 변경되는 경우는 변경인가 대상에서 제외하며, 원장 임면권자의 임면 신청 및 시·군·구 승인으로 원장 변경

  ※ 시행규칙 제5조의2('15. 1. 28. 개정), 시행일 이후의 원장 변경부터 적용

  ※ (임면권자) 국공립-시·군·구청장, 협동-조합대표자, 기타-어린이집 대표자

  ※ 기존의 원장 변경인가신청서 제출 불필요

• 어린이집의 인가증 발급

- 국공립어린이집 외의 어린이집을 인가한 경우 인가증 발급(국공립어린이집은 영유아보육법 시행규칙 별지 제16호 서식 어린이집 위탁계약증서 발급)

  ※ 인가증상 출력 교부일이 인가 일자가 아님에 유의

• **보육통합정보시스템 변경 방법**
원장 임면신청서 제출(대표자, 방문신청) 및 전임 원장 면직신청(시스템) → 면직 승인 및 원장 정보 변경입력(시·군·구) → 시스템 가입 신청(신임 원장) → 가입승인(시·군·구) → 임면신청(신임 원장) → 임면 승인

어린이집 유형별 종류변경 등 가능 여부

구분	국공립	사회복지법인		법인·단체 등	민간	가정	협동	직장
		장애아	기타					
종류 변경 가능 여부	X	X	X	X (시행령 제18조의2 제1호, 제3호 및 제4호) ㅇ (기타)	ㅇ	△	X	X

• 인가제한을 받지 않는 어린이집*은 원칙적으로 어린이집 종류 변경 불가
  – 종류 변경을 원할 경우 폐원 후 신규인가 절차 진행
  – 다만, 공동주택 단지 내 의무어린이집(민간·가정)의 경우 아래 민간 및 가정어린이집 내용을 준용
    * 국공립어린이집, 사회복지법인어린이집(국가·지자체로부터 신축비 지원을 받은 장애아전문어린이집), 공동주택 단지 내 의무어린이집, 직장어린이집, 협동어린이집, 거점형 공공직장어린이집(근로복지공단 설치)

• 인가제한을 받는 어린이집은 (정원 증감과 용도변경을 전제로) 종류 변경 판단
  – 사회복지법인 어린이집은 어린이집 설치·운영이 정관에서 정한 목적 사업에 해당하는 바 타 종류로의 변경 불가
  – 법인·단체 등 어린이집 중 영유아보육법 시행령 제18조의2 제1호, 제3호 및 제4호에 따라 설치된 어린이집은 당해 목적 수행을 위해 설치된 어린이집으로서 타 종류로의 변경 불가
  – 기타 (종교단체 등이 설치한) 법인·단체 등 어린이집은 민간과 가정어린이집(정원 감원, 용도 변경 전제)으로만 종류 변경 가능
  – 관리동 의무어린이집은 주민공동시설에 설치하는 바 주민공동시설을 벗어난 곳으로의 소재지 변경 불가
  – 민간어린이집은 가정어린이집(정원감원 전제) 및 법인·단체 등 어린이집으로만 종류 변경 가능
  – 민간어린이집 매입 등을 통한 국공립어린이집 설치의 경우 민간어린이집 폐원 후 국공립어린이집 신규 설치 절차 진행
  – 가정어린이집의 민간어린이집으로의 종류 변경은 정원 증원과 용도 변경이 전제된다는 점에서 변경 불가 원칙. 다만, 정원 증원과 용도 변경이 가능한 경우 예외적으로 검토

④ 종전 규정에 의해 설치된 어린이집의 유의사항

- 2005.1.29. 이전 설치된 어린이집
  - 5년 이내(2010. 1. 29.까지) 현행 시행규칙 별표1에 의한 설치기준 중 어린이집의 구조 및 설비기준을 갖추어야 함

    ※ 단, 2005년 1월 29일 이전에 인가받은 어린이집의 경우 도서·벽지 등 지역의 여건상 놀이터를 설치하기 곤란한 경우로서 보육상 지장이 없다고 인정하는 경우에는 놀이터를 설치하지 아니하거나 놀이터 설치기준을 완화하여 변경인가 할 수 있음(법 제15조의2)
  - 다만, 면적기준은 종전 규정(어린이집 면적은 영유아 1인당 3.63㎡, 보육실 면적은 3세 미만 영유아 1인당 2.64㎡·3세 이상 영유아 1인당 1.98㎡)을 적용
  - 2층 또는 3층에 보육실이 설치되어 있는 어린이집에 대하여는 1층에 보육실을 설치하도록 한 부분을 적용하지 아니함

    ※ 단, 지하층(사실상의 1층 아래에 있는 층) 또는 4층 이상에 설치된 어린이집(보육실)은 2010. 1. 30.부터 운영 불가
  - 유의사항

    ① 시설을 증·개축하거나 ② 대표자·종류·소재지 또는 정원(증원에 한함)의 변경인가를 신청할 경우 종전 기준이 아닌 현행 영유아보육법령의 기준(설치기준, 보육교직원 배치기준 등)을 적용하며, ③ 500세대 이상의 공동주택단지에 의무적으로 설치된 어린이집으로서, 2층, 3층 또는 2층과 3층에 설치된 어린이집의 대표자 변경인가 시 기존 층수에서 운영 가능(단, 어린이집이 설치된 건물 1층에 어린이집을 설치할 공간이 없는 경우에 한정)
- 2009. 7. 3. 이전 설치 어린이집
  - 2009년 7월 3일 이전에 이미 인가받은 어린이집이 비상재해 대비에 지장이 없다고 판단할 경우 종전 인가 당시 기준을 적용할 수 있음(법 제15조의3)

    ※ 단, 비상재해대비시설기준 심의위원회를 구성·운영해야 하며 해당 위원회의 심의를 거쳐야 함
- 종전 규정에 의해 설치된 어린이집이라도 변경인가 시에는 현행의 설치 기준을 준수하여야 한다.

⑤ 어린이집 인가신청 시 대표자(설치자) 유의사항

- 어린이집의 대표자를 공동명의로 할 경우 대표자 상호 간 어린이집 운영에

관한 의견대립이나 재산권 문제 등 보육환경에 불안을 초래할 수 있는 잠재적 요소가 내재하게 되므로 안정적인 보육환경 조성을 위해 어린이집 대표자는 1인이 될 수 있도록 유도

- 다만, 직업선택의 자유 및 사유재산권 보장, 헌법상 혼인과 가족생활에서의 양성평등의 원칙의 취지상 어린이집의 토지·건물을 공동 소유(부부 포함)한 경우 공동대표 인정

⑥ 어린이집의 휴지·폐지

- 어린이집을 폐지하거나 일정기간 운영을 중단하려는 자는 폐지 또는 휴지 2개월 전까지 어린이집 폐지·휴지·재개 신고서와 다음의 구비서류를 특별자치시장·특별자치도지사·시장·군수·구청장에게 제출(시행규칙 제36조)

  ※ 국공립 전환 확정으로 국공립어린이집 설치를 위하여 기존 인가 어린이집을 폐지 시에는 폐지신고 기한(폐지 2개월 전까지) 준수 예외 인정. 단, 국공립 전환에 따른 리모델링 공사 등으로 기존 인가 어린이집의 재원아동에 대한 전원조치가 필요한 경우는 폐지 전에 전원조치가 완료되어야 함

  - 보육 영유아에 대한 전원조치(轉園措置) 계획서(어린이집 재개의 경우는 제외)
  - 어린이집의 재산에 관한 사용·처분계획서(부동산을 임차하는 경우와 어린이집 운영 재개의 경우는 제외)
  - 어린이집 인가증 또는 신고증(어린이집 폐지의 경우만 해당)
  - 보육교직원의 인사기록카드(어린이집 폐지의 경우만 해당)
- 유의사항
  - 어린이집은 폐지 또는 휴지 2개월 전 신고서 제출 시 보육교직원 및 부모 등 보호자에게 폐지 등 신고 사실을 고지해야 함(시행규칙 제36조 제1항)

    ※ 폐지 등 신고사실을 고지하는 시점은 보육교직원 및 부모 등 보호자가 충분한 시간을 두고 폐지 등 사실을 인지할 수 있도록 되도록 폐지 등 신고 사전에 고지하는 것을 권장

  - 관할 지자체는 어린이집에서 학부모에 폐지 또는 휴지 통보 시 아이돌봄서비스, 지역돌봄기관, 가정양육수당 신청 등을 바로 안내하도록 조치
  - 관할 지자체는 어린이집의 폐지신고 및 신고 철회가 있을 경우, 즉시 신고 및 철회 일자를 보육통합시스템에 등록하여야 함
  - 휴지기간은 1년 이내로 하되, 특별자치시장·특별자치도지사·시장·군수

·구청장이 불가피하다고 인정하는 경우에는 그 기간을 1년의 범위에서 한 차례만 연장할 수 있음(시행규칙 제36조)

- 폐지 또는 휴지 신고를 받은 특별자치도지사·시장·군수·구청장은 보육 영유아에 대한 전원조치가 이루어지는지 확인 필요
- 어린이집의 시설을 철거한 경우 휴지가 아닌 폐지에 해당하며, 자체 폐지 신고를 하지 않을 경우 시정 명령 후 바로 폐쇄 가능

※ 재개발로 인한 철거, 임대차계약 종료 등의 사유로 시설을 존속할 수 없을 경우

- 어린이집 폐원 후 카드 가맹점 해지 시에는 보육료 결제가 불가하여 보육료 지원 불가

예시 어린이집 수급현황 분석 방법

■ 어린이집 인가제한 여부 결정 기준
- 정원충족률, 어린이집 이용률, 기타 기준으로 보육정책심의위원회 심의를 거쳐 인가제한 여부 결정

■ 어린이집 이용권역 설정
- '어린이집 이용권역'이란 '해당지역의 어린이집을 주로 이용하는 아동이 거주하는 지역적 범위'를 의미함
  * 읍면동 단위로 세분화하는 것을 원칙으로 하되 지자체장이 생활권 등 해당 지역 실정을 감안하여 시군구 단위 내에서 권역 설정 가능

■ 어린이집 정원충족률
- 이용권역 내 어린이집별 정원을 기준으로 어린이집을 이용 중인 아동(현원)의 비율을 의미함

■ 어린이집 이용률
- 이용권역 내 6세 미만의 취학 전 영·유아의 수(A)를 기준으로 현재 어린이집을 이용하는 아동(B)의 비율(B/A)을 의미

■ 기타 기준
- 유치원 수용계획에 따른 공·사립유치원 증설 및 폐원 계획, 유치원 취원아동 수 및 취원율 등을 고려
- 중장기 국공립어린이집 확충계획, 주택 재개발, 도시계획 등에 따른 어린이집 공급계획 반영
- 인가받은 어린이집의 정원 및 인가 절차가 진행 중인 시설의 정원 반영
- 법령에 의하여 변경인가가 제한되는 시설의 정원을 파악하여 반영
  * 위험시설로부터 50미터 이내인 시설, 지하 또는 4층 이상에 설치된 어린이집, 건물 일부를 사용하면서 어린이집을 2층 이상에 설치한 시설 등

■ 인가제한 판단기준 적용
- 어린이집 정원충족률이 전국 평균 또는 시·도 평균 미만인 경우 인가제한 가능
  * 이 경우 어린이집 이용률 및 연령별 정원충족률 고려

연구문제

01 사립유치원의 전체적인 설립 절차를 제시하시오.

02 어린이집 인가 시 유의사항을 설명하시오.

Chapter 05

유아교육기관의 시설과 설비

01 유아교육기관 시설·설비의 개념과 중요성

교육의 목적을 달성하기 위해서는 교육에 필요한 기본적인 시설과 설비가 갖추어져야 하며, 교육 대상자의 발달수준을 고려하는 것은 매우 중요하다. 특히, 유아기는 모든 발달의 기초가 형성되는 시기이므로 유아교육기관의 모든 시설과 설비는 유아의 연령과 개인차를 고려하여 세심하게 갖추어져야 할 것이다. 다음에서는 유아교육기관 시설·설비의 개념과 중요성을 살펴보기로 하겠다.

1) 유아교육기관 시설·설비의 개념

시설이란 일련의 목적을 달성하기 위하여 활용되는 물리적 환경을 의미하는 것으로 대지·건물·건조물 그리고 설비로 구분할 수 있다. 따라서 유아교육기관에서의 시설이란 그 기관이 목표로 하는 유아교육을 실천하기 위하여 활용되는 전반적인 물리적인 환경이라 할 수 있다. 대지는 유아교육기관에 포함된 토지를 의미하는데, 바깥놀이터나 텃밭 등이 포함된다. 건물은 유아교육기관 교사, 강당, 식당 등을 의미하며, 건조물은 유아교육기관 정·후문, 담장, 상하수도 시설 등을 포함한다. 마지막으로 설비는 조명, 난방, 방음, 급수 등 시설을 구성하는 부분이라고 볼 수 있다. 다시 말하면, 설비란 시설을 구성하는 부분으로 유아교육의 목적을 달성하기 위해 필요한 모든 물적 요소를 의미한다.

2) 유아교육기관 시설·설비의 중요성

유아의 성장발달에 관한 연구들을 살펴보면, 유전요인보다는 유전과 환경요인 간의 상호작용이 발달에 더 큰 영향을 준다는 의견에 더 많은 무게를 두고 있다. 따라서 유아의 발달은 주어지는 환경의 질에 따라 좌우된다고 할 수 있다.

환경은 인적 환경과 물적 환경으로 구분될 수 있다. 인적 환경은 부모, 교사, 또래집단, 지역사회 인사 등과 같이 인적 요소를 포함하는 환경을 말하며, 물적 환경은 건물, 교지, 내·외부의 각종 설비, 교재·교구 등의 물리적 요소를 포함하는 환경을 의미한다. 유아교육기관의 시설·설비는 그 자체가 유아교육의 물적 환경으로서 유아교육에서 중요한 기능을 한다.

Day와 Sheehan(1974)은 어린이집에서의 유아의 행동은 그 시설의 물리적 공간의 조직과 활용, 학습자료의 제공과 활용방안 및 교사·유아 상호작용의 유형 등 세 가지 환경요인과 밀접한 관계가 있다고 지적하였다. 또한 Shapiro (1971)는 유아학급의 세 가지 주요 환경 변인으로 학급규모(class size), 물리적 공간(physical space), 활동영역(activity center)을 제시하고 있다. 이러한 주장들은 교사들이 이러한 환경 변인의 중요성을 인식하고 이를 개선하기 위한 노력을 기울였을 때 유아의 전인적 성장·발달에 긍정적인 효과가 있다는 것을 뜻한다.

이러한 연구결과들 이외에도 많은 연구들은 유아교육기관의 물리적 환경, 특히 그 기관의 시설과 설비, 공간의 구성과 배치, 학습자료의 양과 활용상태 등이 유아교육의 질을 좌우한다고 보고하고 있다.

김은영 등(2011)은 물리적 환경이 우리가 느끼고 행동하는 데 영향을 주고, 다른 사람과의 상호작용 여부를 결정지을 뿐 아니라 교육목표를 성공적으로 달성하도록 하는 데 결정적 역할을 한다고 보았다. 그리고 Sara 등(2007)에 의하면 한 유아당 공간이 너무 제한되면 공격적인 성향을 보이며, 공간이 넓으면 혼자놀이에 더 많은 시간을 보낸다고 하였다. 또한 Greet 등(2008)은 교사 역시 물리적 공간의 질이 높을수록 유아에게 민감하게 반응하고, 유아가 선택한 활동을 격려하며, 다른 유아의 감정과 권리에 대하여 배려하는 경향이 높았으나, 낮은 질의 공간에서는 임의적 규칙에 따라 엄격하게 통제하려는 경향이 높았음을 제시하고 있다. 그러므로 유아교육기관을 새로 설립하려는 사람들은 계획시부터 이러한 점을 인식하고 시설과 설비를 건축하고 구성해야 하며, 기존의 시설을 이용하고 있는 원에서도 그것을 좀 더 효율적으로 활용할 수 있는 방안을 강구하여 그 시설과 설비를 개선·보완하는 노력을 끊임없이 해야 할 것이다.

교육 기능을 충분히 발휘하기 위한 교육시설은 다음과 같은 점을 고려해야 한다(김주건, 1997).

(1) 안전성에 대한 고려

교육시설은 건강과 안전에 대한 고려가 충분히 되어 있어야 한다. 교육시설은 위험으로부터 아동들을 보호할 수 있고, 아동들의 신체적 특성을 고려하여 그들의 건강을 도울 수 있도록 설계되어 있어야 한다.

(2) 융통성에 대한 고려

교육시설은 다양한 활용과 장래의 확충 계획 등을 고려하여 융통성과 미래성이 있어야 한다. 교육시설이 융통성과 미래성을 가지려면 한 가지 시설이 여러 가지 목적과 용도에 맞게 사용될 수 있어야 하고, 수업 내용이나 방법의 변화에 대처하여 쉽게 증축이나 개축이 가능해야 한다.

(3) 심미성에 대한 고려

교육시설은 보기에 아름답고 명랑한 학습 환경을 조성하는 것이어야 한다. 학생들은 교수-학습활동에서만 교육을 받는 것이 아니라 아름답고 명랑한 환경에 의해서도 교육이 되는 것이다.

(4) 연계성에 대한 고려

교육시설은 상호 간에 기능적 조정이 고려되어 조화로운 연계를 가져야 한다. 교육시설은 그것을 이용하는 각자의 교육활동들이 소기의 목적을 달성하는 데 서로 방해되지 않고 조화를 이루어야 하며, 이용도에 따라 필요한 시설들이 서로 가까이 있도록 계획되어야 한다.

(5) 경제성에 대한 고려

교육시설을 계획하는 데는 장기적인 경제성이 고려되어야 한다. 시설은 장기적인 안목에서 경제적이고 효율적인 것으로 계획되어야 한다. 따라서 하나의 시설을 마련하는 데도 전문적 배려가 있어야 한다.

(6) 관리성에 대한 고려

교육시설은 관리하는 데 편리해야 한다. 시설은 그 취급이 쉽고 간편하여 관리가 편리해야 좋다. 뿐만 아니라 학교시설을 관리하는 데는 시간, 노력, 자금이 덜 드는 것이 좋다. 자주 고장 나거나 계절에 따라 손질해야 하는 시설은 바람직한 것이 못 된다.

유아교육기관의 시설에서 중요시해야 할 사항은 다음과 같이 제시할 수 있다.

첫째, 유아교육시설은 아동 중심적이어야 한다. 유아교육기관의 성격이나 목적에 관계없이 그 기관의 주된 사용자는 유아들이기 때문에 그들의 발달적 수준, 흥미, 욕구 등이 고려되어야 함은 물론 교육 목적을 효율적으로 달성하도록 하기 위해 유아교육기관의 시설과 설비는 아동 중심으로 계획·조성되어야 한다.

둘째, 유아들과 교직원들의 안전을 최대한 중요시해야 한다.

- 건물에 사용되는 기자재(material)는 내화성이 있을 것
- 신속하고 안전하게 대피할 수 있도록 몇 개의 비상구를 만들 것
- 벽이나 건물의 적당한 위치에 소화기를 설치할 것

- 출구는 화재가 번지는 것을 막을 수 있는 내화성 문이어야 하고 앞뒤로 열릴 수 있도록 만들 것

셋째, 건물의 형태는 대상 유아들의 발달 수준이나 흥미 및 요구에 알맞게 결정되어야 한다. 그리고 유아를 대상으로 하는 기관은 항상 유아의 발달수준이나 흥미 등을 고려하여 시설과 설비를 수리·보완하는 노력이 필요하다.

넷째, 건물은 장애아들을 고려해서 계획하는 것이 중요하다. 신체적으로 장애를 받고 있거나 시각적으로 손상받은 유아들을 위하여, 특별한 건축 설계 또는 교실 배정이 고려되어야 한다. 그리고 지체부자유아들이 일반 교실에 통합 운영될 때는 소음이나 활동 수준이 보다 더 통제되어야 한다.

다섯째, 공간과 교구의 배치를 변화시킴으로써 건물 사용의 효율성을 높일 수 있다. 이러한 공간과 교구의 배치에 다양한 변화를 가져오기 위해서 다음 몇 가지 점을 생각할 수 있다.

- 공간 내에서의 비품과 교구의 배치 시 위치나 높이를 고려할 것
- 공간의 구성과 교구의 배치에 있어 흥미영역 간의 기능적 연결과 소요 면적을 고려할 것
- 소음 수준(시끄러운 영역과 조용한 영역)을 고려할 것
- 산만하고 긴장감을 주는 색상과 조용하고 이완된 감을 주는 색상 등 조명과 색감을 고려할 것

여섯째, 시설이나 설비를 계획할 때는 융통성을 중요시해야 한다. 유아교육시설의 계획 시에는 유아나 교사의 개인적 목적이나 활동뿐 아니라 집단적 목적이나 활동이 가능하도록 세심한 주의를 기울여야 한다. 유아교육시설은 가구나 비품은 물론 어떤 영역과 공간을 교육활동의 성격이나 필요에 따라 늘리거나 좁히거나 완전히 치워 버리거나 심지어 실외 공간에 옮겨 사용할 수 있도록 건축계획 시부터 충분히 고려해야 할 것이다.

일곱째, 유아교육기관의 시설이나 설비를 계획할 때는 비용을 고려해야 한다. 최소의 경비로 최대의 교육 효과를 가져올 수 있는 좋은 시설을 갖추기 위해서는 상당한 연구와 검토가 있어야 한다.

여덟째, 유아교육기관을 설립하고자 할 때에는 시설의 위치를 중요시해야 한다. 시설이 위치를 선정할 때 고려해야 할 준거는 행정상의 편의나 비용 절감보다는 대상 유아들의 필요나 요구를 충족시킬 수 있고 각 기관의 교육목표를 효율적으로 달성하는 데 도움이 될 수 있느냐에 있다.

02 유아교육기관 시설·설비의 구성

유아교육기관의 시설과 설비를 구성하기 위해서는 기관의 교육목표를 가장 먼저 고려해야 한다. 또한 유아의 연령과 발달수준을 파악하고 안전성을 점검한 다음 설치해야 한다. 아래에서 유아교육기관의 시설과 설비 구비 시 고려해야 할 부분을 계획, 구성, 관리 측면으로 나누어 살펴보고자 한다.

1) 유아교육기관 시설과 설비의 계획

효과적인 유아교육을 위해 유아교육기관에서 갖추어야 할 시설과 설비의 기준을 유치원과 어린이집으로 나누어 살펴보기로 하겠다.

(1) 유치원의 시설·설비 기준

유치원에서 갖추어야 할 시설·설비의 기준은 다음과 같다(「고등학교 이하 각급 학교 설립·운영 규정」 시행 2022. 10. 25. 대통령령 제32956호).

(단위: ㎡)

구분	기준
교사	• 원아수 40명 이하 5N • 원아수 41명 이상 80 + 3N • 교사 중 교실 총면적 2.2N
교사용 대지	• 건축 관련 법령의 건폐율 및 용적률에 관한 규정에 따라 산출한 면적
체육장	• 원아수 40명 이하 160 • 원아수 41명 이상 120 + N
교지	• 교사용 대지와 체육장 면적을 합한 용지로써 교사의 안전·방음·환기·채광·소방·배수 및 학생의 통학에 지장이 없는 곳에 위치
교구	• 교구의 종목 및 기준은 시·도 교육감이 정하여 고시
급수·온수 공급시설	• 급수시설은 수질검사 결과 위생상 무해하다고 판명된 것 • 온수를 공급할 수 있는 시설을 갖추어야 함

N: 유치원의 전체 원아수

표에서 설명한 내용 중에서 교사는 교수-학습활동에 직·간접적으로 필요한 시설물을 의미하는 것으로, 교수-학습에 적합하여야 하고, 그 내부환경은 학교보건법 제4조의 규정에 의한 환경위생 및 식품위생의 유지·관리에 관한 기준에 적합하여야 한다.

유치원의 교사는 교실, 화장실 및 교사실을 갖추어야 하고, 유치원에서 조리한 음식을 유아의 급식으로 제공하는 경우에는 조리실도 갖추어야 한다. 다만, 병설유치원의 교사실과 조리실은 병설된 학교의 교사 중 유치원으로 사용되는 부분 외의 부분에 둘 수 있다.

교사의 기준면적은 특별시·광역시·특별자치시·도 및 특별자치도의 교육감이 학교별 특성을 고려하여 교육상 지장이 없는 범위에서 시·도 조례로 정하는 바에 따라 3분의 1의 범위 안에서 완화할 수 있다.

체육장의 경우는 배수가 잘되거나 배수시설을 갖춘 곳에 위치하여야 한다. 또한 교육부 장관 또는 시·도 교육감은 다음 사항의 어느 하나에 해당되는 경우로서 교육상 지장이 없다고 인정되는 경우에는 체육장을 두지 아니하거나 체육장의 기준 면적을 완화하여 인가할 수 있다.

첫째, 새로이 설립되는 각급 학교가 초·중등교육법 제2조 또는 고등교육법 제2조의 규정에 의한 학교의 체육장 또는 공공체육시설 등과 공동사용이 용이

한 경우이다.

둘째, 도심지 및 도서·벽지 등 지역의 여건상 기준 면적 규모의 체육장의 확보가 곤란한 경우이다.

교지는 교사용 대지와 체육장의 면적을 합한 용지로서 교사의 안전·방음·환기·채광·소방·배수 및 학생의 통학에 지장이 없는 곳에 위치하여야 한다.

또한 유치원은 연령별 발달수준과 개인차를 고려하여 다양한 영역의 교구를 배치하여야 하는데, 교구의 종목 및 기준은 시·도 교육감이 정하여 고시한다.

각 유치원에는 급수시설을 두어야 하되, 수질검사결과 위생상 무해하다고 판명된 것이어야 한다. 그리고 온수를 공급할 수 있는 시설을 갖추어야 한다.

(2) 어린이집의 시설·설비 기준

어린이집의 시설·설비기준을 알아보기로 하겠다. 어린이집은 영유아보육법 시행규칙(시행 2023. 10. 19. 보건복지부령 제953호) 제9조와 관련된 시설기준을 고려하여 갖추어야 한다. 세부적인 사항은 다음과 같다(영유아보육법 시행규칙 별표 1. 개정 2023.7.18).

어린이집의 구조 및 설비는 영유아의 특성에 맞도록 하여야 하며, 사적 용도를 위한 시설 등 영유아의 보육 목적에 부합하지 않는 시설은 설치할 수 없다. 입지 조건은 보육수요, 보건, 위생, 급수, 안전, 교통, 환경 및 교통편의 등을 충분히 고려하여 쾌적한 환경을 갖춘 부지를 선정하여야 하며 위험시설로부터 50m 이상 떨어진 곳에 위치하여야 한다. 정원은 총 300명을 초과할 수 없다. 그리고 보육실을 포함한 시설면적(놀이터 면적은 제외)은 영유아 1명당 4.29㎡ 이상으로 한다.

어린이집 구조 및 설비의 일반기준은 다음과 같다.

구분		시설기준
구조 및 설비 (일반 기준)	보육실	• 건축법령상의 층수와 관계없이 해당 층 4면의 100분의 80 이상이 지상에 노출되어 있고, 해당 층 주 출입구의 하단이 지표면으로부터 1m 이내인 층에 설치(예외사항 있음) • 보육실은 거실과 공동놀이실을 포함하여 영유아 1명당 2.64㎡ 이상 • 보육실에는 침구, 놀이기구 및 쌓기놀이활동, 소꿉놀이활동, 미술활동, 언어활동, 수학·과학활동, 음률활동 등에 필요한 교재·교구 비치 • 어린이집은 환기·채광·조명·온도 및 습도가 적절히 유지되도록 관리 • 보육실은 바닥 난방시설을 갖추어야 함
	조리실	• 채광, 환기 원활, 방충망 설치 • 식기 소독, 위생적인 취사 및 조리 가능한 설비 갖추기 • 공공기관이나 사회복지관 안에 설치된 어린이집의 경우 같은 건물에 있는 조리실 사용 가능하며, 유치원과 같은 건물에 설치된 어린이집은 유치원의 조리시설 공동 사용 가능
	목욕실	• 목욕실은 난방을 하여야 함 • 바닥은 미끄럼 방지 장치 • 샤워 설비, 세면 설비 및 냉·온수 공급을 위한 설비 갖추어야 하며, 수도꼭지는 온수 사용 시 화상을 입지 아니하도록 온도 조정 및 고정 가능 • 보육실과 인접한 공간에 위치
	화장실	• 바닥은 미끄럼 방지 장치 • 세정장치와 수도꼭지 등은 냉·온수의 온도 조정 및 고정 가능 • 수세식 유아용 변기 설치, 보육실과 같은 층의 인접한 공간에 설치
	교사실	• 보육정원이 21명 이상인 어린이집은 교육활동 계획·준비, 자료제작이 가능하도록 교사실 설치 • 교육활동 준비와 행정사무, 휴식 등에 필요한 설비 갖추기
	놀이터	• 보육 정원 50명 이상인 어린이집(12개월 미만 영아만 보육하는 어린이집 제외)은 영유아 1명당 3.5㎡ 이상의 규모로 옥외놀이터 설치 원칙 • 옥외놀이터에는 모래밭(천연 및 인공 잔디, 고무매트, 폐타이어 블록 또는 어린이놀이시설 안전관리법에서 정하는 기준에 적합한 것 포함)에 6세 미만의 영유아가 이용할 수 있는 대근육활동을 위한 놀이기구 1종 이상 포함하여 놀이기구 3종 이상이 설치된 옥외놀이터 설치) • 옥내놀이터 설치기준(본문 참조) • 어린이집의 놀이터, 놀이기구 및 어린이용품은 전기용품 및 생활용품 안전관리법, 어린이놀이시설 안전관리법 및 환경보건법에서 정한 기준 준수
	급·배수 시설	• 상수도 또는 간이상수도에 의하여 먹는 물을 공급하는 경우에는 저수조를 경유하지 아니하고 직접 수도꼭지에 연결하여 공급. 다만 직접 수도꼭지에 연결하기 곤란한 경우는 제외 • 지하수를 먹는 물로 사용할 경우에는 저수조 등의 시설 경유 • 더러운 물과 빗물 처리를 위한 배수 설비
	비상재해	• 소화용 기구 비치, 비상구 설치 등 비상재해대비시설 설치. 이 경우 비상구는 상단에

구분		시설기준
	대비시설	비상구 유도등을 달고 잠금장치를 문 안쪽에 설치 • 어린이집은 비상시 양방향으로 대피가능(각 층별 출구 및 대피시설 구분)
	폐쇄회로 텔레비전	• 개인정보 보호법 시행령 제3조 제1호에 다른 장치로서 보육실 등을 촬영하고 모니터를 통하여 그 영상을 구현할 수 있으며, 그 영상정보를 녹화·저장할 수 있는 기능을 갖추어야 함 • 각 보육실, 공동놀이실, 놀이터(인근놀이터 제외) 및 식당(별도 공간에 한정), 강당(별도 구획된 공간에 한정)에 1대 이상씩 설치하되 사각지대 발생을 최소화 • 일정한 장소에 일정한 방향을 지속적으로 촬영할 수 있도록 설치 • 임의 조작 가능하거나 녹음 기능이 있도록 설치되어서는 안 됨 • 화면 속 인물의 행동 등이 용이하게 식별될 수 있도록 고해상도급 이상의 성능 • 저장장치는 폐쇄회로 텔레비전의 화질 기준 이상의 화질로 60일 이상 저장 용량 • 출입구 등 잘 보이는 곳에 안내판 설치(설치목적, 설치장소, 촬영범위 및 촬영시간, 관리책임자의 성명 및 연락처)
	기타	• 안전한 장소에 응급조치를 위한 비상약품 및 간이 의료기구 구비 • 모든 출입문 및 창문(비상구 제외)은 안쪽에서 잠길 우려가 없고, 밖에서 쉽게 열 수 있어야 하며, 영유아의 손이 끼지 않도록 손 끼임 방지 고무패킹이나 완충장치 설치 • 돌출형 방열기(라디에이터)는 울타리 설치, 유사 온열기는 적절한 보호 장치 설치 • 책상·의자 등 가구의 모서리는 둥글고 표면이 매끄럽게 처리되거나, 고무 등의 보호장치 설치 • 교구장 수납장 등은 아래 부분에 무거운 비품 보관, 선반은 지지대 설치 • 보일러 설비, 퓨즈박스(두꺼비집), 화기, 소독수, 살충제, 조리실의 칼·가위·포크·랩 등은 영유아의 손이 닿지 아니하는 위치에 배치 • 내부(벽, 천장 등)의 마감재료는 불연재료, 준불연재료 또는 난연재료를 사용하여야 하며, 보육실은 환경보건법 시행령 제16조에 따른 환경안전관리기준을 준수하여 설치. 커튼류 및 카펫 등은 방염성능이 있는 것으로 설치

위에서 살펴본 것과 같이 어린이집의 구조 및 설비의 일반기준은 보육실, 조리실, 목욕실, 화장실, 교사실, 놀이터, 급배수시설, 비상재해대비시설, 폐쇄회로 텔레비전 그리고 기타 등으로 구분되어 있다.

어린이집의 보육실 실내 면적은 영유아 1인당 2.64㎡이고, 놀이터 실외 면적은 1인당 3.50㎡로 면적기준이 유아 1인당 구체화되어 있다.

어린이집의 놀이터 면적은 다음의 규격(2023년 보육사업안내)에 따라 설치한 바닥면적에 한하여 인정한다.

정원	면적 산정 기준	비고
50인~99인	정원×45%×3.5㎡	각 정원의 45%를 기준으로 1인당 3.5㎡ 이상으로 놀이터를 설치함
100인~129인	100명×45%×3.5㎡	45명 기준
130인~159인	130명×40%×3.5㎡	52명 기준
160인~199인	160명×40%×3.5㎡	64명 기준
200인~249인	200명×35%×3.5㎡	70명 기준
250인~300인	250명×35%×3.5㎡	87명 기준

※ 12개월 미만의 영아만을 보육하는 시설은 제외

어린이집 옥내놀이터(어린이집 건물 내부의 실내·외 공간에 설치한 놀이터)의 설치기준은 다음과 같다.

첫째, 옥내놀이터는 놀이터로 사용하는 공간 및 그 주변에 소음·분진·폭발·화재의 위험이 없어야 하며, 실내 공간을 활용하는 경우 조명·채광·환기·온도·습도가 적정하여야 한다.

둘째, 어린이집에 엘리베이터가 설치되지 아니한 경우 옥내놀이터는 보육실로부터 5층 이내에 설치하며, 층간 이동을 위하여 아동용 손잡이 레일을 설치하는 등 안전에 필요한 장비를 구비하여야 한다. 이 경우 아동용 손잡이 레일은 영유아가 잡거나 짚고 올라갈 수 없는 구조여야 하며, 영유아의 신체가 빠지거나 끼는 사고가 없도록 설치한다.

셋째, 옥내놀이터를 어린이집으로 사용하는 건물 내의 실외 공간에 설치하는 경우에는 울타리나 보호난간을 최소 1.5m 이상으로 설치하되 놀이기구의 높이 등에 맞춰 안전을 확보할 수 있는 높이로 설치하여야 하고, 그 밖에 안전에 필요한 장비를 구비하여야 한다. 이 경우 울타리나 보호난간의 재질은 부식·파손의 위험이 없어야 하며, 영유아가 잡거나 짚고 올라갈 수 없는 구조로 설치하되, 난간 사이에 간격이 있는 경우 그 안의 치수는 80mm 이하로 하여야 한다.

넷째, 옥내놀이터를 어린이집의 최상층 바닥면에 설치하는 경우 울타리나 보호난간은 바닥면 최하단으로부터 1.2m까지는 콘크리트·조적(벽돌 등) 또는 강화유리 등으로 설치하여야 한다. 고정식 놀이기구는 해당 층 바닥에 설치하고

자 하는 놀이시설의 하중을 견딜 수 있도록 건축되어 있고, 어린이놀이시설 안전관리법에서 정한 기준에 적합한 경우에 설치할 수 있다.

다섯째, 건물 2층 이상에 옥내놀이터를 설치하는 경우, 영유아보육법령에서 정하는 비상재해대비시설을 갖추어야 한다.

다음으로는 장애아전문어린이집(장애아 12명 이상 보육)을 설치하는 경우와 장애아통합어린이집(장애아 3명 이상 보육)을 운영할 경우의 시설과 설비를 알아보고자 한다.

구분	내용
장애아 전문 어린이집	• 장애아 1명당 7.83㎡ 이상, 보육실(교실, 거실, 포복실, 유희실, 치료교실, 집단활동실 포함)은 장애아 1명당 6.6㎡ 이상의 면적 확보 • 집단활동실(강당, 놀이실)은 문턱 없이 접근이 가능한 통로에 연결되어야 하고 휠체어·보행기 등의 출입에 장애가 없어야 함 • 출입구는 비상재해 시 대피하기 쉽도록 복도 또는 넓은 공간에 직접 연결되게 설계되어야 하며, 시각장애아를 위한 점자블록이나 유도장치 갖추기 • 옥외 피난계단의 유효폭은 0.9m 이상 • 회전문과 자재문(문턱이 없어 양방향으로 열리는 문)은 금하며 자동문 설치 시 문의 개폐 시간은 3초 이상을 확보하여야 함 • 휠체어에 앉은 영유아가 문의 손잡이를 잡을 수 있어야 함 • 계단 외에 엘리베이터 또는 기울기 1/12 이하의 경사로를 설치하여야 함
장애아 통합 어린이집	• 2층 이상의 시설에는 엘리베이터를 설치하거나 적어도 한 곳 이상에 기울기 1/12 이하의 경사로 설치 • 출입구는 비상재해 시 대피하기 쉽도록 복도 또는 넓은 공간에 직접 연결되도록 하고, 시각장애아를 위한 점자블록이나 유도장치 설치 • 복도, 문, 화장실은 휠체어의 출입에 장애가 없어야 함 • 옥외 피난계단의 유효폭은 0.9m 이상

장애아전문어린이집의 설비에서 비장애아를 함께 보육하는 경우에는 어린이집의 시설면적(놀이터 면적 제외)은 비장애아 1명당 4.29㎡, 보육실은 비장애아 1명당 2.64㎡ 이상의 면적을 확보하여야 한다.

2) 유아교육기관 실내 환경의 구성

유아교육기관의 시설과 설비는 교육의 목적을 달성하기 위해 안전, 위생 그리고 매력적인 측면을 고려하여 잘 구성되어야 한다. 먼저 유아교육기관의 실내 환경 구성에 대해 자세하게 살펴보고자 한다.

실내 환경을 구성할 때 다음과 같은 점에 유의하여야 한다.

첫째, 유아교육기관의 시설과 설비는 기본적인 사항만 제시하고 있으며, 기관의 교육목적이나 성격에 따라 다양하게 이루어질 수 있는 융통성이 있어야 한다. 교육법과 영유아보육법 시행규칙에서는 시설의 종류, 면적과 기본적인 내용에 대해서만 규정하고 있으므로 환경 구성의 세부사항은 기관의 자율에 맡기고 있다. 따라서 각 기관은 교육목적과 기관의 특성을 고려하여 실내 환경을 구성하여야 한다.

둘째, 유아의 발달수준에 적합한 환경 구성이 이루어져야 한다. 어린이집과 유치원은 각자가 교육하는 유아들의 연령과 발달특성을 고려하여 환경을 구성하여야 한다. 이는 교육하기 이전에 이루어져야 하는 기본적인 사항이다.

셋째, 유아교육기관은 유아와 어른을 모두 고려한 환경 구성을 이루어야 한다. 유아교육기관은 교육받는 대상자인 유아와 교육자인 교사와 관련된 어른들이 함께 생활하는 곳이며, 학부모들의 방문이 자주 이루어지는 곳이다. 따라서 환경 구성 시 양자를 모두 만족시킬 수 있는 시설과 설비가 이루어져야 한다.

다음에서는 실내 환경을 시설과 설비로 나누어 살펴보고자 한다.

(1) 실내 환경의 시설

유아교육기관의 실내 환경에서 설치해야 할 시설은 다음과 같다.

① 현관

유아교육기관의 현관은 그 기관의 첫인상을 좌우하는 곳으로 유아가 부모, 교사, 친구들 간에 만남과 헤어짐을 경험하게 된다. 그리고 현관은 기관을 방문하는 여러 사람들에게도 처음 접하는 공간이다. 따라서 현관은 쾌적하고 따뜻한 분위기로 꾸며져야 한다.

현관 부근에 게시판을 설치하여 월간일정, 가정통신문, 식단표를 부착하거나 기관의 학급현황자료를 부착하여 기관의 현황과 운영에 대한 정보를 제공할 수 있다. 그리고 학급별로 메모판을 준비하여 학부모와 교사 간의 메모교환을 통해 의사소통을 촉진할 수 있다.

② 교실

교실은 유아들이 주로 생활하는 중요한 공간이다. 남쪽이나 동쪽 방향이 좋으며, 채광을 고려하여 커튼이나 블라인드를 설치하는 것이 좋다. 그리고 소음을 방지하기 위해서 교실 간 방음벽을 설치하거나 움직임이 활발한 공간에는 카펫을 까는 것이 좋다. 또한 교실은 보통 흥미영역으로 구분하여 공간을 효율적으로 활용하게 된다.

교실의 공간 구성에서 고려해야 할 점은 다음과 같다(임재택, 2006 재인용).

- 교실은 정방형보다는 약간 긴 것이 부드러운 느낌을 주며 공간 구성에도 용이하다.
- 교사가 유아들의 학습활동을 한눈에 감독할 수 있어야 하므로 구석진 공간이 없어야 한다.
- 교실은 주로 유아들의 개별활동 내지 소집단활동이 이루어지도록 구성하되, 필요에 따라 전체 활동이 가능하도록 조정할 수 있어야 한다.

- 유아들의 독립놀이나 프라이버시를 침해하지 않도록 공간의 배열에 유의해야 한다. 가구나 비품을 적절히 배열하여 활동실 바닥면적의 반이나 2/3 정도를 차지하도록 한다.
- 교사들의 도움 없이 유아들 스스로 교구나 학습자료를 사용하고 정돈할 수 있도록 선반이나 보관장을 적절히 배열해야 한다.
- 교실의 중간에 놓은 선반이나 보관장의 높이는 유아들의 키를 넘지 않아야 하지만 벽면에 설치하는 것들은 약간 높아도 상관없다.

③ 실내 놀이터

실내 놀이터는 주로 비나 눈으로 인해 바깥놀이가 힘들 경우에 활용한다. 그리고 공간이 넓을 경우에는 강당의 용도로 사용되어 부모교육이나 산타잔치 등 유아교육기관의 행사 장소로 이용된다.

실내 놀이터의 시설에서 가장 중요한 것은 바닥으로 유아들이 구르고, 뛰고, 엎드리고, 눕는 활동을 할 수 있도록 충분히 배려해야 한다. 그리고 신체조절 능력이 미약한 어린 유아들을 위해 벽면에 충돌을 방지하는 두꺼운 스펀지 벽을 설치하는 것도 도움이 된다.

④ 휴식공간

휴식공간은 다양한 용도로 활용을 높인다.

우선 종일 프로그램에서는 낮잠활동이나 휴식을 취하기 위한 공간으로 활용될 수 있다. 그리고 소집단이 모여 동화활동과 같은 조용한 활동이 이루어지기도 하며, 몸이 아픈 유아가 있을 경우 양호실로 활용되기도 한다.

이 공간은 침대와 소파를 놓아 아늑하게 꾸미고 카펫을 깔아 소음을 흡수하도록 하는 것이 좋다.

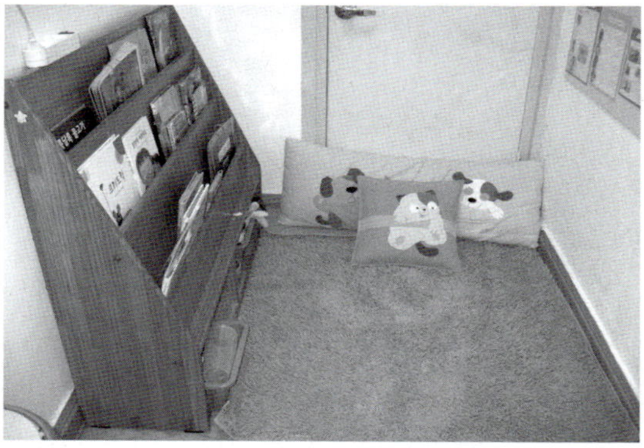

⑤ 교사실

이 공간은 교사들이 교육활동을 계획하며, 교사 간의 정보교환이 이루어지는 곳이다. 또한 학급지도를 위한 여러 문서가 보관되는 곳이므로 공간의 크기를 고려하여 책장, 책상, 컴퓨터 설비, 의자 등을 배치한다. 유아교육기관에 따라서는 교실 관리를 위해 교사실에 CCTV 화면과 음향시설을 갖추기도 한다.

⑥ 교재·교구실

유아교육기관에서 교재·교구를 체계적으로 보관하는 것은 매우 중요하다. 자료 보관을 할 경우에는 주제, 영역, 계절 등 일정기준에 따라 체계적으로 잘 분류하여 보관하여야 쉽게 활용할 수 있게 된다. 그리고 교재·교구 대장을 마련하여 필요할 때 교재·교구를 찾는 것이 더 효과적이다.

⑦ 주방

주방은 환기가 잘되며 밝은 곳에 위치하는 것이 좋다. 이곳은 유아들이 먹을 식사와 간식 등을 준비하는 곳이므로 안전을 고려하여 조용한 곳에 위치하도록 하고, 교실과는 떨어져 있는 것이 좋다. 주방은 음식을 조리하는 데 필요한 기본시설과 설비를 갖추어야 한다. 그리고 항상 깨끗하게 유지되도록 많은 노력을 기울여야 한다.

유아교육법 시행규칙에서는 조리실의 위치는 교실과 떨어져 있어야 하며, 벽과 문을 설치하고, 조명은 220럭스 이상이어야 할 것을 제시하고 있다.

⑧ 화장실

화장실은 교실과 교실 바깥쪽에서 모두 출입이 가능한 곳에 있어야 한다. 화장실은 남녀용으로 분리해서 설치할 필요는 없으며, 낮은 칸막이를 설치하여 지도·감독하는 것이 좋다. 변기의 수는 유아 8~10명당 1개로 하며, 크기는 유아용이어야 한다. 화장실의 바닥은 청소하기 쉽고 미끄럽지 않게 해야 한다. 항상 청결이 유지되도록 해야 하며, 위생적으로 관리해야 한다. 또한 세면대는 화장실 안에 두는 것이 좋으며, 만약 밖에 두어야 할 경우는 문 가까이에 두는 것이 좋다. 세면대의 수는 유아 8~10명당 1개로 하며, 그 높이는 유아의 키에 알맞아야 한다. 세면대의 물은 더운물과 찬물을 사용할 수 있는 것이 좋다.

(2) 실내 환경의 설비

바람직한 실내 환경의 설비에 대해 살펴보기로 하겠다.

① 채광과 조명

채광과 조명은 유아의 시력에 영향을 줄 뿐 아니라 감각기관을 통해 구체적인 물체와 상황에 대한 개념을 획득하기 위해 사물을 정확히 보아야 하므로 유아에게는 학습의 중요한 조건이 된다.

채광이란 창과 문 등을 통해 자연적인 햇빛을 받는 것으로, 자연 채광을 충분히 받기 위해서는 창 가까이에 햇빛을 차단하는 장치를 제거하고 활동실 벽면에 창을 내어 자연 채광을 받을 수 있는 면적을 넓혀야 한다. 낮에는 가능한 한 자연 채광만으로도 활동실이 밝아야 하며, 벽면의 색채를 조절함으로써 자연 채광의 효율을 높일 수 있어야 한다. 자연 채광만으로 밝기가 충분치 못할 경우, 조명시설로 밝기를 조절해야 한다.

학교보건법에 의하면 채광은 옥외수평조도와 실내 조도와의 비를 평균 5% 이상으로 하되, 최소 2% 미만이 되지 않아야 하며, 바깥의 반사물로부터 눈부심이 없어야 한다. 그리고 인공조명에 의한 조도는 책상면을 기준으로 300럭스 이상이 되어야 한다.

② 창문과 환기

창문유리는 파손되지 않도록 특수유리를 사용하며, 창문의 면적은 바닥면적의 1/5～1/4 정도가 적절하다. 창턱은 벽면에서 튀어나오지 않아야 하며 바닥에서의 높이는 영아반의 경우는 50~60cm, 유아반의 경우는 60~70cm가 적당하다. 창문에는 방충망을 설치해야 하며, 방음과 열 손실을 막기 위해 이중창이 바람직하다.

또한 창문의 안전관리를 고려해야 한다. 즉, 넓은 면적의 창이 너무 낮게 설치된 경우 유아의 활동 과정에서 파손되는 위험이 따르고 너무 투명한 창일 때에는 부딪칠 위험이 있으므로 이에 대비하는 것이 필요하다.

교실에서의 공기 질이 잘 유지되도록 하기 위해 적절한 환기가 필수적이다. 따라서 교실 안으로 들어오는 공기 분포를 균등하게 하여 실내 공기의 순환이 골고루 이루어지도록 해야 한다. 최근 미세먼지의 인체 유해성이 알려지면서 공기 질 유지에 대한 관심이 높아지고 있다. 공기 질 등의 유지기준은 다음과 같다.

오염물질 항목	기준(이하)	적용 시설	비고
가. 미세먼지	$35\mu g/m^3$	교사 및 급식시설	직경 2.5μm 이하 먼지
	$75\mu g/m^3$	교사 및 급식시설	직경 10μm 이하 먼지
	$150\mu g/m^3$	체육관 및 강당	직경 10μm 이하 먼지
나. 이산화탄소	1,000ppm	교사 및 급식시설	해당 교사 및 급식시설이 기계환기장치를 이용하여 주된 환기를 하는 경우 1,500ppm 이하
다. 폼알데하이드	$80\mu g/m^3$	교사 및 급식시설	
라. 총부유세균	$800CFU/m^3$	교사 및 급식시설	
마. 낙하세균	10CFU/실	보건실 및 급식시설	
바. 일산화탄소	10ppm	개별난방교실 및 도로변 교실	난방교실은 직접 연소방식의 난방교실로 한정
사. 이산화탄소	0.05ppm	개별난방교실 및 도로변 교실	난방교실은 직접 연소방식의 난방교실로 한정
아. 라돈	$148Bq/m^3$	1층 및 지하의 교사	

오염물질 항목	기준(이하)	적용 시설	비고
자. 총휘발성 유기화합물	400㎍/㎥	건축한 때부터 3년이 경과하지 아니한 학교	건축에는 증축 및 개축 포함
차. 석면	0.01개/cc	석면안전관리법 제22조 제1항 후단에 따른 석면건축물에 해당하는 학교	
카. 오존	0.06ppm	교무실 및 행정실	적용 시설 내에 오존을 발생시키는 사무기기(복사기 등)가 있는 경우로 한정
타. 진드기	100마리/㎡	보건실	

학교보건법 시행규칙에 의하면 환기는 환기용 창 등을 수시로 개방하거나 기계식 환기설비를 수시로 가동하여, 1인당 환기량이 시간당 21.6m^3 이상의 환기량이 되어야 한다.

③ 바닥

바닥은 난방이 가능한 것이 좋으며, 유아의 안전과 위생을 고려해야 한다. 따라서 바닥 재료 선택에 유의해야 한다. 보통 나무나 리놀륨 등이 좋으며, 카펫은 필요한 곳에 부분적으로 까는 것이 좋다.

④ 벽

벽은 게시판이나 다른 자료를 쉽게 붙일 수 있는 표면 재료를 사용하는 것이 바람직하다. 벽의 일부에 코르크로 된 압정용 게시벽을 두면 전시 목적으로 활용하기가 좋다(Decker & Decker, 1992). 게시판은 유아의 키 높이에 적합해야 유아가 전시물을 볼 수 있고, 유아 자신이 만든 것을 게시하기 쉽다.

⑤ 소음

소리가 울리거나 방음이 잘 되지 않으면 유아 상호 간, 교사와 유아 간의 언어 전달이 어려워 소리를 지르는 현상이 생기므로 유아의 바른 언어생활지도가 어렵고, 교사와 유아에게 피로를 주어 정서적 안정감을 잃게 하므로 가능한

한 소음을 줄일 수 있는 자재를 사용한다. 이를 위해서는 바닥에 카펫이나 고무 재질을 깔거나 벽면·천장에 방음 재료를 사용하고, 책상·의자 등의 소음을 줄이기 위해 다리에 고무나 헝겊 등을 부착할 필요가 있다.

학교보건법 시행규칙에 의하면 교사 내 소음기준은 55dB 이하로 해야 한다는 기준을 제시하고 있다.

⑥ 냉난방

유아교육기관의 적합한 실내온도는 20~22℃를 유지하는 것이 좋으며, 습도는 50~60%가 좋다. 따라서 온도와 습도를 일정하게 유지하기 위해 환기를 자주 해야 한다.

학교보건법 시행규칙에 의하면 실내온도는 18℃ 이상 28℃ 이하로 하되, 난방온도는 18℃ 이상 20℃ 이하, 냉방온도는 26℃ 이상 28℃ 이하로 해야 하며, 비교습도는 30% 이상 80% 이하로 해야 한다.

3) 유아교육기관 실외 공간의 구성

실외 공간 구성 시 고려해야 할 사항은 다음과 같다.

유아교육시설의 실외 공간은 놀이터, 유원장, 운동장 등 여러 가지 명칭으로 불리고 있는데, 그네나 미끄럼틀을 설치해 놓고 유아들이 쉬는 시간의 놀이터 정도로만 생각하여 교육활동 공간으로 여겨지지 않고 있는 것이 일반적인 경향이다. 이러한 경향은 수업은 교실에서 하고, 휴식이나 노는 것은 교실 밖의 적당한 곳이나 운동장에서 하는 것을 학교교육의 전통으로 생각해 온 것에 기인한 것이라 볼 수 있다. 특히, 우리나라의 유아교육기관에서는 이러한 경향이 짙어 실외 공간의 교육적 가치를 인식하지 못하고 있다.

Decker와 Decker(1976)는 어떤 형태의 유아교육시설에서도 실외 공간은 다음 세 가지 조건을 갖추어야 한다고 주장한다.

첫째, 실외 공간은 실내 공간에서 이루어지는 것과 유사한 활동이 이루어지도록 구성되어야 한다.

실외 공간은 유아들이 정신적 활동, 사회적 상호작용, 신체적 활동 등을 할 수 있도록 다양하게 꾸며져야 한다. 실내의 교실에서 일어나는 거의 모든 활동이 실외 공간에서도 이루어져야 한다. 실외 공간은 단지 유아들이 그네를 타거나, 미끄럼틀에 오르고, 뛰거나, 자전거를 타는 등의 신체·운동발달을 위한 장소로서만이 아니라 실내 공간의 연장으로 고려되어야 한다.

둘째, 실외 공간은 심미적인 즐거움을 주도록 구성되어야 한다. 실외 공간은 보고, 듣고, 만지고, 냄새 맡고, 맛을 보는 등 시각적·감각적 느낌이나 즐거움을 가질 수 있도록 하며, 크고 작은 나무와 여러 종류의 돌, 흙, 잔디, 모래, 시멘트 등이 적절히 안배된 바닥, 편평하거나 높거나 낮은 곳, 각종 동식물 등 자연적인 사물이나 현상이 조화를 이루어 심미적인 느낌을 줄 수 있도록 구성되어야 한다.

셋째, 실외 공간은 안전해야 한다. 공간을 둘러싼 울타리, 비품의 적절한 배치, 적절한 바닥처리 및 충분한 지도·감독 등 유아들의 안전을 고려하여 실외 공간을 구성해야 한다.

실외 공간 구성에서 실외 시설과 설비에 대해 살펴보기로 하겠다.

(1) 실외 환경의 시설

① 실외 놀이터

실외 환경은 실내 환경과 마찬가지로 유아의 신체, 인지, 언어, 정서, 사회성 발달에 많은 영향을 미치게 된다. 안전성과 발달 수준을 고려하여 적절하게 구성되어야 한다.

실외 놀이터는 건물의 남쪽 방향에 위치하는 것이 좋으며, 화장실이나 세면대로 이동이 쉬워야 한다. 그리고 실내 공간과 연결되어 이동이 자유로워야 한다. 유아의 안전을 위하여 실내와 실외 공간 높이에 차이가 있을 때는 층계보다는 경사진 길이 되도록 설계 시 고려한다. 또한 유원장은 배수가 잘되거나 배수시설을 갖춘 입지라야 한다.

② 울타리

관목이나 나무로 울타리를 설치하여 유아 보호에 대한 교사의 과중한 책임 부담을 덜어 주고 외부의 방해를 받지 않고 유아들이 자유롭게 활동할 수 있도록 한다. 유원장이 큰길과 인접해 있는 경우에는 적어도 120cm 높이로 울타리를 세워야 한다.

③ 바닥

실외 공간의 바닥은 배수가 잘되어야 하며, 특히 건물 주변의 배수 처리가 잘되어 바닥이 빨리 마르도록 처리하여야 한다. 유원장의 바닥은 놀이영역에 따라 다르게 처리되어야 하며 흙바닥, 포장된 길이 있는 딱딱한 바닥, 모래밭, 잔디밭, 언덕 등으로 다양하게 구성되어야 한다.

④ 조용한 공간

실외에 공간이 충분한 경우 비나 햇볕에 유아를 보호할 수 있는 시설을 설치할 수 있다. 지붕을 씌운 실외 공간은 날씨가 흐린 날이나 너무 더운 날 실외에서 목공놀이나 미술활동, 동화 듣기, 책 읽기 등의 놀이를 할 수 있게 해준다.

(2) 실외 환경의 설비

① 대근육활동 공간

이 공간은 미끄럼틀, 정글짐, 시소, 평균대 등이 설치되어 주로 대근육활동이 많이 이루어지는 곳을 의미한다. 이곳은 유아의 동선을 예상하여 구성하고, 특히 안전을 고려하여 배치해야 한다.

② 물놀이 시설

실외에서 이루어지는 물놀이 시설은 작은 대야를 이용한 작은 규모에서 풀장을 이용한 대형규모에 이르기까지 다양하다. 다양한 물놀이 기구를 구비하여

활동한다면 유아들의 움직임이 활발하게 일어날 것이다.

③ 모래놀이터

모래놀이터는 나무나 시멘트로 상자를 만들어 모래를 담은 다음 이용할 수 있다. 나무상자 바닥에는 넓은 비닐을 깔고 그 위에 모래를 담는다. 바닥에 비닐을 깔고 가장자리 턱을 타이어로 포개어 막아 모래놀이터를 만들 수도 있다. 비가 왔을 때 배수가 가능하도록 모래놀이터에는 배수구도 마련하여야 한다. 모래의 깊이가 20~25cm 이상이 되도록 하고 모래놀이터가 작으면 뚜껑을 만들어 주면 잡다한 것이 들어가는 것을 방지할 수 있다.

모래놀이터는 습기가 차지 않도록 양지바른 곳에 위치하게 한다. 그러나 더운 날씨에는 햇볕이 너무 뜨거우므로 격자무늬의 지붕이나 파라솔, 차양 등을 이용하거나 나무 그늘을 만들어 햇볕이 뜨거운 날에도 활동할 수 있도록 한다. 공간이 넓으면 모래밭을 두 군데로 설치해서 연령이 다른 유아들이 사용하게 하거나 다른 용도로 사용하게 한다. 모래놀이터의 모래는 최소한 1년에 한 번씩은 갈아 주거나 소독하여 먼지나 더러운 것이 쌓이지 않도록 한다.

03 유아교육기관 시설·설비의 관리

유아기는 주변 환경이나 사물에 많은 호기심과 탐구 충동을 지니고 있는 데 반해 신체 기능, 판단 능력 그리고 자기조절 및 상황에 대한 인식 능력이 부족하여 사고에 대한 위험성이 높은 시기이다. 따라서 유아교육기관에서는 시설과 설비를 정기적으로 점검하여 유아들이 안전하고 쾌적한 환경에서 생활할 수 있도록 관리하여야 한다.

시설과 설비의 관리 내용을 살펴보면 다음과 같다.

1) 청결 관리

(1) 교실 청결

유아교사는 매일 아침 보육실의 청결상태를 점검하여 유지하는 데 힘써야 한다. 청결한 교실 환경을 위하여 점검할 내용은 다음과 같다.

① 1일 3회 정도는 교실의 커튼이나 블라인드를 걷고 창문을 열고 반드시 환기시킨다.

② 바닥에 물건 조각이나 음식물 찌꺼기 등이 있으면 즉시 제거한다.

③ 교실 한구석에 걸레나 비 등을 비치하여 쉽게 사용할 수 있도록 한다. 청소도구는 아동의 손에 닿지 않는 곳에 비치한다.

④ 쓰레기통은 뚜껑이 있는 것으로 하며 매일 비운다.

⑤ 기저귀 등 냄새가 날 수 있는 쓰레기는 생기는 대로 실외로 옮긴다.

⑥ 완구장, 도서대, 문손잡이 등 아동들의 손이 자주 닿는 물품은 수시로 닦아준다.

⑦ 교실의 카펫, 소파 등은 수시로 일광 소독하며, 진공청소기로 구석의 먼지를 제거해 준다.

⑧ 교재·교구는 정기적으로 세척한다.

⑨ 아동의 침구는 정기적으로 세탁하고 햇빛 좋은 날 일광 소독한다.

(2) 주방의 청결

① 식판과 간식용 접시, 컵, 수저 등은 세제로 깨끗이 씻은 후 충분히 헹군다.

② 각종 그릇은 1일 1회 소독한다.

③ 행주와 도마는 매일 소독한다.

④ 도마는 육류와 야채류를 구분하여 별도로 사용한다.

⑤ 음식물 저장고에 바퀴벌레, 개미 등의 해충이 접근하지 않도록 한다.

⑥ 식탁은 자주 소독액으로 닦는다.

⑦ 냉장고와 냉동고는 적정온도를 유지한다.

(3) 기타

① 화장실에서 냄새가 나지 않도록 화장실 내부 수도꼭지, 대소변기 손잡이 등은 자주 닦고 소독한다.
② 유리창, 출입문 등은 수시로 닦는다.
③ 계단, 복도바닥의 물건 조각이나 먼지 등은 보는 대로 제거한다.
④ 바닥 등은 필요할 때마다 수시로 닦고 미끄럼 방지를 위해 물기가 있을 경우 즉시 제거한다.
⑤ 방역은 혹서기와 혹한기에는 매월, 나머지 계절에는 격월로 실시한다.

2) 시설 점검

① 건축물 점검: 건축에 관한 부분으로 건물 벽체, 축대, 천장, 도색, 도배 상태 등을 점검한다. 옥탑이나 뒤꼍 등 사각지대에 대한 점검도 소홀히 하지 않는다.
② 전기 점검: 전기시설, 전기 차단시설에 관한 부분이다.
③ 소방 점검: 소화전, 유도등, 소화기 배치 등이 포함된다.
④ 설비 점검: 냉난방 설비, 주방가스 시설, 화장실 비품 파손 등에 관한 점검이다. 시설점검표를 만들어 월 1회 정도 담당자를 정해 점검해 준다. 누전, 누수가 의심될 경우에는 전문가의 도움을 받아 점검한다. 또한 손전등과 같이 비상시에 사용할 수 있는 물품을 준비해 놓아 비상사태에 대비한다.

연구문제

01 유아교육기관의 시설 구비 시 중요하게 생각하여야 할 요소들을 제시하시오.

02 유아교육기관의 실내 환경과 실외 환경에서 갖추어야 할 시설들을 설명하시오.

Chapter 06

유아교육기관의 교재와 교구

01 유아교육기관 교재·교구의 개념과 종류

유아교육기관에서 교재·교구는 교육활동이 원활하게 이루어지는 데 필수적인 매개체로서, 직접 제작한 것과 구입한 것이 모두 포함된다. 이 장에서는 교재·교구의 개념과 종류를 살펴보고, 교육현장에서 활용하는 데 필요한 배치, 활용, 보관방법에 대해 살펴보고자 한다.

1) 교재·교구의 개념과 중요성

교재·교구란 교수 학습이 전개되는 과정에서 사용하는 여러 자료들을 총칭하는 용어로서 직접 경험을 통한 감각학습이 효과적인 영유아들에게 매우 중요한 요소이다. 따라서 교재·교구는 영유아의 연령과 발달단계를 고려하여 신중하게 선택해야 한다.

일반적으로 교재는 교수·학습 과정에서 사용되는 자료로 교과서를 비롯한 인쇄자료, 그림 자료, 영상자료, 녹음자료 등을 의미한다. 교구는 교재를 효율적으로 학습하는 과정에서 이용하는 도구로서, 직접 제작한 자료, 구입한 모형자료 그리고 전기장치의 유무로 나뉠 수 있다. 전기를 이용하는 것으로는 환등기, OHP, 빔프로젝터 등이 있으며, 전기를 이용하지 않는 것으로는 융판과 게시판 등이 있다.

교수·학습 과정에서 적절한 교재·교구의 활용은 수업의 질적 측면에도 많은 영향을 준다. 특히 직접 경험과 구체적 조작이 효과적인 영유아들에게 다양한 교재·교구를 제시하는 것은 매우 중요하다.

교재·교구의 중요성을 정리하면 다음과 같다(이대균·송정원, 2006 재인용).

① 교재·교구는 교육의 내용과 질을 결정한다. 왜냐하면 활동에 있어 적절한 교재·교구는 교사와 유아, 유아와 유아, 유아와 사물 간에 효과적인 상호작용이 일어나도록 돕기 때문이다.

② 교재·교구는 영유아의 활동을 유발하고 자극한다. 활동에 알맞은 교재·교구가 있음으로써 영유아들이 활동을 재미있어 하고 반복하게 된다. 따라서 행함으로써 배울 수 있도록 하며, 자발적으로 활동할 수 있도록 하여 자발학습이 일어나게 한다.

③ 교재·교구는 영유아의 활동을 심화, 확대시킨다. 교재·교구를 가지고 활동해 보면서 활동의 방법과 내용에 대해 이해하게 되어 내용 이해와 방법적인 면에 대해 능숙하게 하거나 새로운 것을 알게 하고 더욱 알아보도록 하는 동기를 가지게 된다.

④ 교재·교구는 언어를 발달시킨다. 교재·교구를 활용할 때는 영유아에게 활동방법을 언어적으로 소개하게 되며, 활동 중에 교재·교구-유아, 유아-유아, 유아-교사 간에 상호작용이 빈번히 일어나게 되고 활동 후 결과를 언어적으로 표현하게 되기 때문이다.

⑤ 교재·교구는 신체 및 감각 능력을 발달시키며, 감각욕구를 충족시킨다. 영유아가 교재를 가지고 직접 조작하고, 냄새 맡고, 흔들고, 맛보고, 소리를 들어 보고, 관찰해 보고, 신체로 활동해 보기 때문이다.

⑥ 협동심과 이해성, 양보 등 사회성을 발달시킨다. 교재의 사용규칙을 지키고 차례를 지킬 줄 알며, 양보하고 협동하는 방법을 알고 지키게 되며 교재에 따라 알맞은 방법으로 정리·정돈하게 되기 때문이다.

⑦ 표현활동 교재·교구를 활용함으로써 창의성과 예술성 및 표현 능력을 기른다. 여기에서 표현활동 교재·교구란 미술, 음률, 극화, 문학활동에서 사용되는 도구, 자료, 그림 그리기, 만들기 도구와 자료, 악기, 신체표현에 활용되는 리본·끈·스카프·후프 등과 동극, 인형극에 필요한 가면, 인형,

동화구연에 활용되는 동화, 구연자료 등을 말한다.

2) 교재·교구의 종류

유아교육기관에서 적절한 교재·교구의 활용은 수업의 질적 측면에도 영향을 미치게 된다.

유치원에서 기본적으로 갖추어야 할 교구의 종목 및 기준은 고등학교 이하 각급 학교 설립·운영 규정(대통령령 제32956호, 2022.10.25)에 의거하여 각 시·도 교육감이 정하여 고시한다.

다음에서는 서울특별시 교육청(2019.12.12)의 기준을 제시하고자 한다.

영역	교구종목		교구종류	소요기준	비고	
					필수	권장
쌓기놀이	1	블록류	유니트 블록(150조각 이상)	학급당 1세트	○ 4~5세	○ 3세
			기타 블록(종이, 나무, 헝겊, 우레탄, 스펀지, 플라스틱 블록류 등)	학급당 5종 이상	○	
	2	소품류	교통기관 모형, 사람 모형, 동물 모형, 식물 모형, 지역사회기관 모형 등	학급당 각 3종 이상	○	
			가면, 모자류, 교통표지판류, 운전대, 널빤지 등	학급당 3종 이상	○	
	3	기타	쌓기놀이에 아이디어를 주는 책, 화보, 활동카드, 비정형화된 소품 등	학급당 주제별 2종 이상		○
역할놀이	1	주방용품	모형 가스레인지, 냉장고, 토스터, 수저, 포크, 각종 그릇, 컵, 접시, 주전자, 쟁반, 프라이팬, 냄비, 믹서, 국자, 도마, 칼 등	학급당 10종 이상	○	
	2	가구류	옷장, 화장대, 침대, 소파, 싱크대, 식탁, 의자 등	학급당 3종 이상	○	
	3	소품류	소꿉놀이(드레스, 잠옷, 앞치마, 한복, 다른 나라 의상, 음식 모형, 모자, 가방, 신발, 우산, 액세서리, 유모차, 인형 등)	원당 5종 이상	○	
			병원놀이(가운, 청진기, 반사경, 고무망치, 혈압기, 주사바늘을 뺀 주사기, 붕대, 체온계, 플라스틱 링겔병, 약병 등)	원당 5종 이상	○	
			미용실놀이(거울, 가운, 헤어드라이어, 미용캡, 헤어롤, 분무기, 빈 화장품병, 머리수건, 가발, 머리핀, 모형가위, 빗 등)	원당 5종 이상	○	

영역	교구종목		교구종류	소요기준	비고	
					필수	권장
			가게놀이(모형 과일·채소·생선·꽃·떡·빵·옷, 저울, 시장바구니, 각종 물건, 전화, 모형 돈, 계산대용품 세트, 계산기 등)	원당 5종 이상	○	
			교통기관놀이(운전사·조종사·선장·교통경찰 의상, 운전대, 교통표지판, 자동차, 여행가방, 나침반, 비행기표, 여권, 교통카드 등)	원당 5종 이상	○	
	4	기타	음식점놀이, 결혼식놀이, 방송국놀이, 우주선놀이, 주유소놀이, 우체국놀이, 은행놀이, 소방관놀이 등을 위한 소품 일체	원당 3종 이상		○
언어	1	듣기 자료	녹음기	학급당 1개	○	
			다양한 종류의 녹음테이프 또는 CD, 듣기자료 등	원당 주제별 1종 이상	○	
	2	말하기 자료	인형극 틀	원당 1개	○	
			융판, 자석판	학급당 1종 이상	○	
			이야기 나누기 및 꾸미기 자료	3학급당 주제별 5종 이상	○	
			동화자료(그림, 막대, 융판, 자석동화 등)	학급당 주제별 3종 이상	○	
			융판자료, 인형류(손, 막대, 손가락 등)	학급당 주제별 2종 이상	○	
	3	읽기 자료	도서류(동시, 전래동화, 창작동화, 위인전, 사전류, 유아용 과학·음악·미술·수학 관련 책 등)	원당 300권 학급당 50권씩 추가	○	
			기타(동시 활동자료, 그림으로 읽는 동화, 카드류)	원당 생활주제별 2종 이상	○	
	4	쓰기 자료	칠판, 화이트보드, 자석판 등	학급당 1종 이상	○	
			글자카드, 쓰기도구 등	학급당 1종 이상	○	
	5	게임 자료	게임도구(판, 주사위, 말 등), 카드류 등	학급당 주제별 2종 이상	○	
수·조작 놀이	1	그림 맞추기 및 도형놀이 자료	퍼즐류(그림, 겹, 도형퍼즐 등), 도미노 카드류, 동그라미·세모·네모 등의 모형류, 입체도형류, 칠교놀이류 등	학급당 주제별 3종 이상	○	
	2	일상생활 자료	바느질하기, 옮기기, 따르기 등	학급당 1종 이상	○	
	3	구성놀이 자료	끼우기 블록(레고, 코코, 꽃, 만능아트블록 등)	학급당 3종 이상	○	

영역	교구종목		교구종류	소요기준	비고	
					필수	권장
	4	수놀이 자료	짝짓기, 수세기, 분류, 비교, 부분과 전체, 서열개념을 위한 자료들(다양한 크기와 모양의 단추, 도형, 조개껍질, 다양한 색과 모양의 구슬, 길이가 서로 다른 막대, 겹 끼우기 상자 등)	학급당 주제별 3종 이상	○	
	5	측정 도구	길이 측정도구(끈, 막대기, 리본, 자, 신장계 등)	학급당 1종 이상		○
			양 측정도구(계량스푼, 계량컵 등)	학급당 1종 이상		○
			무게측정도구(체중계, 양팔저울, 접시저울 등)	학급당 1종 이상		○
			시간 측정용도구(모래시계, 조리용시계 등)	학급당 1종 이상		○
	6	게임 자료	게임도구(판, 주사위, 말 등), 카드류, 민속놀이자료(윷, 고누, 오목, 장기, 바둑 등) 등	학급당 주제별 3종 이상	○	
미술	1	그리기 도구	이젤	학급당 1개		○
			종이류(도화지 16/8/4절), 모양 도화지, 색종이, 포장지, 신문지, 골판지, 모래종이, 셀로판지, 벽지 등)	학급당 5종 이상	○	
			그리기 자료(크레파스, 색연필, 사인펜, 파스텔, 연필, 붓, 물감, 매직, 스탬프 등) 칫솔, 핑거페인트용 풀, 스펀지, 롤러, 물감접시, 물통, 본뜨기도구, 찍기 도구 등	학급당 5종 이상	○	
			건조대	학급당 1개		○
			작업복	학급당 6 이상	○	
	2	만들기 도구	펀치, 테이프 커터기 등	학급당 2종 이상	○	
			가위류(꽂이 포함), 접착제류(풀, 본드 등), 테이프류	학급당 각 2종 이상	○	
			점토놀이세트(밀가루점토, 찰흙, 유점토, 지점토, 플라스틱 칼, 밀대, 모양틀 등)	학급당 1개	○	
			각종자료(수수깡, 스티로폼, 나무젓가락, 빨대, 털실, 포장끈, 종이컵 등), 폐품류(휴지 속대, 플라스틱용기, 천조각, 조개, 병뚜껑, 달걀판, 쇼핑백, 아이스막대 등)	학급당 각 5종 이상	○	
	3	기타	감상자료, 활동순서도 등	원당 주제별 1종 이상	○	
과학	1	관찰 및 실험 도구	돋보기, 거울(오목, 볼록), 시계, 손전등, 프리즘, 관찰 통, 자석류, 수조, 온도계 등	학급당 2종 이상	○	
	2	동식물 기르기	동물류와 사육도구	학급당 1종 이상		○
			식물류와 재배도구	학급당 2종 이상		○

영역	교구종목		교구종류	소요기준	비고	
					필수	권장
	3	탐색 자료	조개껍질, 나뭇잎, 흙, 돌, 곡식, 씨앗, 견과류 등	원당 2종 이상	○	
	4	기타	기계류(다양한 종류의 시계 부속품, 라디오/텔레비전 부속품, 열쇠와 자물쇠, 너트와 볼트), 그림, 사진, 동식물 도감, 백과사전류, 지구본, 관찰기록 용지 등	학급당 3종 이상	○	
음률	1	악기류	리듬악기류(트라이앵글, 탬버린, 캐스터네츠, 방울, 우드블록, 리듬막대, 마라카스, 쉐이커 등)	학급당 3종 이상	○	
			멜로디악기류(피아노, 전자오르간, 실로폰, 우쿨렐레, 기타, 핸드벨 등)	학급당 1종 이상	○	
			국악기류(소고, 장구, 북, 꽹과리, 징 등)	원당 3종 이상	○	
	2	노래활동 자료	노래활동자료, 그림악보 등	학급당 주제별 2종 이상	○	
	3	감상 활동 자료	녹음기 및 플레이어 등	학급당 1개	○	
			음악CD 등(동요, 고전음악, 자장가, 행진곡, 전통음악, 세계 민속 음악 등)	학급당 주제별 2종 이상	○	
	4	움직임을 위한 자료	리듬막대, 리본막대, 스카프, 한삼 등	원당 2종 이상	○	
	5	기타 자료	메트로놈	원당 1개		○
컴퓨터		컴퓨터		학급당 1 이상	○	
		프린터		학급당 1 이상		○
		태블릿 PC		원당 1개		○
		소프트웨어	멀티미디어 교수학습자료	원당 5종 이상	○	
물놀이		그릇류	수조, 크고 작은 그릇, 깔때기 계량컵, 체, 구멍이 여러 위치에 뚫린 통 등	원당 3종 이상		○
		호스류	다양한 굵기의 투명한 호스, 수로용 플라스틱 호스 등	원당 1종 이상		○
		기타	비닐 앞치마	원당 6 이상		○
			뜨거나 가라앉는 물체(배, 고무인형, 나무토막, 스티로폼 조각, 비치볼 등), 세탁할 수 있는 물건(플라스틱 인형, 인형 옷, 손수건, 대야, 비누, 빨래판 등), 게임자료(자석낚시게임, 물컵 나르기, 스	원당 3종 이상		○

영역	교구종목		교구종류	소요기준	비고	
					필수	권장
			푼으로 물 옮기기 등), 물뿌리개, 물레방아, 물총, 그물 등			
모래 놀이	1	모래 놀이 도구	삽류(큰 삽, 작은 삽, 숟가락, 국자 등)	원당 1종 이상		○
			그릇류(다양한 용기, 모양 틀, 체, 컵, 깔때기, 계량용기 등)	원당 3종 이상		○
	2	기타	모형(동물과 인형 등), 중장비 자동차, 트럭, 물뿌리개 등	원당 2종 이상		○
목공 놀이	1	연장 (유아용)	못, 망치, 자, 접착제, 톱, 볼트와 너트, 드라이버 등	원당 2종 이상		○
	2	기타	나무조각, 스티로폼 조각, 경첩, 열쇠, 작은 바퀴, 모래종이	원당 2종 이상		○
			안전 장갑, 눈보호 안경	원당 2개 이상		○
요리 활동	1	조리 도구	도마, 칼, 접시, 쟁반, 거품기, 계량컵, 양푼, 냄비, 프라이팬, 믹서, 주방용 저울, 레인지, 뒤집게, 모양 찍기틀 등	원당 10종 이상		○
	2	기타	유아용 앞치마, 머릿수건	원당 6세트 이상		○
			요리순서카드, 요리화보, 요리책 등	원당 2종 이상		○
신체 활동	1	기구	대도구(매트, 평균대, 뜀틀, 유니바 세트 등)	원당 1개 이상	○	
			소도구(각종 공류, 다양한 굵기와 길이의 줄, 훌라후프, 막대 등)	원당 10개 이상	○	
	2	민속 놀이 도구	제기, 팽이, 투호, 팥 주머니 등	원당 2종 이상	○	
	3	기타	고리던지기, 샌드백, 자전거, 간이농구대, 터널, 반환점 등	원당 2종 이상		○

어린이집에서 갖추어야 할 비품 및 교재·교구는 보육사업지침(보건복지부, 1999)에 명시되고 있으며, 세부내용으로는 학습활동교구, 시청각교육기재, 음률활동교구, 실내 놀이기구, 실외 놀이기구, 시설·설비, 주방용기구, 비품 순으로 제시되고 있다.

구분	교재·교구	소요기준	비고
학습활동교구	이동식 칠판	영유아반당 1개	
	이젤(화판)	영유아반당 1개	
	교통표지판	시설당 10종	
	동식물표본	시설당 4종	
	모형시계	시설당 1개	
	종합적목	시설당 1조	
	우레탄 큰 블록	시설당 1조	
	벽돌적목	영유아반당 1조	
	유니트 블록	영유아반당 1조	
	끼우기 블록세트	영유아반당 2조	
	쌓기 블록세트	영유아반당 2조	
	블록세트 소품	영유아반당 3조	
	언어놀이자료	영유아반당 3조	
	퍼즐자료(도형, 수, 색, 동식물, 도구, 일상생활 등)	영유아반당 3조	
	수놀이자료(단추, 바둑알, 열매구슬 등 10종)	영유아반당 1조	
	인형극 세트	영유아반당 1조	
	인형극 틀	시설당 1대	
	게임자료 세트	영유아반당 2조	
	그림동화책	반당 2질	
	학습자료도서	시설당 4질	
	측정도구세트(자, 저울, 계량컵, 온도계, 시계, 스포이트 등)	영유아반당 1조	
	실험 및 관찰도구 세트(거울, 자석, 확대경, 지구본, 핀셋, 프리즘, 손전등, 촉각판 등)	영유아반당 1조	
시청각교육기재	TV 수상기	교실당 1대	
	VTR	시설당 1대	
	카세트 녹음기(라디오 겸용)	영유아반당 1대	
	사진기	시설당 1대	
	컴퓨터(교육용)	시설당 1대	
	학습 비디오테이프	시설당 3질	

구분	교재·교구	소요기준	비고
음률활동교구	피아노(또는 소형 전자 오르간)	시설당 1대	
	트라이앵글	영유아반당 3개	
	캐스터네츠	영유아반당 3개	
	탬버린	영유아반당 3개	
	심벌즈	시설당 1개	
	큰북	시설당 1개	
	작은북	시설당 2개	
	우드블록	영유아반당 3개	
	소고	영유아반당 3개	
	마라카스	영유아반당 3개	
	실로폰	영유아반당 1개	
	멜로디언	영유아반당 1개	
	꽹과리	시설당 1개	
	장구	시설당 1개	
	징	시설당 1개	
	피리	영유아반당 1개	
	방울	영유아반당 3개	
	단소	영유아반당 3개	
	리듬막대	영유아반당 3개	
실내 놀이기구	실내 시소		
	실내 미끄럼틀		
	고리 던지기		
	비닐 스펀지 터널		
	평균대		
	유동마		
	보행기		
	유모차		
	목공놀이교구 세트(영유아용 망치, 영유아용 톱 자키, 공구세트, 각종 나사 등)		
	목공대		
	모래놀이기구(삽, 채, 모래놀이, 소품 등)		
	물놀이대	시설당 1조	
	물놀이기구(양동이, 물뿌리개, 소품 등)	시설당 1조	
	인형유모차	영아반당 1개	
	소꿉놀이 의상세트	반당 2조	

구분	교재·교구	소요기준	비고
	소꿉놀이 인형	반당 2조	
	소꿉놀이 생활비품(그릇, 침대, 식탁, 이불, 베개, 전화, 싱크대, 조리대, 냉장고 등	반당 1조	
	병원놀이 세트(모조의료기구)	반당 1조	
실외 놀이기구 (시설당 3종 이상 선택)	매트(놀이용)	시설당 2조	
	트램펄린	시설당 1조	
	공	영유아반당 3개	
	후프	영유아반당 3개	
	줄(줄넘기 줄, 밧줄 등)	영유아반당 3개	
	종합놀이대	시설당 1개	
	그네	시설당 1개	
	미끄럼틀	시설당 1개	
	시소	시설당 1개	
	철봉	시설당 1개	
	구름다리	시설당 1개	
	사각정글	시설당 1개	
	터널	시설당 1개	
	망오름대	시설당 1개	
시설·설비	유아책상(10인용)	영유아반당 2조	
	유아의자(1인용)	영유아반당 20개	
	영아책상(10인용)	영아반당 1조	
	다용도의자	반당 2개	
	사물함	반당 1개	
	교구정리장	영유아반당 3개	
	완구정리장	반당 1개	
	이불장	영유아반당 2개	
	책꽂이	시설당 1개	
	침대	반당 1개	
	전신거울	영아반당 2개	
	흔들침대	영아반당 1개	
	매트(간이침대) 등	영유아반당 5개	
	책상(교사용)	반당 1개	
	의자(교사용)	반당 1개	
	캐비닛(교사용)	시설당 2개	
	교탁	시설당 1개	

구분	교재·교구	소요기준	비고
주방용 기구	밥솥	시설당 1개	
	국솥	시설당 1개	
	급식판(1인용)	아동수당 1조	
	식기류	아동수당 1조	
	싱크대 세트	시설당 1조	
	냉장고	시설당 1개	
	살균소독기	시설당 1개	
	전자레인지	시설당 1개	
	가스레인지	시설당 1개	
	찬장	시설당 1조	
	전기밥솥	시설당 1대	
	온장고	시설당 1대	
비품	선풍기	반당 1대	
	카펫	영유아반당 1개	
	전기장판(5인용)	시설당 1개	
	가습기	영유아반당 1대	
	청소기	시설당 1대	
	체중계	시설당 1대	
	신장기	시설당 1대	
	시력검사기	시설당 1대	
	색맹검사자료	시설당 1질	

02 유아교육기관 교재·교구의 관리

1) 교재·교구의 배치

교재·교구를 효율적으로 배치하는 것은 교재·교구의 활용도를 높이는 데 매우 중요한 부분이다.

교육의 목적을 달성하기 위해서 필요한 교육의 3요소는 교수자, 학습자 그리고 교수매체이다. 이 중에서 교재·교구는 교수매체에 해당되므로 중요 요소임을 알 수 있으며, 이를 효율적으로 활용하기 위해서는 가장 먼저 적절한 배치가 이루어져야 한다.

교재·교구는 흥미영역을 중심으로 유아의 연령, 흥미, 계절적인 특성, 기관의 상황을 고려하여 적절한 수량과 다양한 수준으로 배치되어야 한다. 학기 초에는 적은 수의 교재·교구를 배치하고, 난이도를 쉬운 수준부터 제시함으로써 유아들이 교재·교구에 대한 적응력을 키울 수 있다. 그리고 교재·교구에 대한 적응이 이루어진 후에는 좀 더 많은 수와 다양한 난이도를 제시하여 유아들의 흥미도를 높일 수 있다.

교재·교구를 배치할 경우 고려해야 할 사항은 다음과 같다(이영자·신동주, 2007에서 재인용).

첫째, 실내 환경이 활동영역으로 되어 있다면 매일 사용하는 교구나 비품들은 항상 배열해 두어야 한다.

둘째, 가벼운 교구들은 낮은 선반이나 캐비닛에 배열해 놓아 유아들이 꺼내고 정리하기 쉽게 해 준다. 개방된 선반을 사용하면 유아들이 정리하기 쉽다.

셋째, 무겁고 이동하기 힘든 교구들은 그것들을 옮기지 않고도 사용할 수 있는 선반이나 탁자에 두어야 유아들이 다치거나 그 교구들이 파손되는 것을 방지할 수 있다.

넷째, 교구장은 선반을 배치하는 교구에 따라 다양하게 만들고, 어떤 한 가지 기준에 따라 색, 크기, 모양, 질감이 대조적인 교구들을 번갈아 배열한다. 유아들은 자료를 정리할 때 대조적인 교구들이 많이 있으면 혼동을 일으킨다. 그러나 다양한 자료의 바른 위치를 찾는 과정에서 유아들은 자조적인(Self-help) 기술과 시각적 변별력을 형성하게 된다.

다섯째, 매일 사용하지는 않지만 정규적으로 사용하는 교구는 적절한 곳에 보관해야 한다. 공간이 허락된다면 그 교구들이 사용되는 활동영역 내 또는 가까이에 보관한다.

여섯째, 교직원들이 교구나 비품의 위치를 빨리 알 수 있도록 라벨을 붙여 둔다.

일곱째, 시청각자료, 소모품, 과학기구, 악기류 또는 깨지기 쉬운 것 등 특별한 보관이 필요한 것은 안전한 장소에 보관해 둔다. 이외에도 비품이나 교구는 유아들이 보고 선택하여 잡을 수 있도록 눈높이 정도에 배열하여 활용하기 좋도록 해야 하고, 한꺼번에 너무 많은 자료를 배열해 두면 오히려 교육의 효과를 감소시킬 수 있다.

2) 교재·교구의 활용

교재·교구는 유아가 다양한 활동을 경험할 때 동기를 유발하여 활동에 집중하도록 하는 좋은 도구로써의 역할을 담당한다. 교재·교구의 활용은 크게 대·소집단활동과 개별활동으로 구분된다. 대·소집단활동의 경우는 이야기 나누기나 게임과 같은 단위수업의 진행과정에서 많이 이루어지며, 개별활동은 자유선택활동에서 제시된다. 교재·교구를 활용할 때 고려해야 할 점에 대해 살펴보기로 하겠다.

먼저 대·소집단활동에서 교재·교구 활용 시 유의해야 할 점은 다음과 같다.

첫째, 대·소집단활동에서 교재·교구는 전체 유아들이나 소집단을 구성하는 유아들을 대상으로 제시되므로 유아들이 잘 볼 수 있는 크기로 제작하여야 한다.

둘째, 유아기는 감각을 이용한 활동이 효과적인 시기이므로 다양한 감각을 고려한 교재·교구를 제시하는 것도 활용의 좋은 예이다. 이러한 상황에서는 유아들이 직접 탐색할 수 있도록 한다.

셋째, 교재·교구가 그림이나 사진자료일 경우에는 유아의 사전경험과 연계하도록 제시하고, 활용이 끝난 다음에는 관련된 영역이나 게시판에 부착하여 일정 기간 동안 전시하도록 한다.

넷째, 대·소집단활동이 끝난 다음에도 교재·교구를 해당되는 흥미영역에 배치하여 후속활동이 이루어질 수 있도록 한다.

개별활동에서 교재·교구 활용 시 고려해야 할 점은 다음과 같다.

첫째, 유아들에게 교재·교구의 활용법에 대한 이해를 돕기 위해 활용방법의 소개가 이루어져야 한다. 소개방법은 교사가 자유선택활동을 시작하기 전에 전체 유아에게 소개하는 방법, 흥미영역에 배치한 교재·교구를 소그룹의 유아들에게 소개하는 방법 그리고 교재·교구를 경험한 유아가 다른 유아에게 소개하는 방법 등이 있다. 세 가지 중에서 상황에 맞는 적절한 방법을 선택하여 소개하도록 한다.

둘째, 교재·교구의 난이도가 높을 경우 교사는 유아들에게 활용방법과 주의점에 대해 미리 생각하여 이야기해 볼 수 있는 시간적 여유를 주고 나서 토의를 통해 활용법을 알아가는 것이 좋다.

셋째, 교재·교구의 난이도가 유아들에게 적절한 수준이거나 낮을 경우에는 유아가 직접 교재·교구를 탐색하여 활용법을 알게 하는 것이 효과적이다.

3) 교재·교구의 보관

교재·교구를 보관하는 것은 교재·교구의 제작과 활용 못지않게 중요한 부분으로 인식되어야 한다. 왜냐하면 많은 노력을 기울여 제작한 교재·교구의 관리를 허술하게 하여 다시 사용할 수 없거나 필요할 때 바로 찾아 활용할 수 없다면 제작의 노력이 허사로 돌아가게 되는 것이다.

그러므로 교재·교구는 체계적으로 관리하고 보관하여야 한다. 교재·교구를 사용한 후에는 다음번에 원활하게 사용할 수 있도록 청결하게 하고, 파손된 부분은 수선하여야 한다. 그리고 교재·교구의 형태와 크기를 고려하여 선별적으로 보관하여야 한다. 만일 교재·교구가 평면적인 형태라면 파일박스를 이용해서 보관하는 것이 좋고, 입체적인 교재·교구인 경우에는 파손위험을 고려하여 보관함을 이용하는 것이 바람직하다. 보관함의 재질은 종이, 플라스틱 등 다양한데, 교사가 적절한 것을 선택하여 사용하면 된다. 보관함에도 관리번호를 부착하면 교재·교구를 찾는 것이 용이하게 된다.

또한 체계적인 교재·교구의 관리를 위해서는 교재·교구 목록을 준비하는 것이 좋다. 교재·교구 목록의 작성은 교재·교구 현황을 잘 파악하여 유지와 관리를 하는 데 도움이 된다. 교재·교구 목록은 생활주제별이나 영역별로 구분하여 작성할 수 있으나, 아래에서는 이를 모두 고려한 교재·교구 목록의 예를 제시하였다.

관리 번호	생활주제	교재·교구명	교재·교구 구성	배치영역	보관장소	교재·교구 상태

교재·교구 목록을 작성한다면 교사가 필요로 하는 교재·교구를 빠른 시간 내에 찾아서 활동자료로 사용할 수 있으므로 아주 편리하다. 그리고 교재·교구의 보완과 폐기 여부를 파악하기 위해 교재·교구의 상태를 수시로 점검해야 한다.

그 밖에도 교사가 교재·교구를 잘 정리하고 보관하는 것은 유아들에게도 좋은 본보기가 될 수 있으며, 교재·교구의 관리 소홀로 인한 재구매를 방지하여 불필요한 소비를 줄일 수 있는 이점이 있다.

Decker와 Decker(1992)는 교재·교구와 비품을 효율적으로 관리하기 위해 아래와 같은 사항들을 제시하고 있다(강문희 외, 2007 재인용).

① 비품과 교구의 배치 시에는 사고율을 최소화하고 효율성을 극대화할 수 있도록 배열해야 한다.
- 비품과 교구는 작업 공간 가까운 선반에 비치해야 한다.
- 파손되기 쉬운 비품과 교구는 유아들의 통행이 빈번한 통로와 떨어진 곳에 비치해야 한다.
- 깨지거나 엎질러지기 쉬운 교구는 유아들이 쉽게 닿을 수 없는 곳에 두어야 한다. 만약 같은 교구로 인해 사고가 자주 일어나면 다른 장소로 옮겨 두는 것이 좋다.
- 사고 예방을 위해 개방된 공간을 충분히 두어야 한다.

② 유아들에게 비품이나 교구의 관리법을 지도해야 한다. 교사들은 비품이나 교구를 사용하고 정돈하는 것을 정해진 하루 일과활동으로 설정하여 지도하고, 모든 물건은 제 위치가 있음을 인식시켜 정리하는 시간을 주어야 한다.

③ 사용한 교재·교구나 자료는 깨끗하게 유지·보관하도록 한다. 교사는 교재·교구의 정리정돈뿐만 아니라 그것을 청결하게 유지·보관하는 방법을 익히도록 한다. 필요한 경우 교재·교구의 세척법도 지도해야 한다.

④ 교사는 비품이나 교구를 관리하는 좋은 본보기를 제시한다.

⑤ 교사들은 유아들의 활동 장소에 있어야 한다. 교사는 충분한 지도감독이 이루어질 수 있는 적당한 위치에 있어야 한다.

⑥ 유아들이 비품이나 교구를 고의적으로 부수거나 손상시키지 않도록 지도한다.

⑦ 훼손된 비품과 교구는 가능한 한 빨리 수선한다.

⑧ 비품이나 교구를 정기적으로 청결하게 하고 도색하고 점검해야 한다.

⑨ 비품이나 교구를 관리할 때는 열, 빛, 습도, 보관법 등을 고려해야 한다.

⑩ 비품이나 교구를 충분히 확보하고 있어야 한다. 유아들이 교구 부족으로 활동에 참여하지 못하면 다툼이 일어나게 되고, 교구가 파손된다. 그러므로 유아들이 가지고 활동할 수 있는 교구나 자료를 충분히 마련해야 한다.

연구문제

01 교재·교구의 중요성에 대해 서술하시오.

02 교재·교구를 배치하는 것은 교재·교구를 효율적으로 활용하는 데 있어 매우 중요하다. 교재·교구 배치 시 고려해야 할 점을 적으시오.

Chapter 07

유아교육기관의 재정관리

01 유아교육기관 재정관리

유아교육기관을 경영하기 위해서는 유아교육기관의 계획을 실천할 수 있는 재정 확보가 요구된다. 국공립 유아교육기관의 경우 교원 인건비와 운영비가 지방교육비 특별회계 예산에서 결정되어 지원되므로 재정 확보의 어려움이 없으나, 사립 유아교육기관의 경우 재정적 지원이 미흡하여 교육비로 대부분의 재정 운영이 이루어지고 있다. 재정 확보가 이루어진 후에도 관리가 적절히 이루어져야 기관의 교육 목적에 부합한 예산집행을 할 수 있다. 유아교육기관 재정은 다음과 같은 성격을 띠고 있다.

- 교육비의 확보 및 지출이라는 공경제의 성격을 띠며, 수입, 보관, 지출은 합법적 절차로 운영되어야 한다.
- 교육목표 달성을 위한 유아교육기관 경영관리활동의 수단적인 성격을 띠고 있다.
- 유아교육비에 대한 산출 효과는 장기적이다. 유아기에 투입되는 장기적이고 계속적인 교육비 효과는 장래에 더 큰 생산에 기여할 수 있는 인력을 개발한다.

02 유아교육기관 예산편성

유아교육기관의 효율적인 운영을 위해서는 그 기관의 운영에 필요한 세입과 세출을 가능한 한 정확히 추정하고, 그 예산안에 의거하여 한 회계연도 동안 제대로 운영되었는지의 여부를 확인하는 결산이 필요하다. 즉, 유아교육기관의 운영에 있어서는 예산과 결산이 필수적으로 요청된다.

예산은 세입예산과 세출예산으로 나누어지며, 예산안의 편성은 재무관리규칙에 의거하여 세입예산과 세출예산이 건전하고 균형을 유지하도록 편성되어야 한다. 유아교육기관의 합리적이고 건전한 예산편성은 유아교육의 효율성을 높이는 관건으로서 유아교육기관 운영의 지침이며 방향이라고 할 수 있다.

03 유치원 재정관리

1) 유치원 예산편성 절차

유치원의 예산편성 절차는 다음과 같다.

단계	내용
유치원 준비사항	• 누리과정비, 학부모부담 유아학비, 수익자부담경비, 이월금 등 정확한 세입규모 추계 • 교직원인건비, 공공요금 등 필수경비 산출 및 세입재원을 고려한 세출규모 사전 검토 • 당해 가결산을 통한 잉여금 규모 확인
⬇	
예산(안) 편성	• 교직원 예산요구서 취합 및 조정 작업을 거쳐 예산안 편성 • 회계연도 개시 1월 전까지 이사장에게 제출 • 회계연도 개시 30일 전까지 유치원운영위원회에 제출
⬇	
이사회 의결 및 운영위원회 자문	• 회계연도 개시 10일 전까지 이사회의 의결을 받아야 함 • 회계연도 개시 5일 전까지 유치원운영위원회 자문 결과를 유치원장에게 통지
⬇	
관할청 보고 및 공개	• 확정된 예산은 회계연도 개시 5일 전까지 관할청 보고 • 예산서 공개(유치원 홈페이지 및 관련 홈페이지에 1년간) • 매년 4월 유치원 알리미(http://e-childschoolinfo.mest.go.kr)를 통해 예산서 공시

유치원의 예산은 1년간 교육활동을 위한 세입과 세출의 체계적인 계획서로 원아들에게 징수하는 교육비(기본교육과정비 등), 수익자부담경비(기본교육과정비 제외, 방과후과정비 등), 보조금 및 지원금(공통과정지원금, 방과후과정운영보조금 등), 전년도 이월금 등을 가지고 1년간 운영에 필요한 경비를 활동사업(과목)별로 추정하여 편성하는 것을 뜻한다. 예산편성은 전년도 현황을 파악하여 현실성 있고 구체적으로 편성하여 과부족이 발생하지 않도록 한다.

2) 유치원 세입·세출 예산 항목 및 세부내역

(1) 유치원의 세입·세출 예산 항목은 다음 표 7-1과 같다.

표 7-1 유치원의 세입·세출 예산 항목

세입('천원' 단위, 산출기초는 '원' 단위)			세출('천원' 단위, 산출기초는 '원' 단위)		
▷ 관항목 구분, 절사 원칙 ▷ 지원·재원부담 주체에 따라 구분			▷ 관항목 구분, 절상 원칙 ▷ 경비 성격 및 재원부담 주체에 따라 구분		
관	항	목	관	항	목
보조금 및 지원금	공통과정 지원금	공통과정지원금	인건비	교원인건비	급여
					수당
	방과후과정 운영보조금	방과후과정운영보조금			복리후생비
	인건비 보조금	국가보조금			법정부담금
		지방자치단체보조금			퇴직금 및 퇴직적립금
		교육청보조금		직원인건비	상동
	자본보조금	국가보조금		그 밖의 인건비	그 밖의 인건비
			운영비	관리운영비	수용비
		지방자치단체보조금			수수료 및 제세공과금
		교육청보조금			연료비
	일반운영 보조금	국가보조금			여비
		지방자치단체보조금			그 밖의 관리운영비
		교육청보조금		업무추진비	일반업무추진비
					직책급업무추진비

수익자 부담수입	교육비	입학금·일반 교육과정비
	방과후 과정비	방과후교육·돌봄비
		방과후특성화비
	급식비 ·간식비	일반급식비·간식비
		특별급식비·간식비
	그 밖의 수익자 부담수입	현장체험학습비
		통학차량 이용비
		졸업앨범비
		그 밖의 교육활동 수익자부담수입
설치·경영자 이전수입	설치·경영자 이전수입	설치·경영자 이전수입
차입금	차입금	단기차입금차입
		장기차입금차입
적립금 이전수입	적립금 이전수입	적립금 이전수입
잡수입금	잡수입금	이자수입·행정활동수입
기부·후원수입	기부·후원수입	기부·후원금수입
지연수납 수입	지연수납 수입	지연수납수입
전년도 이월금	전년도 이월금	이월사업비
		정산대상재원사용잔액
		순세계잉여금

일반교육 활동비	일반교육 활동비	교사연수·연구비
		교재·교구구입비
		행사비
		복리비
		일반급식비·간식비
선택적 교육활동비	방과후 교육활동비	방과후교육·돌봄비
		방과후특성화비
	그 밖의 교육활동비	현장체험학습비
		통학차량 이용비
		특별급식비·간식비
		졸업앨범비
		수익자부담재원교육활동비
적립금	적립금	적립금
상환금	상환금	단기차입상환금
		장기차입상환금
반환금	반환금	보조금반환금
		수익자반환금
시설·설비비	시설비	신·증축비
		유지비
	설비·비품비	취득비
		유지비
지연지출금	지연지출금	지연지출금
잡지출	잡지출	잡지출
예비비	예비비	예비비

(2) 유치원의 세입예산 세부내역은 다음 표 7-2와 같다.

표 7-2 유치원의 세입예산 세부내역

관	항	목	세부내역
1. 보조금 및 지원금			국가·지방자치단체 및 교육청으로부터 교부받는 보조금 및 지원금
	1. 공통과정지원금		유아교육법 시행령 제29조에 따른 공통과정지원금(학부모 등이 지원금을 받아 유치원에 납입하는 금액을 포함한다)
		1. 공통과정지원금	
	2. 방과후과정운영보조금		방과후과정 운영을 위한 보조금(방과후과정 관련 인건비 보조금 및 급식비·간식비 보조금을 포함한다)
		1. 방과후과정운영보조금	
	3. 인건비보조금		교원 급여 등 인건비 관련 보조금 ※ 방과후과정 관련 인건비 보조금은 방과후과정운영 보조금으로 처리
		1. 국가보조금	
		2. 지방자치단체보조금	
		3. 교육청보조금	
	4. 자본 보조금		교사(校舍) 등 시설·설비 및 장비 관련 보조금
		1. 국가보조금	
		2. 지방자치단체보조금	
		3. 교육청보조금	
	5. 일반운영보조금		급식비·간식비 보조금 등 위에서 나열되지 않은 유치원 운영 관련 보조금 ※ 방과후과정 관련 급식비·간식비 보조금은 방과후과정 운영보조금으로 처리
		1. 국가보조금	
		2. 지방자치단체보조금	
		3. 교육청보조금	
2. 수익자부담수입			학부모 등이 유치원에 납부한 비용
	1. 교육비		
		1. 입학금	
		2. 일반 교육과정비	일반 교육과정 운영을 위해 받은 수익자부담금 ※ 학부모 등이 공통과정지원금을 받아 납입한 금액은 공통과정지원금으로 처리

관	항	목	세부내역
	2. 방과후과정비		
		1. 방과후교육·돌봄비	방과후교육 및 돌봄활동을 위해 받은 수익자부담금 ※ 방과후 특성화교육을 위해 받은 비용은 방과후특성화비로 처리
		2. 방과후특성화비	방과후교육 중 특성화교육을 위해 받은 수익자부담금
	3. 급식비·간식비		
		1. 일반급식비·간식비	일반 교육과정 시간의 급식·간식 제공을 위해 받은 수익자부담금
		2. 특별급식비·간식비	일반 교육과정 시간 외(방과후과정 또는 아침·저녁 시간 등)에 제공되는 급식·간식 제공을 위해 받은 수익자부담금
	4. 그 밖의 수익자부담수입		
		1. 현장체험학습비	소풍 및 견학 등의 현장체험학습활동을 위해 받은 수익자부담금
		2. 통학차량 이용비	통학차량 이용을 위해 받은 수익자부담금
		3. 졸업앨범비	졸업앨범 제작·구입을 위해 받은 수익자부담금
		4. 그 밖의 교육활동 수익자부담수입	위에서 나열되지 않은 수익자부담금
3. 설치·경영자이전수입			설치·경영자가 유치원회계로 이전한 금액 ※ 설치·경영자가 대출을 받아 유치원회계로 이전한 금액은 차입금으로 처리
	1. 설치·경영자이전수입		
		1. 설치·경영자이전수입	
4. 차입금			유치원 운영을 위해 금융기관 등에서 대출을 받은 금액으로서 유치원회계로 이전된 금액
	1. 차입금		
		1. 단기차입금	대출을 받은 회계연도 종료 전에 상환할 것이 예정된 차입금
		2. 장기차입금	단기차입금 외의 차입금
5. 적립금 이전수입			적립금에서 유치원회계로 이전된 금액
	1. 적립금 이전수입		
		1. 적립금 이전수입	
6. 잡수입금			
	1. 잡수입금		
		1. 이자수입	금융기관 등에 예치한 예금의 이자수입
		2. 행정활동수입	물품 등 자산 매각 수입, 임대료 수입, 사용료 수입 및 보험금 수입 등 행정활동으로 발생한 수입
7. 기부·후원금수입			기부 또는 후원으로 발생한 수입
	1. 기부·후원금수입		

관	항	목	세부내역
		1. 기부·후원금수입	
8. 지연수납수입			해당 회계연도 전에 이전 또는 수납되었어야 하나 이전·납부되지 않다가 해당 회계연도에 이전·납부된 수입
	1. 지연수납수입		
		1. 지연수납수입	
9. 전년도 이월금			
	1. 전년도 이월금		
		1. 이월사업비	명시이월, 사고이월 및 계속비 이월 금액
		2. 정산대상재원사용잔액	전년도에 국가, 지방자치단체 및 교육청 등으로부터 지원받은 목적사업비 등의 집행 잔액
		3. 순세계잉여금	전년도 세계잉여금 중 이월사업비와 정산대상재원사용잔액을 제외하고 남는 금액

(3) 유치원의 세출예산 세부내역은 다음 **표 7-3**과 같다.

표 7-3 유치원의 세출예산 세부내역

관	항	목	세부내역
1. 인건비			유치원에서 근무하는 교직원 등의 인건비
	1. 교원인건비		정규직 교원인건비
		1. 급여	기본급 및 성과상여금
		2. 수당	정근수당, 가족수당, 시간외근무수당, 교직수당 등 보수지급 명목으로 지급되는 각종 수당
		3. 복리후생비	정액급식비, 명절휴가비, 연가보상비 등 보수지급 명목으로 지급되는 복리증진비
		4. 법정부담금	사립학교교직원연금, 국민연금, 건강보험, 고용보험 및 산재보험 등과 관련하여 지출하는 금액
		5. 퇴직금 및 퇴직적립금	퇴직급여 및 퇴직적립금
	2. 직원인건비		정규직 직원인건비
		1. 급여	기본급 및 성과상여금
		2. 수당	정근수당, 가족수당 및 시간외근무수당 등 보수지급 명목으로 지급되는 각종 수당

관	항	목	세부내역
		3. 복리후생비	정액급식비, 명절휴가비, 연가보상비 등 보수지급 명목으로 지급되는 복리증진비
		4. 법정부담금	사립학교교직원연금, 국민연금, 건강보험, 고용보험 및 산재보험 등과 관련하여 지출하는 금액
		5. 퇴직금 및 퇴직적립금	퇴직급여 및 퇴직적립금
	3. 그 밖의 인건비		무기계약직 보수, 기간제근로자 보수, 보조·대체교사 보수 및 일용직 급여 등 위에서 나열되지 않은 인건비
		1. 그 밖의 인건비	
2. 운영비			
	1. 관리운영비		
		1. 수용비	소모품 구입비, 인쇄비, 교육용도서 외 일반도서 구입비, 차량 정비·유지비, 청소용역비, 임차료, 대관료 및 비품대여료 등 유치원 운영에 소요되는 일반적인 경비 ※ 통학차량 정비·유지비는 통학차량 이용비로 처리
		2. 수수료 및 제세공과금	전기·전화요금, 하수도료, 상하수도료, 안전공제회비, 보험료, 자동차세, 환경개선부담금 및 교직원 건강검진비 등 각종 수수료 및 제세공과금 성격의 경비
		3. 연료비	도시가스비, 지역난방료 및 차량 유류대 등 건물 난방 및 차량유지 등을 위해 사용하는 연료비 ※ 통학차량 유류대는 통학차량이용비로 처리
		4. 여비	출장에 따른 소요 여비
		5. 그 밖의 관리운영비	위에서 나열된 것 외에 유치원 운영을 위하여 소요된 경비
	2. 업무추진비		
		1. 일반업무추진비	유치원 운영 업무추진비 및 일반사업추진 업무추진비
		2. 직책급 업무추진비	직책에 따른 업무추진을 위해 해당 직책을 가진 사람에게 지급하는 경비
3. 일반교육활동비			유치원 일반 교육활동 소요 경비
	1. 일반교육활동비		
		1. 교사연수·연구비	교직원 연수비 및 연구비
		2. 교재·교구 구입비	교육 기자재, 교육용도서 등 구입 및 제작 소요 경비
		3. 행사비	원아 교육과 직접 관련된 각종 행사 소요 경비
		4. 장학금	원아에게 지급되는 장학금

관	항	목	세부내역
		5. 복리비	원아건강검진비 등 원아 건강 및 안전 관련 소요 경비
		6. 일반급식비·간식비	일반 교육시간 내 제공되는 급식 및 간식을 위한 소요 경비
4. 선택적 교육활동비			
	1. 방과후교육활동비		
		1. 방과후교육·돌봄비	방과후교육 및 돌봄활동을 위한 소요 경비
		2. 방과후특성화비	방과후교육 중 특성화교육을 위한 소요 경비
	2. 그 밖의 교육활동비		
		1. 현장체험학습비	소풍 및 견학 등의 현장체험학습활동을 위한 소요 경비
		2. 통학차량이용비	통학차량 정비·유지비 및 유류대 등 통학차량 이용을 위한 소요 경비
		3. 특별급식비·간식비	일반 교육과정 시간 외(방과후과정 또는 아침·저녁 시간 등)에 제공되는 급식·간식 제공을 위한 소요 경비
		4. 졸업앨범비	졸업앨범 제작·구입 소요 경비
		5. 수익자부담재원 교육활동비	위에서 나열된 것 외에 수익자부담금을 재원으로 하는 교육활동 소요 경비
5. 적립금			건축적립금 및 관할청이 특히 필요하다고 보아 인정한 적립금 ※ 퇴직적립금은 인건비로 처리
	1. 적립금		
		1. 적립금	
6. 상환금			유치원 운영을 위해 금융기관 등에서 유치원회계로 이전된 차입금을 상환하기 위해 지출한 금액
	1. 상환금		
		1. 단기차입상환금	대출을 받은 회계연도 종료 전에 상환할 것이 예정된 차입금의 원리금 상환액
		2. 장기차입상환금	단기차입상환금 외의 차입금 원리금 상환액
7. 반환금			
	1. 반환금		
		1. 보조금반환금	보조금 미사용 등에 따른 반환금
		2. 수익자반환금	수익자부담금 미사용에 따른 반환금
8. 시설·설비비			
	1. 시설비		
		1. 신·증축비	시설 신·증축비 및 부대 경비
		2. 유지비	시설 유지, 수선 및 개·보수 소요 경비

관	항	목	세부내역
	2. 설비·비품비		
		1. 취득비	설비 설치비, 비품 구입비, 차량 구입비(차량할부금 포함) 등 설비나 비품 취득 소요 경비
		2. 유지비	설비, 장비 및 비품의 정비·유지 비용 ※ 차량 정비·유지 비용은 차량 성격에 따라 수용비 또는 통학차량이용비로 처리
9. 지연지출금			해당 회계연도 이전에 지출되었어야 하나 지출되지 않았다가 해당 회계연도에 지출된 사업비 등
	1. 지연지출금		
		1. 지연지출금	
9. 잡지출			원 단위 절사금 등 위에서 나열되지 않은 성격의 지출
	1. 잡지출		
		1. 잡지출	
10. 예비비			재해·재난 관련 비용 등 예산 외의 예측할 수 없는 지출이나 예산의 초과 지출에 충당하기 위한 경비
	1. 예비비		
		1. 예비비	

3) 유치원 예산편성 방법

유치원 예산편성 방법의 참고 사항을 제시하면 다음과 같다(대구광역시 교육청, 2019).

① 예산편성 시에는 네 가지 사항을 참고하여야 한다.
첫째, 교육부 주요 정책 및 지역교육청 전략목표
둘째, 당해연도 법인 및 유치원 운영의 기본 방침
셋째, 전년도 예산규모 및 집행실적
넷째, 유아교육법, 사립학교법과 동법 시행령, 사학기관 재무·회계규칙, 우리교육청 사립유치원 재무·회계 업무 지침, 사립유치원 예산편성 및 결산 요령

② 세입예산과 세출예산은 반드시 일치하여야 한다.

③ 산출기초는 구체적으로 순서대로 작성하여야 하며, 산출기초 없이 총액으

로 편성하지 않도록 한다. 또한 산출기초식과 결과 값이 틀리는 경우가 없도록 계산에 신중을 기할 것

예) 산출기초 순서 : 원(단가)×물량(명, 개 등)×회수(월, 일, 회, 식 등)

④ 산출기초의 금액 단위는 '원', (목)별 금액 단위는 '천원'으로 한다.

⑤ 전년도 예산액과의 대비는 전년도 본예산과의 대비에 의하고 비교 증감의 감표시는 '△'로 하고 증액난과 감액난을 별도(구분) 설정하지 아니한다.

⑥ 세입·세출 예산과목 및 과목해소는 사학기관 재무·회계규칙의 과목해소에 의하되, 관·항에 있어서는 해당되는 관·항만을 취사활용하며, 목에 대하여는 실제에 의하여 증설 폐지할 수 있다.

⑦ 연도 중 추가경정예산을 편성할 때에는 산출기초는 순수 증감되는 부분만 기재한다.

⑧ 직접적인 교육활동에 필요한 경비를 우선적으로 확보하여야 한다.

⑨ 사립학교법 제13조 제12호에 의거 '학교교육에 직접 필요한 경비'만 예산에 편성할 수 있다(유치원 시설사용료, 만기환급형 보험료 등은 직접 필요한 경비로 볼 수 없어 편성 불가).

4) 유치원 결산

유치원의 세입세출 결산은 매 회계연도가 종료하는 시점을 기준으로 당해연도에 들어온 실질적인 세입과 세출의 결과를 계수로 표시하는 행위로서, 결산의 의의는 비효율적인 예산 집행을 분석하고 다음 연도 예산편성·집행의 효율성을 도모함에 있다.

유치원의 결산 절차는 다음 **표 7-4**와 같다.

표 7-4 유치원의 결산 절차

단계	내용
회계연도 종료	• 매년 2월 말일 – 당해 회계연도의 징수행위 및 지출원인행위 종료
⬇	
회계출납폐쇄	• 회계연도 종료 후 20일(3월 20일) – 당해 회계연도에 징수행위 및 지출원인행위가 된 사항의 세입금 수납 및 세출금 지출 마감
⬇	
결산서 작성	• 제장부 마감 및 세입·세출 결산서 작성(3~4월) – 예산의 이·전용 내역, 이월경비 내역, 계속비 내역, 예비비 사용 내역 첨부 – 관항목별 재원을 구분하여 예·결산액 및 결산액 산출기초 작성 ※ 징수부·지출부·예금 잔고 확인을 통해 정확히 작성
⬇	
결산서 제출	• 회계연도 종료 후 40일 이내에 당해 법인의 이사장에게 제출 • 회계연도 종료 후 2월 이내 유치원운영위원회에 제출
⬇	
결산안 확정	• 회계연도 종료 후 55일까지 이사회 심의·확정 • 회계연도 종료 후 3월 이내 유치원운영위원회 자문
⬇	
관할청 보고 및 공개	• 회계연도 종료 후 3월 이내 • 확정된 결산서를 관할 교육지원청에 보고, 기간 내에 제출하지 못할 경우에는 그 사유를 지체 없이 관할청에 제출 • 결산서 공개(유치원 홈페이지 및 관련 홈페이지에 1년간) • 매년 10월 유치원알리미(http://e-childschoolinfo.mest.go.kr)를 통해 결산서 공시

5) 유치원 결산 방법

유치원의 결산 방법을 제시하면 다음과 같다(대구광역시 교육청, 2019).

① 예산(단위 : 천원, 세입 절사, 세출 절상)과 달리 결산은 '원' 단위로 작성한다.

② 유치원의 세입·세출 결산서는 예산과목과 동일하게 작성하되 수입과 지출에 있어서의 예·결산액 및 비교증감대비액, 불용액에 있어서의 수입총액·지출총액과 차인잔액(불용액)을 명확히 하여야 한다.

③ 각종 보조금 및 지원금(유아학비지원금, 방과후과정운영보조금 등)은 전액 계상하

여 목적별로 구분하여 명기한다.

④ 전년도 사용 잔액과 이월금의 계상액은 반드시 일치하여야 한다.

⑤ 세입·세출 결산액은 세입·세출 관항목, 세입재원, 징수부, 지출부 및 통장 확인 등을 통해 정확히 작성하여야 하며 임의수정 또는 변경하여서는 아니 된다.

⑥ 산출기초는 반드시 집행사업과 지출내역을 상세하게 명기하고 사용 잔액은 잔고증명과 일치하여야 한다.

⑦ 결산액과 잔고증명서상의 금액이 상이할 경우에는 불부합조서를 첨부하여야 한다.

⑧ 이사회 회의록에는 통과된 예산액과 결산액을 명기하여야 한다.

⑨ 결산결과 발생된 불용액, 과년도수입은 익년도 추가경정예산에 반영하여야 한다.

6) K-에듀파인(K-edufine)

에듀파인은 전국의 국·공립유치원과 초·중·고등학교에서 사용하고 있는 시스템으로서 명칭은 교육(education)과 재정(finance)을 합쳐 만들어진 것이다. 교육부 산하에 관리되고 있는 대한민국의 국가관리회계시스템으로서 물품구입비, 급식운영비, 교과활동비, 외부강사료, 체험활동비, 시설비 등 예산 소요와 관련된 것을 기록하는 시스템이다.

정부는 재정의 책임성과 투명성을 강화하고 편리성을 제공하기 위해 에듀파인 시스템을 도입하였다. 에듀파인은 2010년 처음 시행된 국·공립유치원과 초·중·고등학교에서만 활용되어 왔으나, 유치원 공공성 강화방안의 주요 추진과제로 투명한 회계 운영을 위해 사학기관 재무 회계규칙 등을 반영한 국가관리·회계시스템인 K-에듀파인을 2020년 3월부터 모든 사립유치원에도 도입하게 되었다. K-에듀파인은 디지털 재정 운영을 통해 회계 운영의 투명성 확보와 유치원 운영의 공공성을 강화하고자 했다.

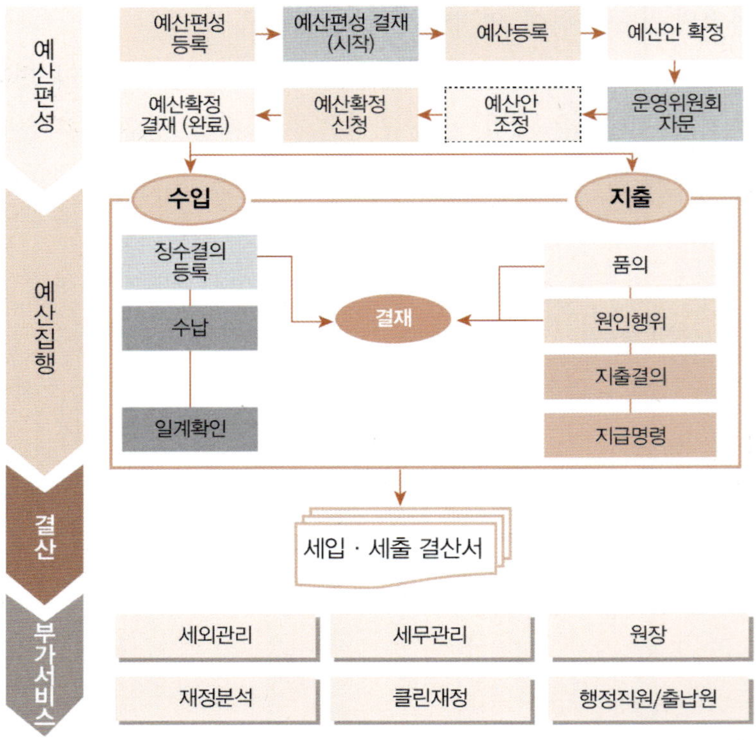

에듀파인 구성

04 어린이집 재정관리

어린이집은 2013년 1월 1일부터 '사회복지법인 및 사회복지시설 재무·회계 규칙'이 적용됨에 따라 어린이집 재무·회계규칙의 법적 근거가 마련되었으며, 재무회계규칙에 의한 회계보고를 의무적으로 이행해야 한다. 또한 매월 보조금 신청 시 보육통합시스템에 재무·회계 관련 자료를 입력, 전송해야 한다. '영유아보육법' 제2조에 따른 어린이집의 회계연도는 매년 3월 1일부터 시작하여 다음 연도 2월 말일에 종료한다. 1회계연도에 속하는 어린이집의 세입·세출의 출납은 회계연도가 끝나는 날까지 완결해야 한다.

1) 어린이집 재무회계 기본원칙

(1) 예산총계주의 원칙

① 세입과 세출은 모두 예산에 계상해야 한다. 즉, 1회계연도 모든 수입은 세입, 모든 지출은 세출로 편성해야 한다.

(2) 수입의 직접 사용금지 원칙

① 어린이집에서 발생하는 모든 수입을 세입처리하지 않고 직접 사용은 불가하다.

② 세입처리는 관·항·목 기준에 따라 수입 결의해야 한다.

③ 어린이집은 현금을 직접 받아 사용하지 못한다. 다만, 부모(보호자)의 사정에 의해 불가피한 사유로 현금을 수납할 경우, 어린이집 운영비 통장에 수납한 날의 다음날까지 보육아동 명의로 무통장 입금해야 한다.

(3) 예산의 목적 외 사용금지 원칙

① 어린이집의 모든 지출은 세출예산에서 정한 목적 외에 사용할 수 없다. 지출 시 관·항·목 기준에 맞게 지출결의 후 어린이집 명의의 운영비 통장을 통해 지출해야 한다.

(4) 회계연도 독립원칙

① 1회계연도에 속하는 법인 및 시설의 세입·세출의 출납은 회계연도가 끝나는 날까지 완결해야 한다.

(5) 예산 및 결산내역 공개원칙

① 어린이집 원장은 확정한 예산을 매 회계연도 개시 5일 전까지 관할 시장·군수·구청장에게 제출해야 한다.

② 어린이집 원장은 어린이집의 세입·세출예산 개요를 해당 어린이집의 게시판과 인터넷 홈페이지에 20일 이상 공고해야 한다.

③ 공고는 사회복지사업법 제6조의2 제2항에 따른 정보시스템에 게시하거나 영유아보육법 제49조의2 제1항에 따른 보육통합정보시스템에 게시하는 것으로 갈음할 수 있다.

2) 어린이집 예산편성 절차

어린이집의 예산편성 절차는 다음과 같다(보건복지부, 2023).

절차	주체	시기·비고
예산편성지침을 어린이집에 통보	시장·군수·구청장	회계연도 개시 2월 전
↓		
당해연도 예산편성	어린이집 원장	시·군·구 예산편성지침 참고
↓		
어린이집운영위원회 보고	어린이집 원장	어린이집
↓		
이사회의 예산 의결	사회복지법인	해당 어린이집만
↓		
시·군·구청장에게 예산안 제출	어린이집 원장	회계연도 개시 5일 전
↓		
어린이집원장은 세입·세출 예산개요를 어린이집의 게시판이나 홈페이지에 20일 이상 공고	어린이집 원장	시·군·구에 예산안 제출 후

3) 어린이집 시설회계 세입·세출 예산과목 구분

(1) 어린이집 시설회계 세입 예산과목 구분은 다음과 같다.

과목						내역
관		항		목		
01	보육료	11	보육료	111	정부지원 보육료	만 0~5세아, 장애아, 다문화·맞벌이가구 등에 지원되는 보육료 및 카드수수료 환급금 등
				112	부모부담 보육료	보호자로부터 받은 보육료

과목						내역
관		항		목		
02	수익자부담 수입	21	선택적 보육활동비	211	특별활동비	보호자가 부담하는 특별활동 비용
		22	기타 필요경비	221	기타 필요경비	보호자가 부담하는 입학준비금, 현장학습비, 차량운행비, 아침·저녁급식비, 졸업앨범비, 행사비 등 기타 필요경비
03	보조금 및 지원금	31	인건비 보조금	311	인건비 보조금	국가 및 지방자치단체로부터 받은 인건비(어린이집으로 지원되는 처우개선비 등 포함)
		32	운영보조금	321	기관보육료	국가 및 지방자치단체가 보육비용의 일정 부분을 어린이집에 지원하는 보조금
				322	연장보육료	국가 및 지방자치단체가 연장보육에 대해 어린이집에 지원하는 보조금
				323	공공형 운영비	국가 및 지방자치단체가 공공형 어린이집에 지원하는 운영보조금
				324	그 밖의 지원금	국가 및 지방자치단체가 지원하는 급·간식비 및 냉난방비, 누리과정운영비 등
		33	자본보조금	331	자본보조금	신증축비, 개·보수비, 장비비 등
04	전입금	41	전입금	411	전입금	법인, 단체, 개인 등 운영·경영자로부터의 운영지원금
		42	차입금	421	단기차입금	회계연도 내 상환을 원칙으로 시설운영에 필요한 비용을 금융기관 등으로부터 일시 차입한 단기차입금
				422	장기차입금	시설 개·보수 등을 위해 금융기관 등으로부터 차입한 장기차입금
05	기부금	51	기부금	511	지정후원금	국내외 민간단체 및 개인으로부터 후원 명목으로 받은 기부금·결연후원금·위문금·찬조금 중 후원목적이 지정된 수입
				512	비지정후원금	국내외 민간단체 및 개인으로부터 후원 명목으로 받은 기부금·결연후원금·위문금·찬조금 중 후원목적이 지정되지 않은 수입과 자선행사 등으로 얻어지는 수입
06	적립금	61	적립금	611	적립금 처분 수입	적립금 및 퇴직적립금에서 이전받은 금액
07	과년도 수입	71	과년도 수입	711	과년도 수입	전년도 출납정리 기간 이후에 납입된 수입
08	잡수입	81	잡수입	811	이자수입	금융기관에 예치한 예금의 이자수입
				812	그 밖의	차량·물품 등 어린이집 재산 매각수입, 변상

과목						내역
관		항		목		
					잡수입	금, 위약금 수입, 교육 외 수입(보증금 수입 등), 보육교사 실습비, 보험료 수령액 등
09	전년도 이월액	91	전년도 이월액	911	전년도 이월금	전년도 불용으로 이월된 금액
				912	전년도 이월사업비	전년도에 종료되지 못한 이월사업비

(2) 어린이집 시설회계 세출 예산과목 구분은 다음과 같다.

과목						내역
관		항		목		
100	인건비	110	원장 인건비	111	원장급여	원장인건비 중 기본급 등
				112	원장수당	원장에게 지급하는 상여금과 제(諸)수당
		120	보육교직원 인건비	121	보육교직원급여	보육교직원 인건비 중 기본급 등
				122	보육교직원수당	보육교직원에게 지급하는 상여금과 제(諸)수당
		130	기타인건비	131	기타 인건비	기타 일급 또는 단기 채용 임시·일용직 급여
		140	기관부담금	141	법정부담금	어린이집에서 부담하는 법정부담금(건강보험, 국민연금, 고용보험, 산업재해보상보험 등)
				142	퇴직금 및 퇴직적립금	어린이집에서 부담하는 퇴직급여 및 퇴직적립금
200	운영비	210	관리 운영비	211	수용비 및 수수료	소모품 및 집기 구입비, 도서구입비, 인쇄비, 홍보물, 각종 사무용 및 교구 비품의 수선비, 수수료, 구급약품, 치료비, 대관·비품대여료, 협회비, 우편료, 광고료 등
				212	공공요금 및 제세공과금	세금 및 공과금, 안전공제회비, 전기료, 상·하수도료, 도시가스료, 자동차세, 각종 보험료(자동차·화재 등), 전신·전화료(통신비) 등
				213	연료비	보일러 및 난방시설연료비, 취사에 필요한 연료비
				214	여비	국내·외 출장여비
				215	차량비	차량 관련 유류대, 정비유지비, 소모품 등
				216	복리후생비	보육교직원 복리후생을 위한 현물·서비스 지급비(교직원 건강검진비·피복비·치료비·급량비 등)
				217	기타 운영비	그 밖에 운영경비로서 분류되지 않은 경비(건물임대료, 건물융자금 이자 등)

과목						내역
관		항		목		
		220	업무 추진비	221	업무추진비	어린이집 운영 및 유관기관과 업무협의, 종무식 등 공식적인 업무추진에 소요되는 제반경비
				222	직책급	어린이집 원장의 직책수행을 위하여 정기적으로 지급하는 경비
				223	회의비	어린이집운영위원회, 부모회의 등 각종 회의 등에 소요되는 경비
300	보육 활동비	310	기본 보육활동비	311	교직원연수·연구비	교직원에게 지급하는 연수비 및 연구비
				312	교재·교구 구입비	보육 기자재, 도서 등 구입 및 제작비
				313	행사비	아동과 직접 관련되어 발생하는 각종 행사경비
				314	영유아복리비	영유아 건강 및 안전 관련 비용(건강검진 비용 등)
				315	급식·간식 재료비	정규보육시간 내 제공되는 주·부식 재료 구입비 및 간식비
400	수익자 부담 경비	410	선택적 보육활동비	411	특별활동비지출	특별활동에 따라 지출하는 비용
		420	기타 필요 경비	421	기타 필요경비 지출	입학준비금, 현장학습비, 차량운행비, 아침·저녁급식비, 졸업앨범비, 기타 필요경비
500	적립금	510	적립금	511	적립금	어린이집의 안정적인 기관운영 및 완성에 수년을 요하는 공사나 제조 등 특정목적사업을 위한 적립금
600	상환·반환금	610	차입금 상환	611	단기 차입금 상환	단기 차입금 원금 및 이자 상환액
				612	장기 차입금 상환	장기 차입금 원금 및 이자 상환액
		620	반환금	621	보조금 반환금	정부보조금 미사용분에 대한 반환금
				622	보호자 반환금	보호자 부담비 미사용분에 대한 반환금
				623	법인회계 전출금	법인에서 지원한 전입금과 연계하여 지출하는 법인회계로의 전출금
700	재산 조성비	710	시설비	711	시설비	시설 신·증축비 및 부대경비, 그 밖에 환경개선을 위한 개·보수비
				712	시설장비 유지비	시설, 장비 및 물품 등의 유지를 위한 수선경비
		720	자산 구입비	721	자산취득비	시설운영에 필요한 비품구입비, 노후 업무용차량 교체 등 차량구입비(차량할부금 포함), 그 외 자산취득비

과목						내역
관		항		목		
800	과년도 지출	810	과년도 지출	811	과년도 지출	과년도 미지급금 및 과년도 사업비의 지출(지출대상 부도 등 부득이한 경우에 한해 제한적으로 인정)
900	잡지출	910	잡지출	911	잡지출	보상금·사례금·소송경비 및 원 단위 절사금 등
1000	예비비	1010	예비비	1011	예비비	예측할 수 없는 불가피한 지출소요

4) 어린이집 수입·지출 기본원칙

① 어린이집의 재무회계에 관한 사항은 '사회복지법인 및 사회복지시설 재무·회계규칙'에 따라 실시해야 하며, 주요 항목별 기준 등을 준수해야 한다.

② 어린이집의 모든 수입 및 지출 관리는 통장을 통해서 해야 한다.

③ 수입과 지출 행위 시에는 수입·지출 결의를 한 후 현금출납부, 총계정원장에 기록하고 청구서, 영수증, 지급내역서 등 관련 근거 서류를 반드시 첨부해야 한다.

④ 어린이집을 운영하면서 생기는 보육료 수입 잉여금은 보육교직원 보수 상향지급, 보육교직원 성과급 지급, 교재교구 구입, 어린이집 환경개선에 균형 있게 사용해야 한다.

- 국공립어린이집 등이 운영 과정에서 잉여금이 발생할 경우 보육교사 등의 수당 추가 지급 등에 사용 가능하다.

⑤ 어린이집 재무회계 규칙에 의한 회계보고를 의무화한다.

- 어린이집은 매월 보조금 신청 시 보육통합정보시스템에서 정한 형태와 내용에 따라 재무회계 관련 자료를 전송 또는 입력해야 한다.
- 보육통합정보시스템(CIS)에 입력(전송)해야 하는 수입·지출 항목 등 재무회계 자료는 동 시스템에서 요구하는 바에 따라 시행해야 한다.

⑥ 어린이집의 원장은 보육교직원의 근로소득을 관할세무서에 신고해야 한다.

5) 어린이집 결산

어린이집의 결산 절차는 다음과 같다(보건복지부, 2023).

절차	주체	시기
세입·세출 결산보고서 작성	어린이집 원장	출납완료 시
↓		
어린이집운영위원회 보고	어린이집 원장	해당 어린이집만
↓		
이사회의 결산보고서 의결	사회복지법인	결산보고서 작성 시
↓		
시장·군수·구청장에게 결산보고서 제출	어린이집 원장	다음 연도 5. 31까지
↓		
세입·세출 결산개요를 당해 어린이집의 게시판이나 홈페이지에 20일 이상 공고	어린이집 원장	결산보고서 제출 후

6) 어린이집 재무회계 절차 총괄표

어린이집 재무회계 절차 총괄표는 다음과 같다(보건복지부, 2023).

	예산편성	예산집행	결산
원칙	• 모든 세입과 세출은 예산에 포함	• 예산의 목적 외 사용금지/예산의 전용 • 수입·지출의 관리는 예금통장에 의해 행한다.	• 세출예산의 이월
관련 서류	• 사업계획서 • 세입세출 예산서 • 준예산 • 추가경정예산	〈장부〉 • 현금출납부 • 총계정원장 • 봉급대장 • 보육료대장 • 비품관리대장 〈증빙서류〉 • 계좌입금증빙서류 • 수입·지출결의서 • 반납결의서 • 과목전용조서 • 예비비 사용조서 • 정부보조금 명세서	• 세입세출·결산총괄 설명 • 세입·세출결산서 • 연도말 잔액증명 • 퇴직적립금 통장사본 & 잔액증명서
과정	• 예산편성지침 (2개월 전) • 예산안 제출 (개시 5일 전)	• 수입·지출 사무의 관리책임자 선정	• 제출 (다음 연도 5월 31일까지)

연구문제

01 유치원과 어린이집의 예산편성의 절차를 설명하시오.

02 K-에듀파인에 대하여 설명하시오.

Chapter 08

유아교육기관의 사무관리

01 유치원의 사무관리

1) 사무처리의 조직

유아교육기관의 사무처리는 그 종류와 양에 따라 조직적이고 능률적으로 수행해야 한다. 그리고 교직원의 자질, 능력, 희망, 고유 업무 등을 고려하여 분담하고 사무 분담은 원장이 일반적으로 결정, 지시하는 것보다 교직원들 간의 합의에 의해 결정하는 것이 바람직하다. 3학급에 8명의 교사가 있는 Y 유치원의 업무분장표를 살펴보면 다음과 같다.

표 8-1 Y 유치원 3학급 교원 8명의 업무분장표 실례-1

부서	담당	주요 업무		관련 장부
통괄 관리	원장	• 유치원 대내·외 업무 통괄 • 유치원교육과정 운영관리 • 교육 운영 기획 및 교수지도 • 행동강령 관련 업무 • 교육계획 수립 및 운영 • 교사교육, 자체연수, 교무 관련 업무 • 부모교육 및 개별상담, 집단상담	• 교원 인사, 교내 장학 • 공문서 접수 및 발송 • 교원복지, 성과, 포상 등 • 유치원교육 프로그램 개발 • 유치원정보 공시 • 시설관리 및 수리보수, 미화정리 • 산학협력, 교육봉사, 대외업무	• 인사 관계철 • 행동 강령 관련철 • 연수대장 • 운영관리서류 • 재산대장 • 임용·근로계약서
교무부 (교무)	주임 K교사	• 각종 행사 추진 및 기획 (입학식, 졸업식, 견학, 현장	• 입·퇴학 사무 및 학적관리 • 신입원아 모집계획 및 추진	• 교무일지 • 월중 행사철

부서	담당	주요 업무		관련 장부
		학습 등) • 생활캠페인 특색교육 추진 • 학사업무 관련 서류 • 연간 월중행사 계획 및 운영 • 즐거운 축제 추진 • 교무일지 작성 • 교원 연구동아리	• 교육실습생 관리 • 교직원협의회 및 연수관리 • 신입원아 오리엔테이션 추진 • 유치원교육 관련 제반 사항 • 교수자료 및 교재교구대장 • 교원업무 분장 및 업무조정	• 원아명단부 • 졸업, 수료, 상장 대장 • 교무 관계철 • 각종 설문지
연구부 (연구)	J교사	• 연구 기획 및 추진 (인성교육기관) • 연간 수준별 교육계획 수립 • 월별 교육과정 평가 및 재구상 • 교원연수 계획 수립 및 추진 • 생각발표회 계획 및 추진 • 유치원 생활 평가 통지	• 교원연수 관리대장 • 학부모 참여수업 • 학부모면담 계획 및 추진 • 학부모회, 학부모교육 준비 • 교육봉사 및 재능기부자관리 • 유치원 운영위원회 간사	• 연구 관계철 • 평가 관계철 • 교구자료대장 • 컴퓨터관리 • 교육자료CD • 유치원운영위원회 서류일체
생활 (정보)	H교사 Y교사	• 생활지도 및 기본생활습관 지도 • 현장체험학습, 견학업무 • 학부모 자원봉사자 운영관리 • 인터넷카페 관리 • 정보 관련 업무 및 방송관리 • 방과후활동 관련 업무 • 동식물 관리 및 청소용품 구입관리	• 자료실관리(1층) • 다문화교육 관련 • 각종 대회 업무(미술, 과학 등) • 전통놀이교육 행사 • 각종 체험활동 추진 행사보고 • 비품 및 소모품 대장 • 교육기자재 및 정보 통신관리	• 생활 관계철 • 안전점검표 • CD대장 • 비밀번호대장 • 컴퓨터관리대장 • 정보관련대장
유치원 행· 재정 보건 급식 (행정)	원감	• 유치원 재정 관련 회계장부 • 교원봉급 및 재무행정관리 • 학비지원금관리, 전자문서 • 사학연금 및 4대보험 • 화재보험 및 각종 정기검사 • 급식 관련 서류 일체 • 온종일 돌봄 책임교무 관리 • 돌봄 강사 – D 강사	• 물품구입 및 지출에 관련 서류 • 보건교육 계획 및 운영 • 교수·학습자료 구입 • 소독, 방역, 정수기, 하수관리 (신체검사, 보건위생지도) • 친환경식자재 구입 • 월 식단표 및 위생점검 • 온종일 돌봄 일지 업무	• 재무 관련 공문철 • 온종일 돌봄서류 • 시설관리 관계철 • 급식 관련 서류 • 관련 서류
안전 통학 차량	B교사	• 환경교육 계획 수립 및 추진 • 실내·외 환경 구성 및 관리 • 식물재배 관리 • 돕기(복지 관련) 업무 • 교육시설 안전관리 점검 • 안전에 관한 분기별 실적 보고	• 7대 안전교육 운영일지 • 유치원 안전계획 및 점검운영 • 청소담당구역 배정 및 관리 • 유치원 원아 앨범정리 • 특별실 관리 • 통학버스 계획수립 및 차량 운영	• 환경 관계철 • 안전점검 서류 • 통학 차량 관계철 • 보건 관계철

부서	담당	주요 업무	관련 장부
도서, 특성화 (정보)	E교사	• 도서 구입 및 관리, 독서 도우미 관리, 특성화 계획 수립 및 관련 업무 • 방과후과정 운영 관련 지원 관리(방학 중 운영 포함) • 교수학습자료 제작 • 원아 생활지도 및 관리 • 간식 관련 업무 • 교사 및 유아용 도서대장관리 • 교육청 자료수발 및 홍보자료 제작 및 게시	• 방과후과정 관계철 • 원아 관계철 • 자료대장 • 비디오대장 • 도서 관계철

출처: 최연(2017). 사립유치원 행정업무수행 어려움과 개선방안에 관한 사례 연구. 목포대학교 대학원 박사학위논문. pp. 131-132.

최근 들어 2012년 누리과정 도입으로 2013년부터 지원된 유아학비와 2010년부터 지원된 교사처우 개선비 및 2015년부터 지원된 방과후과정비 등으로 공·사립유치원 모두 사무처리 부분이 과중되고 있다(최연, 2017). 공립과 사립유치원의 유치원 행정업무를 선행연구와 교육청 업무분장을 토대로 재구성한 최연(2017)의 연구에서 제시한 내용을 토대로 비교해 보면 다음과 같다.

표 8-2 공립과 사립의 유치원 행정업무

공립유치원교사의 행정업무				사립유치원 행정 수행업무	
영역	구분	업무내용	시기	구분	업무내용
교무학사	유치원 원아 관리	유아 출결 관리	필요시	유아 관리	유치원입학원서 및 생활조사 유아영양 및 용품 안전관리 교실 내·외 청소환경관리 차량 탑승일지 및 안전관리 사고처리 기록 및 응급처치 투약의뢰 및 약품보관관리 및 유아 비상안전대물품관리 유아 건강검진표, 상담일지 유아관찰기록, 출석부 학급경영에 필요한 업무
		유아 재원증명서 작성			
		수료 및 졸업대장			
		원아이동명부			
		유아 입·퇴학 처리			
		유아 건강 검진 및 성교육, 체격, 체질 검사 등의 보건교육			
		유치원 평가관련 제반업무			
		생활기록부, 생기부 작성 관련 자료			
		입학원서 및 가정환경조사서			
		교육과정 및 운영 등 각종 설문지			

공립유치원교사의 행정업무				사립유치원 행정 수행업무	
영역	구분	업무내용	시기	구분	업무내용
	현장 체험 학습	현장학습 장소 섭외 및 사전답사	학기당 2회 이상	유치원 행사	유치원행사 계획 및 추진 현장학습 관련 업무 사전답사 및 계획, 보고기록 사진제작 및 전자포트폴리오 각종 행사자료 준비 및 진행 입학, 졸업, 발표회, 공개수업, 홍보제작, 가정통신 등
		현장학습 안내장 및 계획서 기안			
		현장학습 입장료, 차량비, 출장비 등 품의서 기안			
		현장학습출장 결재			
		현장학습 정산 및 정산서 작성			
		현장학습 체험차량 운전자교육 의뢰(경찰서)			
		현장학습정산서 학부모 배부			
	방과후 과정	보조원, 하모니 업무분장(운영계획)	3월	학사 운영 교육 지원	당해년도 유치원운영계획서, 주간 및 일일교육계획안 유치원운영기초조사서 각종 설문지, 가정통신문 각종 보관문서 작성 및 관리 (생활기록부, 졸업대장 등) 원아이동명부, 입·퇴학 처리 방과후과정 운영관리업무 방과후과정 운영계획서, 방과후과정신청서, 출석부 방과후 운영일지, 강사출근부 방과후 강사 계약서, 수업안 방과후과정 운영일지 등 유치원 물품 및 비품관리 유치원장학 및 컨설팅, 유치원 특색교육 추진업무 유치원 관련 전반 평가업무 (교사, 유아, 수업, 자체평가) 교재교구, 교수매체관리대장 도서관리대장, 교수자료관리 유치원안전공제회 업무
		방과후과정 관련 예산 작성			
		방과후과정 보조원 채용 및 인사관련 업무(공고, 면접, 기안 등)			
		방과후과정 하모니 자원봉사자 채용 및 인사기안 작성(공고, 면접 등)			
		방과후과정 하모니 자원봉사자 상해보험 기안 및 품의			
		방과후과정 보조원, 하모니 자원봉사자 및 방과후 특성화 강사 아동학대 및 성범죄 확인 기안			
		방과후과정 보조원, 하모니, 특성화 강사 계약서 작성 기안			
		방과후과정 보조원, 하모니, 특성화 강사 인건비 품의(방과후 특성화 강사 수는 유치원마다 다름)	매월		
		하모니 자원봉사자 인건비 정산	2월		
		방과후과정 자료집계 및 보고	학기말		
		방과후과정 목적사업비 성립 전 예산전 내부기안			
		방과후과정 학부모회의 및 방과후과정 예산관련 심의			
		방과후과정 인건비 정산 보고			
		방과후과정 안내 및 신청접수			
		방과후과정 수익자부담금 업무(안내문, 징수요구, 품의, 정산 등)			

공립유치원교사의 행정업무				사립유치원 행정 수행업무	
영역	구분	업무내용	시기	구분	업무내용
		방과후과정 간식 운영 관련(간식계획, 구입, 품의, 검수, 간식비품의, 방과후과정 운영위원회 운영 등)			
	유치원 운영 위원회	유치원 운영위원회 구성 및 계획, 선출 및 조직	3월 필요시	유치원 운영 위원회	유치원 운영위원회 구성 및 계획, 선출 및 조직 유치원 운영위원회 회의심의 자료작성 및 회의 소집 공고 유치원 운영위원회 위원 위촉 회의 진행 및 회의록 작성 운영위원회의 결과공지
		유치원 운영위원회 회의심의 자료작성 및 회의 소집 공고			
		유치원 운영위원회 위원 위촉 및 회의 진행 및 회의록 작성			
		유치원 운영위원회 회의 결과공고			
	교원 능력 개발 평가 2013	평가관리자 및 실무자 임명	3, 4월	공립 동일 사립	평가관리자 및 실무자 임명 평가관리위원회 운영규정 개정 평가관리위원회 구성 및 협의회 평가 운영계획 수립 교원, 학부모 대상 연수 실시
		평가관리위원회 운영규정 개정	3, 4월		
		평가관리위원회 구성 및 협의회	3, 4, 8, 12월		
		평가 운영계획 수립	3,4월		
	신설	교원, 학부모 대상 연수 실시	3~10, 2월	자율 참여 시범 기간 2017 신설 의무	유치원 교육활동에 대한 각종 정보 제공 온라인 평가시스템 연수 및 기초자료 입력 평가 실시(학부모, 동료교사) 평가결과 열람(개인열람) 능력개발계획서 작성 제출 유치원 평가 결과 보고서 작성 및 심의 평가결과에 따른 맞춤형 연수 실시 유치원 정보 공시(평가문항 및 평가결과 홈페이지 탑재)
		유치원교육에 대한 각종 정보 제공	3~11월		
		온라인 평가시스템 연수 및 기초자료 입력	7, 8월		
		평가 실시(학부모, 동료교사)	9~11월		
		평가결과 열람(개인열람)	11~12월		
		능력개발계획서 작성 제출	11~12월		
		유치원 평가 결과 보고서 작성 및 심의	12월		
		평가결과에 따른 맞춤형 연수 실시	11~2월		
		유치원 정보공시(평가문항 및 평가결과 홈페이지 탑재)	2월		
	인사	출근부, 근무상황부	매일	인사 관리	출근부, 근무상황부, 교직원임용 및 해임 관련 서류 근로계약서, 임용계약서 임용대장, 교직원명부

공립유치원교사의 행정업무				사립유치원 행정 수행업무	
영역	구분	업무내용	시기	구분	업무내용
		출장 및 휴가	필요시		교육공무원인사기록카드 교원 출장 및 여비지급대장 아동학대 및 성범죄조회서, 교원 연수 관련 업무, 연수대장 교직원 인사 및 채용 업무
		각종 교원연수 관련 업무	필요시		
	교육 과정	유치원운영계획서	연 1회		
		수업안 작성	매일		
		주간 및 가정통신문	주 1회		
		공개수업 및 각종 특색교육활동안	필요시		
		7대 안전표준안 교육활동 기록	수시		
		유치원 컨설팅	필요시		
		부모교육 및 가정연계활동 행사	필요시		
	전자 공문	전자공문서 접수 및 발송처리	수시	전자 문서	업무관리시스템 접수처리 사학연금, 홈택스, 각종 보험 등
		공문서 작성 및 보관문서관리			
재 무 회 계	예산 관리 에듀 파인 업무 물품 관리	예산관리(예산서 작성)	12월	재무 회계	재무 회계장부 관련 업무 징수부, 지출부, 현금출납부, 수입일계표, 지출결의서 등 세입세출예산서, 결산서 적립금, 적립기록부, 적립통장 납입금 징수 관련자료, 예산편성 및 결산증빙자료(영수증, 견적서, 품의서 등) 개인정보제공동의서 각종증명서 발급 및 사무문서 각종 물품비품 구입관리 시설보수 및 공사 인력채용 및 인건비 지출 등 재산관리(토지건물 등기부등본, 건축물대장, 원사도면 등)
		추경예산 산정	필요시		
		각종 징수요구	수시		
		물품 구입계획			
		가격조사			
		물품 품의			
		물품검수			
		비품, 도서, 자료 불용처리			
		기자재 유지보수 지원 (토너교환, 소모품 구입 등)	필요시		
	유치원 교실 관리	유치원 교구장 구입, 관리 및 불용처리	필요시		
		유치원 비품 구입, 관리 및 불용처리			
		유치원 소모품 구입 및 관리			
		유치원 도서 구입, 관리 및 불용처리			
		에듀파인 품의 및 검수			
		유치원 일지관리	매일		
	유아 학비 지원	E-유치원 시스템 인증서등록 E-유치원 시스템 원아등록 아이즐거운카드-리더기인증	학기 초		E-유치원 시스템 인증서등록 E-유치원 시스템 원아등록 아이즐거운카드-리더기인증 E-시스템상 학사 관련 수업료,

<table>
<tr><th colspan="4">공립유치원교사의 행정업무</th><th colspan="2">사립유치원 행정 수행업무</th></tr>
<tr><th>영역</th><th>구분</th><th>업무내용</th><th>시기</th><th>구분</th><th>업무내용</th></tr>
<tr><td rowspan="25"></td><td rowspan="7"></td><td>E-유치원 시스템상 학사 관련 수업료, 방과후과정비, 급식비, 급식일수 등 입력</td><td>매월</td><td rowspan="7">공립
동일

유아
학비
지원</td><td rowspan="7">방과후과정비, 급식비,
급식 일수 등 입력
E-시스템에 대한 출·결상황,
방과후과정 출· 결상황 입력
E-시스템 학비지원금 입력
E-시스템 유아학비 신청
E-시스템 세입 확인
E-시스템 유아학비 정산
E-시스템 학부모 수령대행</td></tr>
<tr><td>E-유치원 시스템에 대한 출·결상황, 방과후과정 출·결상황 입력</td><td>매월</td></tr>
<tr><td>E-유치원 시스템 유아학비 지원금 입력</td><td>매월</td></tr>
<tr><td>E-유치원 시스템 유아학비 신청</td><td>분기별</td></tr>
<tr><td>E-유치원 시스템 세입 확인</td><td>분기별</td></tr>
<tr><td>E-유치원 시스템 유아학비 정산</td><td>분기별</td></tr>
<tr><td>E-시스템 학비 학부모 수령대행 (아이즐거운카드)-리더기 인증</td><td>매월</td></tr>
<tr><td rowspan="18">정보
공시
입력
2012
신설</td><td>정보공시 등록, 수정, 공시 안내 등</td><td>정시</td><td rowspan="18">정보
공시
입력

공립과
동일</td><td rowspan="18">정보공시등록, 수정, 공시 등
유치원 규칙
유치원교지·교사 현황
연령별 학급수·원아수
직위·자격별 교원 현황
유치원교육과정 편성·운영
및 평가 등에 관한 사항
수업일수 및 수업시수 현황
방과후과정 편성·운영 및 평가
등에 관한 사항
유치원 원비 현황
유치원 회계 예·결산서
급식실시 및 급식사고
발생·처리 현황
원아 건강검진 현황
환경위생관리 현황
안전점검 및 안전교육 현황
공제회 및 보험가입 현황
위반내용 및 조치 결과
유치원 평가 사무직원 현황
통학차량 운영 현황</td></tr>
<tr><td>유치원 규칙</td><td>수시</td></tr>
<tr><td>유치원교지·교사 현황</td><td>2월</td></tr>
<tr><td>연령별 학급수·원아수</td><td>10월</td></tr>
<tr><td>직위·자격별 교원 현황</td><td>10월</td></tr>
<tr><td>유치원교육과정 편성·운영 및 평가 등에 관한 사항</td><td>2월</td></tr>
<tr><td>수업일수 및 수업시수 현황</td><td>2월</td></tr>
<tr><td>방과후과정 편성·운영 및 평가 등에 관한 사항</td><td>2월</td></tr>
<tr><td>유치원 원비 현황</td><td>2월</td></tr>
<tr><td>유치원 회계 예·결산서</td><td>5월,
8월</td></tr>
<tr><td>배식 및 급식사고 발생·처리 현황</td><td>10월</td></tr>
<tr><td>원아 건강검진 현황</td><td>10월</td></tr>
<tr><td>환경위생관리 현황</td><td>10월</td></tr>
<tr><td>안전점검 및 안전교육 현황</td><td>10월</td></tr>
<tr><td>공제회 및 보험가입 현황</td><td>10월</td></tr>
<tr><td>위반내용 및 조치 결과</td><td>수시</td></tr>
<tr><td>유치원 평가</td><td>2월</td></tr>
<tr><td>사무직원 현황</td><td>10월</td></tr>
</table>

<table>
<tr><th colspan="4">공립유치원교사의 행정업무</th><th colspan="2">사립유치원 행정 수행업무</th></tr>
<tr><th>영역</th><th>구분</th><th>업무내용</th><th>시기</th><th>구분</th><th>업무내용</th></tr>
<tr><td></td><td></td><td>통학차량 운영 현황</td><td>10월</td><td></td><td></td></tr>
<tr><td rowspan="15">건강
안전</td><td rowspan="9">시설
안전</td><td>유치원안전교육계획서</td><td>연 1회</td><td rowspan="9">시설
안전</td><td rowspan="9">유치원안전계획서 수립
7대 안전교육 관련 활동안
각종시설관리 체크리스트
유치원시설관리 정기점검
(전기, 소방, 가스, 소독, 화재, 방역, 정수기, CCTV)
보험가입서류
석면, 유해환경, 공기측정, 놀이터시설에 점검
통학차량 관리(통학차량운행일지, 동승자 및 운전자, 관리자, 정기교육이수 확인증)
화재 및 재난대피, 민방위훈련 계획 및 평가</td></tr>
<tr><td>안전공제회 보험 기안 및 품의</td><td>3월</td></tr>
<tr><td>유치원 놀이터 수리 및 설치</td><td>필요시</td></tr>
<tr><td>유치원 안전점검표 및 분기별 실적 보고</td><td>정기</td></tr>
<tr><td>유치원 정수기 관리 체크</td><td rowspan="2">수시</td></tr>
<tr><td>유치원 환경 관련 수리비 및 환경 관련 품의</td></tr>
<tr><td>놀이터 안전검사
(실외 놀이터 없을 시 해당 없음)</td><td>정기</td></tr>
<tr><td>유치원 모래소독 및 교실 소독
(유치원 교실에 있는 것, 신발소독기, 장난감소독기, 손 소독기 관리 등)</td><td>분기</td></tr>
<tr><td>학기별 급식일수자료 집계 보고</td><td>학기별</td></tr>
<tr><td rowspan="6">무상
급식</td><td>무상급식 사업계획서 작성 및 신청서 보고(시청)</td><td>3월
학기별</td><td rowspan="6">급식
위생</td><td rowspan="6">급식관련 각종 문서, 식단표
친환경 식자재 구입 및 보관
급식 운영점검일지, 검수 등
집단급식소 관련 업무
조리종사자교육, 보존식 관리
주방 및 급식실 위생점검표
급식 관련 정산보고서 등</td></tr>
<tr><td>1학기, 2학기 무상급식 신청</td><td rowspan="4">학기별</td></tr>
<tr><td>우유급식 신청서 취합</td></tr>
<tr><td>우유, 급식 신청서 행정실에 보고</td></tr>
<tr><td>1학기, 2학기 무상급식 정산보고
(유아 학비와 중복금액 시 혼란)</td></tr>
<tr><td rowspan="7">기타
대외</td><td rowspan="7">행사
홍보</td><td>사진 및 앨범 기타 업무</td><td rowspan="7">필요시</td><td rowspan="7">부모
대외
및
기타</td><td rowspan="7">가정통신문 부모교육, 상담
유치원 홈페이지 관리
인터넷 카페 관리, 밴드관리, 지역사회 행사참여, 학부모참여행사, 민원처리 등
기관 협약 및 업무 연계처리
시청, 경찰서, 보건소, 학교 등</td></tr>
<tr><td>지역사회 행사 참여</td></tr>
<tr><td>유치원 행사 추진계획 수립</td></tr>
<tr><td>물품구입 품의</td></tr>
<tr><td>행사 진행 및 정산</td></tr>
<tr><td>손님 접대물품 품의 및 접대</td></tr>
<tr><td>유치원 홍보물 제작 및 홍보</td></tr>
</table>

출처: 최연(2017). 사립유치원 행정업무수행 어려움과 개선방안에 관한 사례 연구. 목포대학교 대학원 박사학위논문. pp. 32-36.

2) 문서의 종류와 처리

(1) 문서의 종류

유아교육기관의 경영관리에는 각종 대장, 문서, 기록들이 있다. 이러한 각종 문서의 종류는 유아교육기관 업무의 성격이나 세분화의 정도에 따라 상당히 차이가 있을 수 있고, 경영방침에 따라 문서를 간소화할 수도 있고, 상세화할 수도 있다.

교육행정관리 규정 제7조의 별표 3에는 각급 학교에 필수적으로 갖추어야 할 장부를 비치하도록 규정하고 있는데, 그중 유아교육기관에 해당하는 대장과 문서들을 간추려 보면 다음과 같다(이윤경 외, 2003).

① 법령, 공문서: 유치원 관계 법규, 영달문서, 공고문서

② 원칙: 유치원 내부 규정철

③ 교육활동 계획

- 교육 계획철(연간, 월, 주, 일 교육 계획 및 실행 결과 기록)
- 행사 계획철(소풍, 운동회, 생일 축하, 현장 견학 등의 계획 및 실행 결과 기록)

④ 지도 기록: 가정 연락부, 증명서 교부 대장, 졸업 증서 대장

⑤ 원아 출석: 출석부, 출석상황 일람철, 장기 결석자 조사철

⑥ 직원 명부

- 직원 명부, 직원 이력서철, 학급 담임 일람표
- 직원 조직 일람철, 임용철, 교직원 이력서철
- 인사 관계철, 증명서 교부 대장

⑦ 유치원 일지

- 유치원 일지, 학급 일지, 직원 회의록
- 유치원 참관자 명부, 유치원 자원봉사자 명부

⑧ 조사 통계: 교육 통계철, 출석 통계철, 표준화 검사철, 유치원 연혁사

⑨ 경영관리

- 사무 분담 기록부, 시설 설비 점검부, 관련 단체 연락부
- 문서 발송철, 문서 접수철, 전화 팩스 송수신 대장
- 타 시설 참관 보고철, 원장회 기록부, 장학지도 기록부

⑩ 경리
- 재산 대장, 예산서철, 경리부, 영수증철
- 물품 구입 대장, 계약서철, 비품 대장, 소모품 대장
- 교재·교구 목록철, 물품 인수부, 봉급 대장, 여비 청구서철

⑪ 위원회, 부모회: 회의록철, 규약철, 사무처리부 간부 일람표, 경리부

(2) 문서의 보존

모든 공문서는 대통령령으로 된 공문서 보관·보존 규정 제4조에 따라 보존 기간을 '영구 보존'에서부터 '1년 보존'까지 7종으로 구분하고, 그 "보존 기간의 종별 책정 기준은 총리령으로 정한다"라고 규정하고 있다. 공문서가 아니라도 유아교육기관이 작성한 대장이나 문서에도 그 보존 기간을 달리 보관해야 한다. 최근에는 이러한 기록을 전산화하여 보관하기도 한다. 이와 같은 대장이나 문서는 문서철을 만들어 두면 다음에 매우 유용하게 활용할 수 있다.

(3) 문서의 처리

문서 사무의 처리과정은 다음과 같다.

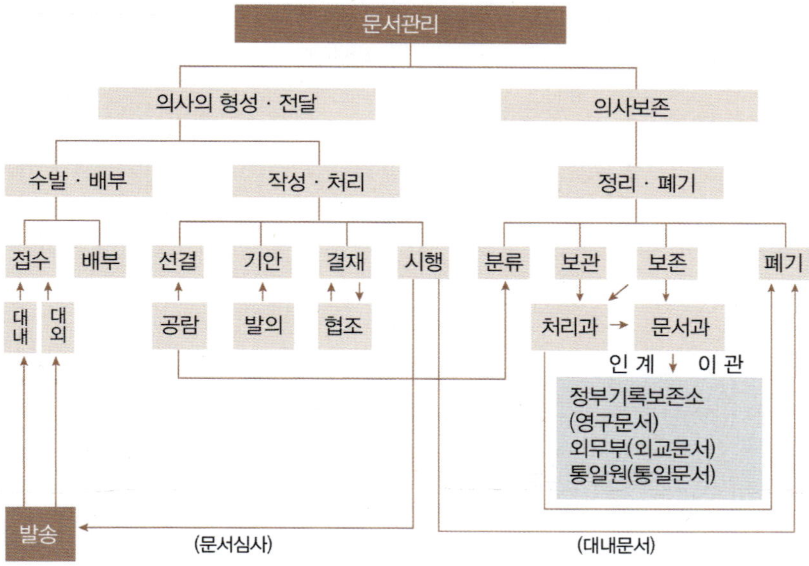

그림 8-1 문서 사무의 흐름도

출처: https://blog.naver.com/alsemffp234/221430619304

(4) 문서관리

① 기안문의 이해

기안문은 행정기관 내부 또는 행정기관 상호 간이나 대외적으로 공무상 작성되고 시행되는 문서 및 행정기관이 접수한 모든 문서를 말한다. 기안이라 함은 기관의 의사를 결정하기 위하여 문안을 작성하는 것을 말하며, 표준화된 기안양식을 사용한다.

기안의 요인으로는, 첫째, 접수한 문서의 내용을 처리하기 위한 경우, 둘째, 상급자의 지시사항을 처리하기 위한 경우, 셋째, 순수한 자기발안이나 훈령, 예규 등의 근거에 의하여 하는 경우 등이 대부분이다.

② 기안문의 일반적 성립 요건

- 당해기관의 의사표기가 명확하게 표시될 것
- 내용적으로 위법·부당하거나 시행 불가능한 사항이 없을 것

- 당해기관의 권한 내 사항 중에서 작성될 것
- 법령에 규정된 절차에 따라 형식이 정리될 것

③ 기안문의 기능 및 필요성

모든 사무활동의 기본적인 매체는 문서로서 '모든 사무는 문서에서 시작하여 문서로 끝난다'로 볼 수 있다(강문희 외, 2006).

주요 기능	필요성
• 의사형성 전달 기능 • 의사보존 기능	• 당해 업무의 처리가 곤란할 때 • 사무처리 결과의 증빙자료로서 필요할 때 • 사무처리의 형식상 또는 체제상 문서의 형식이 필요할 때 • 문서에 의한 의사소통이 필요할 때 • 사무처리의 결과를 보존할 필요가 있을 때

(5) 기안문의 작성

문서작성은 최근 행정기관의 사무관리에 관한 사항을 규정함으로써 사무의 간소화, 표준화, 과학화 및 정보화를 기하여 행정의 능률을 높이기 위해 대통령령 제17811호 일부 개정에 따라 2002년 12월 26일 개정되었으며, 개정된 원칙에 따라 2004년 1월 1일부터 개정된 사무관리 규정에 따라 시행되고 있다. 이 장에서는 개정된 사무관리 규정 중 문서작성과 관련한 부분에 대해서 제시하고자 한다.

■ 문서의 기안

① 문서의 기안은 전자문서로 함을 원칙으로 한다. 다만, 업무의 성격 기타 특별한 사정이 있는 경우에는 그러하지 아니하다. <신설 1999. 8. 7.>

② 문서의 기안은 행정안전부령이 정하는 기안문서(이하 "기안문"이라 한다)로 하여야 한다. 다만, 관계 서식이 따로 있는 경우에는 그 내용을 관계 서식에 기입하는 방법으로 할 수 있다. <개정 1999. 8. 7., 2008. 2. 29.>

③ 2 이상의 행정기관의 장의 결재를 요하는 문서는 그 문서의 처리를 주관하는 기관에서 기안하여야 한다.

④ 기안문에는 행정안전부령이 정하는 바에 따라 발의자(기안하도록 지시한 자를 말하며, 기안자가 스스로 입안한 경우에는 기안자를 말한다)와 보고자(결재권자에게 직접 보고하는 자를 말한다)를 알 수 있도록 표시하여야 한다. 다만, 다음 각 호의 문서는 이를 생략할 수 있다. <개정 1999. 8. 7., 2002. 12. 26., 2008. 2. 29.>
- 검토 및 결정을 요하지 아니하는 문서
- 제증명 발급, 회의록 기타 단순 사실을 기록한 문서
- 일상적·반복적인 업무로서 경미한 사항에 관한 문서

■ 문서작성의 일반 원칙

① 문서는 국어기본법 제11조에 따른 어문규범에 맞게 한글로 작성하되, 쉽고 간명하게 표현하고, 뜻을 정확하게 전달하기 위하여 필요한 경우에는 괄호 안에 한자 그 밖의 외국어를 넣어 쓸 수 있으며, 특별한 사유가 있는 경우를 제외하고는 가로로 쓴다. <개정 2002.12.26., 2008.9.2.>

② 문서에 쓰는 숫자는 특별한 사유가 있는 경우를 제외하고는 아라비아숫자로 한다.

③ 문서에 쓰는 날짜의 표기는 숫자로 하되, 연·월·일의 글자는 생략하고 그 자리에 온점을 찍어 표시하며, 시·분의 표기는 24시간제에 따라 숫자로 하되, 시·분의 글자는 생략하고 그 사이에 쌍점을 찍어 구분한다. 다만, 특별한 사유로 인하여 다른 방법으로 표시할 필요가 있는 경우에는 그러하지 아니하다.

④ 문서의 작성에 쓰이는 용지의 크기는 특별한 사유가 있는 경우를 제외하고는 가로 210밀리미터, 세로 297밀리미터로 한다.

■ 문서의 수정

문서의 일부분을 삭제하거나 수정한 때에는 행정안전부령이 정하는 바에 따라 삭제하거나 수정한 곳에 서명 또는 날인하여야 한다. 다만, 전자문서를 본문의 규정에 따라 수정할 수 없을 경우에는 수정한 내용대로 재작성하여 결재를 받아 시행하되, 수정 전의 전자문서는 기안자·검토자 또는 결재권자가 보존할 필요가 있다고 인정하는 경우에는 이를 보존하여야 한다. <개정 1996.5.3.,

1998.7.1., 1999.8.7., 2002.12.26., 2008.2.29.>

■ 발신명의

① 문서의 발신명의는 행정기관의 장(법령에 의하여 행정권한이 위임 또는 위탁된 경우에는 그 위임 또는 위탁을 받은 자를 말한다. 이하 같다)으로 한다. 다만, 행정기관 내의 보조기관 또는 보좌기관 상호 간에 발신하는 문서(이하 "대내문서"라 한다)는 당해 보조기관 또는 보좌기관의 명의로 한다. <개정 1996.5.3.>

② 제1항 본문의 규정에 불구하고 합의제 기관의 권한에 속하는 문서의 발신명의는 당해 행정기관으로 한다. <신설 1999.8.7.>

③ 내부결재문서는 발신명의를 표시하지 아니한다. <신설 2002.12.26.>

■ 검토 및 협조

① 기안문은 결재권자의 결재를 받기 전에 보조기관 또는 보좌기관의 검토를 받아야 한다. 다만, 보조기관 또는 보좌기관의 출장 등의 사유로 검토를 받을 수 없는 등 부득이한 경우에는 이를 생략할 수 있으며, 이 경우 검토자의 서명란에 출장 등의 사유를 명시하여야 한다. <개정 1999.8.7., 2002.12.26.>

② 문서의 내용이 행정기관 내의 다른 보조기관 또는 보좌기관이나 다른 행정기관의 업무와 관련이 있는 때에는 그 기관의 협조를 받아야 한다.

③ 제1항 및 제2항의 규정에 의하여 기안문을 검토 또는 협조함에 있어서 그 내용과 다른 의견이 있는 때에는 당해 문서 또는 별지에 그 의견을 표시하여야 한다.

■ 결재

① 문서는 당해 행정기관의 장의 결재를 받아야 한다. 다만, 보조기관 또는 보좌기관의 명의로 발신하는 문서는 그 보조기관 또는 보좌기관의 결재를 받아야 한다.

② 행정기관의 장은 사무의 내용에 따라 그 보조기관·보좌기관 또는 당해 업무담당 공무원으로 하여금 위임전결하게 할 수 있으며, 그 위임전결사

항은 당해 기관의 장이 훈령 또는 지방자치단체의 규칙으로 정한다. <개정 1996.5.3., 2002.12.26.>

③ 결재권자가 휴가·출장 기타의 사유로 결재할 수 없는 때에는 그 직무를 대리하는 자가 대결할 수 있되, 내용이 중요한 문서에 대하여는 결재권자에게 사후에 보고하여야 한다. <개정 1999.8.7.>

■ **관인날인 및 서명**

① 행정기관의 장 또는 합의제기관의 명의로 발신하는 문서의 시행문, 게시판 등에 고시 또는 공고하는 문서, 임용장·상장 및 각종 증명서에 속하는 문서에는 관인(전자이미지관인을 포함한다. 이하 같다)을 찍거나 행정기관의 장이 서명(전자문자서명 및 행정전자서명을 제외한다)을 하고, 보조기관 및 보좌기관의 명의로 발신하는 문서의 시행문에는 보조기관 또는 보좌기관이 서명을 한다. 다만, 전신·전신타자 또는 전화로 발신하는 문서나 관보·신문 등에 게재하는 문서에는 관인을 찍거나 서명하지 아니하며, 경미한 내용의 문서에는 행정안전부령이 정하는 바에 따라 관인을 찍는 것과 서명하는 것을 생략할 수 있다. <개정 1999.8.7., 2001.2.14., 2002.12.26., 2008.2.29.>

② 관인을 찍어야 할 문서로서 다수의 수신자에게 동시에 발신 또는 교부하는 문서에는 관인날인에 갈음하여 관인의 인영을 인쇄하여 사용할 수 있다.

■ **문서의 발송**

① 시행문은 처리과에서 발송하되, 종이문서인 경우에는 이를 복사하여 발송하고, 전자문서인 경우에는 전자문서시스템 또는 업무관리시스템상에서 발송하여야 한다. <개정 2002.12.26., 2008.9.2.>

② 문서는 정보통신망을 이용하여 발신함을 원칙으로 한다. 다만, 업무의 성격 기타 특별한 사정이 있는 경우에는 인편·우편·모사전송·전신·전신타자·전화 등의 방법으로 발신할 수 있으며, 내용이 중요한 문서는 인편·등기우편 기타 발송 사실을 증명할 수 있는 특수한 방법으로 발송하여야 한다. <개정 1999.8.7.>

③ 제1항의 규정에 불구하고 전자문서는 행정기관의 홈페이지 또는 공무원의 공식 전자우편주소(행정기관이 공무원에게 부여한 전자우편주소를 말한다. 이하 같다)를 이용하여 행정기관 외의 자에게 발송할 수 있다. <신설 2002.12.26.>

④ 인편 또는 우편으로 발송하는 문서는 문서과의 지원을 받아 발송할 수 있다. <신설 1999.8.7.>

⑤ 전자문서 중 정보통신망을 이용하여 발송할 수 없는 문서는 이를 출력하여 발송할 수 있다. <개정 2002.12.26.>

■ 문서의 전자적 처리 원칙 명문화

행정기관의 장은 문서의 기안·검토·협조·결재·등록·시행·분류·편철·보관·보존·이관·접수·배부·공람·검색·활용 등 문서의 처리절차가 전자문서시스템 또는 업무관리시스템상에서 전자적으로 처리되도록 하여야 한다. <개정 2006.3.29.>

■ 문서의 구성요소 및 기안문서의 서식변경

개정된 사무관리에 의하면, 문서의 구성요소에서 종이문서와 전자문서의 형식에 차이를 두고 있다. 그 차이점을 살펴보면 다음과 같다.

① 일반기안문(종이문서+전자문서)

일반기안문은 두문·본문 및 결문 및 붙임으로 구성할 수 있다.

② 전자기안문(전자문서안)

문서를 일반 기안문의 형식으로 구성하지 않고, 전자문서로서 전자기안문으로 구성할 수 있으며, 전자기안문은 표제부와 본문부로 나눌 수 있다. 이 경우에는 서로 다른 파일 또는 같은 파일로 구성하되, 표제부는 두문, 본문의 제목 및 결문으로 본문부는 제목·내용 및 붙임으로 구성할 수 있다.

③ 간이기안문: 종이문서+전자문서

왼쪽 상단에 위치한 문서등록의 표시(등록번호, 보존기간, 결재일자 및 공개 구분), 오른쪽 상단에 위치한 결재란(기안자, 검토자, 협조자, 결재권자), 제목, 요약설

명문 작성일자, 작성기관의 표시를 한다.

④ 문서의 구성요소는 다음과 같이 종이문서와 전자문서가 다르다.

- 두문: 행정기관명(경유) 및 수신자로 함
- 본문: 제목·내용 및 붙임으로 함. 다만, 전자문서인 경우에는 제목 및 내용으로 할 수 있음
- 결문: 발신명의, 기안자·검토자·협조자·결재권자의 직위 또는 직급 및 서명(전자문서명·전자이미지 서명 및 행정전자 서명을 포함한다) 생산등록번호와 시행일자, 접수등록번호와 접수일자, 행정기관의 우편번호·주소·홈페이지 주소·전화번호·모사전송번호, 공무원의 공식 전자우편주소 및 공개 구분으로 함

"환동해권 중심유치원"

○○유치원

수신자 내부결재
(경유)

제 목 20 학년도 5월분 수업료 감면 및 징수결정

---

20 학년도 5월분 수업료의 감면 및 징수결정을 다음과 같이 결정코자 합니다.

1. 재적인원 : 80명
2. 감면인원 : 25명
3. 징수대상원 : 55명
4. 감면자 내역 : 군경 유자녀 5명, 경제적 사정이 곤란한 자 20명 계 25명
5. 기간 : 20 . 5. 1~20 . 5. 31
6. 징수결정금액 : 팔백이십오만원정(8,250,000)
   150,000×55명 = 8,250,000원
7. 감면 내역 및 징수결정내역 : 덧붙임

덧붙임 1. 감면내역 및 징수결정내역 1부
2. 납입고지서 1부 끝.

수신자

담당자 원감 원장
협조자
시행 ○○유-09(.02.28) 접수
우780-713 주소 ○○시 ○○유치원 / 홈페이지 주소 www.○○○.co.kr
전화 (054)760-○○○○, ○○○○ 전송 (054)760-○○○○ / 전자우편주소 ○○○@○○○.ac.kr/ 공개

"환동해권 중심유치원"

○○유치원

수신자 교육장
(경유)
제 목 유치원교사 임용보고

---

1. 유치원교사를 다음과 같이 임용하고 사립학교법 제54조 제2항의 규정에 의하여 별첨 서류를 구비하여 보고합니다.

직위	성명	성별	주민등록번호	소지자격	출신학교	졸업일자	임용일자	비고
교사	김ㅇㅇ	여		유치원 2급 정교사	ㅇㅇ대학교 유아교육과			

첨부 1. 공무원 인사기록카드 1부. 2. 제청권자의 제청서 사본 1부
3. 인사회의록 사본 1부(법인체에 한함)
4. 교원 자격증 사본 1부(원본 제시)
5. 경력증명서 1부(유 경력자에 한함)
6. 신원조사 회보용 서류(신원진술서 3부, 호적등본 2부)
7. 최종 학력증명서 또는 졸업증명서 1부 8. 주민등록 등본 1부
9. 채용신체검사서 1부(국립의료원)
10. 가족관계증명서 1부
11. 기본증명서 끝.

○○유 치 원 설 립 자 [ ]

담당자 원감 원장
협조자
시행 유 05(.02.28) 접수
우 780-713 주소 ○○시 ○○유치원 / 홈페이지 주소www.○○○.co.kr
전화 (054)760-○○○○, ○○○○ 전송 (054)760-○○○○ / 전자우편주소 ○○○@○○○.ac.kr/ 공개

(6) 문서의 접수 및 등록

문서의 접수 및 등록 처리는 사무관리규정에 의해 다음과 같이 처리되어야 한다.

사무관리규정 – 문서의 처리 및 등록방법

제23조 (문서의 접수·처리) ① 문서는 처리과에서 접수하여야 하며, 문서과에서 직접 받은 문서는 지체 없이 처리과에 이를 배부하여 접수하게 하되, 이 경우 배부정보는 공공기록물 관리에 관한 법률 시행령 제20조에 따른 등록정보로 관리하여야 한다. 〈개정 2007.4.4.〉

② 접수된 문서에는 행정안전부령이 정하는 접수인을 찍고, 공공기록물 관리에 관한 법률 시행령 제20조의 규정에 의한 기록물등록대장에 접수등록번호와 접수일시를 기재하여야 하며, 전자문서인 경우에는 그 접수등록번호와 접수일시가 자동으로 표시되도록 하여야 한다. 다만, 제1항의 규정에 의하여 문서과에서 직접 받은 문서는 문서과가 접수일시를 기재하여 이를 처리과로 보낸다. 〈개정 1998.7.1., 1999. 8. 7., 2002.12.26., 2007.4.4., 2008.2.29.〉

③ 처리과의 문서수발사무를 담당하는 자는 접수된 문서를 처리담당자에게 인계하고, 처리담당자는 행정안전부령이 정하는 문서에 해당하는 경우에는 공람할 자의 범위를 정하여 그 문서를 공람하게 할 수 있다. 다만, 전자문서인 경우에는 공람하였다는 기록이 전자문서시스템 또는 업무관리시스템상에서 자동으로 표시되도록 하여야 한다. 〈개정 2002.12.26., 2008.2.29. 2008.9.2.〉

④ 제3항의 규정에 의한 공람을 하는 결재권자는 문서의 처리기한 및 처리방법을 지시할 수 있으며, 필요하다고 인정하는 때에는 그 처리담당자를 따로 지정할 수 있다. 〈개정 1999.8.7. 2002.12.26.〉

⑤ 행정기관의 장은 정보통신망을 이용하여 행정기관 외의 자로부터 문서를 접수할 수 있도록 필요한 조치를 할 수 있으며, 정보통신망을 이용하여 접수된 문서는 제1항 내지 제4항의 규정에 의하여 처리하여야 한다. 다만, 발신자의 주소·성명 등이 불분명한 경우에는 접수하지 아니할 수 있다. 〈신설 1999.8.7. 2002.12.26.〉

⑥ 행정기관의 장은 행정기관의 홈페이지 또는 공무원의 공식 전자우편주소를 이용하여 행정기관 외의 자로부터 문서를 받아 처리과에서 접수할 수 있다. 〈신설 2002.12.26.〉

⑦ 민원문서의 접수 및 처리는 민원사무처리에 관한 법률이 정하는 바에 의한다. 〈신설 1999.8.7.〉

제24조 (문서의 등록) 문서는 생산한 즉시 공공기록물 관리에 관한 법률 시행령 제20조의 규정에 의하여 기록물등록대장에 등록하고 생산등록번호를 부여하여야 한다. 〈개정 2002.12.26. 2007.4.4.〉

[전문개정 1999.12.7.]

① 문서의 접수

- 문서는 문서에 관한 사무를 분장하는 과에서 접수한다.
- 문서과 이외의 과 또는 담당관이 전신이나 전화를 받아서 작성한 문서는 지체 없이 문서과에 인계하여 이를 접수하게 한다.

- 접수된 문서는 처리인을 찍어 처리한다.
- 결재권자로부터 문서의 처리 지시를 받은 자는 지시 내용에 따라 기일 내에 문서를 처리한다(성영혜 외, 2004).

문서의 처리방법은 아래의 문서접수대장의 양식에 따라 접수한다.

표 8-3 문서접수대장 예시

일련번호	접수일자	발 신	문서번호	제 목	인수자 서명	비고
50	8.20	○○○교육장	관리 71448-150	사립유치원 납입금 현황제출	김○○	

② 문서의 등록

기안에 의하여 작성된 문서는 결재권자의 결재를 취한 후 즉시 결재일자순에 따라 문서등록대장에 등록 관리하여야 한다. 이때, 사용되는 문서등록번호는 연도별 일련번호를 사용한다. 기관의 내부결재 문서인 경우에는 문서등록대장의 수신처란에 '내부결재'라고 표시한다. 특정한 사안에 관한 현황 또는 연구, 검토결과 등을 보고하거나 건의하고자 작성하는 보고서의 경우에는 일반 기안용지를 사용하여 결재를 받고 문서등록대장에 등록하여야 한다.

- 등록대장 문서: 유치원에서 기안한 모든 문서, 기안용지를 사용하지 않고 작성한 보고서 등의 문서로서 당해기관의 장이 결재한 모든 문서, 기타 유치원장이 중요하다고 인정하는 문서를 문서등록대장에 등록하여야 한다.
- 시행문: 문서의 시행이란 문서로 기관의 의사를 외부에 표시하는 단계로서 문서의 효력이 발생하도록 하는 절차를 말한다. 기안문의 내용과 동일하게 시행문을 작성하되 결재권자의 결재 여부를 확인하고 발신기관의 관인 날인 후 붙임물을 확인하여 발송한다(강문희 외, 2006).

기안에 의하여 작성된 문서는 결재권자의 결재를 취한 후 즉시 결재일자순에 따라 문서등록대장에 등록 관리하여야 한다. 그리고 시행문으로 발송되는 문서는 결재권자의 결재 여부를 확인하고 발신기관의 관인 날인 후 발송하기 전 시행문을 복사하여 문서철을 하여야 하면 아래의 등록대장에 등록하여야 한다.

표 8-4 문서등록대장 예시

등록번호	결재일자	분류번호	제 목	시 행				비고
				일자	수신처	방법	문서과 확인	
100	9.1	71448	사립유치원 납입금 현황 제출	00.9.1	○○○교육장	인편		

(7) 기타 장부정리

① 출석부 정리 요령

출석부를 정리하는 요령을 제시하면 다음과 같다.

- 유아의 성명 기입은 생활기록부란 건강기록부 등의 장부와 일관성 있게 순서를 유지하도록 한다.
- 일요일과 공휴일 등은 적선(赤線)을 그어 말소한다. 계속되는 방학·휴가 등은 좌상(左上)에서 우하(右下)로 직선을 긋는다.
- 작은 달이어서 31일이 불필요하면 청선(靑線)으로 말소한다.
- 중도 입학생은 입학한 날짜에 청색으로 '입(入)'이라고 표시하고 입학 전날까지는 청색으로 줄을 긋는다.
- 퇴원한 유아는 퇴학한 날짜에 '퇴(退)'라고 적색으로 표시하고 입학 전날까지는 청색으로 줄을 긋는다.
- 장기 결석자는 월말에 비고란에 그 사유를 밝힌다.

② 출석통계 산출방법

출석통계 처리 결과는 유아생활지도와 수업지도에 유용하게 활용되어야 한다. 출석통계를 산출하는 방법은 다음과 같다.

- 출석 유아수는 재적 유아수로부터 전월 결석 유아수를 빼어 산출한다. 전월 결석 유아수는 그 달에 재적 유아 중 하루도 출석이 되지 않은 유아수를 말한다.
- 일일 출석 평균 유아수 산출은 출석 총일수를 수업일수로 나누어 소수점 이하 3자리에서 반올림한다. 여기서 출석 총일수는 출석한 연 인원수를 말한다.
- 일일 결석 평균 유아수 산출은 결석 총일수를 수업일수로 나누어 소수점 이하 3자리에서 반올림한다. 여기서 출석 총일수는 출석한 연 인원수를 말한다.
- 출석 배분비는 출석 총일수를 출석한 총인원수로 나누어 소수점 3자리에서 반올림한 후 100을 곱하여 산출한다. 여기서 출석 총일수는 재적 총일수로서, 수업일수와 재적 유아수를 곱한 다음 입학 유아의 출석한 일수를 합하여 산출한다.
- 통계 처리 시에 상고(喪故)는 출석으로 인정한다. 상고로 인한 경우의 기간을 부모인 경우 7일, 형제자매인 경우 3일로 한다. 이와 같은 출석통계 처리 결과는 유아생활지도와 수업지도에 유용하게 활용되어야 한다.

출석부

번호	월 / 일 / 요일 / 이름	200 년 월																														계				
		1	2	3	4	5	6	7	8	9	10	11	12	13	14	15	16	17	18	19	20	21	22	23	24	25	26	27	28	29	30	31	출석	결석	지각	조퇴	
1																																					
2																																					
3																																					
4																																					
5																																					
6																																					
7																																					
8																																					
9																																					
10																																					
11																																					
12																																					
13																																					
14																																					
15																																					
16																																					
17																																					
18																																					
19																																					
20																																					
21																																					
22																																					
23																																					
24																																					
25																																					
26																																					
27																																					
28																																					
29																																					
30																																					
31																																					
32																																					
33																																					
34																																					
35																																					
36																																					
37																																					
38																																					
39																																					
40																																					
41																																					
42																																					
43																																					
44																																					

출석 · 결석 ○ 지각 ⊘ 조퇴 ×	전월말 제적수	전입	퇴학	월말 제적수	결석한 총일수	결재	담임	원감	원장

③ 신체검사 및 건강기록부

유아들의 신체검사는 유치원 1년 과정에서 세 번 정도 실시하는 것이 바람직하다. 신체검사 시 구강검사를 아울러 실시하는 것이 이상적이다.

건강기록부는 학교 신체검사 규정(1974.4.23. 문교부령 제337)에 의거, 실시하도록 하고 있는데, 그 검사 종목은 체격검사, 체력검사, 체질검사 및 질병의 유무에 관한 사항 등이다. 이러한 건강기록부를 기재하기 위해 유의해야 할 점은 다음과 같다.

- 숫자는 아라비아숫자로, 문자는 한글로 기입한다.
- 연령은 3월 1일을 기준으로 만으로 따지며, 6년 이상 7년 미만인 경우는 6년으로 계산하는 방식을 따른다.
- 검사 연월일은 신체검사를 모두 끝낸 연월일을 기준으로 기입한다.
- 기록은 항상 정확하게 하며 접종한 날, 검사한 곳, 의사의 이름 등을 빠짐없이 기록한다.
- 숫자나 글자는 똑똑하고 확실하게 기록하며, 담임교사나 양호교사 등 교사가 기록한다.

④ 생활기록부

가. 생활기록부 유의사항

- 유치원생활기록부는 준영구 보존의 공공기록물로 규정됨으로써 전자적으로 생산·관리되어야 한다. 이 기재요령은 2020년 작성하는 유치원생활기록부터 적용한다.
- "유치원생활기록부를 전자적으로 생산·관리함"이란 각 유치원에 설치되어 있는 전자기록생산시스템에서 생활기록부 기안을 작성하고 해당 생활기록부를 붙임문서로 첨부하여 결재함을 의미한다.
- 유치원생활기록부는 개인정보에 대한 기록이므로 전자기록생산시스템 결재 정보에서 비공개, 공개 게재한 6호, 영구(지원 열람제한)로 결재한다.

  ※공공기관의 정보공개에 관한 법률 제9조 제1항 근거(2017.7.26)
- 유치원에서는 각종 재해 등의 비상사태에 대비하여 유치원생활기록부 서식에 맞게 전체 항목을 양면으로 출력하여 해당 유아가 졸업(또는 수료)한 후

5년 동안 유치원에 보존·관리한다. 5년이 지난 후에는 내부결재를 득한 후 폐기한다.

- 유치원이 폐원할 경우 생활기록부는 관할 교육지원청으로 이관하여 보존·관리한다.
- 유치원생활기록부의 작성·관리를 위하여 학기 초에 유아의 보호자로부터 개인정보 수집·이용 동의서로 받는다.
- 유치원생활기록부 작성자는 당해 학년도 유아의 담임교사이다.

※ 담임교사가 중간에 바뀐 경우, 유치원생활기록부의 담임 성명란에는 학년 말 결재받을 당시 담임교사의 성명을 적는다.

- 유아가 입학한 초등학교장 및 특수학교장이 요청 시 보호자가 동의할 경우 유치원생활기록부를 전자기록생산시스템으로 송부한다(각종 예시 6, 예시 7 참조). 유아가 전학할 경우, 보호자의 요청 시 전입유치원으로 유치원생활기록부를 전자기록생산시스템으로 송부한다(각종 예시 6, 예시 7 참조).
- 유치원생활기록부에서 입학은 최초 유치원 및 전입하지 않고 해당 유치원에 입학한 경우를 의미하며, 수료 및 졸업은 유아가 재학 중인 유치원규칙에 따른다.
- 당해 학년도 유치원생활기록부의 전자결재는 '전체 일괄결재' 또는 '연령별 결재', '학급별 결재' 등 세 가지 방식이 있다. 이 중 유치원 여건에 맞게 한 가지 방식을 선택할 수 있다. 단, 전자결재 시 협조(병렬)결재가 불가능할 경우에는 협조(병렬)결재를 생략할 수 있다.

1) '전체 일괄결재'는 하나의 기안에 해당 원 모든 유아의 생활기록부를 붙임문서로 첨부 가능할 때 하는 결재로서, 이때 결재선은 부장교사(업무담당자)→원감→원장 순이며 협조(병렬)로 3세 대표교사, 4세 대표교사, 5세 대표교사를 지정한다(각종 예시 3 참조).
2) '연령별 결재'는 붙임파일 용량 제한 등으로 '전체 일괄결재'가 되지 않을 경우에 실시한다. 이때 결재선은 교사(해당 연령 대표교사)→부장교사(업무담당자)→원감→원장 순이다(각종 예시 4 참조). 이때 교사(해당 연령 대표교사)가 결재 상신 시 각 담임교사의 협조(병렬)결재를 지정한다.
3) '학급별 결재'는 붙임파일 용량 제한 등으로 '연령별 결재'가 되지 않을

경우에 실시한다. 이때 결재선은 교사(해당 담임교사)→부장교사(업무담당자)→원감→원장 순이다.

- 2020년부터 작성하는 유치원생활기록부는 본 개정 양식(별지 제1호 서식)에 기재하며, 지정된 서식과 매수(2쪽)는 변경하지 않는다. 단, 입력란이 부족할 때에는 유치원의 필요에 따라 추가할 수 있다.

※ 조기입학(1월 1일~2월 말일 생) 및 초등학교 취학을 유예한 경우, 유치원생활기록부 양식에 줄이나 칸을 추가하여 활용한다.

나. 생활기록부 작성 및 관리지침

유치원 생활기록부 작성 및 관리지침 교육부 고시 제2020-315(2020.8. 27.일부개정)에 의거하여 설명하고자 한다.

제1조(목적) 이 지침은 「유아교육법」(이하 "법"이라 한다) 제14조에 따라 유치원생활기록부를 작성 및 관리하기 위한 기준을 정함을 목적으로 한다.

제2조 삭제

제3조(입력·서식 등) ① 유치원생활기록부는 「공공기록물관리에 관한 법률 시행령」 제2조 제7호에 따른 전자기록생산시스템을 통해 전자적으로 생산·관리하여야 한다.

② 유치원생활기록부는 별지 제1호 서식에 따라 누가하여 입력한다.

③ 유치원생활기록부는 한글로 입력하고, 입력란이 부족할 때에는 유치원의 필요에 따라 추가할 수 있다.

④ 유치원생활기록부 작성 시 필요한 경우, 보조기록부는 각 유치원의 실정에 맞게 작성·사용하되, 시·도 교육청별로 일정한 서식을 작성·사용할 수 있다.

제4조(정정) ① 매 학년이 종료된 이후에는 당해 학년도 이전의 유치원생활기록부 입력자료에 대한 정정은 원칙적으로 금지한다.

② 제1항의 규정에도 불구하고, 정정이 불가피한 경우에는 반드시 정정내용에 관한 증빙자료를 첨부하여 유치원생활기록부 정정 절차에 따라 처리해야 한다.

③ 제2항에 따른 증빙자료는 전자기록생산시스템에 등록하여 관리하여야 하고, 유치원생활기록부 정정대장에 증빙자료의 문서번호를 등록하여 함께 보관하여야 한다.

④ 유치원생활기록부 정정대장은 별지 제2호 서식과 같다.

제5조(보관·활용) ① 유치원생활기록부는 준영구 보존해야 한다.

② 유치원장은 유아의 보호자 또는 유아가 입학한 초등학교장 및 특수학교장이 유아의 생활지도에 필요하여 요청하면 보호자가 동의할 경우 유치원생활기록부를 송부하여야 한다.

③ 유아가 전학할 경우, 유치원장은 보호자의 요청에 따라 유치원생활기록부를 전입한 유치원에 송부하고, 퇴학할 경우에는 유치원생화기록부에 퇴학일을 입력하여 전자기록생산시스템에 등록한다.

제6조(인적사항) 유치원생활기록부의 인적사항은 다음 각 호와 같이 입력한다.

1. '성명'은 한글로 입력한다. 다만 부득이한 경우 해당국 언어로 입력할 수 있다.
2. '성별'은 남, 여로 입력한다.

3. '생년월일'은 주민등록등본상의 생년월일을 입력한다.
4. '주소'는 입학 당시의 주소와 변경된 주소를 누가하여 입력하고, 졸업 당시의 주소를 최종적으로 입력한다.
5. '가족상황'란에는 부모(보호자)의 성명, 생년월일을 입력한다.
6. 삭제

제7조(학적사항) ① 입학의 경우 연월일, 원명, 연령을 입력한다.
② 재입학·편입학·전학·휴학·퇴학·수료·졸업의 경우 줄을 추가하고, 제1항에 따른 입학의 경우와 동일한 방법으로 입력한다.
③ '특기사항'란에는 특기할 만한 사유를 입력한다.
④ '졸업 후의 상황'란에는 유아의 진로상황을 입력한다.

제8조(출결상황) ① 출결상황은 각 항목에 따라 아라비아숫자로 입력한다.
② '수업일수'는 「유아교육법 시행령」 제12조의 규정에 의하여 원장이 정한 총 출석해야 할 일수를 입력한다.
③ '출석일수'는 출석한 일수를 입력한다.
④ '결석일수'는 결석한 일수를 입력한다.
⑤ '특기사항'란에는 일주일 이상 장기 결석한 경우 사유 등을 간략하게 입력한다.

제9조(신체발달상황) 「학교건강검사규칙」 제4조에 따라 신체검사 결과를 다음 각 호와 같이 입력한다.
1. '검사일'은 연월일을 아라비아숫자로 입력한다.
2. '키', '몸무게'는 아라비아숫자로 소수 첫째 자리까지 입력한다.

제9조의2(건강검진) 법 제17조 제1항에 따라 건강검진 사항은 다음 각 호와 같이 입력한다.
1. '검진일'은 건강검진을 시행한 연월일을 아라비아숫자로 입력한다.
2. '검진기관'은 건강검진을 시행한 기관명을 한글로 입력한다.
3. '특기사항'란에는 유아의 건강이 유치원 생활에 영향을 미치는 내용이 있는 경우 보호자의 동의를 받아 입력한다.

제10조(유아발달상황) ① 유치원 교육과정에 제시된 신체운동·건강, 의사소통, 사회관계, 예술경험, 자연탐구 영역 등의 관찰 결과를 바탕으로 유아를 종합적으로 이해할 수 있는 문장으로 입력한다.
② 삭제
③ 삭제

제11조(기타) ① '수료·졸업대장번호'란에는 3세~6세아가 수료·졸업할 경우 아라비아숫자로 수료·졸업 학년도 및 수료·졸업대장번호를 일별한다.
② 삭제
③ '사진'란에는 상반신 컬러사진을 입력한다.
④ '반'란에는 반명을 입력한다.
⑤ '담임 성명'란에는 담임 성명을 입력한다.

제12조(재검토기한) 교육부 장관은 이 고시에 대하여 「훈령·예규 등의 발령 및 관리에 관한 규정」에 따라 2018년 1월 1일을 기준으로 매 3년이 되는 시점(매 3년째의 12월 31일까지를 말한다)마다 그 타당성을 검토하여 개선 등의 조치를 하여야 한다.

유치원생활기록부

구분 \ 연령	3세	4세	5세
수료·졸업대장번호	20 –	20 –	20 –
반			
담임 성명			

1. 인적사항

성명		성별		생년월일	
주소					

가족 상황	구분 \ 관계	부	모
	성명		
	생년월일		

2. 학적사항

연.월.일 \ 구분	내용	특기사항
20 . . .	유치원 세 입학	
	※ 이하 빈칸은 학적 변동에 따라 추가 가능	
졸업 후의 상황		

3. 출결상황

연령 \ 구분	수업일수	출석일수	결석일수	특기사항
3세				
4세				
5세				

4. 신체발달상황

구분 / 연령	검사일	키(cm)	몸무게(kg)
3세	20 . . .		
4세	20 . . .		
5세	20 . . .		

5. 건강검진

구분 / 연령	검진일	검진기관	특기사항
3세	20 . . .		
4세	20 . . .		
5세	20 . . .		

6. 유아발달상황 (성명 :   )

연령	발달상황
3세	
4세	
5세	

⑤ 사무관리의 합리적 관리

유아교육기관의 사무관리의 능률을 향상시키게 될 때, 유아교육기관의 교육활동은 보다 원활하게 운영될 수 있다. 사무관리의 효율성을 증대하려면 취급하는 모든 업무가 편하고 빠르게 그리고 가능하면 정확하게 이루어져야 할 것이다. 유치원의 사무를 합리화하는 데는 사무의 표준화와 능률화의 조건이 갖추어져야 한다. 즉, 유치원의 사무를 처리하는 과정에서 사무 업무를 조직하고 계획하며 규격화하는 한편, 모든 기록이 간단명료하고 신속하게 처리되어야 한다.

따라서 유아교육기관 사무의 합리적 관리를 위한 고려사항은 다음과 같다(김주건, 1997).

- 조직 및 운영이 합리적이어야 한다. 조직을 간소화하여 적재적소에 맞게 배분하고 각자의 책임 소재를 분명하게 해야 한다.
- 사무처리는 교육 효과를 올리기 위해 그때그때 처리되어야 한다.
- 사무처리 계획과 예정을 수립한다.
- 시간적 배려를 중시한다.
- 사무 연락이 유기적으로 이루어져 상호 간에 충분한 연락이 취해지도록 해야 한다.
- 모든 기록은 누가기록을 하고, 사무처리활동으로 인해 수업이 소홀하게 되어서는 안 된다.
- 모든 문서의 작성은 의사소통의 수단이 되는 것이므로 정확성, 편의성, 신속성, 간결성을 유의해서 만들어져야 한다.

02 어린이집의 사무관리

어린이집에서는 영유아보육법 시행규칙 제22조 별표 8에는 다음의 장부 및 서류를 비치하도록 하고 있다(임재택, 2001). 다만 놀이방은 제4, 6, 10, 11호의 서류 및 장부를 비치하도록 규정하고 있다.

① 시설 연혁에 관한 기록부
② 재산 목록과 그 소유를 증명하는 서류(임차인 경우 임대차계약서)
③ 시설 운영일지
④ 시설의 장 및 직원의 인사 기록 카드(이력서 및 사진 포함)
⑤ 예산서 및 결산서
⑥ 총계원장 및 수입·지출 보조부
⑦ 금전 및 물품 출납부와 그 증빙서류
⑧ 보고서철 및 행정기관과의 문서철
⑨ 소속 법인의 정관 및 관계 서류
⑩ 입소 신청자 명부 및 입소 아동 명부
⑪ 생활기록부, 영유아 보육일지 및 건강진단카드
⑫ 직원의 인사, 복무 및 시설 운영에 관한 규정
⑬ 기타 보육시설 운영에 필요한 서류

여기서 위에 제시된 열세 가지 문서나 대장 이외에 입소 신청서, 입소 포기서, 종사자 비상 연락망, 종사자 업무분담표, 종사자 주소록, 종사자 초과 근무 명령서 및 초과 근무일지, 영양사 업무일지, 간호사 업무일지, 약품 수출부, 투약 대장, 방문자 신청 접수부 및 방문자 기록부, 자원봉사자 접수부 및 활동일지, 시설 안전 점검표, 보육료 불입 통지서, 급·간식 식단표, 부모교육 출석부 등이 있다.

연구문제

01 아래 사항에 해당하는 기안문을 작성해 보시오.
(언제: 2025년 11월 2일, 어디로: 소방서 견학, 누가: 인솔교사 4명, 원아: 120명)

02 유아교육기관 사무의 합리적 관리를 위한 고려사항을 설명하시오.

Chapter 09

유아교육기관 평가

2004년에 영유아보육법을 전문 개정하고 유아교육법을 제정하여 2005년부터 시행되면서 비로소 영유아를 위한 공보육 및 공교육을 위한 새로운 장을 열게 되었다. 또한 우리 사회에 저출산 고령화사회가 하나의 사회문제로 대두되면서 정부도 보육과 교육을 저출산 대책의 중요한 정책 의제로 채택하고 있다. 특히 영유아교육의 최근 동향은 시장경제의 원리에 따른 기관의 운영과 영유아교육의 공공성 확립을 중요한 과제로 삼고 있다. 그러므로 영유아교육기관은 수요자 중심의 교육과 교육의 공공성 확립을 위해 노력해야 할 책무성을 가짐과 동시에 기관 평가를 수용해야 할 시점이 되었다(최철용, 2007).

이러한 시대적 변화에 따라 유치원은 유아교육법, 사립학교법, 학교보건법, 재무회계 규칙, 사립유치원의 인가제, 시·도 교육청의 장학지도 등에 의해서 질적 관리가 되고 있으며, 어린이집은 영유아보육법에 기초하여 매년 1회 이상 행·재정 감사를 실시하고 있다. 그리고 영유아보육법 개정 후 2005년부터 어린이집 평가인증제가 운영되고 있다(육아정책연구소, 2007; 교육과학기술부·보건복지부, 2012).

유치원 평가는 2004년 1월에 제정된 유아교육법 제19조에 명시된 관련규정에 근거하여 2007년 전국 공사립 유치원 100개 기관을 대상으로 시범평가를 실시하였으며, 2008년 1주기 평가를 시작으로 5주기 평가를 거쳐 2023년 현재 전면 자체평가가 실시되고 있다. 그리고 어린이집 평가인증제는 2004년 1월 영유아보육법 제30조에 근거하여 평가인증의 도입근거가 마련되었으며 2005년 도입된 평가인증을 이어 2019년 6월 12일부터 어린이집 평가제가 시행되고 있다.

최근 들어 유치원 평가와 어린이집 평가인증제가 통합적인 지표로 유아교육기관의 질적 향상을 위한 평가가 이루어지고 있다.

따라서 이 장에서는 유치원 평가, 어린이집 평가의 개관을 살펴보고 통합적 지표로 가기까지의 시대적 흐름을 알아보고자 한다.

01 유치원 평가

국가수준의 유치원 평가가 2007년 유치원 시범평가에 이어 2008년부터 2010년 동안 전국 8,000여 개 모든 공·사립유치원에 대한 1주기의 국가수준의 유치원 평가가 이루어졌다. 그리고 2주기(2011년~2013년), 3주기(2014년~2016년), 4주기(2017년~2019년), 5주기(2020~2022) 평가가 시행되었으며, 현재는 전면 자체평가가 실시되고 있다.

1) 국가수준 유치원 평가의 실시 배경 및 필요성

국가수준 유치원 평가의 실시 배경 및 필요성과 유치원 평가방법은 김안나(2011) 박사학위청구논문의 내용 중심으로 제시하면 다음과 같다.

1995년 교육개혁위원회가 '신교육체제 수립을 위한 교육개혁 방안'으로 학교 평가의 도입을 제안한 이후, 학부모의 학교선택권을 보장하고 교육수요자 중심 교육을 실현하기 위한 정책으로 1997년부터 초·중등학교와 대학을 대상으로 학교 평가를 실시하였다. 초·중등학교 평가의 경우, 평가의 대상·기준 및 절차와 평가결과의 공개 등에 필요한 사항은 대통령으로 정하고 있으며(제2항), 기관 평가 및 학교 평가는 예산의 편성과 운용, 학교 및 교육기관의 설치·운영, 교육과정 편성·운영 및 교수 학습방법, 교직원의 인사관리 및 후생복지, 기타 교육부 장관이 필요하다고 인정되는 사항을 기준으로 실시하고 있다(초중등교육법 시행령 제12조).

우리나라 유치원은 1949년 교육법 제정으로 유치원교육의 목적이 설정되었고, 1981년 유아교육진흥법이 개정된 이후 유아교육에 대한 관심이 확대되었다. 특히 1980년 공립유치원 40개원, 사립유치원 861개원으로 총 901개원이었던 유치원의 수는 2010년 현재 국공립유치원 4,493개원, 사립유치원 3,880개원으로 급격한 양적 팽창이 이루어졌다. 뿐만 아니라 1980년 5%에 지나지 않았던 유치원 취원율이 2010년 38.4%로 양적인 성장이 이루어졌다(교육과학기술부, 2010).

그동안 우리나라 유치원은 시설, 교사, 교육과정 및 회계 등 유치원 운영 전반에 대하여 유아교육법, 사립학교법, 학교보건법, 재무회계규칙 등의 법적 규정이 적용됨으로써 기본적인 질 관리가 지속적으로 이루어져 왔으나, 질적인 요인을 향상시키는 데는 큰 영향을 미치지 못하였다. '교육과학기술부 장관은 유아교육의 효율적 수행을 위하여 필요한 경우 유치원 운영실태 등에 대한 평가를 실시할 수 있다'고 규정하며 유아교육기관 평가에 대한 법적인 근거를 마련하였다. 이에 교육인적자원부는 유치원의 질적 수준 향상을 위한 유치원 평가 기본계획을 발표하여 학교 평가의 일환으로 유치원 평가를 실시하게 되었다(교육인적자원부, 2007).

교육인적자원부는 본격적인 유치원 평가에 앞서 학교 평가의 일환으로 유치원 평가 기본계획을 수립하고 유치원 평가지표 및 평가편람 개발 연구를 통하여 전국 공·사립유치원 100개원을 대상으로 시범평가를 실시하였다(교육인적자원부, 2007). 유치원 시범평가는 교육인적자원부가 주관하였으며, 그 대상으로는 국·공·사립유치원이었다. 그중에서 사립유치원의 경우에는 저소득층 학비지원 대상자가 없거나. 혹은 재정지원을 받지 않는 유치원은 제외되었다.

유치원 시범평가의 평가지표 및 편람은 국가가 육아정책개발센터에 위탁하여 개발되었으며, 영역으로는 교육과정영역, 교육환경영역, 유아의 건강·안전영역, 운영 등 관리영역(학부모 운영만족도 조사)의 4영역으로 평가지표 15개, 평가요소 29개였다. 유치원 시범 평가위원의 구성원은 유아교육 및 아동학과 교수, 유아교육 담당 장학관(사), 유치원 교원, 학부모 등의 다양한 인사로 구성하며, 평가결과의 컨설팅 효과를 위해 해당분야의 경력 10년 이상자를 우선 선정하여 시행되었다.

유치원 시범평가는 참여 신청, 유치원 자체평가, 서면평가, 현장평가, 종합 심의 평가의 순서로 진행되었다. 유치원 시범평가 과정은 다음 그림 9-1과 같다.

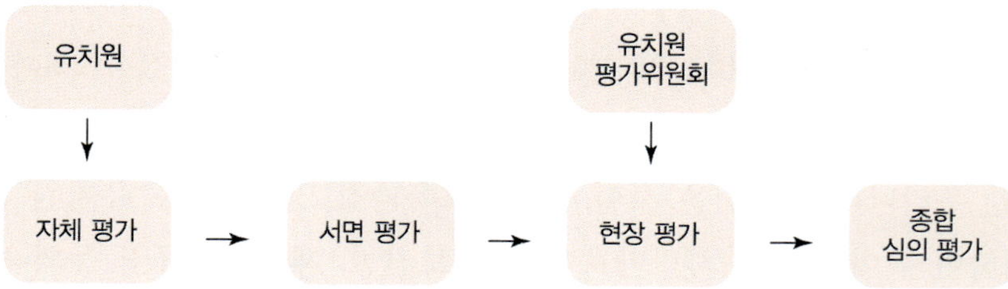

그림 9-1 유치원 시범 평가 과정

유치원 시범평가에서 자체평가는 유치원 평가편람에 제시된 평가지표, 요소 및 기준에 따라 유치원에서 자체적으로 유치원 운영과 교육활동 전반을 점검·평가하는 것이다(교육인적자원부, 2007). 자체평가의 목적은 먼저, 유치원 스스로 기관의 운영을 진단하여 현재의 수준과 문제점을 파악하고 이에 근거하여 개선 방안을 모색·실천해 감으로써 유치원의 발전을 도모하는 것이다. 아울러 시범 평가단의 유치원에 대한 이해를 돕고 객관적인 평가를 받기 위한 기초자료를 제공하기 위함이다.

이와 같이 국가수준 유치원 평가는 시대적·문화적 요구에 따라 학교 평가의 일환으로 유치원의 질을 관리·유지하는 중요한 기제로서 시행되었으며, 국가수준의 체계적인 평가시스템 구축을 통해 유치원을 학교로서 책무성과 질적 수준을 향상시키고, 더 나아가서 유아교육의 공교육화를 정착시키기 위한 계기를 마련하게 되었다.

2) 국가수준 유치원 평가의 추진 현황

유치원 평가는 유치원 교육공동체가 평가의 주체로서 자율성과 책무성을 갖고, 유치원 교육의 전반적인 운영을 '계획-실천-평가-환류'의 과정을 통해 진단하여 개선하는 실천적 과정이다.

2007년 유치원 시범평가가 실시된 이후 1주기(2008년~2010년) 유치원 평가가 이루어졌다. 그리고 2주기(2011년~2013년), 3주기(2014년~2016년), 4주기(2017년~2019년), 5주기(2020년~2022년) 평가가 시행되었으며, 현재는 전면 자체가 실시되고 있다.

유치원 평가의 추진현황은 다음과 같다(서울특별시교육청, 2023).

제1주기 ('08년~'10년)	제 2주기 ('11년~'13년)	제3주기 ('14년~'16년)	제4주기 ('17년~'19년)	제5주기 ('20년~'22년)	2023년
•서면+현장 평가 실시 •평가 결과 비공개	•서면+현장 평가 실시 •평가 결과는 서열화하지 않고 공개(재정지원과 연계)	•자체+서면+현장 평가 실시 •평가 결과 공개(정보공시 활용)	•자체+서면+현장 평가 실시 •유아교육진흥원으로 평가업무 이관('18년)	•자체+서면 평가 실시 •평가 절차 개선	•전면 자체평가로 전환 •자체평가위원회를 통한 자율평가 운영체제 마련
•국가 공통지표 200점 •정성평가 •점수부여	•국가 공통지표 100점 •정성평가 •점수부여	•국가 공통지표 90점+시도지표 10점 •정성평가 •점수부여	•국가공통지표+시도지표 •정량평가 •등급부여(4등급)	•자체지표(3영역) •정성+정량 •등급부여(3등급)	•자체지표(3영역) •정성+정량

그림 9-2 유치원 평가 추진현황

유치원 평가는 시대적 상황과 교육정책의 변화에 따라 점진적으로 변동되었는데, 5주기 평가의 경우 3개 영역 11개 지표 41개 문항으로 평가되었고, 2023년 유치원 평가에서는 3개 영역 12개 지표 57개 문항이 선정되었다.

5주기 평가와 2023년 유치원 평가영역 및 지표를 비교한 내용을 아래 표에 제시하였다(서울특별시교육청, 2023).

제5주기('20~'22년)		
평가영역(문항수)	평가지표	문항수
Ⅰ. 유아중심 교육과정 및 방과후 과정 16(17)	1-1. 유아·놀이중심 교육과정 편성·운영 및 교수·학습 지원	6(7)
	1-2. 유아·교육과정 평가 및 환류	4
	1-3. 교원의 전문성 신장 지원	4
	1-4. 돌봄과 쉼이 있는 방과후과정	2
Ⅱ. 민주적 유치원 운영 (15)	2-1. 우리 유치원의 비전 공유	3
	2-2. 참여와 소통의 교육 자치	8
	2-3. 협력공동체 형성	4
Ⅲ. 안전하고 쾌적한 교육환경 및 유아를 위한 건강·안전 (10)	3-1. 안전한 시설설비와 쾌적한 공간	3
	3-2. 안심하고 믿을 수 있는 급·간식 환경	2
	3-3. 유아와 교사를 위한 건강 및 안전 증진	3
	3-4. 안전한 등·하원	2
총계	11개	41(42)

2023년		
평가영역(문항수)	평가지표	문항수
Ⅰ. 유아놀이 중심 교육과정 및 방과후 과정 (17)	1-1. 유아·놀이중심 교육과정 편성·운영 및 교수·학습 지원	7
	1-2. 유아·교육과정 평가 및 환류	3
	1-3. 교원의 전문성 신장 지원	5
	1-4. 돌봄과 쉼이 있는 방과후과정	2
Ⅱ. 교육의 주체가 참여하는 민주적 유치원 운영 (15)	2-1. 유아가 주도하는 교육환경	5
	2-2. 부모와 지역사회가 함께 하는 협력 공동체	5
	2-3. 소통중심의 교직원 교육자치	5
Ⅲ. 유치원의 건강과 안전 (15)	3-1. 시설 및 환경의 청결과 안전	10
	3-2. 안심하고 믿을 수 있는 급·간식 환경	4
	3-3. 유아 및 교직원을 위한 건강 증진	4
	*3-4. 유아 및 교직원의 안전 보장과 권리증진	4
	3-5. 안전한 등·하원	3
총계	12개	57

(*3-4 유아 및 교직원의 안전보장과 권리증진 지표 신설)

3) 2023학년도 유치원 평가

2023년 현재 유치원 평가는 전면 자체평가로 실시되고 있으며, 서울특별시 교육청 유치원 평가 기본계획을 중심으로 세부내용을 살펴보고자 한다.

(1) 목적

① 자율적인 유치원 교육활동 진단 및 개선을 통한 유치원 교육의 질 제고
② 유치원 교육공동체 참여·소통·협력을 기반한 자율과 책임의 자치 문화 조성
③ 유치원의 건강 및 안전 관리 강화를 통한 질 높은 유치원 환경 조성
④ 유치원 교육의 '계획-실천-평가-환류'의 자율운영체제 확립

(2) 근거

① 유아교육법 제19조(평가) 제1항, 제3항

제19조(평가)
① 교육감은 유아교육을 효율적으로 하기 위하여 필요하면 유치원 운영실태 등에 대한 평가를 할 수 있다.
③ 제1항과 제2항에 따른 평가를 실시한 경우 교육부 장관 및 교육감은 평가의 결과를 공개하여야 한다. 〈신설 2020.1.29.〉

② 유아교육법 시행령 개정(안) 제20조(평가의 대상), 제21조(평가의 기준), 제22조(평가의 절차)

제20조(평가의 대상) 법 제19조 제1항에 따른 유치원에 대한 평가는 국립·공립·사립유치원을 각각 그 대상으로 한다.
제21조(평가의 기준) ① 법 제19조 제1항에 따른 유치원 평가는 다음 각 호의 사항을 기준으로 하여 실시한다.
1. 교육과정의 편성·운영 및 교수·학습 지원
2. 방과후과정의 편성·운영
3. 교원에 대한 연수 지원
4. 유아의 건강 및 안전 관리
5. 그 밖에 유치원 운영에 관한 사항으로 교육감이 필요하다고 인정하는 사항

제22조(평가의 절차 등) ① 교육감은 매 학년도가 시작되기 전까지 유치원 평가에 관한 기본계획을 수립하여 평가대상 유치원에 통보하여야 한다.
② 교육감은 법 제19조제1항에 따라 유치원 운영실태 등에 대한 평가를 하는 경우 법 제19조의2에 따른 유아교육정보시스템에 저장된 자료, 「교육관련기관의 정보공개에 관한 특례법」 제5조의2에 따른 공시정보 등을 이용한 정량(定量)평가의 방법으로 한다. 다만, 정량평가만으로 정확한 평가가 어렵다고 인정되는 경우에는 서면평가, 설문조사, 관계자 면담 등의 방법을 이용한 정성(定性)평가의 방법을 병행할 수 있다. 〈개정 2020. 2. 25.〉
⑤ 교육부 장관 및 교육감은 법 제19조 제3항에 따라 매 학년도가 종료되기 전까지 인터넷 홈페이지 등을 통해 평가의 결과를 공개하고, 교육부 장관은 교육감에게, 교육감은 해당 유치원에 각각 평가의 결과를 통

보해야 한다. 〈개정 2020.7.28.〉
⑥ 교육부 장관 및 교육감은 평가를 효율적으로 하기 위하여 각각 평가위원회를 구성·운영할 수 있다.
⑦ 제1항부터 제6항까지에서 규정한 사항 외에 유치원 평가에 필요한 사항은 교육감이, 시·도 교육청 유아교육 전반에 대한 평가에 필요한 사항은 교육부 장관이 정한다.

(3) 추진방향

① 기본방향

구분	내용
평가주체	• 교원, 교직원, 학부모 등 유치원 교육공동체 구성원(단위유치원의 자체평가위원회)
평가내용	• 평가 영역 Ⅰ. 유아·놀이 중심 교육과정 및 방과후과정 Ⅱ. 교육 주체가 참여하는 민주적 유치원 운영 Ⅲ. 유치원의 건강과 안전 • Ⅰ, Ⅱ 영역: 교육목표 관련 문항으로 단위유치원이 자율적으로 구성 가능 • Ⅲ 영역: 유아교육진흥원에서 제시한 평가 문항 활용
평가방법	• 교육공동체 참여·소통·협력을 통한 단위유치원 주도의 전면 자체평가
평가기간	• 2023.3.1. ~ 2024.2.29. (매년 실시)
결과환류	• 유치원 평가 설문 결과를 유치원 구성원이 공유·토론·분석하는 과정을 거쳐 마련된 개선안을 차년도 유치원 교육계획에 반영
유치원 지원체계	• 유아교육진흥원은 유치원 평가 기본계획 및 가이드북 제공, 유치원 평가 담당자 역량 강화 연수 및 컨설팅 운영 • 교육지원청은 관내 유치원의 유치원 평가 추진과정을 지원, 평가 결과에 대한 환류 강화

구분	제5주기 평가	2003년 유치원 평가
평가 방법	• 자체평가(Ⅰ, Ⅱ, Ⅲ영역)와 서면평가(Ⅲ영역) 병행	• Ⅰ, Ⅱ, Ⅲ 영역 전면 자체평가
평가 내용	• 3영역, 11지표, 41문항 • 아동의 권리 관련 문항 부재	• 지표 내용의 구체성과 현실성 보완 • 건강과 안전(Ⅲ영역) 중 '유아 및 교직원의 안전보장과 권리증진' 관련 지표 신설로 내용 강화
평가 방식	• Ⅰ, Ⅱ, Ⅲ: 자체평가 • Ⅲ영역 서면평가: 3년에 1번씩 외부 평가위원이 증빙자료 확인하여 평가 등급(3단계) 부여	• Ⅰ, Ⅱ: 자체평가 • Ⅲ영역 자체평가: 단위유치원의 자체평가 위원회에서 증빙자료 확인을 통해 점검 • 중복 증빙 통합 및 간소화

② 주요 내용

- 2019 개정 누리과정의 연계
  - 개정 누리과정에서 강조하는 유아의 놀이가 교육현장에서 주도적으로 이루어질 수 있도록 교육환경 구성에서의 유아의 주도성 강화를 위한 평가 지표 및 항목 개발
- 유치원 자율성 강화를 위한 자체평가 실시
  - 평가 영역 및 지표를 기초로 유치원을 자체적으로 진단하고 이를 토대로 교육공동체 간 공유와 개선과정을 통해 자율적 평가 실시
- 교육 주체의 참여·소통·협력 강화
  - 모든 구성원이 민주적 의사결정 과정에 참여하여 유치원 평가의 전체 과정과 결과를 공유하면서 유치원 교육의 비전과 목표에 대한 공감대 형성
- 유아 및 교직원 안전보장과 권리증진을 통한 안전에 대한 범위 확대
  - 시설 및 설비, 생활 안전 등의 내용과 함께 학대 예방 등의 유아 및 교직원 권리증진 내용의 확대

(4) 세부 추진 계획

① 평가 대상 및 기간

- 대상: 서울특별시교육청 관내 공·사립유치원 전체(총 763개원)
- 평가 대상 기간: 2023.3.1. ~ 2024.2.29.
- 평가 실시 시기: 2023년 9월 ~ 2023년 12월

  ※ 2023년 9월 ~ 2023년 12월 중 단위유치원별 적절한 시기 정하여 실시
- 유치원 평가 결과 보고서 제출: 2023년 11월 ~ 2023년 12월

② 평가 조직

가. 유치원 평가위원회 구성 · 운영(유아교육진흥원에 설치)

- 구성: 유아교육전문가, 현장교원, 내·외부 인사 12명 내외로 구성
- 역할: 유치원 평가 계획 및 운영방안 등 전반에 대한 자문

• 운영 기간: 2023.3.1. ~ 2024.2.29.

나. 평가 기관 구성체계

유아교육진흥원 (평가 기획 총괄)	서울특별시 교육청 (평가 지원)	교육지원청 (평가 결과 환류)	유치원 (평가 대상)
• 평가 계획 수립 • 가이드북 개발 • 유치원 평가위원회 구성 및 운영 • 교원 연수 • 컨설팅 위원 연수 • 컨설팅 지원	• 유치원 평가 지원 • 유치원 평가 결과 활용	• 유치원 평가와 연계한 맞춤형 컨설팅 장학 실시	• 유치원 교육계획 수립 시 유치원 평가 계획 포함 • 자체평가위원회 구성 및 운영 • 자체평가 실시 • 유치원 평가 결과 공개(정보공시 및 유치원 홈페이지) • 컨설팅 요청 • 유치원 평가 결과 활용 및 개선

③ 평가영역 및 내용

가. 평가영역

• Ⅰ. 유아·놀이 중심 교육과정 및 방과후과정

• Ⅱ. 교육 주체가 참여하는 민주적 유치원 운영

• Ⅲ. 유치원의 건강과 안전

나. 평가지표 및 문항 구성

• 2019 개정 누리과정 구성 방향 및 건강·안전영역 강화, 유치원 자치문화 조성 등 유치원 평가의 공공성과 자율성을 고려하여 평가지표 개발

• Ⅰ, Ⅱ 영역의 평가문항은 평가 예시 문항을 참고하여 유치원 자율로 구성하되, 평가지표별 최소 2문항 이상으로 구성하여 5점 평정척도로 평가

• Ⅲ 영역은 유아교육진흥원에서 제시한 평가 문항 활용

－유/무를 확인할 수 있는 정량화된 항목으로 제시

④ 평가방법

- 유치원 자체평가위원회(교직원, 학부모) 구성하여 자체평가 실시
- 평정 방식
  - Ⅰ, Ⅱ 영역: 학부모와 교직원 대상 설문조사(5단 척도 평정)
  - Ⅲ 영역: 자체평가위원회를 통한 정량평가(증빙자료 유/무 자체평정)

⑤ 평가절차

자체평가	평가결과보고서 수합	결과 공시
유치원	교육지원청 유아교육진흥원	유치원
• 자체평가위원회 구성 • 유치원 평가 계획 수립 • 유치원 평가 담당자 연수 • 유치원 평가 컨설팅 실시 • 유치원 평가 실시	유치원 평가 결과서 제출 (유치원→교육지원청)	• 유치원 홈페이지 탑재 • 유치원 정보공시 공개

⑥ 단위 유치원 평가 추진 일정

단계	추진절차	시기	주요 내용
계획	1. 유치원 자체평가위원회 구성	3~4월	• 교직원, 학부모 등이 참여하는 자체 평가위원회 구성 • 유치원 구성원의 협의를 통해 모두가 공감하는 유치원 평가 계획 수립
	2. 유치원 평가 계획 수립	3~4월	
실천	3. 유치원 교육활동 자율 점검	5~9월	• 유치원 교육활동 자율 점검 • 유치원 평가를 위한 연수 참여 및 컨설팅 실시
	4. 유치원 평가 연수 및 컨설팅 실시	6~9월	
평가	5. 유치원 평가 자료 수집 및 자체평가 실시	9~12월	• 유치원 평가를 위한 지표별 자료 수집 • 유치원 평가 실시
	6. 유치원 평가 결과 보고서 작성	11~12월	
환류	7. 유치원 평가 결과 보고서 제출	11~12월	• 유치원 평가 결과 보고서 제출 • 다음 연도 계획 및 중장기 계획 수립 반영 • 유치원 평가 결과 공유 및 「유치원알리미」와 단위유치원 홈페이지에 공시
	8. 유치원 평가 결과 공개	12~2월	
	9. 차년도 교육계획 수립에 반영	12~2월	

⑦ 평가 결과 공개 및 환류

- (평가 결과 처리) 자체평가를 실시하고 평가 결과보고서를 교육지원청으로 제출
- (토론회 실시) 교직원, 학부모 등 유치원 교육공동체가 공감·공유할 수 있도록 유치원 평가 결과에 대한 토론회 실시
- (교육계획 수립에 반영) 구성원 간 논의 내용은 차년도 유치원 교육활동 수립

시 반영하고 사업별 평가내용 및 대상 등을 명시하여 선순환체제 확립

- (정보 공시) 차년도 4월 유치원 정보공시에 유치원 평가 결과 보고서 탑재
  ※ 해당학년도 종료 전까지 유치원 홈페이지에도 자체평가 결과 공개
- (후속 컨설팅 실시) 유치원 평가 결과, 개선이 필요한 사항에 대한 컨설팅을 실시하며, 각 유치원별 우수사례 공유 및 유치원 간 네트워크 구축

02 어린이집 평가

1) 어린이집 평가인증제의 필요성

어린이집 평가인증제는 시설이 갖는 교육 및 보호 기능의 질적 수준을 관리하고 증진시키기 위하여 필요하다. 평가인증제 실행의 주된 목적은 교육을 실행하는 교사와 기관 운영자에게 자신의 교육 실제의 질을 확인하여 전문성을 고양시키고, 교육 프로그램의 미비점을 파악하여 개선하며, 부모에게 어린이집 선택을 위한 정확하고 적절한 정보를 제공함으로써 궁극적으로 교육의 질을 향상시키는 데 있다(이기숙 외, 2002).

어린이집 평가인증제의 필요성을 좀 더 구체적으로 살펴보면 다음과 같다(최철용, 2007).

첫째, 어린이집의 질적 수준을 향상하기 위한 지속적인 지원체제로서의 전문적이고 체계적인 진단 및 자문 제도의 도입이 필요하다.

둘째, 교육의 책무성에 대한 필요이다. 민간운영어린이집은 기관의 책임 경영으로 교육 및 운영의 자율성이 많이 신장되었다. 따라서 자율성에 따르는 책무성도 함께 제고되어야 한다.

셋째, 보육 수요자나 지원자는 어린이집에 대한 구체적이고 공신력이 있는 정보를 확인할 수 있어야 한다. 교육은 과거와는 달리 개인이 아닌 국가 전체와 국민 모두의 일이 되어 있으며, 교육을 통해 개인들은 지식에 대한 탐구와 교육의 결과를 통한 개인 신분의 사회적 상승을 추구하고, 사회적으로도 공리

추구를 위한 교육적 투자가 확대되고 있다.

넷째, 어린이집 평가는 교사나 내부 관계자들의 교육에 대한 질적 수준의 개선 노력과 교육개혁을 위한 근거를 제공하기 때문에 필요하다. 어린이집 평가는 교육 관계자들이 수행하고 있는 구체적인 교육 실상과 수준에 관한 정확하고 종합적인 정보를 수집하고 평가하여 이를 공개함으로써 교육 주체들의 공동체적이면서도 자발적인 이해와 노력과 참여를 높일 수 있다.

다섯째, 국가수준의 이상적인 보육시설 평가 모델을 제시할 필요가 있다. 구체적인 기준에 의해 어린이집 구성원들이 시설의 질과 장점, 약점, 개선점 등을 확인하고 개선할 수 있도록 국가수준에서의 이상적인 어린이집 평가 모델을 개발하는 것이 필요하다.

여섯째, 어린이집 평가는 보육의 공공성 확립을 위한 정책 수립과 지방자치단체에 의한 지역사회의 어린이집에 대한 지원을 위한 중요한 정보로 쓰일 수 있다.

2) 어린이집 평가인증의 추진경과

1991년 영유아보육법이 제정된 이후 우리나라 보육시설은 괄목할 만한 변화를 보여 왔다. 그러나 어린이집의 증가와 보육이용자 수의 양적 증가에 비하여 보육과정 운영의 질적인 측면의 변화 수준은 이에 미치지 못하고 있다. 이와 관련하여 정부는 2002년 보육시설 활성화 방안 발표를 시작으로, 2004년 1월 보육시설 평가인증제 도입을 위한 법적 근거인 영유아보육법 제30조를 마련하였으며, 2005년에는 보육시설 평가인증제도를 시범운영하기에 이르렀다. 이러한 평가인증제도는 일정한 기간을 주기로 하여 점진적으로 보육의 질적 수준을 향상시켜 나갈 수 있도록 중장기적인 계획을 가지고 시행되었다. 제1차 평가인증('06~'09), 2차 지표와 3차 시범지표를 적용한 제2차 평가인증('10.~ '17.10.), 통합지표를 적용한 제3차 평가인증('17.11.~'19.6.11.)을 거치면서 제도의 운영과정을 합리적으로 개선해 왔으며, 변화하는 현장의 수준을 반영하여 지표를 개정함으로써 어린이집에서 지향해야 할 보육서비스의 바람직한 실제를 지속적으로 제시해 왔다.

보육시설의 평가인증의 구체적인 시행경과는 다음과 같다(한국보육진흥원, 2023).

구분		내용
도입	2003. 4. ~ 12.	보육시설 평가인증제도 실시모형 개발 관련 연구용역 실시
	2004. 1.	보육시설 평가인증제도 도입 근거 마련[영유아보육법 제30조]
시범운영	2005	시범운영 보육시설 평가인증 시범운영 실시
1차 시행	2006 – 2009	제1차 어린이집 평가인증 시행
2차 시행	2010 ~ 2017. 10.	제2차 어린이집 평가인증 시행
	2013. 9	어린이집 평가인증 결과공표 시행
	2014. 11.	3차 시범지표 적용
	2016. 6.	유치원·어린이집 평가체계 통합방안 발표 (국무조정실 영유아교육보육 통합추진단)
3차 시행	2017. 11. ~ 2019. 6.	제3차 어린이집 평가인증 시행(통합지표 적용)

어린이집 평가제는 2005년 도입된 어린이집 평가인증을 이어 2019년 6월 12일부터 시행된 평가이다. 어린이집 평가인증은 기관의 자율적인 신청이 가능하여 전체 어린이집 중 81.6%(2019년 5월 말 기준)만이 참여하였다. 이에 미참여 어린이집의 운영과 보육의 질 관리 부재에 대한 문제점이 꾸준히 제기되었다(임지원, 2014). 또한 육아정책연구소(2013)의 어린이집의 질 관리를 위한 평가인증제도 개편방안 연구에서는 평가인증제도의 이러한 한계를 극복하고 어린이집 공공성 및 서비스 질 관리 강화를 위한 효과성 높은 제도로 자리매김하기 위해서는 제도의 성과와 한계, 정책, 환경 변화 등을 고려하는 개편방안이 필요하다고 하였다. 이에 2018년 12월 11일 공포된 영유아보육법 개정안에 따라 보건복지부는 보육서비스의 공공성과 신뢰성에 대한 사회적 요구를 반영하고 보육·양육에 대한 사회적 책임을 실현하기 위해 향후 모든 어린이집을 대상으로 의무로 시행되는 어린이집 평가제를 도입하게 되었고, 2019년 6월 12일부터 전국적으로 시행되었다(문인선, 2023에서 재인용).

3) 어린이집 평가제

평가인증제도가 어린이집의 자발적 신청에 의해 운영됨에 따라 미인증 어린이집으로 인한 질 관리 사각지대 문제가 발생하였으며, 최근 아동권리 보호, 아동학대 예방, 안전관리 강화에 대한 사회적 요구 증가로 전체 어린이집 질관리에 대한 필요성이 제기되었다.

이에 2018년 12월 영유아보육법 개정을 통하여 '보육·양육에 대한 사회적 책임 강화(국정과제 48-3)' 실현과 영유아의 건강한 성장 및 발달을 위해 모든 어린이집을 대상으로 하는 의무 평가제의 법적 근거가 마련되었으며, 2019년 6월 12일부터 어린이집 평가제가 시행되었다(한국진흥보육원 2023).

추진경과는 다음과 같다.

구분	내용
2018.12.11.	영유아보육법 개정, 공포
2018.12.18. ~ 2019.3.31.	평가제 시행방안 연구용역
2019.2.26. ~ 2019.4.4.	의견수렴 실시(공청회, 간담회, 대국민 의견수렴, 협의체)
2019.4.15.	중앙보육정책위원회 심의
2019.6.12.	어린이집 평가제 시행

(1) 시행 목적

어린이집 평가제 시행 목적은 다음과 같다.

첫째, 상시적인 보육서비스 질 관리를 위해 주요 핵심지표를 중심으로 질 관리 표준을 제시하고 어린이집 스스로 질적 수준을 제고하도록 한다.

둘째, 전체 어린이집에 대한 주기적 평가를 통하여 보육서비스 품질관리의 사각지대를 해소하고 전반적인 보육서비스 수준을 지속적으로 관리하여 국가의 책무성을 강화하고자 한다.

셋째, 궁극적으로 평가제를 통해 보육서비스의 질 향상을 제고함으로써 영유아의 안전과 건강, 조화로운 성장과 발달을 도모하고자 한다. 이를 위해 영유아의 인권과 놀 권리를 보장하고 영유아가 건강하고 행복하게 성장할 수 있는 안심 보육환경을 조성하며, 보육교직원이 영유아 보육에 집중할 수 있는 여건을 조성한다.

(2) 주요 내용

① 평가제 특징

어린이집 (의무) 평가제는 전체 어린이집을 대상으로 의무평가를 실시한다는 점에서 자발적 신청에 의한 평가인증제와 가장 크게 차이가 있다. 개정 영유아보육법에 따라 어린이집에는 평가의무가 부여되므로 평가를 거부할 경우 그에 따른 시정명령 및 행정처분이 이루어지게 된 것이다.

평가의 절차는 평가 대상 선정 통보, 기본사항 확인 및 자체점검, 현장평가, 종합평가 등의 과정으로 총 3개월간 진행된다. 평가인증 시에는 참여수수료를 해당 어린이집에서 납부하였으나 (의무) 평가제가 시행되며 평가비용을 국가에서 전액 부담하게 되었다.

표 9-1 평가인증제 및 평가제 특징 비교

구분	평가인증제	평가제
평가 대상	• 평가인증 신청 어린이집	• 전체 어린이집
	• 어린이집 신청→기본사항 확인→자체점검→현장평가→종합평가(총 4개월) 신청 (어린이집) / 기본사항 확인 (지자체) / 자체점검 보고서 제출 (어린이집) / 현장평가 (현장 평가자) / 종합평가, 결과보고 (종합평가 위원회)	• 평가대상 통보→기본사항 확인 후 자체점검→현장평가→종합평가(총 3개월) 대상통보 (한국 보육진흥원) / 기본사항 확인 자체점검보고서 제출 (지자체, 어린이집) / 현장평가 (현장 평가자) / 종합평가, 결과통보 (종합평가 위원회)
평가 절차	• 참여수수료 어린이집 납부	• 참여수수료 전액 국가 부담
	• 기본사항 : 필수항목 9개, 기본항목 – 필수항목 미준수는 참여 제외, 기본항목 미준수는 차하위 등급 부여	• 기본사항 : 사전점검사항 5개, 위반이력사항
	• 종합평가 : 심의, 등급 결정	• 종합평가 : 심의, 등급 결정 필수지표 및 요소 미충족 시 A등급 불가
	• 재참여, 재평가 과정 운영	• 재참여, 재평가 과정 폐지
평가결과	• 4등급(A, B, C, D), D등급 불인증	• 4등급(A, B, C, D)
평가주기	• (유효기간) 3년(A등급 1년 연장 가능)	• A, B등급 3년 / C, D등급 2년
결과공표	• 평가받은 어린이집의 결과 공시 – 평가인증 결과, 인증이력 등 공개	• 전체 어린이집의 결과 공시 – 평가결과, 평가이력 등 공개

구분	평가인증제	평가제
사후관리 및 등급조정	• 인증 어린이집 사후관리 – 연차별 자체점검보고서 제출 – 확인점검(무작위, 월 단위 시기 안내) – 확인방문(배우자 및 직계 존비속 또는 1년 이상 재직교사로 대표자 변경, 주소변경) – 인증유효기간 종료 – 법 위반 및 행정처분 발생 시 인증취소	• 평가 후 관리 – 연차별 자체점검보고서 제출(A, B등급) – 사후방문지원(C, D등급 의무 실시) – 확인점검(평가 관련 민원발생, 법 위반 및 행정처분, 정보공시 부실어린이집 등에 대하여 불시점검) – 평가 등급 조정 및 관리 – 법 위반 및 행정처분 발생 시 최하위 등급 조정
결과활용	• 인증어린이집에 대한 행·재정적 지원	• 평가등급별 행·재정적 지원 등 • 지도점검 연계(2회 연속 D등급 어린이집)

출처: 보건복지부·한국보육진흥원(2023). 2023 어린이집 평가 매뉴얼. p. 10.

② 평가제 지표의 주요 특징

첫째, 기존 지표 간 항목 수 차이로 나타났던 등급 산정의 불합리성을 해소하고자, 지표를 21지표에서 18지표로, 79항목에서 59항목으로 축소하였고 지표별 평가항목 수를 평균 3~4개로 균형 배치하였다.

둘째, '영유아 권리 존중', '놀이', '안전' 가치 강조를 통해 영유아 중심의 안심 보육환경을 조성하고자, 영유아 권리 존중(1-1) 지표를 필수지표로 지정하여 그 의미를 강조하고 놀이 중심의 보육과정 운영을 강화하였다. 또한 급·간식 위생 및 안전 항목 중 영유아의 등원부터 하원까지 안전하게 생활하는 데 반드시 필요한 필수요소(8개)를 지정하여, 필수지표 또는 필수요소 충족이 최상위 등급을 받을 수 있는 필수조건이 되도록 하였다.

셋째, 보육교직원의 근무여건 개선과 보육에 집중할 수 있는 보육환경 마련을 위하여 보육 교직원의 처우, 스트레스 관리 관련 지표를 강조하고 직무역량 제고를 위한 항목을 강화하였다. 2020년에는 2019 개정 누리과정 및 제4차 표준보육과정의 시행, 보육지원체계 개편 등 보육정책의 변화를 반영하여 평가항목을 일부 개선하였고, 2021년에는 영유아의 건강·안전 관리 강화에 대한 사회적 요구를 반영하여 급·간식의 보존식 보관, 부모 대상 아동학대 예방 교육, 차량 동승보호자 교육의 정기적 이수 등의 내용이 추가 반영되었다. 2022년에는 장애 영유아 관련 평가항목에 대한 보육현장 이해를 돕기 위해 장애유형,

장애정도, 발달수준을 고려한 보육과정 운영 및 기구, 설비 제공 등의 설명을 보완하였다. 2023년에는 보육일지 등 문서검토 기간을 산정하는 예시를 추가하는 등 세부 사례를 명시하여 보육현장의 이해를 돕고자 하였다.

표 9-2 평가인증지표와 평가지표 비교

구분	평가인증제		평가제	
영역 (4)	지표 (21)	항목 (79)	지표 (18)	항목 (59)
Ⅰ. 보육과정 및 상호작용 (31→18)	1-1. 보육계획 수립 및 실행	4	1-1. 영유아 권리 존중〈필수〉	2
	1-2. 일과 운영	5	1-2. 보육계획 수립 및 실행	6
	1-3. 교수-학습방법 및 놀이 지원	6		
	1-4. 교사-영유아 상호작용	6	1-3. 놀이 및 활동 지원	3
	1-5. 영유아 간 상호작용 시 교사 역할	4	1-4. 영유아 간 상호작용 지원	4
	1-6. 평가	4	1-5. 보육과정 평가	3
	1-7. 일상생활	2		
	소계	31	소계	18
Ⅱ. 보육환경 및 운영관리 (19→14)	2-1. 실내 공간 구성	5	2-1. 실내 공간 구성 및 운영	4
	2-2. 실외 공간 구성	3	2-2. 실외 공간 구성 및 운영	3
	2-3. 기관 운영	4	2-3. 기관 운영	4
	2-4. 가정 및 지역사회와의 연계	5	2-4. 가정 및 지역사회와의 연계	3
	2-5. 어린이집 이용 보장	2		
	소계	19	소계	14
Ⅲ. 건강·안전 (15→15)	3-1. 실내외 공간의 청결 및 안전	4	3-1. 실내외 공간의 청결 및 안전	3
	3-2. 급·간식	3	3-2. 급·간식	3
	3-3. 건강증진을 위한 교육 및 관리	3	3-3. 건강증진을 위한 교육 및 관리	3
	3-4. 등·하원의 안전	2	3-4. 등·하원의 안전	3
	3-5. 안전교육 및 사고 대책	3	3-5. 안전교육과 사고예방	3
	소계	15	소계	15
Ⅳ. 교직원 (14→12)	4-1. 원장의 리더십	4	4-1. 원장의 리더십	3
	4-2. 보육교직원의 근무환경	3	4-2. 보육교직원의 근무환경	3

구분	평가인증제		평가제	
	4-3. 보육교직원의 처우와 복지	3	4-3. 보육교직원의 처우와 복지	3
	4-4. 보육교직원의 전문성 제고	4	4-4. 보육교직원의 전문성 제고	3
	소계	14	소계	12

출처: 보건복지부, 한국보육진흥원(2023). 2023 어린이집 평가 매뉴얼. p. 13.

03 유치원·어린이집 평가체계 통합방안

유치원과 어린이집 평가체계는 유아교육기관의 질적 제고에 기여하여 왔다. 특히 어린이집 평가인증제는 자율신청방식의 인증참여로 인한 평가 사각지대 발생 현장의 평가 부담 등으로 평가인증 운영체계와 지표개선의 필요성이 제기되었다.

또한 국무조정실 유보통합 추진단에서 관계 부처 합동 「유치원·어린이집 평가 체계 통합방안」은 아래의 표와 같이 진행되었다(강혜정, 2018). 향후 유치원과 어린이집은 평가 통합방안의 계기로 유·보통합의 단초를 마련할 것으로 예측한다.

표 9-3 유치원·어린이집 평가인증 통합 방안 과정

기간	경과 내용
2002. 4.~12.	어린이집 평가인증제도 실시 모형 개발 관련 연구용역 실시(보건복지부, 2014)
2004. 1.	어린이집 평가인증제도 도입 근거 마련(영유아보육법 제30조)
2004. 10.	평가인증사업 한국여성개발원 위탁
2005. 1.~12.	어린이집 평가인증 시범운영 실시
2006. 1.	평가인증사업 육아정책개발센터 위탁
2006.~2009.	제1차 어린이집 평가인증 시행
2008. 10.~2010. 1.	어린이집 평가인증 개선방안 시행 -자체점검 기간 단축(4~5개월 → 3~4개월), 전체 소요기간 축소(6~7개월) -평가인증지표 유형 구분의 구분기준 변경(21인 → 40인)
2009. 3.~2009. 12.	제2차 어린이집 평가인증 추진을 위한 연구 및 공청회 진행

기간	경과 내용
2010. 1.~	평가인증사업 재단법인 한국보육진흥원 위탁
2010. 2.~	제2차 어린이집 평가인증 시행
2012.	어린이집 평가인증 재인증 시행 -자체점검기간 1개월, 전체 소요기간 4개월
2012. 2013.	어린이집 평가인증 사후관리 강화-확인점검 시범 실시 어린이집 평가인증 사후관리 강화-확인점검 본격 실시
2013.	어린이집 평가인증 개선방안 시행 -자체점검 과정을 상시화하고 전체 소요기간을 단축(6개월 → 4개월) -기본사항 중 필수항목 확대(4항목 → 9항목)하고 참여자격기준 강화
2013. 9.	어린이집 평가인증 결과공표 시행
2014.	3차 지표 개발 및 의견수렴
2014. 11.~2017. 10.	3차 지표 시범사업 시행
2016. 6.	유치원·어린이집 평가인증 통합방안 발표(유보통합추진단)
2017. 11.~	제3차 어린이집 평가인증 시행(통합지표 적용)

출처: 한국보육진흥원(2017).

2017년부터 유치원 평가와 어린이집 평가인증(2017년 11월)에 통합평가지표가 도합 적용되고 있다. 유치원과 어린이집 평가의 통합은 이전 정부에서 발족한 영유아교육 보육통합추진단이 제안한 유보통합 로드맵의 과제 중 하나였다. 2016년도 6월에 발표된 유치원, 어린이집 평가체계 통합방안에 따라 2017년부터 평가에 통합지표가 적용되었다. 통합지표 체계는 4개 영역, 20개(어린이집은 21개) 지표 77개 항목(어린이집은 79개), 약 210여 개의 기준 및 요소로 구성되어 있고, 유치원과 어린이집을 거의 동일한 지표로 평가하며 일부 용어들을 유치원과 어린이집에 따라 구분하여 사용하고 있는 것이 특징이다. 정부는 기관평가로 인한 업무과중에 대한 현장의 목소리가 높아지면서 기존의 평가지표를 축소하고 현장평가의 부담을 줄였다고 통합평가지표를 소개하고 있다(교육부, 2017; 보건복지부, 한국보육진흥원 2017; 이경화, 2018에서 재인용).

그런데 통합지표 사용에 있어서 유치원과 어린이집 양쪽 기관에서 문제점이 나타났으며, 이를 해결하기 위한 보완책이 마련되었다.

통합지표로 구성한 제4주기 유치원 평가는 실제 운용에 있어서 연구·개발된

통합지표를 그대로 사용한 경우보다는 이전 3주기 지표를 사용하거나, 일부 지표를 선택적으로 사용하는 등, 어린이집과 유치원의 통합지표의 활용이라는 목적을 달성하기 어려운 점이 있었다. 특히 유치원 평가는 2012년 유아교육법의 개정을 통해 그 권한이 교육감에게 이양되어 영유아보육법에 의해 보건복지부장관에게 평가 권한이 있는 어린이집 평가와 통합하여 운영하는 데는 조율에 한계가 노출되었다. 유치원 평가의 경우 17개 시도교육청별로 평가에 대한 정책, 지표의 구성과 실행방법, 특히 평가를 담당하는 기관과 부서가 각 교육청마다 달라서, 평가위원회 구성 및 운영을 포함한 전체적인 평가체계를 국가수준에서 일관되게 유지하기 어려웠다(박원순 외, 2019).

2017년 11월부터 기존 평가인증에서 사용하고 있는 3차 통합지표는 유치원·어린이집에서 공통으로 사용하도록 개발된 지표로, 어린이집의 고유한 특성을 반영하지 못하는 등의 일부 제한점이 지적되어 왔으며 이에 대하여 새로운 어린이집 평가지표의 주요 개선내용은 다음과 같다.

첫째, 지표를 21개에서 18개로, 항목은 79개를 59개로 축소하였으며, 지표별 평가항목 수를 평균 3~4개로 배치하였다.

둘째, '영유아 권리 존중' 지표를 1영역의 1-1 지표로 배치하여 그 의미를 강조하고 놀이중심의 보육과정 운영을 강화하였다.

셋째, 보육교직원의 근무여건 개선과 전문성 강화로 보육에 집중할 수 있는 보육 환경 마련을 위해 보육교직원의 처우, 스트레스 관리 관련 지표를 강조하고, 직무역량 제고를 위한 항목을 강화하였다(박원순 외, 2019).

연구문제

01 유치원 · 어린이집 평가 통합지표 개발의 필요성을 설명하시오.

02 유치원 평가의 추진 현황을 나열하시오.

03 어린이집 평가인증제와 평가제 특징을 비교하시오.

Part 03

유아교육기관의 인적관리

Chapter 10

유아교육기관 인사관리

01 교직원의 자격과 배치기준

한 조직의 성패는 인적(man)·물적(material)·재정적(money) 요소에 의해 좌우되며, 이러한 요소들 중 역사적으로 가장 중요하게 취급되었던 것은 인적 요소이다(박재환, 2002). 어떠한 조직체를 막론하고 그 조직의 성패에 중요한 영향을 미치는 것은 그 조직을 운영하는 사람과 소속된 사람들의 자질과 역량에 의해 좌우된다.

유아교육기관도 하나의 조직체이며, 기관에 소속된 교직원의 구성이나 그들이 발휘하는 역량은 유아교육기관의 원활한 운영에 지대한 영향을 미친다. 따라서 유아교육기관의 인사관리는 재정관리, 물리적 환경관리 및 프로그램 관리 등의 질적 수준을 결정하는 중요한 요소라고 할 수 있다.

유아교육기관의 인사관리란, 자격을 갖춘 교직원을 선발·임용하여 배치, 근무평정, 승진, 보수와 후생, 근무분담, 신분보장, 연수, 징계, 퇴직 등을 관리하는 것을 의미한다. 인사관리에서 중요한 것은 유능한 적임자를 선정하여 기관의 적절한 위치에 배치하고 각 개인의 능력을 최대한으로 발휘하게 함으로써 기관의 목표를 효율적으로 달성할 수 있도록 하는 것이다.

유아교육기관의 교직원이라 함은 교원과 직원을 포괄하는 용어로, 교원은 원장, 원감, 교사 등 영유아들의 보호와 교육을 직접 담당하는 자를 말하며 직원은 간호사, 영양사, 조리사(또는 취사부), 사무원, 관리인, 운전기사 등 사무 및 관리업무를 담당하는 자를 말한다(임재택, 2001).

교원이든 직원이든, 유아교육기관에 근무하는 교직원은 적합한 자격과 자질을 갖추고 있어야 한다. 현재 우리나라에서 유아를 대상으로 교육을 담당하는 교원에게 부여되는 자격증은 크게 유치원교사 자격증과 보육교사 자격증으로 대별되며, 이를 관리하는 정부기관이 다르다. 따라서 정부기관에 따라 제공되는 자격증의 종류와 그 기준에 대해 먼저 살펴보고자 한다.

1) 유치원

유치원의 교직원에는 교원으로 원장, 원감, 교사를 둘 수 있으며, 교원 외에 촉탁의사, 영양사, 간호사 또는 간호조무사, 행정직원 등을 둘 수 있다. 이 중 유치원 교원의 자격검증은 무시험을 원칙으로 하며, 자격기준은 유아교육법 제22조 제1항의 별표 1과 2항의 별표 2에 명시되어 있다. 유치원 교원의 종별 및 자격기준은 **표 10-1**과 같다.

표 10-1 유치원 교원의 종별과 자격기준

종별	자격기준
원장	1. 유치원의 원감자격증을 가지고 3년 이상의 교육 경력과 소정의 재교육을 받은 자 2. 학식·덕망이 높은 자로서 대통령령이 정하는 기준에 해당한다고 교육부 장관의 인정을 받은 자
원감	1. 유치원 정교사(1급) 자격증을 가지고 3년 이상의 교육 경력과 소정의 재교육을 받은 자 2. 유치원 정교사(2급) 자격증을 가지고 6년 이상의 교육 경력과 소정의 재교육을 받은 자
정교사(1급)	1. 유치원 정교사(2급) 자격증을 가진 자로서 3년 이상의 교육 경력을 가지고 소정의 재교육을 받은 자 2. 유치원 정교사(2급) 자격증을 가지고 교육대학원 또는 교육부 장관이 지정하는 대학원의 교육과에서 유치원교육과정을 전공하여 석사학위를 받은 자로서 1년 이상의 교육 경력이 있는 자
정교사(2급)	1. 대학에 설치된 유아교육과 졸업자 2. 대학(전문대학 및 이와 동등 이상의 각종 학교를 포함한다) 졸업자로서 재학 중 소정의 보육과 교직학점을 취득한 자 3. 교육대학원 또는 교육부 장관이 지정하는 대학원의 교육과에서 유치원교육과정을 전공하고 석사학위를 받은 자 4. 유치원 준교사 자격증 소지자로서 2년 이상의 교육 경력을 가지고 소정의 재교육을 받은 자

유치원 교원의 배치는 각 기관의 특성, 기관 규모나 운영방침에 따라 다르며, 교원의 배치에 관한 규정은 유아교육법 제20조 제1항에 "유치원에는 교원으로 원장, 원감 및 교사를 두되, 대통령령이 정하는 일정 규모 이하의 유치원에는 원감을 두지 아니할 수 있다"고 명시되어 있다. 어린이집과 달리 유치원의 경우 제도적으로 원장과 교사 사이에 원감의 자격이 존재하므로 유치원에는 원장, 원감, 교사를 둘 수 있다. 그러나 2학급 이하 규모의 유치원에는 원감을 두지 않을 수도 있으므로, 유아교육기관의 특성이나 규모에 따라 원감을 배치하거나 배치하지 않을 수 있다. 뿐만 아니라 원감을 따로 두고 있는 유치원 중에서도 2학급 이하인 경우에는 원장과 원감이 학급을 담당하여 직접 유아들을 가르치는 경우가 많다.

학급을 담당하는 교사의 경우, 우리나라 유치원의 학급당 원아수는 최대 35명으로 권장하고 있으므로, 유아교육기관의 교육방침이나 공간 활용여부에 따라 교사 1인이 최대 35명까지 담당할 수 있다. 그러나 유아들의 개인차를 고려한 교육, 유아교육의 질적 수준을 향상시키기 위해서는 각 학급의 연령, 집단 구성방법, 교사의 역량, 물리적인 환경 등을 고려해야 할 뿐만 아니라, 교사 1인당 적정비율의 유아를 담당하도록 해야 할 것이다. Decker와 Decker(1976)가 제시한 교사 1인당 담당해야 할 적정비율의 유아수를 살펴보면, 0~18개월의 경우 3명, 19~35개월의 경우 4명, 35~56개월의 경우 7명, 2.5~4세의 경우 10명, 4~5세의 경우 20명, 5~6세의 경우 20명이다.

또한 종일제를 운영하는 유치원에서는 각 학급 담당교사 외에 자격을 갖춘 종일제 운영을 담당할 교사 1인 이상을 둘 수 있다. 원의 운영상 혼합연령으로 학급을 운영할 때에는 교사 대 유아의 비율이 감소되어야 하며, 가능하다면 두 명 이상의 교사가 팀티칭(team teaching)을 이루어 지도하거나 담임교사와 부담임 교사를 배치하여 연령에 적합한 수준별 교육활동을 전개할 수 있도록 해야 할 것이다.

유치원의 원활한 교육활동을 위해서는 원장, 원감, 학급별 담임교사와 부담임 교사 등의 교원과 함께 최소한 1명의 사무직원, 관리인, 환경미화원 등의 직원이 있어야 한다. 뿐만 아니라 1회 급식 유아가 100인 이상인 유치원에는 자격증을 소지한 영양사 1인을 두어야 하나, 2개 이상의 유치원이 인접하여 있는 경우에는 동일 교육청의 관할구역에 소재하는 5개 이내의 유치원에 공동으로 영양사를 둘 수 있다. 또한 유치원에는 교육과정 운영상 필요한 경우에 교원 외에 강사, 기간제 교사 또는 명예교사 등을 두어 유아교육을 담당 또는 보조하게 할 수 있다.

2) 어린이집

어린이집 교직원은 어린이집의 관리·운영을 담당하는 원장, 영유아의 보호 및 교육을 담당하는 보육교사, 특수교사나 치료사와 그 외 간호사, 영양사, 취사부, 관리인, 사무원 및 운전기사 등이 포함된다. 어린이집에서 영유아의 보육, 건강관리, 보호자와의 상담, 그 밖에 어린이집의 관리·운영 등의 업무를 담당하는 자로서 어린이집 원장 및 보육교사와 그 밖의 직원을 말한다. 원장과 보육교사와 같은 교원은 반드시 직위에 준하는 국가자격증을 소지하여야 하며, 자격기준은 영유아보육법 제21조 및 영유아보육법 시행령 제21조의 별표 1에 명시되어 있다. 이 중 어린이집의 유형에 따른 원장의 자격기준은 **표 10-2**, **표 10-3**, **표 10-4**, **표 10-5** 및 **표 10-6**과 같다.

표 10-2 어린이집 원장의 일반 자격기준

자격기준
1. 보육교사 1급 자격을 취득한 후 2년 이상의 보육 등 아동복지업무 경력이 있는 사람 2. 유아교육법에 의한 유치원 정교사 2급 자격을 취득한 후 5년 이상의 보육 등 아동복지업무 경력이 있는 사람 3. 유치원 원장의 자격을 가진 사람 4. 초·중등교육법에 의한 초등학교 정교사 자격을 취득한 후 5년 이상의 보육 등 아동복지업무 경력이 있는 사람 5. 사회복지사업법에 의한 사회복지사 1급 자격을 취득한 후 5년 이상의 보육 등 아동복지업무 경력이 있는 사람 6. 의료법에 의한 간호사 면허를 취득한 후 7년 이상의 보육 등 아동복지업무 경력이 있는 사람 7. 국가 또는 지방자치단체에서 7급 이상의 공무원으로 보육 등 아동복지업무에 5년 이상 근무한 경력이 있는 사람

보육 등 아동복지업무 경력

가. 다음의 어느 하나에 해당하는 경력
  1) 어린이집에서 어린이집의 원장, 보육교사, 특수교사[초·중등교육법 제21조 제2항에 따라 특수학교의 정교사, 준교사 또는 실기교사(담당과목이 재활복지과목인 경우만 해당한다)의 자격증을 가진 사람과 이에 준하는 사람으로 보건복지부 장관이 인정하는 사람을 말한다. 이하 같다] 또는 치료사로 근무한 경력
  2) 육아종합지원센터에서 육아종합지원센터의 장, 보육전문요원, 특수교사, 대체교사 또는 일시보육 담당 보육교사로 근무한 경력
  3) 법 제8조에 따른 한국보육진흥원에서 임원 및 보건복지부 장관이 정하여 고시한 정규직 근로자로 근무한 경력
  4) 법 제26조의2 제2항에 따른 시간제보육서비스지정기관에서 기관의 장 또는 시간제보육 담당 보육교사로 근무한 경력

나. 유아교육법에 따른 유치원에서 원장, 원감, 수석교사, 교사 또는 기간제교사로 근무한 경력
  ※ 유아교육법 제23조에 따른 강사·명예교사 등으로 근무한 경력은 해당하지 않음

다. 아동복지법에 따른 아동복지시설에서 시설장, 총무, 보육사, 생활복지사, 상담지도원 또는 자립지원 전담요원으로 근무한 경력

라. 장애인복지법에 따른 장애영유아 거주시설에서 장애영유아와 관련된 업무에 종사한 경력

마. 장애인 등에 대한 특수교육법에 따른 특수교육지원센터에서 특수교육 분야의 전문인력*으로 근무한 경력
  * 특수교육 분야의 전문인력: 특수학교 교원 자격증을 가진 사람으로서 특수교육 대상자의 교육을 담당하는 교원

바. 유아교육법 및 초·중등교육법에 따른 특수학교(유치원 과정)에서 특수학교 교원으로 근무한 경력

사. 법률 제7120호 유아교육법 제정으로 폐지되기 전 유아교육진흥법에 따른 새마을유아원에서 근무한 경력

아. 가목부터 사목까지의 아동복지업무를 수행하는 시설 등에서 간호사로 근무한 경력

자. 국가 또는 지방자치단체에서 7급 이상의 공무원으로 보육 등 아동복지에 관한 행정업무에 종사한 경력

표 10-3 가정어린이집 원장의 자격기준

자격기준
1. 일반기준에서 정한 자격을 갖춘 사람 2. 보육교사 2급 이상 자격을 취득한 후 2년 이상의 보육업무 경력이 있는 사람

보육업무 경력

가. 다음의 어느 하나에 해당하는 경력
  1) 어린이집에서 어린이집의 원장, 보육교사, 특수교사 또는 치료사로 근무한 경력
  2) 육아종합지원센터에서 육아종합지원센터의 장, 보육전문요원, 특수교사, 대체교사 또는 일시보육 담당 보육교사로 근무한 경력
  3) 법 제8조에 따른 한국보육진흥원에서 임원 및 보건복지부 장관이 정하여 고시한 정규직 근로자로 근무한 경력
  4) 법 제26조의2 제2항에 따른 시간제보육서비스지정기관에서 기관의 장 또는 시간제보육 담당 보육교사로 근무한 경력

나. 유아교육법에 따른 교육과정과 방과후과정을 운영하는 유치원에서 원장, 원감, 수석교사, 교사 또는 기간제교사로 근무한 경력
※ 유아교육법 제23조에 따른 강사·명예교사 등으로 근무한 경력은 해당하지 않음

표 10-4 영아전담어린이집 원장의 자격기준

자격기준
1. 일반기준에서 정한 자격을 갖춘 사람 2. 간호사 면허를 취득한 후 5년 이상의 아동간호업무 경력이 있는 사람
아동간호업무 경력
가. 병원의 소아청소년과나 신생아실, 보건소 모자보건센터, 초등학교 보건실 등에서 근무한 경력 ※ 남녀고용평등과 일·가정 양립 지원에 관한 법률에 따른 육아휴직 기간 및 육아기 단축의 사용으로 실제 근무하지 않은 시간, 근로기준법 및 산업재해보상 보험법에 따른 업무상 재해로 인한 병가기간(1개월 이상)은 아동간호업무 경력에서 제외

표 10-5 장애아전문어린이집 원장의 자격기준

자격기준
1. 일반기준에서 정한 자격을 갖춘 사람으로서 다음의 어느 하나에 해당하는 사람 1) 대학(전문대학 포함)에서 장애인복지 및 재활관련학과를 전공한 사람 2) 장애영유아어린이집에서 2년 이상의 보육업무 경력이 있는 사람

표 10-6 대학 또는 교육훈련시설이 운영(위탁 또는 부설운영)하는 어린이집 원장의 자격기준

자격기준
1. 일반기준에서 정한 자격을 갖춘 사람 2. 어린이집을 운영하는 대학의 조교수 또는 교육훈련시설 전임교수 이상으로서 보육 관련 교과목에 대하여 3년 이상의 교육 경력이 있는 사람 ※ 조건부 어린이집 원장 자격을 부여받을 수 있으나, 겸임 제한 규정에 따라 어린이집 원장을 겸임할 수 없음

다음으로 보육교사의 등급 및 자격기준은 표 10-7과 같다.

표 10-7 보육교사의 자격기준

구분	자격기준
보육교사 1급	1. 보육교사 2급 자격을 취득한 후 3년 이상의 보육업무 경력이 있는 사람으로서 보건복지부 장관이 정하는 승급교육을 받은 사람 2. 보육교사 2급 자격을 취득한 후 보육 관련 대학원에서 석사학위를 취득하고 1년 이상 보육업무 경력이 있는 사람으로서 보건복지부 장관이 정하는 승급교육을 받은 사람
보육교사 2급	1. 전문대학 또는 이와 같은 수준 이상의 학교에서 보건복지부령으로 정하는 보육관련 교과목 및 학점을 이수하고 졸업한 사람 2. 보육교사 3급 자격을 취득한 후 2년 이상의 보육업무 경력이 있는 사람으로서 보건복지부 장관이 정하는 승급교육을 받은 사람
보육교사 3급	1. 고등학교 또는 이와 같은 수준 이상의 학교를 졸업한 사람으로서 보건복지부령으로 정하는 교육훈련시설에서 정해진 교육과정을 수료한 사람

※ 보육 관련 대학원이라 함은
① 학과(전공) 및 학위명에 '보육(영)유아, 아동'의 단어가 포함된 대학원
② ①의 경우가 해당되지 않을 경우 보육관련 교과목 이수기준으로 인정
(보육 관련 교과목 최소 15학점 이상 이수 여부를 확인하여 인정)

보육교직원의 배치기준은 영유아보육법 제17조 및 영유아보육법 시행규칙 제10조에 제시되어 있다. 보육교사 대 영유아의 비율과 종사자 배치기준은 표 10-8과 같다.

표 10-8 보육교직원의 배치기준

구분	배치기준	비고
원장	• 전 어린이집별 1인 *단, 영유아 20인 이하를 보육하는 어린이집은 어린이집의 원장이 보육교사를 겸임할 수 있음(원장이 보육교사 겸직 시 원장 자격증과 보육교사 자격증을 모두 소지하여야 함)	정원기준
보육교사	• 만 1세 미만 ⇒ 영아 3인당 1인 • 만 1세 이상 만 2세 미만 ⇒ 영아 5인당 1인 • 만 2세 이상 만 3세 미만 ⇒ 영아 7인당 1인 • 만 3세 이상 만 4세 미만 ⇒ 유아 15인당 1인 • 만 4세 이상 미취학 유아 ⇒ 유아 20인당 1인 ※ 유아 40인당 1인은 보육교사 1급 자격자여야 함	현원기준

구분	배치기준	비고
	• 취학아동 ⇒ 20인당 1인 • 장애아 3인당 1인 ※ 장애아 9인당 보육교사 1인은 특수교사 자격소지자여야 함 • 연장반 만 3세 미만 ⇒ 영아 5인당 1인 • 연장반 만 3세 이상 ⇒ 유아 15인당 1인 ※ 연장반의 만 1세 미만 및 장애아 ⇒ 3인당 1인	
간호사	• 영유아 100인 이상을 보육하는 어린이집(간호조무사도 가능함)	현원기준
영양사	• 영유아 100인 이상을 보육하는 어린이집(어린이집 단독으로 영양사를 두는 것이 곤란한 때에는 동일 시·군·구의 2개 이내 어린이집이 공동으로 영양사를 둘 수 있으며 영양사 채용 시 현원을 기준으로 함)	현원기준
취사부	• 영유아 40인 이상을 보육하는 어린이집 • 영유아 40인 이상 80인 이하를 보육하는 어린이집의 경우 조리원 1인을 두며, 영유아 매 80인을 초과할 때마다 1인씩 증원	현원기준 (방과후 제외)
그 밖의 종사자	• 시설의 규모와 특성에 따라 의사(또는 촉탁의사), 사회복지사, 사무원, 관리인, 위생원, 운전기사, 치료사 등의 종사자를 둘 수 있음	

어린이집의 원장은 보육교사를 겸임할 수 없는 것이 원칙이나, 보육정원 20인 이하 어린이집의 원장은 보육교사를 겸임할 수 있다. 정원 21~39인 어린이집의 경우 시장·군수·구청장이 특례를 인정할 경우 원장이 보육교사를 겸임할 수 있다. 영유아보육법 시행규칙 제23조 별표 8에 보육시설에서는 가능한 한 만 2세 미만 영아반, 만 2세 영아반과 만 3세 이상의 유아반을 동시에 운영하여야 한다고 명시하고 있으며 연령별 반편성 기준일은 3월 1일이다. 혼합반 운영 시 교사 대 아동 비율은 낮은 연령의 교사 대 아동비율을 준수하여야 한다.

02 교직원의 인사관리

1) 임용

임용이란 개인에게 특정한 직위를 임명하는 것으로서 신규채용, 승진, 승급, 전직, 전보, 겸임, 휴직, 복직, 강임, 직위해제, 해임 및 파면 등을 포함한다. 현행 제도상에서 교직원의 임용은 자격 임용주의, 성적주의 및 전형주의 원칙을 따르며, 교원으로서의 자격을 갖추고 임용을 원하는 모든 자에 대하여 능력에 따라 균등한 임용의 기회가 보장되어야 한다. 임용에서 중요한 것은 선발과 임면이며, 선발이란 자격을 갖춘 후보자들 중에서 최적임자를 선정하는 것을 말하며 임명이란 선발된 후보자에게 직위를 보하는 것을 말한다.

(1) 유치원

교직원의 임용은 현행 제도상에서 자격 임용주의, 성적주의 및 전형주의 원칙을 따르며, 이는 자격, 재교육 성적, 근무 성적, 기타 능력 등에 근거하여 이루어진다.

유치원 교원은 각급 학교의 교원과 마찬가지로 초·중등교육법과 사립학교법에 의해 신분보장을 받도록 규정하고 있다. 사립유치원교사도 공립유치원교사와 동일한 자격과 복무를 가지며, 일단 임용되면 7일 이내에 관할 교육청에 보고되어 등록되어야 한다.

유치원의 경우, 공립유치원교사의 선발은 교육공무원법에 근거하여 공개 전형방법에 의한다. 따라서 공립유치원의 교사가 되기 위해서는 유치원교사 임용 후보자 선정 경쟁시험(임용고사)을 치러야 한다. 공립유치원교사 임용 후보자 경쟁시험은 매년 필요한 인원만큼 임용시험을 통하여 선발 후 필요한 곳에 배치한다. 사립유치원의 경우에는 사학의 자율성을 보장하는 측면에서 교원 임용의 권한이 교육기관의 경영자에게 위임되어 있으므로 각 기관에서 나름대로의 선발 도구 및 기준을 가지고 선발하고 있다. 공립유치원의 임용권자는 교육청장이며 법인체나 일반 사립유치원은 원장의 제청으로 이사회의 의결이나 설립자의 의결을 거쳐 구비서류를 당해 교육청장에게 제출하여 최종적으로 임용이 결정된다.

공립유치원교사의 임면은 교육공무원의 일종으로 교육공무원법의 적용을 받으며 사립유치원교사는 사립학교법의 적용을 받으므로 학교법인 또는 사립학교 경영자에 의해 임면된다. 따라서 법인체 사립유치원은 원장의 제청으로 이사회 의결을 거쳐 결정되며, 사립유치원은 원장의 제청에 의하여 임면된다. 이때, 교원의 임명권자는 교원을 임면한 날부터 7일 이내에 관할청에 보고하여야 한다.

사립유치원교사의 임면보고 시 구비서류는 제9장 유아교육기관의 사무관리의 첨부서류와 같다.

(2) 어린이집

보육교직원의 임면에서 국·공립어린이집의 원장은 시장·군수 또는 구청장이 임면하되, 법인·단체 또는 개인에게 위탁운영하는 경우로써 교직원 임면권을 수탁자에게 위임한 경우에는 수탁자가 임면한다. 법인·직장·가정·민간어린이집의 경우, 어린이집 설치자가 임면한다. 보육교사 및 기타 직원의 임면은 원장의 제청으로 법인·단체의 대표자 또는 어린이집 설치자가 임면한다.

신규채용은 공개경쟁을 원칙으로 하며 자격기준을 갖춘 자를 채용하여야 한다. 다만, 자격증 발급을 신청하고 자격검정이 완료되어 자격증 발급이 예정된 자는 자격증 발급 조건부로 채용 가능하다. 어린이집의 원장은 전임하여야 하므로 상근이 어려운 경우 채용대상에서 제외하여야 한다. 보육교사는 국공립어린이집의 경우, 필요에 따라 국가 또는 지방자치단체의 장이나 각 기관별로 선발고사 등을 통하여 별도로 보육교사를 채용·배치할 수 있으며 공개모집을 한다. 사립어린이집은 원장의 결정에 따라 채용방법이 결정되며 이는 사립유치원의 교사 신규 채용방법과 유사하다. 어린이집의 임면권자는 보육교직원 결원 시 1월 이내에 신규 교직원을 채용하여야 한다. 보육교사의 출산휴가, 육아휴직, 장기병가 등의 사유 발생 시 채용하는 대체교사(임시교사), 특수교사, 치료사, 간호사, 영양사는 자격을 갖춘 자를 채용하여야 한다. 교직원 채용 시 임금, 근로시간 및 그 밖의 근로조건 등을 명시한 근로계약을 체결하여야 하되, 이 경우 근로계약과 관련하여 부당한 내용(결혼, 출산, 육아휴직 등으로 인한 퇴직요구 등)이 포함되어서는 아니 되며, 관할행정기관은 이를 적극 지도·감독하여야 한다.

보육시설 임면권자가 보육교직원을 채용할 경우에는 반드시 아래 구비서류를 제출받아 자격의 적격 여부를 판단하고, 관련 서류를 보관하여야 한다.
어린이집 원장은 어린이집에 근무하는 보육교직원의 직종, 근무기간 및 근무시간에 관계없이 보육교직원의 채용, 휴직, 출산휴가, 육아휴직, 1개월 이상의 장기병가·연수·휴가·퇴직 등의 임면사항을 14일 이내에 관할 시·군·구청장에게 서면보고하여야 한다. 운전원, 단기간 근로자 등 모든 보육교직원에 대하여 임면보고하여야 한다. 어린이집 원장은 보육교사 등의 출산휴가, 육아휴직, 장기병가 등의 사유 발생 시 영유아 보육을 담당하기 위해 채용된 대체교사에 대한 임면사항을 관할 시장·군수·구청장에게 보고하여야 하며, 근로계약에 의하여 어린이집 운영시간 중 정규 보육교사(담임)를 대신해서 일정시간을 근무하는 보육교사는 근무일수(주 또는 월), 1일 근무시간이 명시된 근로계약서를 첨부하여 시장·군수·구청장에게 시간제 보육교사로 임면보고해야 한다.

보육교직원의 신규채용·임면보고 시 구비서류 및 어린이집에 비치·관리해야 할 서류는 다음과 같다.

① 신규채용 시 구비서류

- 인사기록카드
- 주민등록등본
- 채용신체검사서(공무원 채용 신체검사서 준용 가능)
  ※ 채용기간이 1개월 미만인 대체교사(임시교사)는 보건소의 전염성 질환(간염, 결핵, 장티푸스 등)에 대한 건강진단결과서로 갈음할 수 있음
- 원장 및 보육교사 국가자격증 사본

② 임면보고 시 첨부서류

- 인사기록카드 사본
- 자격을 요하는 자의 경우 자격증 사본

- 채용신체검사서
- 성범죄 경력 조회 결과서

③ 어린이집에 비치·기록·관리해야 할 서류

- 인사기록카드
- 보육교직원 관리대장
- 자격증 사본
- 기타 교직원 임면과 관련된 서류

2) 보수체계

보수는 개인의 정신적·육체적 노력에 대한 보상으로 주어지는 것으로, 그 직종에 종사하는 사람들의 직무만족과 밀접한 관계가 있으며, 봉급과 기타 각종 수당을 합산한 금액을 의미한다. 봉급은 직무의 곤란성 및 책임 정도, 재직기간 등에 따라 직종별, 호봉별로 지급되는 급여이며 수당은 직무 여건 및 생활 여건 등에 따라 지급되는 부가급여를 의미한다(임재택, 2001). 호봉은 보수를 받을 때에 기준이 되는 금액을 의미하며, 근무경력의 기간에 따라 1년을 단위로 인건비 책정을 달리하는 기준을 말한다. 호봉이 올라가는 것, 즉 일정한 재직기간의 경과에 의하여 현재의 호봉보다 높은 호봉을 부여하는 것을 승급이라 하며, 승급은 근무한 개월 수가 12개월이 넘었을 경우, 자격이 변했을 경우, 새로운 경력을 근무경력에 포함시켰을 경우에 올라간다. 유아교사의 보수는 유아교육기관을 관리하는 정부 부처에 따라 보수체계의 기준, 보수를 산출하는 방식, 경력 인정범위 등에 있어서 차이가 있으므로 이를 구분하여 살펴보고자 한다.

(1) 유치원

유치원교사의 호봉은 초·중등학교 교사와 같은 기준을 적용받는다. 유치원 교사 자격을 받고 처음 교직생활을 시작할 때 적용받는 호봉은 2년제 대학 유아교육과를 나오면 6호봉, 4년제 사범대학의 유아교육과를 나오면 9호봉, 비사범계 4년제 대학을 나오면 8호봉이 적용된다. 이는 학력을 경력으로 인정해 주고 사범계 출신에 대한 1호봉의 우대가 주어지기 때문이다. 이러한 교원의 초임호봉은 다음과 같은 공식에 의하여 산정된다.

초임호봉 = (학령 − 16) + 가산연수 + 자격별 기산호봉

여기서 유치원 교원의 기산호봉이란 자격에 따라 다르며, 2급 정교사 8호봉, 1급 정교사 9호봉, 원감과 원장 9호봉으로 정하고 있다. 이러한 호봉을 기준으로 봉급액이 적용되며 봉급액을 기준으로 담임수당, 교직수당과 같은 수당이 지급된다. 공립유치원교사의 경우에는 초·중등학교 교사와 동등하게 정부에서 정한 기준에 의해서 모든 수당을 지급받고 있으나, 사립유치원의 경우 원의 실정에 따라 주어지는 수당에 차이가 있다. 그러나 현재 누리과정의 도입으로 지방자치정부에 따라 사립유치원교사에게도 담임수당, 교직수당, 처우개선비 등이 지급되고 있으며 이러한 지원은 더욱 향상될 것으로 생각된다.

유치원 교원의 경력 인정은 동일 유치원은 물론 타 유치원 및 보육시설의 근무경력, 대학 및 기타 연구기관에서의 연구경력, 국가공무원 또는 지방공무원 경력, 군복무 경력 모두에 대해 인정하고 있다. 그러나 공립유치원교사의 경우, 이러한 모든 경력에 대해서 인정을 받으나, 사립유치원교사의 경우 기관에 따라 이전의 경력을 인정받을 수도, 그렇지 않을 수도 있다. 유아교사의 지위 향상 및 처우 개선을 위해서는 사립유치원에서도 공립유치원과 동일하게 교사의 경력을 인정해 줄 수 있는 제도상의 장치를 마련하여야 할 것이다.

(2) 보육시설

보육교직원의 보수기준은 보육교사 등의 호봉, 근무성적과 시설의 운영 여건 및 당해년도 「보육시설 종사자 인건비 지급 기준」을 참고하여 지급하되, 지방자치단체의 장 또는 보육시설을 설치·운영하는 자는 재정형편에 따라 이 기준을 초과하여 보수를 보조 또는 지급할 수 있다. 정부인건비 지원시설이나 직장보육시설과 같은 국고보조시설이 아닌 민간 보육시설의 경우에는 시설의 재정

형편에 따라 시설장과 종사자가 협의하여 보수기준을 달리 정할 수 있다. 다만, 종사자의 보수를 심히 불리하게 책정해서는 안 된다.

보육시설 종사자의 신규채용 시 초임호봉은 1호봉으로 하되 근무경력 1년을 1호봉씩으로 하여 초임호봉을 획정한다. 초임호봉의 획정에 반영되지 아니한 1년 미만의 잔여기간이 있는 때에는 그 기간을 다음 호봉승급 기간에 삽입하여 호봉을 산정한다. 보육시설 종사자 인건비 지급기준은 매년 보육사업안내에 제시된다.

보육교직원의 호봉인정 근무경력은 첫째, 「영유아보육법」 제정 전 새마을유아원·탁아시설에 근무한 경력, 둘째, 어린이집 보육교직원으로 근무한 경력, 셋째, 육아종합지원센터에 근무한 경력(대체교사 경력 포함), 넷째, 2005년 1월 30일 이후 보육교사 자격을 가지고 방과후과정을 운영하는 유치원에 근무한 경력, 다섯째, 군 복무경력이다. 출산휴가 또는 육아휴직자에 대한 승급기준도 재직자와 동일하게 적용하며, 호봉승급에 필요한 기간은 1년이다. 호봉승급은 매년 1월 1일과 7월 1일 자로 2회 시행된다.

3) 복무

(1) 근무 조건

유아교사의 근로시간은 노동 관련 법령에 의하며 1주간의 근로시간은 휴게시간을 제외하고 40시간을 초과할 수 없으며, 1일의 근로시간은 휴게시간을 제외하고 8시간을 초과할 수 없다. 그러나 보육시설의 경우 보육교사의 근무시간은 평일 8시간을 원칙으로 하나, 보육시설(평일 12시간 원칙)을 고려하여 연장 근무할 수 있다. 보육교사 등 보육교직원의 근무시간 및 근로조건 등은 근로기준법 등 노동관계법령에 따라야 하며, 이를 위반하는 경우가 발생하지 않도록 주의해야 한다. 연장되는 시간은 보육시설의 장과 보육교사가 교대 근무하며, 초과근무수당을 지급해야 한다. 그러나 현실적으로 유아교사의 1일 근로시간을 살펴보면(구현숙 외, 1997), 8시간을 초과하여 보통 9시간 30분에서 10시간 정도 근무하는 교사가 가장 많으며, 10시간 이상을 근무하는 교사도 상당수 있는 것으로 나타났다. 종일제를 위주로 하는 유치원이나 보육시설 종사자들의 근무시간은 이를 능가할 것으로 생각된다. 뿐만 아니라 사립유치원이나 국공립 및 민간 보육시설의 경우에는 초과근무를 실시하여도 이에 대한 초과근무수당을 지급받지 못하는 것이 현실이다. 앞으로 법정 근로시간 안에 유아교사의 하루 일과가 마무리될 수 있도록 유아교육기관 업무의 효율화, 업무의 적절한 분배 및 학부모 자원봉사자 활용이나 부담임제 확보 등의 정책적·재정적 지원이 이루어져야 할 것이다. 뿐만 아니라, 초과근무시간에 대한 적절한 보수지원을 통하여 유아교사의 근무만족도를 향상시키고 유아교사의 이직률을 감소시켜야 할 것이다.

보육교직원(원장, 보육교사 등)은 전임이어야 하므로, 다른 업무를 겸임할 수 없다. '전임'이란 근무시간 동안 상시 해당 직무에 종사하여야 함을 의미한다. 따라서 어린이집 원장 및 보육교사는 휴일, 휴가 등으로 근무를 하지 않는 날을 제외하고는 근무시간 동안 보육시설에 상주하며 상시 해당 직무에 종사하여야 한다. 특별한 사유(회의 참석 등)로 외출할 경우에는 근무상황부에 기록하고, 이 경우 증빙서류(공문, 리플릿 등)를 첨부하여 관리하여야 한다. 또한 어린이집 원장은 근무시간 중에 대가를 받고 12시간을 초과하는 세미나, 공청회, 토론회, 발표회, 심포지엄 등에 참석하여 강의·강연·발표·토론하는 행위를 할 수 없다. 어린이집 원장의 근무시간은 평일 8시간을 원칙으로 하고, 특별한 경우를 제외하고는 상시 그 업무에 종사하여야 한다. 어린이집 원장(교사 겸직 원장 포함)이 휴가, 병가, 보수교육 참여 등 불가피한 사유로 직무를 수행할 수 없는 경우 보육교사가 직무대행이 가능하나, 일정 기간 초과 시 대체 원장(대체 보육교사)을 배치하여야 한다.

다음의 경우에는 어린이집 원장의 겸임이 가능하다.

첫째, 어린이집 원장이 간호사 또는 영양사 자격이 있는 경우, 간호사 또는 영양사 겸임 가능(간호사, 영양사 동시 겸임은 불가)

둘째, 정원 20인 이하 어린이집의 원장은 보육교사 겸임 가능

셋째, 도서·벽지·농어촌지역의 21~39인 이하 어린이집으로서 시장·군수·구청장의 승인을 받은 경우, 원장이 보육교사 겸임 가능

(2) 휴가

유치원 교원은 각급 학교의 교원과 마찬가지로 신분보장을 받도록 규정하고 있으므로 각종 연가나 휴가의 혜택을 받을 수 있다. 그러나 현실적으로 사립유치원의 경우, 이러한 모든 혜택을 적용받는 것이 불가능하다. 유아교사들의 업무에 대한 직무만족도, 복지후생을 위하여 최소한의 연가 및 휴가 지원이 실질적으로 수행될 수 있도록 해야 한다.

보육교직원의 휴가는 보육공백을 최소화할 수 있도록 순번제로 실시하고, 보수교육, 출산휴가 등으로 어린이집의 원장, 보육교사 또는 그 밖의 보육교직원의 공백이 생기는 경우에는 대체원장, 대체교사 또는 그 밖의 인력을 각각 배치하여야 한다. 보육교직원의 휴가, 휴일, 휴식 등 근로시간과 관련이 있는 사항에 대해서는 「근로기준법」 등 노동관련법령에 의하며 고용, 산전후 휴가, 육아휴직 등과 관련이 있는 사항에 대하여서는 「남녀고용평등법과 일·가정 양립 지원에 관한 법률」의 규정을 준용한다. 근로기준법 제54조(휴게)에 따라 어린이집 원장 또는 대표자는 근로자(보육교직원)의 근로시간이 4시간인 경우에는 30분 이상, 8시간인 경우에는 1시간 이상의 휴게시간을 근로시간 도중에 주어야 한다.

근로기준법에 제시된 휴가에 관한 규정의 일부를 제시하면 다음과 같다.

제73조(생리휴가)
여성 근로자가 청구하면 월 1일의 생리휴가를 주어야 한다.

제74조(임산부의 보호)
① 임신 중의 여성에게 산전과 산후를 통하여 90일의 보호휴가를 주어야 한다. 이 경우 휴가기간의 배정은 산후에 45일 이상이 되어야 한다.
② 임신 중인 여성이 임신 16주 이후 유산 또는 사산한 경우로서 그 근로자가 청구하면 보호휴가를 주어야 한다. 다만, 인공 임신중절 수술에 따른 유산의 경우는 그러하지 아니하다.
③ 제1항 및 제2항에 따른 휴가 중 최초 60일은 유급으로 한다. 다만, 「남녀고용평등과 일, 가정 양립 지원에 관한 법률」 제18조에 따라 산전후휴가급여 등이 지급된 경우에는 그 금액의 한도에서 지급의 책임을 면한다.

제74조2(태아검진 시간의 허용 등)
① 임신한 여성근로자가 임산부 정기건강진단을 받는데 필요한 시간을 청구하는 경우 이를 허용하여 주어야 한다.
② 제1항에 따른 건강진단 시간을 이유로 그 근로자의 임금을 삭감하여서는 아니 된다.

제75조(육아 시간)
① 생후 1년 미만의 유아를 가진 여성 근로자가 청구하면 1일 2회 각각 30분 이상의 유급 수유시간을 주어야 한다.

병가는 연 60일의 범위 내에서 가능하며 병가일이 7일 이상일 경우에는 의사진단서를 첨부하여야 한다.

다음은 교육공무원 경조사별 휴가일수를 살펴보면 표 10-9와 같다.

표 10-9 경조사별 휴가일수

구분	대상	휴가일수
결혼	본인	7일
	자녀	1일
	본인 및 배우자의 형제·자매	1일
회갑	본인 및 배우자	5일
	본인 및 배우자의 직계존속	1일
사망	배우자, 본인 및 배우자의 부모	7일
	본인 및 배우자의 증조부모·조부모·외증조부모·외조부모	5일
	자녀와 그 자녀의 배우자	3일
	본인 및 배우자의 형제·자매와 그 형제·자매의 배우자	3일
	본인 및 배우자 부모의 형제·자매와 그 형제·자매의 배우자	3일
출산	배우자	3일

(3) 징계

기관의 종사자들이 업무에 대해 과실을 범했을 경우 이에 준하는 징계를 받을 수 있다.

유치원의 경우, 교육공무원 징계 사유로는 첫째, 국가공무원법 및 동법에 의한 명령위반, 둘째, 직무상의 의무위반 및 직무태만, 셋째, 직무내외 불문하고 체면 또는 위신의 손상행위가 해당된다.

징계의 종류에는 중징계에 해당하는 파면, 해임, 정직이 있으며, 경징계에 해당하는 감봉과 견책이 있다. 징계의 종류 및 효력을 살펴보면 다음과 같다.

① 파면: 공무원 관계로부터 배제되며 5년간 공무원에 임용될 수 없다. 재직기간 5년 미만자의 경우 퇴직급여액의 1/4, 5년 이상인 자는 1/2을 감액하여 지급한다.

② 해임: 공무원 관계로부터 배제되며, 3년간 공무원에 임용될 수 없다. 퇴직급여는 정상지급된다.

③ 정직: 신분은 보유하나 직무에 종사하지 못하며, 그 기간은 1개월 이상 3개월 이하에 해당된다. 보수의 2/3를 감액하며 처분기간 동안 경력평점에서 제외되며 18월+정직 처분기간 동안 승진 및 승급에 제한을 받는다.

④ 감봉: 1개월 이상 3개월 이하에 해당되며, 그 기간 동안 보수의 1/3을 감액하며 12월+감봉 처리기간 동안 승진 및 승급에 제한을 받는다.

⑤ 견책: 전과에 대하여 훈계하고 회개하게 하는 것으로, 6개월간 승진 및 승급에 제한을 받는다.

03 유아교육기관 교직원의 역할 및 하루 일과

1) 원장의 역할

원장은 유아교육기관의 전체적인 운영 및 관리를 담당하며, 이에 대한 법적인 책임을 지는 사람이다. 유아교육법 제21조에 '원장은 원무를 통할하고 소속 교직원을 지도·감독하며 원아를 교육한다'고 유치원 원장의 임무를 명시하고 있다. 영유아보육법 제18조에 '보육시설의 장은 보육시설을 통할하고 보육교사와 그 밖의 종사자를 지도·감독하며 영유아를 보육한다'라고 보육시설 시설장의 임무를 제시하고 있다. 뿐만 아니라 보육시설의 장은 전임이어야 하며, 다른 시설의 업무를 겸임할 수 없다. 이러한 시설의 장이 어떠한 역할을 수행하는가에 따라 기관의 성패가 좌우된다고 할 수 있다.

유아교육기관의 규모와 특성에 따라 요구되는 원장의 역할 및 임무는 어느 정도 차이가 있을 수 있으나, 원장은 유아교육기관의 운영, 교직원 관리 및 원아 관리의 모든 영역에 대한 지식을 습득하고 있어야 하며, 직접적으로 이러한 업무를 수행하지 않지만, 총괄할 수 있어야 한다. 원장은 기관의 경영자이면서 교육행정가, 재원 확보자, 대외 홍보자, 운영계획자, 유아교육자일 뿐만 아니라 나아가 교사, 학부모의 상담자 역할까지도 담당해야 한다. 따라서 유아교육기관의 원장은 유아교육기관의 프로그램을 계획·관리하며, 인간과의 관계에서 지도성을 발휘해야 하고, 기관의 운영자로서 관리 및 경영을 잘 해야 한다는 점에서는 차이가 없다. 즉, 유아교육기관의 원장으로서 역할 및 임무를 잘 한다는 것은 훌륭한 지도성을 발휘하며, 주어진 자원을 최대한 활용하여 효율적인 운영을 하고, 모든 사람들의 본보기가 될 수 있으며, 유아교육 전문가로서 전문적인 도움을 줄 수 있고, 주변 사람들을 정신적으로 지원해 줄 수 있어야 함을 의미한다.

유아교육기관의 업무와 관련하여 원장이 실질적으로 담당해야 할 임무를 구체적으로 정리하면 다음과 같다(Thomson, 1989).

① 유아교육기관의 전반적인 운영계획과 이를 위한 규칙 및 방침 수립
② 교육목표의 설정 및 교육과정의 계획과 평가
③ 교직원 인사관리 및 재교육
④ 유아교육기관의 홍보 및 원아모집과 관리
⑤ 시설·설비관리 및 비품과 교재교구의 구입과 관리
⑥ 재정관리
⑦ 행정적 업무처리 및 기록의 보관 유지
⑧ 부모교육 및 부모와의 관계 유지
⑨ 지역사회 및 행정당국과의 관계 유지

유치원의 경우에는 원감의 직책이 있으며, 유아교육법 제21조에 '원감은 원장을 보좌하여 원무를 관리하고 원아를 교육하며, 원장이 부득이한 사유로 직무를 수행할 수 없을 때에는 그 직무를 대행한다. 다만, 원감을 두지 아니하는 유치원의 경우에는 원장이 미리 지명한 교사가 그 직무를 대행한다'고 명시되어 있다. 유아교육기관에서 원감은 중간 관리자로서 원장과 교사 및 직원 간의 중재자 역할을 하는 경우가 많다.

2) 교사의 역할 및 하루일과

(1) 교사의 역할

유아교사의 주된 역할은 영유아를 위한 보호와 교육적 서비스를 제공하는 것이며, 유아교육법 제21조에 '교사는 법령이 정하는 바에 따라 원아를 교육한다'고 명시되어 있으며, 영유아보육법 제18조에 '보육교사는 영유아를 보육하고 보육시설의 장이 불가피한 사유로 직무를 수행할 수 없을 때에는 그 직무를 대행한다'고 규정하고 있다.

일반적인 교사의 역할을 나열해 보면 다음과 같다(Decker & Decker, 2001).

- 유아의 신체적, 심리적 안전관리
- 교육목표 달성을 위해 적절한 교육과정의 계획 및 운영
- 비품, 교구, 교수–학습자료의 구입, 제작, 활용
- 실내·외 교육환경의 조성과 활용
- 각 학급의 운영 및 관리
- 유아관찰 및 평가
- 부모면담 및 상담, 부모교육 실시

특히 종일제의 경우에는 중요한 시기에 하루 종일 기관에서 지내야 하고, 어머니와 떨어져 지내야 하는 시간이 길기 때문에 무엇보다도 심리적인 안정감이 중요하다. 이에 가정과 비슷한 분위기를 유지하며 교사 대 유아의 비율을 낮추는 것이 좋다. 또한 가능하면 한 유아를 책임지는 교사의 수가 적을수록 좋으며 지속적이고 일관된 관계를 갖는 것이 중요하다.

(2) 교사의 하루일과

유아교사의 하루일과에 포함되는 업무에는 원아들과의 교육활동, 상호작용, 일상생활지도, 수업준비 및 계획안 작성, 교재교구 제작, 유아관리 업무, 부모상담, 행정업무(분담 업무 담당), 교육환경 청소 등이다.

일반적으로 유아교사는 1일 9시간 30분에서 10시간 정도 업무를 수행하고

있는 것으로 나타났다(구현숙 외, 1997). 이를 기준으로 하여 각 업무별로 유아교사가 소요하는 시간 및 종일반 교사의 하루일과 실례는 **표 10-10**과 **표 10-11**과 같다.

표 10-10 1일 업무별 유아교사의 소요시간

업무	소요시간
교육활동지도, 일상생활지도	약 4시간 30분~5시간
수업준비 및 계획안 작성	약 1~2시간
교육환경 청소	약 1시간
부모상담	약 30분~1시간
행정업무, 교재교구 제작, 유아관리	약 30분~1시간

교육활동 지도

일상생활 지도

표 10-11 종일반 교사의 하루일과 실례

<table>
<tr><th>시간</th><th>일과 구성</th><th>학급담임 교사</th><th>종일반 교사</th></tr>
<tr><td>8:00~9:30</td><td>등원 및 자유선택활동</td><td>• 활동실 참여
– 교육환경 점검 및 청소
– 수업준비
– 교육활동 지도</td><td rowspan="4">• 활동실 비참여
– 행정업무(서무관리, 재정관리, 시설·설비 관리 등)
– 수업준비 및 계획안 작성
– 교재교구 제작
– 유아관리 업무</td></tr>
<tr><td>9:30~11:00</td><td>자유선택활동 및 개별 간식</td><td rowspan="4">• 활동실 참여
– 교육활동 지도</td></tr>
<tr><td>11:00~11:10</td><td>정리정돈</td></tr>
<tr><td>11:10~12:20</td><td>소집단활동 및 실외활동</td></tr>
<tr><td>12:20~1:40</td><td>점심 및 이닦기</td><td rowspan="2">• 활동실 참여
– 교육활동 지도</td></tr>
<tr><td>1:40~2:00</td><td>휴식 및 낮잠준비</td><td>• 활동실 참여
– 교육활동 지도</td></tr>
<tr><td>2:00~3:00</td><td>낮잠 및 조용한 놀이</td><td rowspan="3">• 활동실 비참여
– 행정업무(서무관리, 재정관리, 시설·설비 관리 등)
– 수업준비 및 계획안 작성
– 교재교구 제작
– 유아관리 업무
– 부모상담</td><td rowspan="4">• 활동실 참여
– 교육활동 지도</td></tr>
<tr><td>3:00~4:00</td><td>간식 및 자유선택활동</td></tr>
<tr><td>4:00~5:00</td><td>소집단활동 및 실외활동</td></tr>
<tr><td>5:00~6:00</td><td>비디오 시청 및 개별 귀가</td><td>• 활동실 참여
– 교육환경 청소</td></tr>
</table>

3) 기타 직원의 역할

유아교육기관에 필요한 직원들의 구체적인 역할에 대해서 살펴보면 간호사의 경우, 신체적 성장과 운동발달에 관한 정기적인 체크, 전염성 질환의 예방과 격리조치, 응급조치 요령의 전달교육 등의 역할을 수행한다. 영양사나 취사부는 식단계획을 수립, 식품재료를 구입, 영유아들의 영양교육과 식습관 지도를 돕는다. 사무원은 공문서의 처리, 교직원과 원아들에 대한 각종 기록의 관리, 시설의 재정 및 기타 행정업무를 담당한다. 대체로 규모가 큰 시설인 경우에는 별도로 사무원을 두고 있으나, 소규모 시설인 경우에는 원장이나 교사가 이를 담당하는 경우가 많다. 대부분의 유아교육기관에서는 관리인을 따로 두고 있지만, 소규모 기관에서는 운전기사나 조리사들이 관리인의 역할을 대행하기도 한다.

이 외에 유아교육기관은 치과의사, 자원봉사자 등의 외부 자원의 도움을 받을 수 있으며, 이러한 인적 자원이 필요할 때 적절한 도움을 받을 수 있도록 기관은 대외적인 관계나 조직망을 사전에 작성해 둘 필요가 있다.

04 교직원의 자질

유아교육에 대한 공적 책임과 중요성에 대한 인식이 점점 더 높아지고 있으며 이에 따라 유아교육의 질적 수준을 향상시키고자 하는 노력이 이루어지고 있다.

유아교육의 질적 수준을 향상시키고자 할 때 논의의 초점이 되는 것은 교원의 자질향상이다. 유아교육기관의 환경과 프로그램이 아무리 훌륭하게 구비되었을지라도, 교원이 이를 수행할 능력이나 의지가 없다면 유아교육의 효과성을 기대할 수 없을 것이다. 특히 유아교육기관은 그 유형과 교육 프로그램이 다양하고, 교육자에 따라 유아교육의 목적이 다양하게 해석되고 있다는 점을 고려할 때, 유아교육기관에서 교원의 자질은 그 어느 교육기관보다 중요하다고 할 수 있다.

여기서 교원의 자질이란 교원이 갖추어야 할 개인적 특성 및 교직 태도를 의미하는(박은혜, 2005) 것으로, 그 사회의 교육관 및 교사의 역할에 대한 기대에 따라서 달라지기 때문에 한마디로 정의하기가 매우 어려우나 일반적으로 유아교사에게 필요한 자질로 언급되었던 것은 크게 개인적 자질과 유아교육에 대한 전문적 자질이다.

교사의 개인적 자질이란, 유아교사의 역할을 유아를 교육하는 사람보다는 단순히 유아를 보호해 주는 것으로 인식했던 초창기의 개념으로 교사의 개인적 인성에 초점을 둔 입장이다. 이은화·배소연·조부경(1995)은 이러한 유아교사의 개인적 자질로 유아에 대한 사랑, 인간에 대한 사랑, 성실성, 봉사성, 원만한 인간관계, 사려성, 자발성, 도덕성, 신체적 건강, 긍정적 자아관, 타인에 대한 긍정적 사고, 건전한 인생관, 정서적 안정 등을 언급하였다.

그러나 유아교육에 대한 관점이 단순한 보호의 개념에서 교육의 개념으로 옮겨가면서 유아교사에게 필요한 자질에 대한 언급도 변화하게 되었다. 즉, 유아교사는 단순히 유아를 보호하는 사람이 아니라, 유아를 보호하고 교육하는 전문가로서 개인적인 자질뿐만 아니라 교육활동에 필요한 전문적인 자질을 소유해야 한다는 관점이 대두되었다. 유아교사의 전문적 자질이란, 유아교사로서 필요한 전문적 지식과 기능을 의미하는 것으로서 일반적으로 직전 교육을 통해 습득되고 현직 교육을 통해 향상된다(박은혜, 2005). 이러한 교사의 전문적 자질을 밝히려는 노력이 이루어졌으며 이은화·배소연·조부경(1995)은 유아교사에게 필요한 전문적 자질로 지식, 교수기술, 교육관 3가지를 들고 있다. 지식에는 일반 교양지식, 교육과정에 대한 지식, 교수방법 및 평가에 대한 지식, 유아에 대한 지식이 포함되며 교수기술에는 교육과정 구성 기술, 프로그램 실천 및 평가 기술, 의사소통 기술, 부모 및 전문가 참여 기술, 창의성, 융통성, 교재·교구의 제작 및 활용 기술이 포함되며, 마지막으로 교육관에는 교육에 대한 소명감, 직업윤리, 전문성 함양의 노력이 포함된다고 하였다.

최근에 유아교육과 보육의 통합에 대한 관점이 대두되면서 유아교사에게 필요한 자질로 교사로서의 전문적 자질뿐만 아니라 유아에 대한 사랑, 인내심, 성실성 등과 같은 개인적 자질이 새로이 관심의 초점이 되고 있다. 특히 종일제 학급을 담당하는 교사나 보다 어린 연령의 학급을 담당하는 교사의 경우, 유아들이 기관에서 편안하고 정서적인 안정감을 가질 수 있도록 온정적 성품과 인내심이 많이 요구되며, 무엇보다도 유아를 사랑하고 가정과 같은 편안함을 줄 수 있는 개인적·인성적 자질이 강조되고 있다.

뿐만 아니라, 포스트모더니즘의 다원주의 사회로 변화하면서 유아교사에게 필요한 자질로 반성적 사고와 실천적 지식이 언급되고 있다. 급박하고 다양하게 변화하고 있는 유아교육기관의 현실을 빨리 파악하고 그에 적절한 교육활동을 펼치기 위해서는 개인적 자질이나 유아교육에 대한 전문적 지식으로는 부족하다. 이에 교사는 자신이 가지고 있는 지식을 다양한 현장의 실정에 적절하게 적용할 수 있는 실천적 지식과 끊임없이 자신의 지식을 반성하고 새롭게 변화시킬 수 있는 반성적 지식을 습득해야 한다는 입장이 강조되고 있다.

이러한 점들을 종합해 볼 때, 교사자격증 취득과 별도로 요구되는 유아교사의 자질로서 중요한 덕목은 따뜻하며, 융통성이 있고, 성실하며, 유머감각이 있고, 신체적·정신적으로 활력이 있고, 생기가 넘치며, 정서적으로 안정되고 자연스러우며, 유아들을 과잉보호하지 않으면서 발달을 지원할 수 있는 능력이다 (Decker & Decker, 2001). 또한 긍정적인 사고방식을 갖고 있으며, 대인관계를 원만하게 형성할 수 있어야 하고, 자기 자신의 발전을 위해 끊임없이 노력하는 태도가 필요하다. 뿐만 아니라 교직은 전문직이며 전문직의 특성은 고도의 지적 능력을 요하며, 이를 위하여 장기간의 준비교육과 함께 현직교육을 받아야 하며, 봉사지향적이고 자율권을 가지고 이에 따르는 책임을 지녀야 한다. 전문직으로서의 교직을 수행하기 위해 교사는 계속적으로 지적 능력의 유지와 향상에 힘써야 할 것이다. 직전교육만으로는 충분한 직무수행 능력을 갖추기 어렵기 때문에 계속적인 현직교육과 연구를 통해 이를 보충하고 전문적 자질을 향상시켜야 할 것이다.

또한 교원뿐만 아니라 유아교육기관에 종사하는 모든 교직원은 신체적·정신적 병이 없어야 하며, 영유아들을 이해하고 사랑할 수 있어야 하며 영유아의 기본적인 발달에 대한 최소한의 이해를 가지고 있어야 한다. 따라서 기관의 장은 교직원의 신규채용 시 교직원에 대한 교육을 통하여 이러한 유아교육에 대한 역량을 습득할 수 있도록 해야 할 것이다. 또한 유아교육기관에서는 항상 많은 인력이 필요하므로 직원들이 자기의 임무만을 고집하기보다는 인력이 필요한 부분에 자신의 인력을 보충해 줄 수 있어야 한다.

연구문제

01 유치원과 어린이집 교직원의 종별과 자격기준에 대해 설명하시오.

02 경력 3개월 교사가 받을 수 있는 보수를 계산해 보시오.

03 반일반, 종일반, 유아반, 영아반에 따른 교사의 역할 차이에 대해 생각해 보시오.

Chapter 11

유아교육기관의 조직풍토

01 유아교육기관의 조직문화

이 부분에서는 기관에 소속된 구성원들의 기관에 대한 높은 만족도 형성에 영향을 미치는 중요한 요인 중의 하나인 유아교육기관의 조직풍토에 대해 살펴보고자 한다.

유아교육기관이 급격한 환경 변화에 적응하고 새로운 변화를 통해 유아교육의 질적인 향상을 꾀하기 위해서는 유아교육기관의 조직문화에 대한 고려와 유아교육기관의 특수성을 고려한 원장의 바람직한 지도력이 요구된다(이태영, 2003).

조직문화는 조직 구성원들이 공유하며 당연하게 받아들이는 공유된 가정인 가치관과 신념이 조직과 조직 구성원의 태도와 행위에 영향을 주어 표출되는 상징적 행위의 복합체이다. 학교 조직문화란 학교라는 조직체의 성원들에 의해 당연한 것으로 받아들여지며, 학교의 고유한 특성을 나타내는 공유 가정인 가치, 신념, 이념, 목표가 학교 조직 구성원들에게 작용되어 표출되는 상징적 행위의 복합체이다.

유아교육기관의 조직문화란 유아교육기관의 조직 구성원들에게 내면화되어 당연한 것으로 받아들여지는 조직의 공유 가정인 가치관과 신념이 구성원들에게 영향을 주어 표출되는 상징적 행위의 복합체이다.

특히 학교 조직문화는 학교경영에 효과적인 작용을 하기 때문에, 학교 조직은 학교 조직문화를 개발하고 변화시키려고 끊임없이 노력한다. 이태영(2003)은 학교 조직문화가 학교경영에 미치는 기능을 다음과 같이 제시하고 있다.

첫째, 학교 문화는 무엇이 조직의 정체감, 사명, 목표나 수단인지, 목표 획득의 기준인지의 의미를 개인과 집단에게 전달하며 개인과 집단의 행동에 대해 내적인 압력과 일반적인 방향을 창조한다.

둘째, 학교 조직문화는 조직이 외부 환경의 의미를 지각하고 해석하며, 외부 환경의 압력에 대항하여 완충시키고 차단하고 안정시키며, 부정확한 정보나 갈등, 좌절시키는 압력을 여과시켜 조직을 보호하는 행동으로 나타난다.

셋째, 학교 조직문화는 조직 안에 존재하는 하위문화와 미래에 표현될 주제와 깊은 연관을 갖고 있다.

넷째, 학교 조직문화는 학교 발전을 촉진하는 중요한 방법인 동료 의식을 증진시킨다. 동료 의식은 교사들 간에 존재하는 신뢰, 개방성, 좋은 느낌의 정도이자 교사들을 집합적 단일체에 묶어 주는 규범체제이다. 조직문화는 구성원들을 좋은 동료로 여길 의무와 책임을 제공하는 공동체에 대한 접촉을 제공한다.

다섯째, 긍정적인 학교 문화는 학습자들에게 높은 동기와 성취감을 제공하고, 교사들 간의 협동을 증진시켜 그들의 직업에 관한 태도를 증진시킨다.

여섯째, 강한 학교 문화를 가진 학교는 긍정적인 학교 조직 특성과 교사의 직무 태도, 학습자의 높은 성취도를 나타낸다.

이와 같이 학교 문화는 구성원들의 행동을 제약하거나 촉진시켜 교육기관의 목표를 달성하는 데 영향을 미치는 주요한 기능을 한다. 유아교육기관도 교육의 대상인 유아와 교직원이 모여 이루어진 학교 조직으로 고유한 유아교육기관 조직문화를 갖고 있다. 유아교육기관의 조직문화는 유아발달과 학습과정, 상호작용과 교수방법, 인간자원 경영과 관계가 있기 때문에 유아교육기관의 합리적인 운영을 위해서 중요하게 고려되어야 할 사항이며 긍정적인 조직문화 창출을 위해 부단히 노력해야 할 것이다. 즉, 유아교사의 태도와 교수행위에 영향을 주는 유아교육기관의 조직문화를 유아교육기관의 조직 효과성을 증진시키는 경영 전략으로 도입하여 각 유아교육기관의 설립 이념에 맞도록 독창적인 조직문화를 형성하고 개발하는 노력이 필요하다.

유아교육기관의 조직은 나름의 특수성을 가지고 있으며, 이러한 유아교육기관의 특수성에 대한 이해는 바람직한 유아교육기관 조직문화 조성을 위해 고려되어야 할 사항이다. 이병진(2005)은 교육 조직의 특수성을 5가지로 제시하면서 유아교육기관도 교육 조직의 한 형태로서 교육 조직으로서의 특수성을 지니고 있다고 하였다.

첫째, 교육 조직은 교육활동을 조장하는 조직이다. 교육 조직은 각 교육기관이 담당하고 있는 교육을 수행하고, 그 교육목적을 효과적으로 달성하기 위한 조직이다. 교육활동이라는 의미에서 교육 조직은 일반사회의 다른 조직과 대비되는 특성을 지닌다. 유아교육기관들은 유아를 대상으로 교육과 보육활동을 한다. 즉, 유아와 그들의 부모를 위한 적절한 교육을 제공하는 기관이다.

둘째, 조직의 목적 면에서 과업중심의 목적을 추구하는 다른 조직에 비해 교육 조직은 인간형성을 목적으로 하기 때문에 비가시적·장기적·무형적 특성을 갖는다. 교육기관은 사람을 교육하는 곳이다. 따라서 목적도, 대상도 모두 인간이라는 점에서 조직운영의 효과성보다 인간성을 중시하며, 목표 달성 여부가 단기적이기보다 장기적이며, 과정과 결과가 모두 중심이 되며, 과정이나 결과는 유형이기보다 무형의 형태를 가진다. 따라서 교육 조직은 생산보다 보호와 지원을 필요로 하는 조직이다. 이에 유아교육의 목적을 달성하기 위해 유아교육기관은 비가시적이고 보다 장기적이며 무형에 가까운 교육활동을 조직하고 운영해야 한다.

셋째, 조직의 구성원 면에서 대부분의 다른 조직은 성인으로 구성되어 있는 반면, 교육 조직은 성인의 교사 집단과 미성인의 학습자 집단으로 구성되어 있다. 따라서 어느 조직보다 협조와 자율경영을 위한 의도적인 노력이 필요하다. 즉, 일반 조직경영의 원리를 일반화하여 적용하기 어려운 점을 지니고 있다.

넷째, 조직의 행정 구조면에서 중층적 구조이다. 교육 조직은 교사 조직, 학생 조직, 학부모 조직, 협력 조직 등 그 구조가 겹쳐 있는 중층적 구조다. 이는 유아교육기관이 자체 내·외의 교육환경과의 맥락적 상황을 고려한 경영 및 운영이 필요함을 의미한다. 유아교육 내부적으로 행정 조직의 계층성과 외부적으로 유아교육기관을 둘러싸고 있는 사회 조직 등 환경의 중층성 때문에 상층구조나 외곽구조로부터 다양한 영향을 부단히 받는다.

다섯째, 교육 조직은 전문적 관료제(professional bureaucracies), 조직화된 무질서(organized anarchies), 이완 결합체(loosely coupled systems) 등의 특수성을 띤다. 즉, 교육 조직은 다른 관료 조직과는 달리 전문교육을 받은 교사 전문가들로 구성되는 전문가 조직이며, 불분명하고, 불확실하고, 유동적인 참여를 특징으로 하는 조직화된 무정부 조직이며, 조직 간 혹은 조직 내의 결합관계가 느슨한 이완 결합체제라는 점에서 다른 조직과 차별성을 갖는다.

이러한 특수성 외에 유아교육기관은 소수의 교직원들로 구성되어 있으며 대부분 여성 집단으로 구성되어 있다. 또한 소수의 교직원들이 오랜 시간을 함께 보내야 하며 다양하고 융통성 있는 교육활동의 전개를 위해서 끊임없이 교직원들 간에 상호 협력해야 한다. 따라서 소규모의 인간 집단으로 구성된 유아교육기관의 집단 구성은 가족적인 분위기에서 교직원들 간에 친밀감을 형성하며 근무할 수 있다는 장점이 있다. 그러나 만약 교직원들 간의 의사소통 단절이 생긴다면 이는 개인적인 차원의 문제를 넘어서 원의 전반적인 운영에 부정적인 영향을 미칠 수 있는 결과를 초래하기도 한다.

따라서, 유아교육기관의 지도자는 기관의 특성을 잘 반영하여 교직원들이 긍정적인 분위기에서 자기발전을 도모하면서 공동체 의식을 가지고 다른 사람들과 잘 협력할 수 있도록 긍정적인 조직문화를 창출해야 할 것이다.

02 유아교육기관 지도자의 지도성

1) 지도성의 개념

훌륭한 지도자가 있는 기관은 구성원들의 사기가 높고 기관의 분위기가 긍정적이며 조직원들이 스스로 자율적으로 자신의 임무를 수행하도록 한다. 즉, 지도자의 역할은 조직의 풍토를 좌우하며 조직의 성패를 좌우하는 중요한 요소이다. 조직의 궁극적인 목적이 목적 달성을 위한 효율성을 높이는 제 조건을 확립하는 것이라 할 때 모든 조직이 추구하는 목적 달성 가능성의 정도는 그 조직의 지도자와 조직 구성원과의 상호작용에 따라 결정된다(Owens, 1987)고 할 수 있다. 기관이나 조직의 리더들이 적절한 지도성을 발휘하지 못할 때, 조직과 구성원의 안위가 위태로울 수 있다.

유아교육기관도 목적을 달성하기 위해서는 조직 구성원인 개인과 집단의 공동 목적을 향한 상호 협력적인 관계를 이끌어내는 지도자의 역할이 없으면 불가능하다. 유아교육기관의 개인행동과 집단행동은 지도자의 자질과 역할에 따라 달라지므로 유아교육기관의 효과성과 연결시키는 가장 중요한 요인이 된다. 유아교육기관의 지도자는 교사와 유아 그리고 그들을 둘러싼 학부모와 지역사회에 바람직하고 교육적인 풍토를 형성하도록 하는 데 리더로서 영향력을 발휘해야 하는 위치에 있다.

지도성에 대해서 Owens(1987)는 구체적 상황에서 타인이 목표를 성취할 수 있도록 영향을 주는 과정이라고 정의하였다. 강영삼과 신충식(1986)은 주어진 상황 속에서 구성원들의 저항을 자아냄이 없이 조직 목표를 달성하기 위해 조직 구성원들로 하여금 자발적으로 협조하도록 하는 일종의 기술 및 영향력이라고 정의하였다. 김창걸(2003)은 지도성은 "한 조직의 목적을 효율적으로 달성하기 위하여 조직 구성원의 협동적 노력을 유도하고 촉진하는 기술 또는 영향력"이라고 하였다. 정정희(2003)는 "지도성이란 조직이 가지고 있는 특수한 목표달성 유지 및 발전을 효과적으로 하기 위하여 조직 내외에 잠재되어 있는 여러 문제상황을 파악하고 분석하여 조직의 구성원들로 하여금 자발적으로 공헌하도록 영향력을 행사하고 조직을 이끄는 지도자의 행동"이라고 하였다.

지도성에 대한 학자들의 정의를 종합해 보면, 지도성은 크게 네 가지 관점으로 구별된다(이병진, 2005). 첫째, 지도성을 조직의 목표 성취를 위한 지도자 자신의 행동 혹은 일련의 과정으로 보는 관점으로, 지도자가 그의 집단 구성원들의 일을 지시하고 조정하는 과정에 종사하는 특정한 행위로 본다. 둘째, 조직의 구성원들로 하여금 자신들이 맡은 과업을 달성하도록 유도하는 지도자의 일련의 과정으로 보는 관점으로, 조직 구성원으로 하여금 주어진 과업을 달성하도록 유도하는 과정으로 본다. 셋째, 지도성을 상황에 적합한 지도자의 영향력으로 보는 관점으로, 집단의 목표설정과 목표달성을 위하여 조직 구성원들의 활동에 영향을 주는 행위로 본다. 마지막으로, 최근 강조되는 변혁적 리더십의 관점으로 이러한 관점은 비전 제시, 가치 내면화, 조직문화 창달, 자발적인 구성원들의 노력, 권한 위임, 조직에의 헌신 등에 초점을 두는 것으로, 비전을 명확히 하고, 가치를 구체화하며, 어떤 일들이 성취되도록 환경을 만드는 것으로 본다.

리더	관리자
서로 협력하도록 함	명령으로 몰아감
'우리'라는 용어 사용	'나'라는 용어를 사용
수평적 의사소통 중시	수직적 의사소통 중시
현 상태의 수용, 적응	현 상태에서 도전, 혁신
유연한 사고	경직적 사고
혁신, 창조, 개발	유지, 책임수행

결론적으로, 지도성은 어떤 주어진 상황에서 목적 달성을 위하여 개인이나 집단의 행동에 영향을 끼치는 과정이며, '사람에 대한 영향력'으로 이는 '사람을 움직이게 하는 힘'이라고 볼 수 있다. 이때 '사람을 움직이게 한다'는 것은 명령이나 강제로 움직이게 하는 것이 아니라, 사람이 스스로, 자주적으로, 주체적으로, 적극적으로 움직이도록 영향력을 준다'는 것을 뜻한다. 즉, 지도성이란 조직의 목적과 목표를 효과적으로 달성하기 위하여 조직 구성원으로 하여금 자발적으로 목표 달성을 할 수 있도록 유도하고 조정하는 지도자의 행위 또는 과정이라고 포괄적으로 정의 내릴 수 있다.

따라서 유아교육기관 지도자는 조직 목표를 확고하게 설정하고, 이를 효과적으로 달성할 수 있도록 조직에 잠재되어 있는 여러 문제상황을 파악하고 대처하는 지도성을 발휘함으로써 기관에 포함되어 있는 구성원들이 자율성과 전문성을 최대한 발휘할 수 있도록 하여야 할 것이다.

2) 유아교육기관 지도자의 지도성

유아교육기관의 교육행정가인 원장의 지도성은 유아교육기관 운영관리의 성공여부를 결정하는 중요 요인이다. 유아교육기관의 원장은 유아교육의 목표달성을 위해 여러 가지 자원들을 활용하여 교육활동을 이끌어가는 중심 역할을 담당해야 하기 때문에 원장의 지도성은 교육체제 면에서 매우 중요한 요소이다.

이에 유아교육기관의 지도자는 유아교육기관 조직문화에 부합되는 지도성을 발휘해야 한다. 유아교육기관은 유아교육기관만의 독특한 조직문화를 갖고 있으며 교사, 유아, 학부모들이 이해하고 실천할 수 있는 이상을 제시하고, 이를 정교화할 수 있는 고유한 조직문화 창조를 위한 지도성을 발휘해야 한다.

NAEYC(1997)에서는 유아교육기관에서 이루어져야 하는 지도성을 크게 다섯 가지로 제시하고 있다.

첫째, 교육적 지도성(Pedagogical leadership)이다. 유아교육기관의 가장 큰 목적은 유아들이 질적으로 우수한 환경 속에서 전인적인 성장을 도모할 수 있도록 하는 데 있다. 유아교육기관의 교육 프로그램들은 그 기관에 속해 있는 유아들의 경험의 질을 결정짓는 매우 중요한 요소이다. 따라서 유아교육기관의 교직원들은 올바른 교육적인 철학을 가지고 이를 유아교육 현장에 제대로 적용할 수 있어야 한다. 이것이 유아교육기관 교직원들에게 요구되는 교육적 지도성이다.

둘째, 행정적 지도성(Administrative leadership)이다. 현대사회의 변화로 말미암아 유아교육기관은 유아뿐만 아니라 유아가 속해 있는 가정을 위한 복합적인 서비스를 제공하는 기관이다. 유아교육기관의 지도자는 기관을 효율적으로 조직하고 개발, 유지해야 하며 기관의 철학과 목적, 목표를 효율적으로 실행하는 행정체계를 구축해야 한다. 이를 위해 유아교육기관의 경영을 위해 필요한 제반사항들을 알고 관리할 수 있어야 한다.

셋째, 대변적 지도성(Advocacy leadership)이다. 유아들을 잘 키우고 보살피는 것은 국가의 미래를 위해 매우 중요한 일이다. 이에 유아교육기관의 지도자는 유아교육의 중요성을 대내외적으로 대변하고 홍보해야 할 뿐만 아니라, 유아들이 질 높은 유아교육 서비스를 받을 수 있도록 국가정책을 수립하고 정책들이 유아교육 현장에서 제대로 실현될 수 있도록 여건을 조성하는 데 적극적으로 참여해야 한다.

넷째, 개념적 지도성(Conceptual leadership)이다. 유아교육이 앞으로 나아갈 방향이 무엇이라고 생각하는지, 우리 사회에서 유아교육은 어떤 역할을 해야 하는지에 대한 것이다. 유아교육 전반에 대한 전체적이고도 장기적인 안목을 가지고 새로운 도전을 받아들이면서, 한발 앞선 생각과 폭넓은 사고를 통해 새로운 비전을 제시할 수 있는 새로운 아이디어를 창출해 내야 한다.

다섯째, 지역사회 지도성(Community leadership)이다. 진정한 지도자란 변화를 주도하고 이를 올바른 방향으로 이끌어나가야 한다. 유아교육기관의 지도자는 지역사회 봉사자로서 지역사회의 중요한 사안들에 대한 지역주민들의 관심을 고양시키고, 이러한 문제들이 잘 해결되는 방향으로 행동하도록 지도력을 발휘해야 한다.

또한 변화의 시대에 요구되는 유아교육기관 원장의 지도성에 대해 이태영(2003)은 다음과 같이 제시하고 있다.

첫째, 원장은 문화적 지도성을 가져야 한다. 새로운 변화를 통해 유아교육의 질적 수준을 향상시키기 위해서는 교사가 받아들이고 지지하는 유아교육기관 문화의 중요성을 인식하여야 한다. 교사가 직무를 의미 있는 것으로 여길 때, 즉 직무가 그들의 개인적 가치나 신념에 중요한 것으로 생각될 때 교사는 더욱 더 직무에 헌신한다. 따라서 유아교육기관의 원장에게 기대되는 중요한 역할은 교사를 포함한 유아교육기관의 구성원들을 유기적으로 연결해서 유아교육기관을 통합된 조직으로 유지하는 것이다.

둘째, 원장은 변화의 촉진자로서 지도성을 가져야 한다. 유아교육기관의 목적을 달성하기 위하여 변화의 주체자인 원장은 교육환경의 변화를 정확하게 파악하고 변화의 방향이 가치가 있다면 이를 수용해야 한다. 변화를 명확히 인식하고 분석을 통해 대응하는 능력을 제시하고 장기적인 관점에서 비전을 제시하되 현상을 직시하는 변화의 촉진자로서의 원장이다. 변화의 촉진자로서 지도성을 발휘하기 위해서 전체 파악적인 기술이 필요하다.

셋째, 원장은 교육적 지도성을 발휘하여야 한다. 원장은 자신의 교육적 가치

관에 입각하여 대상과 상황에 적합한 지도성을 발휘하는 전문가이다. 교육 지도자로서 원장의 역할은 유아와 학부모, 지역사회의 요구에 근거하여 유아교육기관의 철학을 확립하고 관련된 교육목표를 설정하여야 한다. 유아교육과정을 운영하여 유아교육기관의 교육목표 달성 정도를 평가하여 계속적으로 유아교육 프로그램에 대한 수정, 보완작업을 시행하여야 한다. 따라서 원장은 유아교육에 대한 전문적 지식과 기술, 능력을 갖추어야 하며 유아교육 전문 단체에 가입, 강의, 워크숍, 세미나를 통해 새로운 유아교육에 대한 정보 수집 및 활용에 관심을 갖고 풍부한 배움의 기회를 가져야 한다.

넷째, 조직 구성원들을 섬기고 봉사하는 지도성 혹은 보살피는 지도성이 필요하다. 유아교육기관의 원장은 섬기는 자로 교직원들을 유아교육기관의 목적을 달성하는 동반자로서 존중해야 한다. 원장은 교직원들 자신이 '왜 이곳에서 일하고 있는가?', '해야 할 일은 무엇인가?', '어떻게 해야 하는가?'를 깨달아 교사 스스로 교육활동의 주체임을 인식하여 질적으로 우수한 교육활동을 실행할 수 있도록 힘을 주어 스스로 책임감을 갖도록 도와주어야 한다.

유아교육기관의 지도자가 학교 조직문화를 혁신하고 구성원들로 하여금 조직에 헌신하고 총체적으로 참여하게 하며, 계속적인 동기부여를 통하여 기대 이상의 성과를 올리도록 하기 위해서는 변혁적 리더십을 개발해야 한다. 이러한 유아교육기관 지도자의 변혁적 리더십의 개발 방향을 이병진(2005)은 3가지로 제시하였다.

첫째, 창조적 자기 변혁으로의 개발 방향이다. 창조적인 변혁은 개인의 개체성과 독특성에 기반을 둔 변혁을 의미하며 자기 변혁은 지도자가 먼저 솔선하는 지도성이 필요함을 의미한다.

둘째, 비전(vision) 제시로의 개발 방향이다. 추종자가 현실에 매몰되어 자신의 능력과 힘을 미처 발견하지 못할 때 지도자는 눈을 들어 미래를 보며 추종자를 끌어올리는 것이 비전을 가진 리더십이다. 결국 한마디로 비전을 주는 지도자는 구성원으로 하여금 그들 자신의 능력을 뛰어넘도록 고무시키고 비전을 공유하며 격려와 고양을 통하여 시너지를 창출하는 지도자를 말한다.

셋째, 조직문화와 윤리 창달로의 개발 방향이다. 유아교육기관의 기관장은 교육환경의 유연성을 높이며 조직의 내·외부와의 새로운 결속을 만드는 것이 필요하다. 기관장이 윤리적으로 문제가 있다면 아무리 유능하고 전문성과 비전을 가지고 있더라도 구성원의 자발적인 동의를 얻을 수 없기 때문에 실패한 리더십이 될 것이다.

유아교육기관의 지도자는 유아교육기관의 구성원들이 자신의 임무에 충실할 수 있도록 유아교육기관의 긍정적인 분위기 창출을 주도해야 하며 시대적·사회적 요구에 부응하여 교육활동이나 사회적 정책 결정을 선도할 수 있는 지도성을 발휘해야 한다.

03 교사의 직무만족도 향상

1) 교사의 직무 스트레스

유아교육기관 조직은 행정가와 교사, 유아로 이루어지는 수직적 관계와 동료교사와의 수평적 관계 그리고 학교 외적인 교육행정의 상부기관이나 사회 조직 등과 서로 엉켜 있는 복잡한 조직이며, 교사들이 행하는 활동은 계속적인 지적 과정을 수반하는 고도의 정신노동을 요구한다고 볼 때 교사들은 다른 직업에 종사하는 어떤 개인들보다 더 많은 스트레스를 경험한다고 예상할 수 있을 것이다(권기태, 1990).

이러한 교사들의 직무 스트레스는 교사의 이직을 초래하며 유아교사의 이직률은 유아교육의 질적 개선과 교사의 전문성 향상에 커다란 장애요인이 되고 있다. 따라서 유아교사들의 직무 스트레스에 관련되는 요인이 무엇인지를 살펴보고 이를 극복할 수 있는 방안을 모색해 보는 것은 유아교사의 전문성 향상을 통한 유아들의 전인적 성장에 긍정적인 영향을 미칠 수 있을 것이다.

스트레스에 대한 개념은 학자들 간에 다소 차이가 있으나 일반적으로 스트레스는 어떤 종류의 외부 위협에 대해서 생체가 나타낸 반응을 의미하며(Selye, 1974), 개인의 신체적·심리적 안정 상태를 위태롭게 하는 환경적 자극 조건인 동시에 개인의 정서체계, 행동체계에 변화를 가져오게 하는 모든 것으로 개인으로 하여금 특유 반응을 일으키는 원인적 행동의 모든 것을 총칭한 개념이라고 할 수 있다. 직무 스트레스란, 조직 내에서 직무 수행과 관련된 모든 스트레스를 가리키는데, 이는 일반적인 개념의 스트레스보다 구체적이고 한정적인 특성을 지니며(임승렬, 2004), 직무를 수행하는 과정에서 사람, 사물, 사건과의 관련성 속에서 간헐적으로 반복해서 발생된 불유쾌한 정서적 영향과 분노, 의기소침, 긴장, 불안, 울화, 짜증, 욕구좌절, 갈등 등과 같은 생리적 효과를 경험하게 되는 반응 증후군을 말하며, 이러한 반응 증후군은 그 개인의 자존심, 행복이나 마음의 평정, 건강, 책무성, 수행을 위협하고 적응 장애를 가져온다(김정휘 · 김태욱, 2006).

유아교사의 직무 스트레스와 관련된 요인은 학자들에 따라 다소 차이를 나타내나, 일반적으로 Gupta(1981)는 스트레스 요인을 환경적 · 조직적 · 개인적 요인으로 분류하고, 학교 조직과 관련한 조직 스트레스 요인은 직무 특성(역할 갈등, 역할 모호성, 역할 과다, 역할 과소, 역할 불충분, 책임감, 반복성, 자율성), 대인관계(학교 행정가, 동료교사, 학습자), 학교의 일반 특성으로 분류하였다. Goodman(1980)은 교사의 스트레스 요인으로 학습자의 비행, 환경적 요인(열악한 근무 조건, 졸렬한 조직관리, 의사결정에의 비참여), 인성 특성, 생활 경험, 대인관계, 구조 변인(학교 위치, 민족 구성, 학습자의 사회 · 경제적 지위)을 들고 있다. Arnold(1998)는 직무 스트레스 요인을 세 가지로 나누어 설명하였는데, 첫째, 조직에서의 개인의 역할, 즉 직무 자체, 둘째, 관리자 · 동료 등과의 대인관계, 셋째, 작업환경에 영향을 주는 개인생활 문제이다. 직무 자체에는 역할 모호성, 역할 갈등, 역할 과다, 역할 과소, 대인관계 요인에는 대인 접촉량, 타 부서원과 접촉, 조직풍토, 개인생활문제에는 직업 안정에 대한 걱정, 생활 변화율, 지리적 이동 등이 포함된다. D'Arienzo, Moracco와 Krajewski(1982), Swick과 Hanley(1980)도 여러 학자들의 견해를 종합하여 교사의 직무 스트레스 원인을 환경적 · 대인적 · 개인 내적 요인으로 나누어 설명하고 있다. 환경적 스트레스 요인은 교사가 전혀 통제하지 못하는 학교 내에 잠재해 있는 스트레스 요인으로서 부적절한 보수에 대한 걱정, 직무에서 유동성 부족의 지각, 승진기회 희박에 대한 걱정, 불충분하거나 낡은 시설, 교육자료의 불충분한 공급, 지나친 업무 요구, 행정지원의 부족, 동료교사로부터의 소외, 교육 관료제의 희생물이 되는 것 등으로 이루어진다. 대인적 스트레스 요인은 학급 관리와 동료 교사, 학부모 등과 관련된 내용으로, 교사에 대한 범죄 행위·폭행·신체 상해의 위협, 폭력과 파괴, 학급 관리와 문제 학생 다루기, 학부형의 지나친 간섭과 비협조, 동료·학교 행정가·장학사와의 의견 차이 및 갈등, 지체부자유아와 특별지도요망 학생의 주류형성, 다양한 집단과의 광범위한 의사소통 등으로 이루어진다. 개인 내적 스트레스 요인은 자아개념, 동기유발, 학급관리기술 등과 관련된 내용으로, 교직에 대한 지나친 무력함·무능함·무가치함의 지각, 책무성과 시간요구 충족의 실패, 역할 갈등과 역할 모호성, 개인적 충족감 등으로 이루어진다.

유아교사의 직무 스트레스와 관련된 연구 결과들을 살펴보면, 최재숙(1991)은 유아교사의 직무 스트레스는 경제적인 면에서 가장 높고, 학부모와의 관계, 행정적 지원, 교수–학습활동, 업무 과다, 동료 교사와의 관계 순으로 나타났다고 하였다. 김남희(1993)는 유치원의 조직 풍토와 교사의 직무 스트레스에 관한 연구에서 유치원교사들이 가장 많은 스트레스를 받는 요인은 원아들과의 활동 요인이라고 하였으며, 두 번째가 행정적 지원 요인이라고 하였다. 김지현(1994)은 직무 스트레스와 교육활동에 관한 연구에서 교사들이 가장 많은 스트레스를 받는 요인은 업무 관련 요인이라고 하였으며, 원아들과의 활동 요인, 행정적 지원 요인, 경제적 안정 요인, 대인 관련 요인 순으로 나타났다고 하였다. 장미아(1996)는 유치원교사의 직무 스트레스와 대처방법에 관한 연구에서 유치원교사들이 가장 많은 스트레스를 받는 요인은 업무 관련 요인, 원아들과의 활동 요인, 행정적 지원 요인, 경제적 안정 요인, 대인 관련 요인 순으로 나타났다고 하였다. 황명원(1999)은 유아교육기관 교사의 직무 스트레스 정도는 경제적 안정 요인에서 가장 많았고 업무 과다, 학습자들과의 활동, 행정적 지원, 동료 교사와의 관계 순으로 나타났다고 하였다.

이러한 연구들을 종합해 보면, 유아교육기관 교사들이 원아들과의 활동 요인, 경제적 안정 요인, 업무 과다 요인, 행정적 지원 요인에서 많은 스트레스를 받고 있음을 알 수 있다.

직무 스트레스가 많다면 교사가 가진 능력을 충분히, 최대한으로 발휘하지 못하여 효과적인 목적 달성을 이루지 못할 것이다. 이러한 직무 스트레스를 해결하여 교사의 직무만족을 향상시킬 수 있도록 기관의 장은 교사의 직무 스트레스와 관련된 제반 여건들을 수정해 나가고 교사들이 자신의 직무 스트레스를 관리할 수 있도록 지원해 주어야 할 것이다.

2) 교사의 직무만족

조직 구성원이 조직의 직무환경에 대해 만족할 때 자신이나 조직을 위해 일하는 데 보람을 느끼고 공헌하게 된다. 반면에 만족하지 못할 때에는 근무의욕을 잃게 되며 직무성과도 낮아지게 되어 구성원은 조직활동에 대해 저항하거나 이탈하게 되어 결과적으로 조직뿐만 아니라 구성원 자신에게도 피해를 주게 된다.

직무만족이란, 한 개인이 직무에 대하여 가지는 감정이며 직무 또는 직무수행의 결과에 만족하는 것으로 유쾌하고 긍정적인 정서상태(추헌, 1993)이며, 구성원들이 조직 속에서 근무를 수행할 때 자신의 직무와 직무환경에 대하여 느끼는 만족의 정도를 뜻하는 것이다. 즉, 조직에서의 욕구나 기대에 대한 개인의 긍정적이고 주관적인 감정인식이며, 조직 구성원의 사기와 직무욕구를 가늠할 수 있는 척도가 된다. 그러므로 직무만족이란, 직무에 대한 개인의 일반적인 태도를 말하는 것으로서 어떤 개인이 평상시의 직무나 직무경험의 평가에서 오는 유쾌하고 긍정적인 정서상태라고 정의할 수 있다. 직무를 수행해 가는 과정에서 내·외재적 욕구가 충족되어 직무에 대한 관심, 열의, 호의 등과 같은 긍정적 태도를 갖는 정도라고 정의를 내릴 수 있다.

이러한 직무만족도를 구성하는 요인들은 매우 다양하며, Bloom(1988)이 제시한 개념들을 살펴보면 다음과 같다.

첫째, 직무 그 자체가 가지는 특성 요인이다. 이는 각 직무는 그 나름의 도전성, 다양성, 자율성과 통제와 관련되는 다양한 직무요소, 수행해 온 업무의 양과 그것을 하는 데 드는 시간을 포함하며 이러한 직무가 본질적인 즐거움을 주는 정도와 인식, 창조성, 기술형성에 대한 교사들의 요구를 충족시키는 정도를 의미한다.

둘째, 사회적 인정이다. 이는 교원에 대한 사회적인 인식으로 교원에 대한 사회적인 인식은 교사의 직무만족에 많은 영향을 미치는 요인이 되고 있다. 그러나 우리나라는 다른 전문 직종에 비하여 유아교사의 사회·경제적 지위가 낮게 평가되고 있으며, 이러한 교원에 대한 사회적인 인식은 교사 스스로가 가지는 불만과 함께 교사의 직무만족에 부정적인 영향을 미치는 요인이 되고 있다.

셋째, 원장 및 동료 교사들과의 관계이다. 원장과의 관계는 원장의 능력에 대한 교사들의 일반적인 평가뿐만 아니라 교사들의 수행에 대해 받는 피드백의 양과 질 모두를 포함한다. 동료와의 관계는 교사들이 동료 교사들로부터 격려와 지지를 받는다고 지각하는 정도이다.

넷째, 근무환경이다. 직무의 경험, 즉 시간의 유동성, 교사 대 유아의 비율, 적당한 휴식, 교육자료와 근무 환경, 즉 물리적 환경의 질을 말하며, 이러한 요소들은 유아교육기관에 재직하는 교사의 직무만족 수준과 직무수행 능력에 영향을 미칠 수 있다.

다섯째, 보수 및 승진이다. 보수는 개인의 직업선택에 있어서 가장 중요한 요인으로 작용할 뿐만 아니라 어떠한 직종에 있어서든 종사자의 직무만족과 능률에 결정적인 영향을 미치는 요소로 인정되고 있다. 교사들이 받는 외부로부터의 보수는 그들의 상징적인 가치면에서 중요한 것이다. 승진의 기회도 많은 사람들에 의해 과업수행에 대한 인정과 미래에 대한 안정성을 제공하는 것이다.

이와 같이 교사들의 직무만족에 영향을 주는 요인은 기관장과의 관계, 교수만족, 교사 간의 관계, 교사보수, 교수부담, 교육과정의 문제, 교사 신분, 지역사회의 후원, 시설 및 봉사체제, 지역 및 학부모의 압력 등으로 다양하다. 따라서 이러한 점들을 보완해 주고 교사가 자신의 직업에 대한 직무만족감을 가지고 교직생활에 임할 수 있도록 함으로써 교사의 이직률을 줄이고 교사의 전문성을 향상시킬 수 있을 것이다.

3) 교사의 전문성 신장을 통한 직무만족도 향상

유아교육기관의 지도자는 교직원들이 발전할 수 있도록 지원해야 하며 이러한 전문적인 발전은 교사의 직무만족도를 향상시킬 수 있다. 유아교육기관의 운영자로서 가장 중요한 역할은 교직원들이 자신의 능력을 개발하고 이를 마음껏 펼칠 수 있도록 지원하는 것이다. 교직원들이 자기발전을 할 수 있는 기회를 제공하는 것은 유아교육기관의 질을 높이는 데 있어 매우 중요하다.

단순히 경력이 많이 쌓인다고 해서 교사들의 질적인 수준이 높아지는 것은 아니며, 교사가 되기 위해 받는 교사양성기관에서의 교육 및 현직교육이 교사의 질적 수준을 결정하는 데 있어 매우 큰 영향을 미친다.

유아교육기관 운영자는 교사들이 유아교육 분야에 대한 전문적 지식 및 이를 실현할 수 있는 기술을 계속적으로 재충전할 기회를 제공해야 하며, 자신의 성격적 특성을 파악하고 이를 유아교육 현장의 특성에 맞추어 잘 적용할 수 있도록 지원해야 한다.

Katz(1997)는 교사의 현직 경력을 기초로 교사의 발달단계 및 각 단계별로 요구되는 현장에서의 지원책을 제시하고 있다. 이를 제시하면 다음과 같다.

(1) 제1단계: 생존단계로서 경력 2년 정도 교사

이 시기의 교사는 한 학급을 책임지고 통솔해야 한다는 것에 당황하고, 긴 안목을 가지고 프로그램을 운영하기보다는 하루하루 무엇을 어떻게 해야 할지에 대해 항상 걱정한다.

이 시기의 교사들은 자신의 능력을 의심하는 시기이므로 운영자는 교사가 자신감을 가지고 학급에서의 활동을 잘 수행할 수 있도록 직접적인 지도를 해주고, 이들의 어려움을 이해해 주고 격려하며, 자신들이 잘 하고 있는지에 대해 불안해할 때 안심시키며 위로해 주는 것이 필요하다. 이 시기의 교사들은 하루하루의 교수활동에 실제적으로 이용할 수 있는 부분에 대한 도움을 필요로 한다.

(2) 제2단계: 강화단계로서 대략 경력 2~3년까지의 교사

교사들은 자신들이 교직을 계속할 수 있을지에 대해 결정하며, 지금까지의 경험에서 얻은 것들을 강화해 나간다. 프로그램을 운영하는 데 있어 세부적인 부분에 관심을 가지고 잘 수행하기 위한 기술 습득을 위해 노력한다.

이 시기의 교사들을 위해서는 자신들이 일하는 현장에서 이들이 필요로 하는 지원을 받도록 하며, 특정 분야에서 전문가의 도움을 받을 수 있도록 하고, 동료들로부터 조언을 받을 수 있도록 한다.

(3) 제3단계: 재생단계로서 경력 3~5년 미만의 교사

교사들은 유아교육 프로그램 운영에 익숙해짐으로써 업무 스트레스로부터는 자유로워지나 계속 반복되는 일상에서 벗어나 새로운 발전을 꾀하고자 한다. 유아교육 관련 전문적 기술을 확장하고자 하며, 새로운 도전을 모색하기 시작한다.

따라서 학술대회 참여 등과 같이 각계각층의 유아교육전문가들을 만나 의견을 교환할 기회를 갖도록 하는 것이 필요하다.

(4) 제4단계: 성숙단계로 경력 5년 이상 된 교사

유아교육에 대한 전문적인 시각을 갖게 되며, 좀 더 심오한 생각 및 의문을 갖게 된다.

이 시기의 교사들은 상급학교에 진학하거나, 연구활동에 참여하거나, 전문적인 학술단체에서 활동함으로써 자기발전을 꾀할 수 있도록 도와야 한다.

04 유아교육기관의 효율적인 의사소통

의사소통이란 사람들이 지식, 의견이나 감정 등의 정보를 전하거나 교환하는 것을 말한다. 이러한 의사소통의 방법으로는 수직적 의사소통과 수평적 의사소통이 있으며, 수직적 의사소통은 다시 하향적 의사소통과 상향적 의사소통으로 나눌 수 있다.

하향적 의사소통은 정보의 흐름이 조직 구성원의 지위와 역할에 따라 위에서 아래로 내려오는 상의하달이라고 불린다. 권위적인 분위기를 가지며, 경직화되기 쉬운 의사소통이다. 상향적 의사소통은 아래에서 위로 전달되는 의사소통으로 하의상달이라고 불리며, 중앙 집중적이고 조직 하부에 대한 상부의 간섭이 심할수록 제대로 이루어지지 않으며, 개방적이고 자율적인 분위기에서 원활히 이루어진다.

수평적 의사소통은 조직계층으로 보아 비슷한 지위들 사이에서 이루어지는 정보의 흐름으로 부서 사이에 필요한 협동적 업무 수행을 위한 의사소통이다. 횡적 의사소통, 비슷한 지위, 즉 부서 간 의사소통은 업무 협의와 조정, 문제해결, 정보교환, 갈등해소의 기능을 갖고 있다.

기존까지 유아교육기관에서는 하향적 의사소통이 많이 이루어져 왔으나 교직원들의 의사결정 참여를 통한 직무만족도의 향상 및 기관에 대한 소속감 향상을 위하여 상향적 의사소통과 수평적 의사소통도 원활하게 이루어질 수 있도록 해야 한다.

의사소통이 원활하게 이루어지도록 하기 위해서는 몇 가지 의사소통을 하는데 있어서 고려해야 할 원칙이 있다. 이러한 원칙을 살펴보면 다음과 같다.

① 명료성의 원칙이다. 간결한 문장과 평이한 용어를 사용해야 하며, 각 어구에 정확성을 기해야 한다.

② 일관성의 원칙이다. 처음의 명령과 다음의 명령에 모순이 생기거나 명령에 일관성이 결여된 이원화 또는 복선을 초래하는 현상을 배제하여야 한다.

③ 적시적기성의 원칙이다. 의사전달 행위와 정보교환 행위는 너무 이르거나 늦게 해서는 안 되며, 의사소통 주체에 알맞은 시기를 택하여 행하여야 효율성이 극대화될 수 있다.

④ 타당성의 원칙이다. 적당량을 기준으로 송신자와 수신자 사이에 관리·수용 능력에 비추어 이루어져야 한다.

⑤ 분포성의 원칙이다. 의사전달과 정보교환 및 명령이 일정한 경로를 거치는 상태에서 정확하게 수신자에게 전달되어야 한다.

⑥ 적응성과 통일성의 원칙이다. 적응성이란 의사결정, 정보교환, 명령에서 송신자의 융통, 개별성, 현실의 합리성 등을 의미한다. 통일성이란 의사전달 내용이 조직 구성원 전체를 대상으로 하는 통일된 정책의 표현이

되게 하는 것이다.

⑦ 관심과 수용의 원칙이다. 합리적인 운영은 송신자와 수신자 사이에서 송신 요소의 관심도와 이를 받아들일 수 있는 수용태세의 가능성이 있을 때에 능률적으로 이루어질 수 있다.

이러한 원칙에 입각하여 유아교육기관에서는 의사소통의 계통이 모든 교사에게 미치면서 의사소통의 '라인'이 가능한 한 직선적이고 짧아야 할 것이다.

그러나 어느 조직이나 마찬가지로 원활한 의사소통을 추구하고자 노력하고 있으나, 이러한 노력에도 불구하고 의사소통의 단절이 초래될 수 있으며, 특히 유아교육기관은 다른 교육기관에 비해 규모가 작고 인간관계가 밀접한 조직이기 때문에 단순한 의사소통의 단절이 조직의 전체적인 운영에까지 영향을 미칠 수 있으므로 이를 극복하고자 하는 노력이 이루어져야 한다.

의사소통이 단절되었을 때 이를 극복하기 위하여 유아교육현장에서 지도자가 수행하기 쉬운 간단한 3단계의 틀을 살펴보면 다음과 같다.

첫째, 주장단계로 문제를 인식하는 단계이다. 사건과 관련된 문제 행위와 자신의 느낌을 기술하는 단계로 적절하게 단언적인 주장을 만들어 낼 수 있다.

둘째, 협상단계로 주장이 갈등 해결에 만족스런 성취를 하지 못하면 협상단계로 넘어가는 것이 유용하다. 갈등을 계속함으로써 치르는 대가와 갈등을 해결함으로써 오는 이익을 강조하면서 협동적 의도를 전달하는 것이 중요하다. 갈등을 협상할 때는 계획과 시간이 중요하다. 문제를 토의하기 위한 만남이 양쪽이 모두 자유롭고 문제를 완전히 다룰 만큼 충분한 시간을 설정할 필요가 있다.

셋째, 문제해결단계로 한쪽이 협상을 거절하거나 협상된 동의가 역할을 못하거나 깨졌을 경우, 빨리 문제해결 전략으로 이동하는 것이 중요하다. 주장, 협상, 문제해결의 3단계는 같은 상호작용 속에서 사용된다. 이러한 문제해결 접근방식을 사용할 때는 여섯 가지 단계를 따르게 된다.

① 문제를 명료화한다. 무엇이 진짜 이유인가? 양쪽은 이 이슈의 어디에 있는가?

② 만일 필요하면 사실과 정보를 모은다.
③ 브레인스토밍에 의해 많은 대안을 만들어 내거나 개발한다.
④ 최선의 해결을 결정하기 위해 대안들을 평가하고 대안들 중 우선순위를 설정한다. 모든 대안들을 신중히 고려해서 해결책을 창조해낸다.
⑤ 일정기간 시행 후 가장 수용 가능한 해결을 평가하는 방법을 계획한다.
⑥ 만일 첫 번째로 선택한 해결책이 효력이 없으면 첫 단계로 돌아가서 과정을 다시 시작한다.

이 외에 유아교육기관에서 쉽게 이용할 수 있는 방법은 의사소통의 첫걸음이 관계형성이므로, 인터넷 카페를 통한 상호 메시지 공유하기, 칭찬 릴레이, 월 1회 영화감상 후 토론하기, 현재 사회의 이슈에 대해 토론하기, 여가활동 함께하기 등이다.

연구문제

01 지도성의 개념을 설명하고 유아교육기관의 특성을 고려한 바람직한 지도성 발휘의 방향에 대해 생각해 보시오.

02 유아교사의 직무 스트레스를 감소시킬 수 있는 방안을 모색해 보시오.

Part 04

학급 운영관리

Chapter 12

유아 인권

01 유아 인권의 개념과 중요성

최근 사회에서는 인간에 대한 존엄성이 강조되고 있으며, 인간에게 기본적으로 주어지는 권리, 즉 인권에 대한 관심이 높아지고 있다. 이러한 추세는 유아들에게도 동일하게 적용되어 유아 인권에 대한 관심이 증대되고 있다. 특히 발달 초기에 해당되는 유아기는 인권에 대한 지식·정서·태도가 형성되기 시작하는 시기로, 유아기에 형성된 인권개념은 어른이 되어서도 지속적으로 영향을 미치므로 매우 중요하다고 볼 수 있다. 그러므로 유아교육기관이 유아의 인권을 보호하면서도, 유아에게 질 높은 인권교육을 실시하는 것은 필수적인 사항이 되고 있다. 이러한 필요성 하에 이 장에서는 유아 인권의 개념과 중요성 그리고 유아 인권과 교육과정을 논하면서 유아교육기관의 교사가 알아야 할 인권 관련 내용에 대해 살펴보기로 하겠다.

1) 유아 인권의 개념

(1) 인권과 유아 인권의 개념

오늘날 대다수 나라에서 인간은 그 자체만으로 소중하며, 존중되어야 하며, 평등하고, 자유로운 존재라는 데 인식을 같이한다. 즉, 인간은 인종, 성, 장애 유무, 사회·경제적 지위 등에 차별을 받지 않아야 하며, 신체적·언어적·기타 행위로 권리가 침해되지 않아야 한다.

인권(국가인권위원회, 2011)은 '인간으로서 기본적으로 가지는 마땅한 권리'로 이해되며, 인권개념은 특정 사회의 법적 권리나 도덕적 목표와는 구분되어야 하고, 각국의 헌법을 포함한 실정법이나 문헌에 나타난 모든 권리가 인간의 존엄성을 실현하기 위하여 마련된 것이라고 볼 때 인권은 모든 권리의 기초이자 출발점이 된다.

또한 인권은 '인간이 인간답게 살아가기 위해 반드시 누구에게나 보장되어야 할 권리'로 인간의 존엄성을 존중받기 위해서 마땅히 보장되어야 할 전제조건으로 기본적이고 필수적인 권리이며, 어떠한 상황에서도 누구에게나 차별 없이 평등하게 보장되어야 한다는 의미에서 보편적인 권리라 할 수 있다(이지연, 2016 재인용).

그리고 인간은 혼자서는 살아갈 수 없고 사람들과 관계 형성을 통해 살아가는 사회적 존재이다. 따라서 나의 인권이 중요한 것처럼 타인의 인권 역시 중요하게 된다. 서울대학교 교육연구소(2003)에서는 인권이란 자신의 인권 신장을 지향하고 인권 침해에 저항할 권리가 있는 반면, 타인의 인권 신장을 보호하고 타인의 인권을 침해하지 않을 의무도 있음을 제시하고 있다.

그러므로 인권은 인간이 인간답게 살아가는 데 있어서 반드시 보장되어야 할 기본적인 권리이자 보편적인 권리이며, 자신과 타인의 권리를 모두 존중해야 하는 의무를 포함하고 있다.

위에서 살펴본 인권개념을 고려한다면 유아 인권이란 유아가 인간답게 살기 위해서 보장되어야 하는 기본적인 권리이며, 보편적인 권리일 뿐만 아니라 자신과 타인의 인권이 상호 존중된다는 의미를 포함한 개념임을 알 수 있다.

(2) 인권교육의 개념

인권은 인간이라면 누구에게나 보장되어야 할 기본적·보편적인 권리이며, 이러한 인권은 나의 권리와 타인의 권리 모두에 관심을 가져야 하며 추상적인 개념 정의와 논의로 끝나는 것이 아니라 실제 삶 속에서 구체적으로 적용될 때 비로소 실현된다. 다시 말하면 인권을 실천하게 하는 도구 역할을 하는 것은 인권교육이라고 볼 수 있다.

다음에서는 유아교육에서 많이 언급되고 있는 개념들과 인권교육을 비교함으로써 인권에 대한 개념을 좀 더 자세히 알고자 한다. 다문화교육·인성교육·도덕교육·시민교육과 인권교육과의 차이점을 살펴보기로 하겠다(전아영, 2018).

① 다문화교육과 인권교육

- 유사점: 기본적으로 지향하는 다양성 및 타인에 대한 시각을 열게 해 주는 다양성에 대한 인정과 문화적 소통을 통한 갈등 해소 강조
- 차이점: 반인권적인 맥락에서 차이를 보임. 다문화교육의 경우 반인권적인 문화현상에 대해서도 최소한 그 문화를 인정하나, 인권교육에서는 다양성 속에 궁극적으로 추구하고 불변하는 기본적인 인권적 가치가 있다고 보는 관점

② 인성교육과 인권교육

- 유사점: 인간에 초점을 두고 인간 존엄성이 가장 기본이 된다는 점
- 차이점: 인성교육은 한 사회가 강조하는 품성이나 인격에 대해 교육하는 반면 인권교육은 공동체에서 수용되는 것에 중요성을 두지 않고 인권적인가 하는 유일한 질문을 던짐

③ 도덕교육과 인권교육

- 유사점: 인간의 존엄성 측면에서 같은 방향
- 차이점: 도덕교육은 인격적 완성을 목표로 하고 그것이 구체적 실천을 요구하는 반면 인권교육은 자신의 권리를 인식하고 이를 행할 수 있을 때 인권은 권리가 된다는 준칙을 전제로 성립되는 교육임

④ 시민교육과 인권교육

- 유사점: 공동체 내 구성원들이 동등한 참여와 합리적 의사소통을 중시한다는 점

- 차이점: 시민교육은 결과보다는 과정 중시이며, 인권교육은 가치 자체의 중시. 즉, 시민교육은 인권보다는 합리적 절차와 다수의 선택에 의해 도출된 결과를 더 강조하는 반면 인권교육은 다수의 선택이라는 합리적 절차보다 소수자와 약자 중심의 인권을 존중함

인권교육과 타 개념과의 비교에서 인권교육은 인간의 존엄성을 대전제로 하면서 문화적 다양성 속에서 궁극적으로 추구하고 불변하는 기본적인 인권적 가치가 있다고 간주하며, 공동체에서 용인되는 것이 인권적인가에 대한 끊임없는 질문을 통해 사회에서 소외되는 소수자와 약자 중심의 인권을 강조하고 또한 자신의 권리를 인식하고 이를 행할 수 있을 때 인권은 권리가 된다는 준칙이 있음을 알 수 있다.

요약하면 인권교육이란 자신의 권리인 인권 지식을 학습하고, 다른 사람의 권리를 존중하는 태도를 기르고, 실천하는 능력을 기르는 것이다. 즉, 인권교육은 인권의 가치적 측면, 태도 측면 그리고 실천적 측면이 모두 포함되어 있다고 볼 수 있다.

2) 유아 인권의 중요성

유아 인권에 대한 국제사회의 동향을 살펴보면 1948년 '세계인권선언'을 채택하였으며, 1959년에는 인간의 권리에 대한 이념과 내용이 담긴 '유엔 아동권리선언(UN Declaration on the Rights of the Child)'을 발표하였다. 1989년 UN 총회에서 '아동의 권리에 관한 국제협약'이 만장일치로 채택되었고, UN은 1995년부터 2005년을 인권교육 진흥 10년으로 정하였다. 이로 인해 전 세계적으로 인권교육에 대한 관심이 증대되었다.

유네스코 한국위원회(2000)는 인권을 존중하고 보호하고 개선하는 일은 법과 제도의 문제이지만 인권의 가치를 사회에 전반적으로 확산할 수 있는 것은 오직 교육을 통해서 가장 효과적으로 이루어낼 수 있다는 측면에서 인권에 있어 근본적인 문제는 인권교육임을 강조하였다(전아영, 2018에서 재인용).

유아기는 자아개념이 발달하면서 자아존중감이 형성되며, 또한 타인에 대한

인식과 관심이 자라나는 시기이다. 이 시기에 형성되는 자신과 타인과 대한 인식과 존중을 통해 인권에 대한 기본 개념이 형성되며, 이때 형성된 인권 개념은 전 생애에 걸쳐서 영향을 줄 수 있으므로 매우 중요하다. 그리고 유아기는 발달 초기에 해당되어 자신의 권리를 주장하고 실현시키기가 어려우므로 부모와 교사 그리고 주변 성인들의 보호와 양육이 꼭 수반되어야 한다. 따라서 유아 주변의 성인들이 유아 자신과 타인 존중의 소중함, 존중하는 태도 및 행동들을 함께 지도해야 한다.

또한 유아 인권교육의 중요성은 개인적 측면과 사회적 측면으로 나누어 살펴볼 수 있다(이지연, 2016). 개인적 측면에서 유아는 자신이 소중한 존재이며, 존중받을 권리가 있음을 알게 된다. 즉, 긍정적인 자아개념을 형성하게 되며, 자신의 정체성을 확립하게 된다. 이는 곧 자신에 대한 인권 인식으로 이어진다. 사회적 측면을 살펴보면 유아는 자기중심적 특성이 강한 단계에 있으나 타인조망수용 능력이 점차 발달하면서 다른 사람의 견해와 관점에도 관심을 가지기 시작한다. 이러한 타인에 대한 이해와 존중이 배려적 사고로 이어지게 되며, 이는 인권을 이해하는 중요한 발달적 특징이 된다.

위와 같이 유아기는 자신에 대한 관심에서 시작하여 타인으로 확대되면서 자신과 타인에 대한 존중을 경험하게 된다. 그리고 이를 통해 자신에 대한 인권인식 그리고 타인에 대한 배려적 사고가 증진되는 중요한 시기이다.

3) 아동학대 예방 및 조치요령

보육사업안내(2023)에 제시되어 있는 아동학대 예방 및 조치요령에 대해서 살펴보고자 한다.

(1) 아동학대의 정의

① (아동학대) 보호자를 포함한 성인이 아동의 건강 또는 복지를 해치거나 정상적 발달을 저해할 수 있는 신체적·정신적·성적 폭력이나 가혹행위를 하는 것과 아동의 보호자가 아동을 유기하거나 방임하는 것을 말한다(아동

복지법 제3조 제7호).

② (아동학대범죄) 아동학대 중 보호자에 의한 아동학대를 아동학대범죄로 규정한다(아동학대범죄의 처벌 등에 관한 특례법 제2조 제4호).

※ 보호자란 친권자, 후견인, 아동을 보호·양육·교육하거나 그러한 의무가 있는 자 또는 업무·고용 등의 관계로 사실상 아동을 보호·감독하는 자를 말한다(아동복지법 제3조 제3호).

따라서, 아동이 어린이집에서 보육을 받는 시간 동안 당해 아동을 담당하는 보육교직원도 보호자에 해당된다.

(2) 아동학대의 신고

① 국번 없이 112(신고 시 관할 시·군·구 및 경찰서 연결), 시·군·구 아동학대전담부서 및 아동보호전문기관

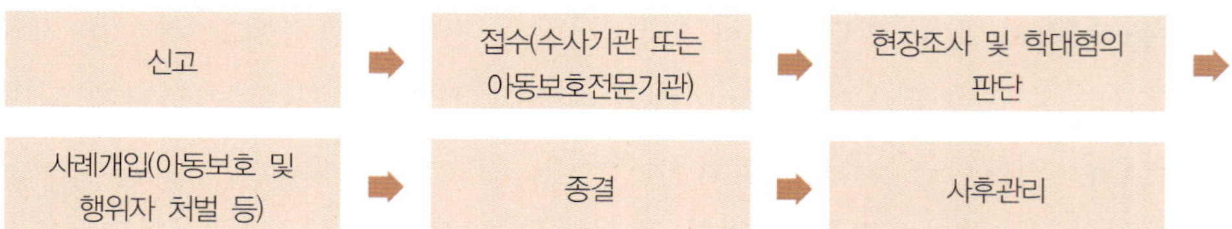

수사기관 및 아동보호전문기관의 아동학대 개입절차

② 어린이집 보육교직원은 아동학대범죄의 처벌 등에 관한 특례법 제10조의 규정에 의한 신고의무자로서 직무상 아동학대를 알게 된 경우 및 의심되는 경우 즉시 아동보호전문기관 또는 수사기관에 신고해야 한다.

- 신고의무를 이행하지 않을 경우 1,000만 원 이하의 과태료를 부과한다(아동학대범죄의 처벌 등에 관한 특례법 제63조).
- 신고인의 신분은 보호되며 그 의사에 반하여 신원이 노출되지 않는다.

③ 보육교사 자격 취득 과정이나 보수교육 과정에 아동학대 예방 및 신고의무와 관련된 교육내용을 1시간 이상 포함하도록 해야 한다.

- 어린이집 원장은 보육교직원(아동복지법 제26조 제3항에 따라 소속 신고의무자)에게 아동학대 예방 및 신고의무와 관련한 교육을 매년 1시간 이상 실시

한다(아동복지법 시행령 제26조).

※ 아동복지법 제75조 제3항에 의거 원장은 아동학대 신고의무자에게 신고의무 교육을 실시하지 아니한 경우 300만 원 이하의 과태료 부과

※ 교육 시 아동권리보장원 홈페이지(www.ncrc.or.kr) 자료실에 등재된 신고의무자 교육자료(또는 교육·홍보 자료)를 적극 활용

※ 중앙아동보호전문기관 신고의무자 교육자료(또는 교육·홍보 자료)를 활용하여 기관별 자체 교육 등 실시

(3) 아동학대 금지행위 위반 시 어린이집의 원장 또는 보육교사의 자격취소

법 제48조 규정에 따라 보건복지부 장관은 어린이집의 원장 또는 보육교사가 아동복지법 제3조 제7호의2에 따른 아동학대 관련 범죄로 처벌을 받은 경우에는 그 자격을 취소할 수 있다.

※ 행정지원시스템에 행정처분 등 법 위반 사항(법조항, 행정처분 내용) 구체적으로 입력

(4) 아동학대 등 금지행위가 발생한 시설에 대한 조치사항

① 어린이집 설치·운영자(보육교직원 등 설치·운영자의 관리·감독하에 있는 자 포함)가 아동복지법 제3조 제7호에 따른 아동학대 행위를 한 경우에는 법 제45조에 따라 1년 이내의 어린이집 운영정지 또는 어린이집의 폐쇄를 명할 수 있다.

- 다만, 설치·운영자가 그 행위를 방지하기 위하여 상당한 주의와 감독을 게을리하지 아니한 경우 제외
- 설치·운영자의 상당한 주의와 감독 여부에 대해서는 학대행위 신고여부 등을 종합적으로 고려하여 판단

② 아동학대 발생 시설은 법원판결 이전이라도 아동학대 전담공무원, 아동보호전문기관 등의 아동학대 사례판단 시 해당 시설의 영유아 보호를 위해 관련 행정처분(어린이집 운영정지, 보육교직원 자격정지 등) 등 적극 실시해야 한다.

- 아동학대 발생 시 법원 확정판결 등 형사절차 진행상황을 지속적으로 관리하고, 특히 기소유예, 선고유예, 보호처분 등도 범죄 사실은 인정되므로 영유아보육법에 의한 행정처분 절차 반드시 진행

③ 각 시·도에서는 관할 시·군·구의 아동학대 발생 어린이집에 대한 행정처분 이행실적을 분기별로 취합하여 매분기 종료 후 익월 10일까지 보건복지부에 제출해야 한다.

④ 평가 어린이집의 대표자, 원장 또는 보육교직원이 아동복지법 또는 아동·청소년의 성보호에 관한 법률을 위반한 경우 등급 조정해야 한다.

⑤ 해당 어린이집 및 시·군·구는 아동학대 사례 인지 시 수사기관(관할 경찰서 또는 112)에 신고 및 관할 아동보호전문기관에 통보하여 합동 조사하거나 피해아동에 필요한 조치를 취하고 관련 내용을 시·도 및 보건복지부에 즉시 보고해야 한다.

⑥ 아동학대 신고자에 대해서는 별도의 규정에 따른 포상금 지급이 가능하다.

02 유아 인권과 교육과정

1) 유아 인권교육의 목표와 내용

유아 인권교육의 목표는 유아 자신과 다른 사람의 존중에서 비롯되어 인권에 대한 인식, 태도 그리고 실천에 대한 전반적인 내용이 포함된다. 다음에는 목표를 제시하고 있는 여러 접근에 대해 알아보고자 한다.

(1) 서울대학교 교육연구소(2003)

유치원의 인권목표는 자신의 인권을 보호하고 타인의 인권을 존중할 줄 아는 기본 생활습관을 형성하도록 하는 것이며, 구체적 목표는 다음과 같다.

첫째, 아동은 가정, 학교, 사회에서 존중되고 보호받아야 할 존재임을 인식한다.

둘째, 안전, 청결, 공평함, 친구와 사이좋게 지내기 등 낮은 수준에서 자신과 타인의 인권을 보호할 수 있는 기본 생활 태도를 형성한다.

셋째, 살아 있는 동식물의 생명을 소중히 여기는 태도를 기른다.

(2) 한국교육연구(2005)

한국교육연구(2005)는 인권에 대한 지식, 가치, 기능 및 행동을 토대로 하여 유아 인권교육의 목표를 분류하였다(김숙자 외, 2008a).

첫째, 인권이란 무엇이며 내가 인간으로서 어떤 권리를 가지고 있으며 다른 사람들 또한 나와 마찬가지로 어떤 권리를 가지고 있는지를 인식하는 것이며 인권에 대해 아는 것이다.

둘째, 인권개념에 대해 인지적으로 아는 것을 넘어, 인권을 존중하고 인권에 대해 민감해지는 것으로 인권존중과 인권침해에 민감해지는 것이다.

셋째, 인간으로서의 존엄성을 인식하고 타인의 권리를 존중하는 것, 인권관련 쟁점을 인식하고 인권적 관점에서 자신의 입장을 선택한 후 인권침해의 상황을 개선하기 위한 방법을 고안하고 실천하는 것 등의 과정을 통해 인권친화적인 행동을 하는 것이다.

(3) 국가인권위원회(2011)

유아 대상의 인권교육 목표는 유아가 스스로 자신의 권리를 이해하고 인식하는 것에서부터 자신의 최상의 이익을 존중받기 위한 노력뿐만 아니라 자신의 권리에 참여할 수 있도록 하는 것이다.

첫째, 유아는 권리주체자임을 인식하고 그 역할을 이해할 수 있다.

둘째, 유아가 권리에 대한 개념을 형성하고, 인식을 향상시킬 수 있도록 돕는다.

셋째, 자신의 권리에 대한 옹호자로서 자신의 역할을 이해할 뿐만 아니라 자신의 권리에 대해 능동적인 참여를 할 수 있다.

위에서 유아 인권교육의 목표들을 살펴보았다. 요약하면 유아 인권교육의 목표는 '유아는 인권의 주체이며, 존중되어야 할 존재임을 인식하고, 자신과 타인의 권리에 대한 민감한 태도를 익히며, 권리 보호를 위해 실천할 수 있어야 한다는 것이다.

다음에서는 유아 인권교육의 세부내용을 살펴보기로 하겠다.

권리유형	내용
생존의 권리	기본적인 삶을 누리는 데 필요한 권리: 적절한 생활수준을 누릴 권리, 안전한 주거지에서 살아갈 권리, 충분한 영양을 섭취하고 기본적인 보건서비스를 받을 권리 등
보호의 권리	유해한 것으로부터 보호받을 권리: 모든 형태의 학대와 방임, 차별, 폭력, 고문, 징집, 부당한 형사처벌, 과도한 노동, 약물과 성폭력 등
발달의 권리	잠재 능력을 최대한 발휘하는 데 필요한 권리: 교육받을 권리, 여가를 즐길 권리, 문화생활을 하고 정보를 얻을 권리, 생각과 양심 그리고 종교의 자유를 누릴 권리 등
참여의 권리	자신의 의견을 말하고 존중받을 권리: 표현의 자유양심과 종교의 자유, 의견을 말할 권리 평화로운 방법으로 모임을 자유롭게 열 수 있는 권리, 사생활을 보호받을 권리, 유익한 정보를 얻을 권리 등

출처: 전라북도 교육연구정보원 교육정책연구소(2012). 유아 인권교육 프로그램 개발 및 현장적용 방안 연구.

먼저 1989년에 채택된 '아동의 권리에 관한 국제협약(Convention on the Rights of the Child: CRC)에서 제시한 네 가지 권리를 살펴보겠다. 이것은 생존의 권리, 보호의 권리, 발달의 권리 그리고 참여의 권리이다.

이러한 권리들은 서로 관련이 있으며, 중요도가 높고 낮은 것이 있는 것이 아니라 동일하게 중요하다. 그리고 자신의 권리를 제대로 누리고, 다른 사람의 권리를 지켜주기 위해서는 권리에 대해 잘 알아야 함을 강조하고 있다.

이러한 아동권리협약을 근거로 인권교육에 관한 내용이 연구되었다. 서울대학교 교육연구소(2003)에서는 유치원 인권교육내용으로 자기 존중의 태도, 타인의 권리 존중 태도 그리고 생명 가치에 대한 존중을 제시하였다. 그리고 국가인권위원회(2006)는 인권에 대한 가치와 태도형성을 다룰 것을 권고하면서 신뢰와 사회적 존중, 갈등 해결하기, 차별에 대처하기, 유사점과 차이점 인식하기, 자신감과 자부심 키우기, 신뢰 쌓기, 학급 규칙 정하기, 인권 이해하기, 아동의 권리 소개하기 등을 제시하였다. 김숙자·김현정·장윤정(2008)은 기존에 진행된 연구들을 토대로 유아 인권교육 내용을 다음과 같이 재구성하였다.

범주		하위개념	내용
기본적 권리		인간으로서의 존엄성, 생명존중, 관용, 행복추구권	• 나에 대해 긍정적으로 생각하기 • 나의 신체를 인식하고 스스로 보호하기 • 모두 다르지만 서로 존중하기 • 위험한 상황에 처한 사람 돕기 • 즐겁게 생활하기
평등의 권리		공정한 생활태도, 타인의 권익존중, 약속과 규칙 지키기, 법과 규칙 지키기, 민주적 절차, 법 앞에서의 평등	• 감정과 욕구 조절하기 • 다른 사람을 존중하고 배려하기 • 예의 바르게 행동하기 • 공동체에서 지켜야 할 약속 익히기 • 공동규칙 이해하고 지키기
자유의 권리	인신의 권리	생명권, 신체를 훼손당하지 않을 권리, 신체의 자유	• 재해에 대비하기 • 안전하게 놀이하기
	정신적 권리	양심의 자유, 종교의 자유, 학문과 예술의 자유, 의사표현의 자유	• 그림 그리기, 만들기, 꾸미기, 동작으로 표현하기 • 자신의 경험과 생각 말하기
경제적 권리		재산권, 직업선택의 자유, 소비자의 권리, 물건을 아끼고 소중히 여기기, 공익추구	• 저축의 중요성 알기 • 직업에 관심 가지기 • 경제생활에 관심 가지기 • 물건을 아끼고 소중히 여기기 • 돈을 바르게 사용하는 방법 알기
정치적 권리		의견표현의 자유, 다른 사람의 의견 존중하기, 합리적 의사결정	• 친구들의 의견 존중하기 • 바른 태도로 듣기 • 다양한 방법으로 생각 표현하기
사회적 권리		인간다운 생활권, 환경권, 동·식물 보호권, 쾌적한 주거생활권, 교육을 받을 권리, 건강권	• 세계의 배고픈 어린이들에 대한 관심 갖기 • 환경 보전에 관심 가지기 • 생명을 존중하고 사랑하는 마음 갖기 • 건강을 지키기 위한 방법 알기

출처: 김숙자·김현정·장윤정(2008). 경험학습 중심의 인권교육 프로그램 개발 및 현장적용연구.

그리고 조주랑(2010)은 유치원교육과정과 인권교육을 접목하여 비교 분석하였는데, 그 결과 유아 인권교육을 위한 인권교육 범주를 다음과 같이 제시하였다.

범주		하위내용
기본적 권리		• 인간으로서의 존엄성 • 타인의 권리 존중 • 생명존중 • 관용 • 행복추구권
평등의 권리		• 약속과 규칙 지키기 • 법과 규칙 지키기 • 법 앞에서의 평등 • 민주적 절차
자유의 권리	인신의 권리	• 신체를 훼손당하지 않을 권리 • 신체의 자유
	사생활의 권리	• 사생활 비밀의 권리 • 통신의 자유
	정신적 권리	• 양심의 자유 • 종교의 자유 • 학문과 예술 표현의 자유
경제적 권리		• 소비자의 권리 • 직업 선택권 • 경제생활에 관심 가지기 • 물건을 아끼고 소중히 여기기 • 공익추구
정치적 권리		• 의견 표현의 자유 • 다른 사람의 의견 존중하기 • 합리적 의사결정
사회적 권리		• 인간다운 생활권, 환경권 • 쾌적한 주거생활권 • 교육받을 권리 • 건강

출처: 조주랑(2010). 국가고시 유치원교육과정에 나타난 유아 인권 관련 교육내용 분석.

위에서 살펴본 바와 같이 인권교육의 내용은 기본적 권리, 평등의 권리, 자유의 권리, 경제적 권리, 정치적 권리, 사회적 권리 등 총 여섯 가지 범주로 구분할 수 있음을 알 수 있다.

2) 유아 인권교육과 누리과정

유아교육과정에서 유아 인권과 관련된 영역은 사회관계영역이다. 만 5세 누리과정의 사회관계영역은 유아가 자신을 알고 소중하게 생각하며, 가족, 또래와 함께 지내는 방법뿐 아니라 공동체에서 함께 살아가는 방법을 익히고 주변 세계에 관심을 가지고 적응해 나갈 수 있는 기초 능력과 인성을 기르기 위한 영역이다. 영역의 목표는 '자신을 존중하고 다른 사람과 더불어 생활하는 태도를 기른다'로 이는 인권교육이 지향하는 바와 같이 자신과 타인에 대한 존중을 기본으로 함을 알 수 있다. 사회관계영역의 내용 범주는 다음과 같다.

내용 범주	내용
나를 알고 존중하기	• 나를 알기 • 나를 소중히 여기기 • 나의 일 스스로 하기
나와 다른 사람의 감정 알고 조절하기	• 나와 다른 사람의 감정 알고 표현하기 • 나의 감정 조절하기
가족을 소중히 여기기	• 가족과 화목하게 지내기 • 가족과 협력하기
다른 사람과 더불어 생활하기	• 친구와 사이좋게 지내기 • 공동체에서 화목하게 지내기
사회에 관심 갖기	• 지역사회에 관심 갖고 이해하기 • 우리나라에 관심 갖고 이해하기 • 세계와 여러 문화에 관심 가지기 • 사회적 가치를 알고 지키기

사회관계영역의 내용을 살펴보면 '인권'이라는 용어는 사용되고 있지 않지만 나의 존중에서 시작하여 다른 사람과 가족의 존중 그리고 사회로 확대되어 다양한 인권을 이해하고 구체적 행동으로 이어지도록 구성되고 있다. 이 내용들은 유아 인권 내용으로 구분된 기본적 권리, 평등의 권리, 자유의 권리, 경제적 권리, 정치적 권리, 사회적 권리와 관련된다고 볼 수 있다.

5세 누리과정 교사용 지침서 중에서 사회관계영역 내용체계와 인권범주 체계를 관련지은 내용을 정리한 것을 아래에 제시하였다.

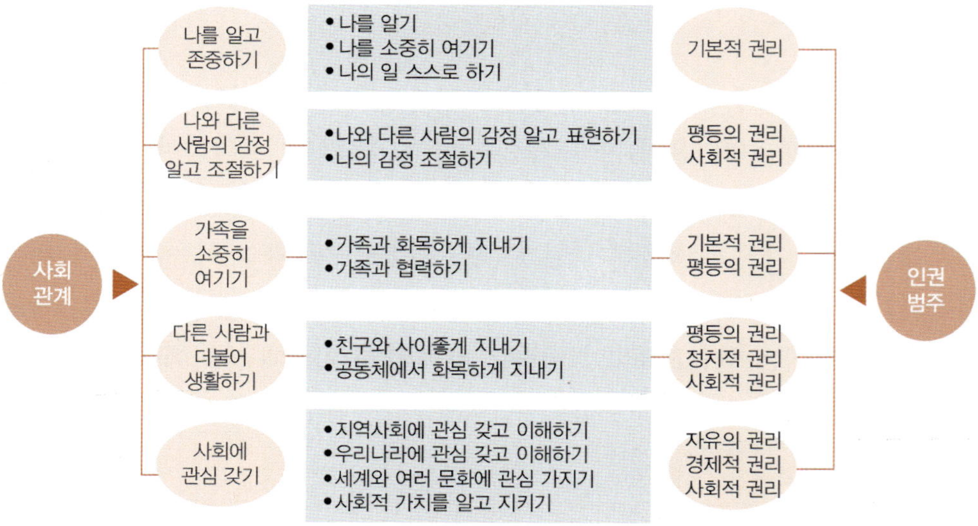

출처: 유미숙(2017). 유아 인권교육을 위한 누리과정 만 5세 교사용 지도서 활동분석.

위의 관계도를 살펴보면 5세 누리과정 사회관계영역의 내용체계는 인권범주 중에서 기본적 권리, 평등의 권리, 정치적 권리, 사회적 권리, 자유의 권리 그리고 경제적 권리 모두를 포함하고 있음을 알 수 있다.

03 유아 인권교육의 실제

유엔의 '아동권리협약'에 근거하여 많은 연구들이 이루어졌으며, 실제 현장에서 활용할 수 있는 프로그램도 다수 개발되고 있다. 유아교육현장에서 적용 가능한 프로그램에 대해 알아보고, 인권교육을 실행하기 위해 알아야 할 교수방법과 교사의 역할에 대해 살펴보고자 한다.

1) 유아 인권교육 프로그램 사례

(1) 국가인권위원회(2011)

국가인권위원회(2011)에서는 유엔 아동권리협약의 원칙과 주요원리를 기초로 인권교육 프로그램을 구성하였는데, 아동의 인권, 비차별, 생존권, 보호권, 발달권 그리고 참여권으로 구분하였다. 그리고 반드시 다루어야 할 핵심권리를 9개의 소주제로 선정하고, 각 소주제별로 회기를 구성하였다.

대주제	소주제	회기
아동의 인권	권리개념	권리는 무엇일까요?
	존중받을 권리	우리는 존중받을 권리가 있어요
비차별	차별받지 않을 권리	서로 다를 뿐이에요
생존권	안전·건강할 권리	안전한 곳에서 건강하게 자랄래요
보호권	보호받을 권리	위험해요! 보호해 주세요
발달권	교육받을 권리·놀 권리	열심히 배우고 신나게 놀아요
참여권	참여할 권리	내 말을 들어 보세요
	권리 충돌의 문제해결	모두 존중하는 방법을 알아요
	권리 주체자의 역할	우리는 권리지킴이

각 회기마다 동화, 이야기 나누기, 영역별 활동으로 나누어 진행되었으며, 필요한 자료와 매체도 제공되었다. 또한 가정통신문을 활용하여 가정과의 연계성을 고려하였다. 프로그램 회기별 구성 및 내용은 다음과 같다.

회기	제목	핵심 권리	목표	동화	이야기 나누기	영역별 활동
1	권리는 무엇일까요?	권리 개념	• 권리의 의미를 이해하고 유엔아동권리협약을 안다. • 권리에 대해 흥미와 관심을 갖는다.	나는 알이에요	권리는 무엇일까요?	권리송 〈알쏭 달쏭 권리 알 권리〉 권리나무 만들기
2	우리는 존중받을 권리가	존중받을 권리	• 나를 인식하고, 나의 존엄성을 안다. • 나와 너, 모두가 소중하다는 것	나는 소중한 알이에요	존중받을 권리가 있어요	나는 ○○○예요! 알이 자라면...? 짝의 얼굴을 그려요

회기	제목	핵심 권리	목표	동화	이야기 나누기	영역별 활동
	있어요		을 인식할 수 있다. • 생명을 보호하고 존중한다. • 모든 생명이 존중받을 권리가 있음을 안다.			
3	서로 다를 뿐이에요	차별받지 않을 권리	• 나와 다른 사람이 있다는 것을 안다. • 서로 다름을 이해하고 존중한다. • 차별받지 않을 권리가 있음을 안다.	생긴 모습 그대로 좋아요	차별받지 않을 권리가 있어요	버스 타고 소풍 가요 지구촌 친구들 맛을 느껴보아요 동극 〈까만 크레파스〉
4	안전한 곳에서 건강하게 자랄래요	안전·건강할 권리	• 안전하고 건강한 환경을 보호받을 권리가 있음을 안다. • 위생과 충분한 영양섭취, 의료 혜택을 받을 권리를 인식한다.	꼬꼬닭이 건강한 알을 낳았대요	안전하고 건강하게 자랄 권리가 있어요	알 옮기기 '안전과 건강' 신문 만들기
5	위험해요! 보호해 주세요	보호받을 권리	• 폭력, 학대와 방임으로부터 보호받을 권리가 있음을 안다. • 과도한 노동, 착취, 유괴, 전쟁과 같은 유해한 환경으로부터 보호받을 권리가 있음을 안다.	꼬꼬닭과 세 개의 알	폭력으로부터 보호받을 권리가 있어요	알을 찾아라! 위험에 빠진 콩쥐를 구해요!
6	열심히 배우고 신나게 놀아요	교육받을 권리·놀 권리	• 자신의 능력과 잠재력을 개발하기 위한 교육을 받을 권리를 이해한다. • 휴식과 여가생활, 문화예술활동을 즐길 수 있다.	껍질을 깨고 세상 밖으로!	교육받을 권리와 놀 권리가 있어요	배울 권리와 놀 권리 찾기 배우고 싶고 놀고 싶어요
7	내 말을 들어 보세요	참여할 권리	• 자신의 권리를 위해 스스로 할 수 있는 것이 있음을 안다. • 자신과 관련된 의사결정 과정에 참여하는 권리를 이해한다.	용감한 삐약이들!	의견을 말하고 참여할 권리가 있어요	높이 높이 쌓아요 협동화 〈용감한 삐약이〉 우리가 규칙을 정해요 특별한 날
8	모두 존중하는 방법을 알아요	권리 충돌의 문제 해결	• 말이나 글, 예술을 통해 자신의 느낌과 생각을 표현한다. • 자신의 권리와 타인의 권리 모두를 존중할 수 있는 방법을 찾을 수 있다.	반짝이는 깃털	서로의 권리를 지켜줄 수 있는 방법을 생각해요	나와 친구의 기분을 이야기해요 어떻게 하면 좋을까요 자동차가 조심 조심!
9	우리는 권리 지킴이	권리 주체자의 역할	• 권리의 개념과 기본권(생존, 보호, 발달, 참여)을 이해한다. • 권리실현의 책임이 우리 모두에	알에서 꼬꼬 닭으로	우리 스스로 권리를	알록달록 알 모으기 권리지킴이 왕관 만들기

회기	제목	핵심 권리	목표	동화	이야기 나누기	영역별 활동
			게 있음을 안다. • 자신과 타인의 권리를 위해 행동한다.		지키기 위해 노력해요	

(2) 김숙자·김현정(2010)

이 프로그램은 여섯 가지 인권유형과 각 인권유형별 교육내용으로 구성되었다.

인권유형		교육내용
기본적 권리		• 인간으로서의 존엄성 • 생명존중 • 관용 • 행복추구권
평등의 권리		• 공정한 생활태도 • 타인의 권익존중 • 약속과 규칙 지키기 • 법과 규칙 지키기 • 법 앞에서의 평등 • 민주적 절차
자유의 권리	인신의 권리	• 생명권 • 신체를 훼손당하지 않을 권리 • 신체의 자유
	정신적 권리	• 양심의 자유 • 종교의 자유 • 학문과 예술의 자유 • 의사 표현의 자유
경제적 권리		• 재산권 • 직업선택의 자유 • 소비자의 권리 • 물건을 아끼고 소중히 여기기 • 공익추구
정치적 권리		• 의견 표현의 자유 • 다른 사람의 의견 존중하기 • 합리적 의사결정
사회적 권리		• 인간다운 생활권

인권유형	교육내용
	• 환경권 • 동·식물 보호권 • 쾌적한 주거 생활권 • 교육받을 권리 • 건강권

인권교육 프로그램은 총 16회에 걸쳐 진행되는데, 교수–학습에서의 기본 모형이 되는 활동은 이야기 나누기 활동과 확장활동이다. 즉, 30분 정도의 이야기 나누기 활동과 20~30분 정도의 확장활동으로 이루어져 총 50~60여 분 정도의 대·소집단 형태로 구성된다. 각 이야기 나누기 활동은 구체적인 경험을 갖도록 하는 활동자료를 준비하고, 확장활동에서도 다양한 자료들을 준비하게 된다.

횟수	활동유형	활동명	집단형태	단위활동	활동시간	활동자료
1	이야기 나누기 활동	마음이 아파요	대집단	이야기 나누기	30	• 그림 자료 4장(다른 친구에게 ㅇㅇ의 안 좋은 이야기를 하는 장면, 그로 인해 싸우는 장면)
	확장활동	달라서 좋아요	소집단	자유선택 –조형영역	20	• 같은 느낌의 다른 두 그림(피카소의 '우는 여인', '아이를 잃은 어머니') • 종이, 미술영역에 준비된 다양한 재료(구슬, 꽃, 포장지, 방울, 뿅뿅이, 털실, 빨대, 색공, 스팽글, 비즈, 반짝이 등)
2	이야기 나누기 활동	함께 이야기해요	대집단	이야기 나누기	30	• 그림 자료 3장(① 친구가 말하는 도중에 끼어드는 장면, ② 부모님께서 의논하는 중에 끼어드는 장면, ③ 하고 싶은 얘기가 있어도 손님과 얘기하는 엄마를 기다리는 장면)
	확장활동	생각이 달라요	소집단	자유선택 –언어영역	20	• 반으로 접혀 있는 종이, 여러 가지 색깔의 튜브형 물감
3	이야기 나누기 활동	모두에게 좋아요	대집단	이야기 나누기	30	• 그림 자료 2장(① 차례로 줄 서 있는 가운데로 새치기하는 장면, ② 화장실 앞에 줄 서 있는 데 화장실이 급한 친구가 울상이 되어 서 있는 장면)
	확장활동	화장실에선 이렇게	대집단 소집단	토의활동	20	• 약속판, 필기도구

횟수	활동 유형	활동명	집단 형태	단위 활동	활동 시간	활동자료
4	이야기 나누기 활동	버려진 색종이	대집단	이야기 나누기	30	• 종이조각(크기, 모양이 다양한 종이조각, 구겨진 종이 등) • 그림 자료 3장(① 크레파스를 제자리에 정리 못 해 잃어버리고 다시 사는 그림, ② 헌 장난감을 새로 고쳐 사용하는 그림, ③ 쓰레기를 분류하여 버리는 그림)
	확장활동	변신! 우유팩!	소집단	자유선택 –조형영역	20	• 재활용품(우유팩, 빈 종이상자, 캔, 휴지곽, 병뚜껑 등), 종이조각 등
5	이야기 나누기활동	모두가 행복합니다	대집단	이야기 나누기	30	• 사진 자료 1장-다양한 모습으로 웃고 있는 사진
	확장활동	행복나무를 만들어요	대집단	공동작업	20	• 나뭇잎 모양의 편지지, 행복나무 꾸미기 자료 등 • 행복나무(교실 내 큰 화분이나 함께 만든 나무)
6	이야기 나누기 활동	조심할 수 있어요	대집단	이야기 나누기	30	• 그림 자료 1장-친구를 괴롭히는 장면(장난하거나 발로 차거나, 머리 잡아당기기)
	확장활동	미안해 괜찮아!	대집단	상황극	20	• 상황을 나타내는 그림 자료 2장(① 괴롭힘을 당하는 상황에서 대처상황, ② 친구의 실수로 다치게 되었을 때의 상황)
7	이야기 나누기 활동	가슴이 콩닥콩닥	대집단	이야기 나누기	30	• 그림 자료 1장-초콜릿을 먹고 난 후 양치질을 하지 않고 있던 중 엄마께서 "양치질 했니?" 하고 질문하는 상황 • '양치기 소년의 거짓말' 동화
	확장활동	양치기 소년의 거짓말	대집단	동극	20	• 역할 머리띠(양치기 소년, 늑대, 양, 마을 사람 등)
8	이야기 나누기 활동	같이 놀 수 있어요	대집단	이야기 나누기	30	• 자유선택활동 평가표
	확장활동	자기만 아는 바름이	대집단	동화	20	• '자기만 아는 바름이' 동화(이진아(1999). 자기만 아는 바름이. 웅진출판사)
9	이야기 나누기 활동	다르지만 같아요	대집단	이야기 나누기	30	• '선생님' 동화-휠체어를 타는 선생님에 관한 이야기 • '내 친구 여진이' 동화-지나친 도움으로 오히려 친구가 불편해하는 경우 • 휠체어, 지팡이
	확장활동	친구와 함께해요	대집단	게임	20	• 안대, 반환점 등

횟수	활동유형	활동명	집단형태	단위활동	활동시간	활동자료
10	이야기 나누기 활동	교통사고가 났어요	대집단	이야기 나누기	30	•그림 자료 1장-신호등에서 교통사고가 난 그림 •그림 자료 1장-신호등의 초록 불이 깜박이는 장면
	확장활동	신호등이 말해요	대집단	동시	20	•'신호등이 말해요' 동시, 신호등(모형)
11	이야기 나누기 활동	내 것!	대집단	이야기 나누기	30	•'엄마, 아빠, 고맙습니다' 동화-아빠의 월급날에 관한 이야기 •용돈기입장, 가계부 등
	확장활동	시장놀이	대집단	공동작업 시장놀이	20	•시장놀이에 필요한 소품, 모형 돈, 시장놀이 계획표
12	이야기 나누기 활동	나는 ㅇㅇ가 될 것입니다	대집단	이야기 나누기	30	•그림 자료 1장-다양한 역할놀이 장면 •그림 자료들-여러 가지 직업을 소개한 그림들
	확장활동	나는 나는 자라서	소집단	자유선택 -조형영역	20	•다양한 그리기 자료(도화지, 색연필, 크레파스 등)
13	이야기 나누기 활동	함께 살아요	대집단	이야기 나누기	30	•그림 자료 2장(① 강아지를 때리는 장면, ② 동물을 잘 돌보는 장면) •올챙이 기르기
	확장활동	올챙이를 잘 돌보려면	대집단 소집단	토의활동	20	•올챙이 기르기, 올챙이 먹이 •토의활동 결과지, 색연필
14	이야기 나누기 활동	소중한 몸 건강한 몸	대집단	이야기 나누기	30	•'감기에 걸려버린 토끼' 동화
	확장활동	내 몸에 좋은 행동과 좋지 않은 행동이 있어요	대집단	게임	20	•몸에 좋은 것과 좋지 않은 것의 그림카드, 이젤(구분판), 바구니 2개
15	이야기 나누기 활동	지구를 살려주세요	대집단	이야기 나누기	30	•그림 자료 2장(① 쓰레기를 길에 그냥 버리는 그림, ② 깨끗한 공원의 모습) •그림 자료 2장(① 분리배출하는 그림, ② 쓰레기를 재활용하는 그림)
	확장활동	쓰레기 분리배출	대집단	게임	20	•캔류, 종이류, 플라스틱, 병류 등 •분리수거 쓰레기통
16	이야기 나누기 활동	나는 소중해요	대집단	이야기 나누기	30	•그림 자료 1장(옷에 오줌을 싸버린 친구를 놀리는 장면)
	확장활동	나는 소중해요	대집단 소집단	상황극 언어영역	20	•'나의 권리수첩' 자료(A4 크기의 도화지를 접어 만든 수첩)

2) 유아 인권교육과 교사

(1) 유아 인권교육의 교수-학습방법

유아를 대상으로 한 인권교육은 발달 특수성으로 인해 성인들과는 다른 접근방법이 필요하다. 유아의 특성을 고려한 인권교육 접근방법은 다음과 같다.

인권교육의 방법론	내용
경험중심 인권교육	자신을 둘러싼 조건과 그 조건 속에서 인권이 작용하는 방식을 자신의 경험에 비추어 이해하도록 돕는 교육
활동중심 인권교육	학습자 중심의 활동을 통해서 인권에 대한 새로운 지식을 이해하고 수용할 수 있도록 하는 방법
문제제기식 인권교육	학습자들의 생각 중 관련성이 없고 맞지 않는 부분을 자신이 스스로 문제제기를 하도록 함으로써 교육하는 방법
참여적 인권교육	인권 관련 개념을 명료하게 이해하고 주제를 잘 분석할 수 있도록 학습자들로 하여금 집단으로 참여할 수 있는 기회를 제공하는 교육방법
변증법적 인권교육	학습자가 이미 갖고 있는 사전 지식을 관련 자료나 사건, 통계 등을 통한 다른 종류의 지식과 비교하여 재해석하도록 함으로써 새로운 결론에 도달할 수 있도록 하는 교육방법
분석적 교육	'왜, 어떻게'라는 질문을 통하여 학습자로 하여금 인권에 대한 생각이나 의식이 기초하고 있는 중심원리나 근거를 확인할 수 있도록 돕는 교육방법

출처: 김숙자·김현정(2010). 유아 인권교육 프로그램.

경험중심 인권교육은 유아의 경험과 관련된 직접적 활동이 유아의 인권에 대한 가치를 인식하고 태도를 내면화하여 인권친화적인 행동을 할 수 있다는 것이다. 활동중심 인권교육은 놀이 중심의 다양한 활동을 통해 인권에 대한 지식을 이해하고 수용하는 것으로, 효과적인 활동방법으로는 이야기 나누기, 동화, 동시, 노래, 작업, 극놀이, 시청각학습, 현장학습 등이 있다. 그리고 문제제기식 인권교육은 유아들 간에 토의를 유도하여 맞지 않는 부분을 유아 자신이 스스로 문제제기를 함으로써 인권에 대해 알아가는 방법이며, 참여적 인권교육은 집단적인 참여의 기회를 제공하여 인권 개념을 명료하게 이해하도록 하는 것이다. 변증법적 인권교육은 유아의 기존 지식과 새로운 인권 지식과 비교하여 재해석함으로써 알아가는 접근방법이며, 분석적 교육은 질문을 통하여 인권의 원리나 근거를 확인해 나가는 접근법이다. 여러 접근방법 중에서 유아의 주변 여건을 고려하여 가장 적절한 방법을 선택하여 실시하여야 한다.

그리고 유엔은 인권교육의 실행을 적극적으로 권고하면서 유아들이 자신들의 일상 경험 속에 통합하는 데 도움이 되는 기법들을 소개하였다. 아래의 표에 9가지 인권교육 교수기법을 제시하였다.

교수방법	내용
브레인스토밍	• 이론적인 동시에 실제적인 문제를 해결하기 위해 문제를 분석한 뒤 해결책을 모색하는 방법 • 제시된 문제에 대한 모든 반응을 어떠한 제안도 판단도 하지 않는 채 큰 칠판에 기록한 후 분류·분석하면서 통합·수정·삭제 과정을 거쳐 문제에 대해 결정을 내리는 방법
사례연구	• 소그룹으로 인권기준을 적용해야 하는 실제 또는 상상의 사례를 한꺼번에 전체를 제시하거나 전개되는 상황의 시나리오를 순차적으로 제공하여 이에 대해 반응하도록 하는 방법 • 이때 사례는 두세 개의 주요 이슈에 초점을 둔 신빙성 있고 현실적인 시나리오에 근거해야 함
창의적 표현	• 이야기·시·그래픽·미술 조각·연극·노래·무용 등의 다양한 예술적 기법을 사용하여 추상적인 인권에 대한 지적 반응뿐만 아니라 정서적으로 하는 반응이 태도에 영향을 미치도록 하는 방법
토론	• 토론 기법을 사용하기 전에는 신뢰와 존중의 환경을 조성하고, 토론의 주제에 따라 적합한 방법을 선택하는 것이 효과적임 – 공식적 토론, 패널 또는 피시 볼(fish bowl, 어항)의 형태 – 토킹 서클(Talking Circle, 말하는 원): 두 개의 겹친 원을 만들고 안쪽 안의 아동들은 원 바깥쪽으로 바깥 원의 아동들은 원 안쪽을 보고 앉아 서로 마주 보고 앉은 사람들과 토론을 한 다음 일정 시간이 지나면 교사가 안쪽 원의 아동들에게 한 자리 오른쪽으로 이동하도록 지시하여 동일한 주제로 새로운 파트너와 토론하는 방법 – Talking Around: 개인적이거나 정서적인 주제에는 둘 혹은 소집단 토론이 적합. 하나의 주제로 대집단이 토론할 때는 돌아가며 말하는 방법 활용 – 디스커션 웹(Discussion Web, 토론 거미줄): 원을 만들어 앉은 뒤 이야기하는 사람에게 털실 뭉치를 계속 이어 전달하며 이야기하는 방법
현장견학/지역사회 방문	• 인권문제가 전개되는 법원, 교도소, 출입국관리소 등이나 권리를 수호하고 피해자를 구제하기 위해 일하는 비영리 단체, 식품 및 의류배급소, 무료 진료소 등을 방문하여 관찰하고 기록으로 남기는 방법
인터뷰	• 인터뷰는 가족이나 지역사회 구성원, 활동가, 지도자 또는 인권 관련 사건의 목격자 등을 대상으로 진행되며 문서화하고 이해하는 데 기여함
연구 프로젝트	• 도서관이나 인터넷 시설을 이용하는 공식적인 연구, 인터뷰·여론조사·미디어 관찰·기타 자료 수집 기법을 바탕으로 하는 정보 제공 목적의 연구가 있음 • 개인 프로젝트, 집단 프로젝트 구분 없이 독립적인 사고와 자료 분석 기술을 발달시키며 인권문제의 복잡성에 대한 심도 있는 이해를 돕는 방법

교수방법	내용
역할극/ 시뮬레이션	• 이야기의 형태와 상황극 형태가 있으며 짧게 할 때 가장 효과가 크고 대체로 즉흥적으로 이루어지고, 역할극 후에 토론할 수 있는 충분한 시간이 요구됨 • 역할극을 통한 이점을 극대화하고 부정적인 감정이 남아 있다면 해소하기 위해 자신의 느낌, 두려움 또는 이해한 바를 표현할 수 있도록 함 • 모의재판, 가상 인터뷰, 시뮬레이션 게임, 청문회, 심판 등은 역할극의 변형된 형태로 이는 사전 준비할 것이 많음
시각자료	• 칠판, OHP, 포스터, 전시물, 플립 차트, 사진, 슬라이드, 비디오, 영화 등을 통해 간결하게 요약된 정보나 개요 또는 목록의 형태로 제시하는 방법 • 텍스트 양이 많은 경우는 유인물을 활용함

출처: 국가인권위원회(2011). 유아용 인권교육 프로그램 개발을 위한 기초연구.

위에서 살펴본 바와 같이 인권교육 교수방법으로는 문제를 분석한 뒤 해결책을 모색하는 브레인스토밍, 인권기준을 적용해야 하는 실제 또는 상상의 사례를 제공하여 이에 반응하게 하는 사례연구, 다양한 예술적 기법을 사용하여 반응을 끌어내는 창의적 표현, 주제에 따라 적합한 방법을 선택하는 토론, 인권문제가 전개되는 기관이나 장소를 직접 방문하는 현장견학이나 지역사회방문, 관련자들을 대상으로 진행하는 인터뷰, 도서관이나 인터넷 시설을 이용하는 연구 프로젝트, 대체로 즉흥적으로 이루어지는 역할극 그리고 칠판, OHP, 포스터, 전시물, 플립 차트, 사진, 슬라이드, 비디오, 영화 등을 통해 요약된 정보나 개요로 제시하는 시각자료 기법이 있다.

그 외에 국제사면위원회(1997)에서는 역할놀이, 브레인스토밍, 프로젝트, 수업, 만화, 소그룹활동, 집단토론, 사진 등 자료 활용, 낱말 연상놀이를 제안하였다(전아영, 2018).

(2) 교사의 역할

인권교육이 바람직하게 진행되기 위해서는 먼저 가르치는 교사의 인권에 대한 인식과 태도가 잘 형성되어 있어야 한다. 인권에 대한 기본 바탕이 없는 상태에서는 유아에게 인권 지식과 태도를 지도하기가 어렵다고 할 수 있다. 인권교육을 위한 교사의 역할을 알아보기로 하겠다.

첫째, 교사의 인권에 대한 인식을 증진시켜야 한다. 교사의 인권에 대한 생각과 태도가 언어적 표현과 행동 등에 나타나게 되므로 자신의 인권에 대한 인식을 점검하고 증진시켜 교육과 보육 업무에 임해야 한다.

둘째, 교사는 물적 환경을 조성하는 주도적 역할을 담당하므로 자신의 권리와 타인의 권리를 존중하는 환경을 조성하고, 교육자료를 준비하는 환경제공자로서의 역할을 담당해야 한다.

셋째, 활동제공자의 역할이다. 아동권리협약의 특징 중 하나는 참여권 보장이다. 참여의 원칙은 아동권리협약 제12조인 의사표현권과 제13조 의사표현의 자유에 관한 조항으로 규정하고 있다. 참여권 보장은 아동에게 영향을 줄 수 있는 모든 문제에 대해 자유롭게 표현할 수 있는 권리가 있다는 내용으로, 이는 아동이 자기 의견을 제시할 수 있는 주체적 존재이므로 아동의 목소리에 귀를 기울여야 한다고 언급하고 있는 것이다(유미숙, 2017). 즉, 교사는 유아의 참여권 보장을 위해 유아들의 자발적이고 주체적인 참여 기회를 제공해야 한다.

넷째, 교사는 유아가 인권에 대해 관심을 가질 수 있도록 상호작용자로서의 역할을 이행할 필요가 있다. 자신과 타인에 대해 관심을 가지고 존중할 수 있도록 부드럽고 따뜻하게 미소를 짓거나 대화를 나누며, 격려하기와 인정하기 등의 방법들을 활용하여 상호작용함으로써 자연스럽게 유아들에게 사회적 기술을 익히도록 할 수 있다.

다섯째, 여러 유아가 생활하는 환경에서는 다양한 갈등상황이 나타난다. 이러한 상황이 발생했을 때 적절하게 개입하여 유아들의 인권을 존중하면서 갈등을 중재하는 중재적 역할이 중요하다. 이러한 과정을 통해 유아들은 갈등상황에 대한 인식을 하고 적절한 해결방법을 찾으면서 인권에 대해 알아가게 된다.

연구문제

01 만 5세 누리과정에서 인권과 관련되는 사회관계영역의 목표와 세부내용에 대해 서술하시오.

02 유아 인권교육을 위한 교사의 역할에 대해 적으시오.

Chapter 13

유아교육기관 원아모집과 학급관리

01 원아모집

우리나라 유아교육기관은 설립주체에 따라 다양한 유형으로 구분된다. 여러 유아교육기관들 중에서 부모들은 자신의 교육목적과 신념에 적합한 기관을 선택하게 된다. 그리고 각 유아교육기관은 교육대상자인 유아가 모집되었을 경우에만 운영이 이루어지므로 원아모집을 위한 노력에 많은 노력을 기울이게 된다.

그러므로 유아교육기관의 운영자는 기관에서 제공하는 유아교육 프로그램의 잠재적 수요 및 대상을 잘 파악하고, 대상 가정에 기관을 홍보하는 것이 필요하다.

1) 홍보

유아교육기관의 홍보목적은 단지 원아모집의 목적뿐만 아니라 가정과의 원활한 관계를 통해서 유아교육의 효과를 높이고 더 나아가 지역사회와의 화합 분위기 조성에 도움을 주고자 하는 것이다.

홍보시기 면에 있어서 장기적인 안목으로 봤을 때 어느 일정시기에만 홍보할 것이 아니라 연간 지속적인 홍보활동을 하는 것이 바람직하다. 또한 분명한 교육철학과 아동관, 교육목적, 운영방법에 대한 교직원의 명료한 입장표명과 철저한 실천이 이루어질 때, 효율적인 홍보활동이 될 수 있을 것이다.

원아모집도 새로운 학년이 시작되는 시기에 맞춰서 11~2월 중에 이루어져야 한다. 우수한 교육기관으로 인식된 유아교육기관은 원아모집이 단시일 내에 종료되는 추세이며, 그렇지 않은 유치원은 2월까지 계속 모집한다. 또 입·퇴원이 빈번하기 때문에 학기 중에도 수시로 모집하는 경우가 있다.

원아모집을 위한 홍보는 인터넷, 신문, 잡지, 팸플릿, 벽보, 플래카드, 전단, 지역방송 등을 통해 이루어질 수 있으며, 기관의 운영자는 어떤 매체를 통해 어떻게 기관을 홍보할지를 결정해야 한다. 특히 최근 스마트폰과 컴퓨터를 사용하여 인터넷의 사용이 원활해지면서 인터넷을 이용한 홍보가 효과적인 것으로 인식되고 있다. 따라서 각 유아교육기관은 홈페이지를 구축하거나, 포털사이트에서 카페나 블로그를 활용한 홍보가 보편화되고 있으므로 이에 대한 철저한 준비가 필요하다.

유아교육기관을 홍보하는 또 다른 방법으로 기관의 프로그램을 유아교육 관련자, 학부모 및 일반인들에게 특정한 날을 정해 공개할 수도 있다.

이러한 개관 개방일(Open House)에는 지역사회 주민들뿐만 아니라 현재 기관에 다니고 있는 유아들의 부모들도 함께 초대함으로써 유아교육에 대한 관심사를 서로 나누고, 학부모로서 느끼는 해당기관의 장점을 다른 부모들에게 알리는 역할을 담당하게 할 수도 있다.

그 외에도 지역사회의 축제나 행사에 참여하여 기관을 홍보하는 방법도 효과적이다. 지역주민과 함께 참여함으로써 기관에 대한 좋은 이미지가 형성되어 간접적인 홍보가 이루어질 수 있다.

다음은 유아교육기관에 대한 정보를 제공하는 팸플릿의 내용에 포함되어야 하는 것들을 정리한 것이다.

- 기관의 이름, 주소, 전화번호, 웹사이트 주소
- 기관을 찾아오는 방법
- 기관의 교육철학 및 운영 방침
- 프로그램에 대한 설명(프로그램에 대한 설명은 전문적인 용어를 사용하기보다는 일반 학부모들이 이해하기 쉬운 용어로 서술한다)
- 프로그램 운영 시간(연중 수업일수, 일일 운영 시간, 공휴일 등에 대해 자세히 서술한다)
- 기관 운영의 주체 및 후원단체(해당 기관이 개인에 의해 운영되는 것인지, 국가에 의해

운영되는 것인지, 국가의 지원을 받는지, 아니면 특정 민간단체나 후원인의 지원을 받는 것인지 등에 대해 밝힌다)

- 원아모집 절차 및 등록 절차, 모집대상 유아(원아모집을 선착순으로 하는지 또는 지원한 유아 가운데 추첨 등을 통해 선발하는지를 명확히 제시하고, 모집대상 유아의 연령 및 장애아 통합교육 여부 등에 대해 자세히 기술한다)
- 기관의 인증상태 및 인준기관(해당 기관이 어느 행정부처 소속이며, 인증 획득 여부에 대해 밝힌다)

그 밖에도 유아교육기관 전경사진과 유아교육기관의 특징과 이미지를 나타낼 수 있는 글과 교사진에 대한 소개를 할 수 있다.

유치원의 입학대상 원아가 결정되었을 때에는 원아와 가족에 대한 정보수집, 원아의 유치원 방문 및 부모 오리엔테이션, 부모면담 등의 입학준비를 하여야 한다.

2) 원아 선발

유치원의 원아 선발은 유치원 입학관리시스템 '처음학교로(go-firstschool)'를 활용하여 선발하고 있다. 유치원 입학관리시스템은 유치원 입학을 원하는 유아의 학부모가 유치원에 직접 방문하지 않고 시간과 장소의 제한 없이 온라인으로 편리하게 유치원에 대한 정보를 검색하여 입학 절차를 진행할 수 있는 시스템이다(교육부, 2017). 유치원 입학관리시스템 '처음학교로'는 수요자가 유치원에 대한 정보를 열람하고, 입학을 희망하는 유치원에 지원 및 접수, 등록하는 등의 입학 절차가 공정하고 투명하면서 편리하도록 온라인을 기반으로 하여 시작되었다(교육부, 2016). 현재는 PC뿐만 아니라 유치원 접수, 선발, 등록의 모든 과정에서 모바일 서비스를 추가로 제공하여 개인용 컴퓨터의 접근이 어려운 학부모도 유치원 온라인 입학 지원이 원활하도록 운영하고 있다(김동환, 2022). 이러한 유치원 입학관리시스템 '처음학교로'는 2017학년도에 서울, 세종, 충북 등 3개 교육청에서 시범 운영을 시작하였고, 전국 17개 시·도교육청이 유아모집·선발에 대한 조례 제정을 완료함에 따라 2020학년도부터 현재까지 모든 국·공·사립유치원에서 유치원 입학관리시스템 '처음학교로'에 의무적으로 참여하고 있다(교육부, 2021). '처음학교로'를 통한 유아 선발은 우선모집, 일반모집, 추가모집으로 이루어지고 있다. 2024학년도 유치원 입학관리시스템 '처음학교로'의 절차 및 방법은 아래와 같다.

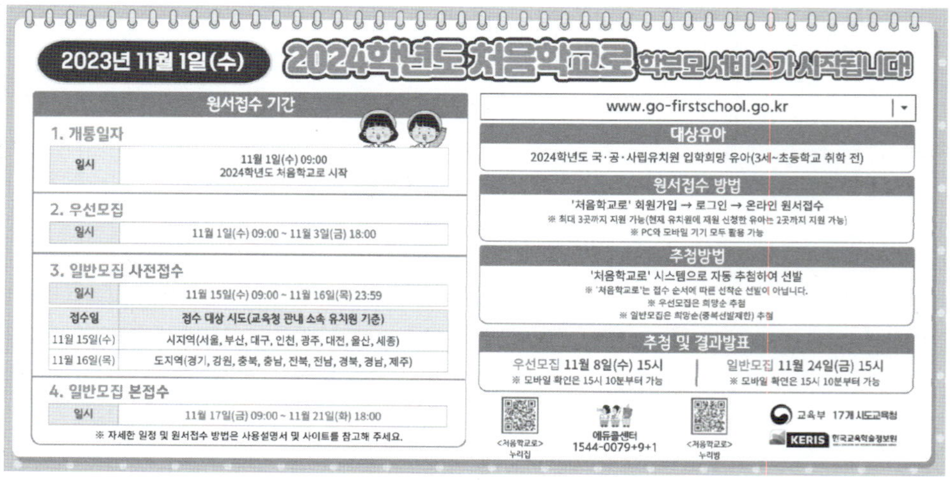

출처: 유치원 입학관리시스템 처음학교로(www.go-firstschool.go.kr)

어린이집 원아모집의 경우, 임신육아종합포털 아이사랑(www.childcare.go.kr)에 접속하여 입소대기신청을 통해 신청을 하거나 보호자가 어린이집을 방문하여 입소신청을 할 수 있다. 한편, 어린이집 영유아보육법에 따라 모집하게 되는데, 입소 우선순위가 정해져 있어서 지원하는 유아가 많을 경우 입소 순위를 고려하여 선발하여야 한다. 어린이집의 입소 순위는 영유아보육법 제28조와 영유아보육법 시행규칙 제29조에서 규정하고 있다.

1순위(법 제28조, 시행령 제21조의4, 시행규칙 제29조)

- 국민기초생활 보장법에 따른 수급자
- 한부모가족지원법 제5조에 따른 보호대상자의 자녀
- 국민기초생활 보장법 제24조에 따른 차상위계층의 자녀
- 아동복지시설에서 생활 중인 영유아
- 장애인복지법 제2조에 따른 장애인 중 보건복지부령으로 정하는 장애 정도

에 해당하는 자의 자녀
- 장애인복지법 제2조에 따른 장애인 중 보건복지부령으로 정하는 장애 정도에 해당하는 자가 형제/자매인 영유아
- 국가유공자 등 예우 및 지원에 관한 법률 제4조 제1항에 따른 국가유공자 중 제3호의 전몰군경, 제4호·제6호·제12호·제15호·제17호의 상이자로서 보건복지부령으로 정하는 자, 제5호·제14호·제16호의 순직자의 자녀
- 부모가 모두 취업 중이거나 취업을 준비(보건복지부 장관이 인정하는 경우로 한정한다) 중인 영유아
- 다문화가족지원법 제2조 제1호에 따른 다문화가족의 자녀
- 북한이탈주민의 보호 및 정착지원에 관한 법률 제2조 제1호에 따른 북한이탈주민 및 그 자녀인 영유아
- 제1형 당뇨를 가진 경우로서 의학적 조치가 용이하고 일상생활이 가능하여 보육에 지장이 없는 영유아
- 자녀가 3명 이상인 가구 또는 만 8세(초등학교 2학년) 이하인 자녀가 2명 이상인 가구의 영유아
- 임산부의 자녀인 영유아
- 자녀가 3명 이상인 가구의 영유아 또는 영유아인 자녀가 2명 이상인 가구의 영유아
- 산업단지 입주기업체 및 지원기관 근로자의 자녀로서 산업단지에 설치된 어린이집을 이용하는 영유아
- 법인·단체 등이 부지 또는 건물을 국가 또는 지방자치단체에 기부채납하거나 무상 임대하여 국공립어린이집으로 운영하는 경우 해당 법인·단체 등의 근로자 자녀로서 그 어린이집을 이용하는 영유아
- 법 제24조 제2항 제3호에 따라 주택법 제2조 제3호에 따른 공동주택에 설치된 민간어린이집이 국공립어린이집으로 전환된 경우 해당 공동주택의 거주자 자녀로서 그 어린이집을 이용하는 영유아

2순위

- 기타 한부모가족지원법에 따른 한무모가족 및 조손가족

- 가정위탁 보호아동 및 입양된 영유아
- 동일 어린이집 재원 중(신학기 입소 확정 포함)인 아동의 형제·자매

3순위

- 1, 2순위에 해당하지 않는 일반 영유아

STEP 1. 아동등록
어린이집에 입소할 자녀를 등록합니다.

STEP 2. 어린이집 검색
어린이집을 검색하고 신청할 어린이집을 선택합니다.

STEP 3. 예약 신청
입소대기를 신청합니다.

STEP 4. 입소대상자 확정
어린이집에서는 입소 우선순위에 따른 대기 순서를 확인하여 입소대상자를 확정합니다.

STEP 5. 입소 우선순위 자료제출
어린이집 원장은 자동 연계되는 자격을 제외하고 부모로부터 입소 관련 서류 일체를 받아 반드시 확인

STEP 6. 아동 입소 처리
어린이집 원장은 입소대기 순서에 따라 아동을 입소 처리합니다.

어린이집 입소대기 신청 순서

출처: 임신육아종합포털 아이사랑(www.childcare.go.kr)

3) 입학준비

(1) 신입 원아 오리엔테이션

유아들이 기관에 입학하기 전에 기관에서는 신입 원아들을 위한 오리엔테이션을 준비할 필요가 있다. 신입 원아 오리엔테이션은 입학 전에 유아들이 기관의 여러 시설물을 돌아보고 교직원들과 만나 보는 과정을 통해 기관에 대한 낯선 감정을 제거하고 친숙한 느낌을 갖게 함으로써 유아들의 기관 적응을 도와주기 위한 것이다.

유아들을 소집단으로 나누어 2~3일에 걸쳐 실시하는 경우도 있다. 원아의 기관 첫 방문은 30분에서 45분 정도로 계획하는 것이 좋으며, 유아가 피곤해하거나 지루해하기 전에 끝내는 것이 좋다. 또한 유아들이 기관에 와서 시설·설비와 교구만을 이용하게 하기보다는 인형극이나 유아들의 호기심을 끌 수 있는

특별한 매체로 전달되는 동화 등을 준비하면 더욱 효과를 높일 수 있을 것이다.

(2) 학부모 오리엔테이션

학부모 오리엔테이션은 부모에게 기관의 교육철학과 운영방침에 관한 정보를 제공하여 가정과 기관의 긴밀한 협력관계를 형성하고, 교직원과 부모의 만남을 통해 서로 신뢰할 수 있는 인간관계를 형성하여 교육의 효과를 높이기 위한 것이다. 나아가 이런 기회를 통하여 교사는 유아에 관한 여러 가지 정보를 수집할 수 있다.

02 학급관리

학급이 유아들에게 갖는 의의는 다음과 같다.

첫째, 학급상황에서 유아의 삶의 질이 결정된다. 유아는 비교의 근거 및 지식을 별로 갖고 있지 않기 때문에 교사 행동의 좋고 나쁨을 이해할 수 없다. 교사의 행위를 무비판적으로 모방하면서 개념을 형성한다.

둘째, 학급에서의 경험은 이후 경험에 영향을 미친다. 유아가 학습한 것은 미래의 학습에 많은 영향을 미친다.

셋째, 학급에서 경험은 자아개념 형성에 영향을 미친다. 유아는 자신의 관점에 집중하며 다른 관점을 받아들이는 데 어려움이 있다.

1) 학급편성

학급 인원은 법적으로 허가된 인원수, 공간의 크기, 교사의 수, 프로그램의 목적에 의해 정해진다. 또한 교사의 능력이나 동일연령 학급인지, 아니면 혼합연령 학급인지에 따라 달라지기도 한다. 아래에서는 학급편성의 원리와 적정학급 규모, 유형에 대해 알아보기로 하겠다.

(1) 학급편성의 원리

유아교육기관의 효율적인 학습활동을 위해서는 원아를 학급별로 편성해야 한다. 그 이유는 다음과 같다.

- 원아 1인에 교사 1인이 배당되어 개인지도를 할 수 없고, 소수의 교사가 다수의 원아를 지도해야 하기 때문이다.
- 인간은 사회적 동물이며 그 집단생활의 방법은 유아기에 기초가 형성되기 때문에 집단으로서의 학급 사회성 발달을 이루는 데 큰 뜻이 있다.
- 학급의 긍정적 효과를 높일 수 있다. 원아들은 함께 어울려 생활함으로써 다른 친구의 행동을 모방하고 서로 협동하며 때로는 경쟁한다. 따라서 혼자서는 경험할 수 없는 효과적인 체험을 할 수 있기 때문에 집단으로서의 학급이 필요하다.

다음은 제6차 유치원 교육과정에 나타난 우리나라 학급편성에서 고려해야 할 사항을 제시하였다.

① 유아교육기관의 전체 원아수

시설의 전체 원아수를 고려해야 한다. 시설의 실내외 공간면적에 따라 유치원이나 보육시설에 인가하는 원아수가 결정된다.

일반적으로 유아교육시설은 유아의 연령, 발달수준 및 관리의 어려움 등을 고려해야 하기 때문에 소규모로 운영하는 것이 보통이다.

② 실내의 면적과 시설·설비 및 교재·교구의 확보

실내외 공간면적과 시설 및 교구의 확보 정도를 고려해야 한다. 특히 공간면적에서 주의할 사항은 단지 넓고 좁음의 개념만 고려되는 것이 아니라 공간 구성도 빠지지 않는 중요한 개념이 된다. 따라서 시설의 실내 공간을 동일한 면적으로 구성할 것인지, 아니면 면적을 서로 다른 실내 공간으로 구성하여 그에 맞게 학급당 원아수를 조절하여야 할 것인지 고려해 보아야 한다.

③ 유아교육기관의 설립목적 또는 심리학적 관점

유아교육기관의 설립목적이나 철학적 방향이 무엇인가에 따라 학급편성과 운영방법이 달라진다.

④ 대상 원아의 연령

대상 원아의 연령을 고려해야 한다. 연령은 학급 또는 집단의 크기를 조절하는 중요한 원인이다. 즉, 집단의 크기 조절은 교사 대 유아의 비율을 말한다.

⑤ 교사의 역량

교사의 능력을 고려해야 한다. 유아교육기관에서 우수한 소질과 능력을 갖춘 교사를 확보하고 있느냐, 그렇지 않느냐도 중요한 요인이 되며, 또 그렇지 않은 교사에게는 그 교사의 능력이나 의도에 맞게 학급편성을 하는 것이 유아교육의 효과를 높이는 데 도움이 된다.

(2) 적정학급 규모

학급은 유아의 개별적 요구를 충족시키고, 신체적·사회적·정서적·인지적 발달을 증진할 수 있도록 편성되어야 한다.

학급규모는 유아교육의 질에 영향을 미치는 강력한 요소이다. 학급규모가 증가하면, 유아들 간의 협력활동 및 관계가 줄어들고, 목적 없이 방황하는 유아가 많아진다. 그리고 교사의 관찰이 수동적이고, 관리지향적 행위가 더 많아지며, 사회적 상호작용이 더 적게 야기된다.

학급규모가 작을수록 유아와 자료, 유아들 간, 교사와 유아 간에 긍정적 상호작용이 촉진되는 경향이 있다. 소집단에 유아들의 상호작용은 유아의 태도, 성취, 사회적 기능, 자발적 참여를 개선한다. 대집단에서 유아들의 상호작용은 주의집중의 감소, 낮은 과업성취, 행동문제, 사회적 위축을 야기한다.

유치원의 학급은 동일한 교사가 장기간 담임을 하는 소규모의 친밀한 분위기여야 한다. 특히 종일반의 학급은 소규모이면서 친밀한 집단 형태가 요구된다.

적정학급 규모는 학자 및 유아들의 연령에 따라 다르게 제시되고 있다. 학급 규모는 일반적으로 작을수록 학업성취는 좋아지나 상대적으로 경비가 더 많이 소요된다.

교육 조직은 재정이 허용한다면 경비와 효율성보다 교육목적의 효과적 성취를 우선시하여야 한다. 학급규모의 결정도 이점을 고려하여야 한다.

3~5세 유아의 경우, 학급규모가 매우 적은 것도 유아의 사회성 함양에 바람직하지 않다. 효과적인 집단토론구조를 위한 최대한의 학급규모는 20명 정도라고 한다. 학급규모가 유아의 학습에 미치는 영향을 조사한 연구들은 대개가 소규모와 대규모의 개념 정의에서 20명을 분기점으로 사용하였다.

'교사 대 유아의 비율'은 학급에서 전체 교사 수에 대한 전체 유아 수의 비율이며, 특정 학급에서 교사당 유아의 수를 의미한다.

교사당 유아의 수가 적으면, 3~5세 유아에게 많은 긍정적 효과가 있다. 그러한 학급에서 유아들은 동료들과 더 사교적이며, 더 집단지향적인 경향이 있다.

교사 대비 유아의 수가 적으면 유아의 인지발달, 사회적 능력, 보호에서 더 높은 기준, 발달적으로 더 적절한 경험을 갖게 된다. 교사 대 유아 비율이 적정하면, 유아 입장에서는 발달에 적절한 경험이 가능하고, 놀이행위가 더 유능하고, 또래들과 더 정교한 방법으로 놀이를 하며, 놀이가 더 지속적이고, 자아 규제가 더 좋아지며, 교사는 유아의 요구에 더 민감해지는 장점이 있다.

적정한 교사 대 유아의 비율은 연령에 따라 다르다. 교실의 공간 요구와 교사 대 유아의 비율 결정은 대개 경험적 지식에 근거하지만, 낮은 교사 대 유아의 비율을 유지하는 것이 현명하다.

우리나라 유치원과 어린이집의 교사 대 유아의 비율에 대한 법률적 규정을 살펴보고자 한다. 유아교육법 시행령에는 유치원의 학급수 및 학급당 원아수는 관할하는 교육청이 정하도록 규정되어 있으며, 대부분의 교육청에서 혼합연령(3, 4, 5세)의 학급편성은 학급당 25명으로 정하고 있고, 단일연령은 3세 학급은 20명, 4세 학급은 30명, 5세 학급은 30명을 초과하지 않도록 한다.

어린이집은 영유아보육법 시행규칙 제10조(영유아보육법 시행규칙 별표 2 개정 2015.9.18.)에 규정되어 있다. 만 1세 미만의 영아 3명당 보육교사 1인, 만 1세 이상 만 2세 미만의 영아 5명당 보육교사 1인, 만 2세 이상 만 3세 미만 영아 7명당 보육교사 1인, 만 3세 이상 만 4세 미만 유아 15명당 보육교사 1인, 만 4세 이상 미취학 유아 20명당 보육교사 1인을 원칙으로 하는데, 이 경우 유아 40명당 1명은 보육교사 1급 자격을 가진 사람이어야 한다. 그리고 취학아동은 20명당 보육교사 1인을 원칙으로 하며, 장애아 보육은 장애아 3명당 보육교사 1인을 원칙으로 하되, 장애아 9명당 교사 1명은 특수교사 자격소지자로 한다.

(3) 학급편성의 유형

① 동질집단편성

동질집단편성은 유아의 연령별, 성별, 능력별, 지역별, 계층별, 인종별 등으로 구분하여 학급이나 집단을 편성하는 것을 말한다. 예를 들면, 만 3세부터 5세까지의 유아들을 대상으로 교육하는 기관에서는 연령에 따라 3세반, 4세반 및 5세반으로 학급을 편성하게 된다.

동질집단편성의 장점을 살펴보면 다음과 같다.

첫째, 유아의 능력, 경험 및 발달수준이 비슷하므로 학습활동의 계획과 지도가 용이하다.

둘째, 경험이 적은 교사도 유아들을 쉽게 지도할 수 있다.

셋째, 유아의 연령과 능력이 비슷하기 때문에 유아 상호 간의 충돌과 좌절의 경험을 줄일 수 있다.

② 이질집단편성

이질집단편성은 유아의 연령, 성, 능력, 지역, 계층, 인종 등을 적절히 혼합하여 학급이나 집단을 편성하는 것으로 수직적 집단편성 혹은 가족집단편성이라고도 한다.

장점으로 첫째, 나이 어린 유아는 나이 든 유아로부터 배우고 나이 든 유아는 나이 어린 유아를 도와줌으로써 배운다. 둘째, 발달이 약간 늦은 나이 든 유아는 나이 어린 유아와 능력이나 발달 수준이 비슷하므로 친구로서 잘 어울린다. 셋째, 혼합연령형태의 집단편성은 가족과 같은 분위기를 준다. 넷째, 교사는 유아들의 수준에 알맞은 다양한 학습활동을 선정할 기회를 줌으로써 연령차와 발달수준의 차이를 줄일 수 있다.

반면, 단점으로 첫째, 유아들 간의 발달수준이나 능력의 차이로 인해 학습활동의 계획과 지도에 어려움이 있다. 둘째, 나이 어린 유아는 나이 든 유아로부터 억압과 좌절을 경험하게 된다. 셋째, 나이 든 유아는 나이 어린 유아의 행동을 모방함으로써 퇴행하는 경향을 보인다. 넷째, 교사가 유능하지 않거나 학습활동이나 자료가 다양하지 않으면 교육의 효과를 얻기 어렵다.

2) 원아관리

(1) 원아의 이해

교사가 원아를 지도하기 위해서는 먼저 원아의 가정환경이나 성장 배경, 살아온 지역사회의 분위기 등을 파악하는 것이 필요하다.

원서나 가정환경 조사서, 학부모 면담, 유아 및 학부모 오리엔테이션 등을 통하여 원아의 특성과 성격을 이해할 필요가 있다. 교사는 개인적인 관심을 가지고 관찰해야 할 것이다. 학급에서 일어나는 사소한 문제나 유아들 간의 다툼은 부모와의 면담이나 대화로 이어질 수 있다.

학급의 원아관리는 자연스럽게 부모교육으로 연계된다. 기관 전체의 부모교육계획과는 별도로 교사가 유아를 지도하는 방향이나 한 부모에게만 개인적으로 한정된 문제들에 관해서는 별도로 부모교육을 하는 것이 필요하다.

(2) 상호작용

유아교육기관의 교사는 영유아의 일상적 양육과 상호작용을 통해 영유아의 개별적 차이를 이해하게 되며, 영유아에게 발달적으로 적합한 경험을 제공할 수 있다.

이러한 경험은 부모들에게 교사에 대한 신뢰를 갖게 하며, 영유아가 교사 또는 다른 또래들과 긍정적인 관계를 형성하고 대인관계 기술을 습득하는 기초를 이룬다.

유아교육기관에서 주로 일어나는 상호작용의 예를 살펴보고자 한다.

① 식사와 간식시간

유아교사가 영유아의 바람직한 식습관과 자율성을 격려하고, 즐거운 분위기에서 대화를 나눈다(예: 개별 영유아의 요구를 반영하고, 학습의 기회로 활용).

② 영유아의 낮잠시간

낮잠시간을 마련하여 잠들 수 있는 분위기(예: 빛 차단, 음악 등)를 만들어 주고, 영유아의 개별적인 낮잠 습관을 수용한다.

③ 영유아의 기저귀 갈기, 화장실 사용에서 유아교사는 개별적 상호작용을 통해 영유아가 긍정적 경험을 갖게 한다.

교사는 유아의 화장실 사용 시 청결 습관을 격려하고, 자신감을 키워 줄 수 있어야 한다. 유아교사는 배변지도 시 지나치게 엄격한 태도를 취하기보다 영유아가 편안함을 느낄 수 있도록 하고, 영유아의 연령과 준비 정도에 따라 융통성 있게 대처하는 것이 중요하다. 유아교사는 영유아와 개별적으로 자연스럽게 대화를 나누고, 손 씻기, 휴지 사용 등의 청결 습관에 대한 지도를 통해 유아의 자조 능력을 길러 주어야 한다.

④ 영유아를 존중하는 교사의 말과 행동

유아교사는 대부분의 경우 개별 영유아에게 주의를 기울이고, 눈을 맞추면서 이야기하고, 즐거운 표정으로 말한다. 즉, 유아교사는 영유아가 스스로 가치 있다고 느끼고 독립된 개체로서 존중받는다는 느낌을 가질 수 있도록 말과 행동에서 이를 표현해야 한다. 유아교사의 이러한 말과 행동은 영유아가 다른 사람들과 의사소통하는 방법에 영향을 주고, 남을 존중하고 받아들이는 능력을 키우는 데 도움이 된다. 더 나아가 유아교사로부터 존중받는다는 느낌은 영유아가 새로운 것을 배우고 자존감을 발달시키는 능력에도 영향을 미친다.

⑤ 영유아의 요구와 질문에 대한 교사의 반응

유아교사는 영유아의 요구와 질문에 대해 언어 또는 신체적으로 적절하게 반응한다.

영유아는 호기심이 왕성하고 환경의 변화에 민감하여 질문과 요구가 많다. 영유아의 개별 요구와 질문에 누군가 응답해 준다는 것은 영유아로 하여금 환경에 대한 통제력을 느끼게 하는 데 도움이 되며, 더 넓은 세상을 탐색할 수 있는 능력의 기초를 이룬다.

⑥ 영유아에 대한 교사의 평등한 대우

유아교사는 영유아의 성별, 발달적 지체 여부, 사회·경제적 배경, 종교 등에 관계없이 평등하게 대해야 한다. 이는 영유아를 민주시민으로 성장하게 하는 기초이며, 학습할 기회를 누구에게나 평등하게 제공해야 하기 때문이다.

⑦ 긍정적인 방법의 행동 지도

비판과 위협, 부정적 방법(예: 소리치기, 벌세우기, 체벌 등)으로 행동을 지도하지 않으며, 긍정적이고 효과적인 방법으로 지도한다.

영유아의 발달적 특징, 보육시설의 공간 및 시간, 유아교사와 또래의 행동, 그리고 가정 배경 등이 영유아의 행동에 영향을 미친다. 따라서 유아교사는 이를 기초로 하여 영유아에게 바람직한 행동을 제안하고, 바람직하지 못한 행동은 하지 않도록 안내해야 한다. 또한 유아교사는 일상적인 상호작용에서 바람직한 행동 모델이 되어야 한다.

⑧ 또래 간 긍정적 상호작용의 격려

유아교사는 또래 간 협동, 나누기, 긍정적 정서표현 등의 상호작용을 자주 격려한다.

영유아가 또래 간 긍정적 상호작용을 통하여 친사회적 행동을 습득하는 것은 발달적으로 적합한 과제이다. 유아교사는 이를 위해 돕기, 놀잇감 나누기, 또래에게 관심 갖기, 긍정적 정서 표현하기 등을 격려해 주어야 한다. 또한 또래 간 친밀감을 느끼고 친구관계를 맺을 수 있도록 도와주며, 또래로부터 배울 기회를 제공해 주어야 한다.

⑨ 영유아의 자유놀이에 교사 참여

유아교사는 영유아의 놀이 상대로 참여하고, 놀이를 활성화시킨다.

유아교사는 영유아의 놀이를 주의 깊게 관찰하여 필요한 경우 적절한 방법으로 개입해야 한다. 유아교사는 영유아의 놀이에 일부 역할을 담당하여 개입함으로써 교사 자신도 이를 즐길 수 있고, 놀이도 더욱 활기를 띨 수 있다. 또한 영유아와의 놀이를 통해 개개인의 발달 특성을 파악할 수 있다.

⑩ 영유아의 부정적 정서 수용

영유아가 울거나 화내고 불안해할 때, 유아교사는 대체로 이를 받아 주고 보살펴 준다(예: 감정을 인정하고 위로하기, 안아주기 등).

교실에 오는 영유아가 항상 만족스럽고 편안함을 느끼는 것은 아니다. 때로는 신체적으로 불편하거나 심리적으로 불안하고, 화가 나고, 좌절감을 느끼는 등 어려움이 있을 수 있다. 유아교사는 영유아의 이러한 부정적 정서를 인정하고, 안정감을 느낄 수 있도록 다양한 방법으로 도와주어야 한다.

⑪ 영유아 간의 다툼이나 문제상황 개입

유아교사는 영유아 간의 다툼이나 문제에 대해 적절하게 개입하며, 그들 스스로 해결하도록 지도한다.

영유아 간에 다툼이나 문제가 생길 때, 유아교사는 적절하게 개입하여 문제의 해결을 도와주어야 한다. 이때, 유아교사는 영유아 간의 문제를 대신하여 해결해 주기보다 영유아가 자율적으로 해결할 수 있도록 기회를 주는 것이 좋다. 영유아 간에 나타날 수 있는 갈등이나 문제상황에서 영유아 스스로 해결과정에 참여하고, 이러한 상황을 학습의 기회로 삼아 사회적 기술을 익힐 수 있어야 한다.

교사는 유아의 언어, 사회 기능, 지적 성장을 위한 기회를 제공하기 위하여 유아들 간의 상호작용을 촉진하여야 한다.

유아와 교사의 상호작용을 촉진하기 위한 방법은 다음과 같다.

① 교실환경은 일과의 대부분이 유아들 간의 상호작용을 권장하기 위하여 설계되어야 한다. 교사는 유아가 편안하게 느끼도록 관여하고, 경험·사상·감정을 공유하도록 권장하여야 한다. 그리고 교사는 유아에게 애정과 존경심을 보이면서 상호작용하여야 한다.

② 교사는 개별 유아와 대화하고, 유아의 언어·성장·발달을 권장하여야 한다. 그리고 유아와 빈번히 대화를 하고, 개방적 질문을 하고, 개별적으로 대화할 기회를 가져야 한다. 교사는 유아의 눈높이 수준에서 대화를 하여야 한다.

③ 교사는 유아들을 성·인종·연령·지역·문화에 관계없이 모두를 균등하게 처우하고, 존경과 배려에서도 균등하여야 한다.

④ 교사는 유아들의 상호 협력적이고 책임 있는 행위를 촉진하고, 개인을 존중하면서 집단의 응집성을 권장하여야 한다. 교사는 유아와 빈번하게 접촉하고, 의미 있는 학습활동과 감독을 하며, 요구되는 보호를 제공하여야 한다.

(3) 학급공동체

유아는 공동활동에 참가함으로써 주체적 정신을 구성하여 간다. 교사는 학급에서의 공동체 형성을 위하여 다음과 같이 노력해야 한다.

첫째, 유아 개개인을 수용한다. 그리고 유아에게 주관적인 자아를 교육한다.

유아 개개인의 주관적 자아를 형성하기 위해서는 우선 유아 개개인을 받아들이는 교사의 태도가 중요하다.

둘째, 유아들이 함께 놀이를 즐기도록 권장한다. 공동체 형성에서 가장 중요한 것은 유아가 다른 유아와 함께 놀이의 즐거움을 충분히 갖는 것이다. 유아가 함께 놀이의 즐거움을 갖는 것이 공동체 형성의 출발점이다.

셋째, 유아들이 자신의 존재를 인식하게 한다. 유아가 다른 많은 유아들과 즐겁게 놀이를 하도록 한다. 여러 가지 활동들을 통하여 유아들이 함께 즐거움을 경험하도록 하여 공동체를 형성하도록 한다.

넷째, 우연을 활성화하여 생활을 의미 있게 한다. 우연히 발생된 유아의 흥미나 관심을 유아와 함께 하나의 주제로 재구성하고, 다양한 활동을 통하여 그 주제를 다른 유아들이 심화하도록 지원한다.

3) 학급운영

(1) 학급운영관

교사가 학급을 운영하기 위해 기본적으로 갖추어야 하는 것은 학급운영에 대한 명확한 자신만의 관점이다. 학급은 교사와 유아가 함께 만들어 가는 공간이지만 매 순간 일어나는 갈등상황에서 주로 결정하는 역할은 교사가 맡게 된다. 따라서 유아교육현장의 특성상 예측불허하게 일어나는 여러 상황 속에서 교사가 현명한 결정을 내리기 위해서는 일관되고도 합리적인 학급운영관이 필요하게 된다.

교사의 학급운영관은 대학에서 수학하였던 여러 교과목이 기초가 되나, 특히 교육철학 관련 과목이나 교사론에서 다루었던 교사의 사명감과 봉사정신이 바탕이 된다고 볼 수 있다. 그리고 교사로 근무하는 기관의 원장선생님과 여러 선생님들의 영향을 받게 된다. 이러한 것들을 기초로 교사는 자신만의 운영관을 완성해야 한다.

교사가 학급을 운영하는 데 필요한 기초적인 내용들을 아래에 제시하기로 하겠다.

첫째, 모든 유아들에게 편견을 갖지 않고 동등하게 대해야 한다. 여기에서 동등하게 대한다는 것은 상호작용의 많고 적음이 아니라 유아를 대할 때 애정을 가지고 최선을 다해야 한다는 것이다. 그리고 개별 유아의 차이를 인정하고, 그에 맞게 상호작용의 질을 선택하는 현명함이 필요하게 된다.

둘째, 학급운영에 있어서 교사는 자신의 편의에 따라 계획하기보다는 유아의 입장을 고려하여 교육적인 측면을 우선적으로 고려해야 한다는 것이다. 교사가 학급을 운영하다 보면 교사 자신의 편의를 위해 교육 계획을 선정하는 경우가 있는데, 이를 경계하고 항상 유아의 입장을 우선시해야 한다.

셋째, 원활한 교육활동을 위해 학부모와의 소통을 중시해야 하나 학부모의 의견을 무조건적으로 수용하기보다는 항상 학급을 고려하여 긍정적인 부분만을 선별하여 수용하여야 한다.

넷째, 발달 초기에 해당되는 유아기에는 정서와 사회성이 중요하므로 이에 대해 충분히 고려해야 한다. 따라서 교사가 유아와 상호작용을 할 때는 따뜻함과 신뢰감을 줄 수 있도록 노력해야 하며, 다른 유아들과도 상호작용을 할 기회를 많이 제공해야 한다.

(2) 학급운영 지침

유아교육기관의 교사가 학급운영의 기본 지침을 정하고, 이를 지키고자 노력한다면 학급운영을 좀 더 원활하게 진행할 수 있을 것이다. 이러한 학급 운영의 지침을 세부적으로 살펴보고자 한다.

첫째, 유아의 놀이를 중심으로 자연스럽게 학습할 수 있는 환경을 만든다.

둘째, 유아들이 자신의 생각과 감정을 표현할 수 있는 허용적인 분위기를 조성한다.

셋째, 하루 일과를 진행하면서 학급의 구성원인 각 개별 유아의 요구를 최대한 반영하도록 한다.

넷째, 학급에서의 규칙을 정하고 이를 잘 지킬 수 있도록 한다.

다섯째, 학급이 함께 하는 공동체임을 항상 강조하면서, 협동을 하도록 격려한다.

여섯째, 안전하게 생활하는 습관을 형성한다.

일곱째, 놀이를 하면서 생기는 갈등상황은 먼저 유아 스스로가 해결하도록 기회를 준다.

여덟째, 하루 일과는 움직임이 많은 활동과 조용한 활동을 균형 있게 배치하여 운영한다.

아홉째, 다른 학급의 유아들과 함께 놀이하는 경험을 제공한다.

연구문제

01 유아교육기관의 원아모집 절차에 관해 설명하시오.

02 유아교육기관은 효율적인 학습활동을 위해 학급을 편성하게 된다. 이때 학급편성의 원리를 적으시오.

Chapter 14

학급공간

학급의 공간은 보통 흥미영역으로 구분하여 운영된다. 왜냐하면, 유아의 개인차를 고려하여 자신의 흥미에 적합한 영역을 선택하여 활동할 수 있도록 놀이 공간을 나누고 인원수를 제한하는 것이 공간을 더 효율적으로 활용하는 방안이기 때문이다. 이 장에서는 학급공간 구성에서 일반적인 흥미영역의 구성 원리, 배치, 유형과 효과적인 활용에 대해 살펴보고자 한다.

01 학급공간 구성

1) 학급공간 구성의 원리

학급공간을 구성하고 관리하기 위해서는 다음과 같은 원리를 고려해야 한다.

첫째, 각 영역의 특성을 살리기 위하여 공간의 정의나 한계가 필요하다. 즉, 정해진 공간이 있어야 하며, 각 영역에는 이름이 있어야 한다. 효과적인 공간 관리체제는 두 가지 중요한 요소, 즉 색깔 지정(color coding)과 약속 정하기(contracts)에 의하여 가능하다.

- 학습환경 관리의 첫 번째 요소인 색깔 지정은 유아들로 하여금 각 학습영역을 효율적이고 독립적으로 이용할 수 있도록 해주고, 각 학습영역 내에

서 활동을 끝까지 잘 수행할 수 있도록 해준다.

각 영역의 입구에는 영역의 이름, 영역의 색깔과 기호를 표시한 차트와 한 번에 몇 명의 아동들이 그 영역에 들어갈 수 있는지를 표시해 주는 색깔 빨래집게를 놓아둔다. 게임이나 활동을 위한 색깔 지정은 세모, 네모, 동그라미 등 다양한 모양으로 자른 색깔의 종이나 스티커를 각 게임과 활동자료에 붙여 놓는 것이며, 선반에도 붙여 놓음으로써 더욱 효과적으로 관리할 수 있다.

- 약속 정하기는 실내에서의 왕래를 조절하고, 아동 개개인의 욕구를 충족시키기 위한 학습 프로그램을 제공하기 위하여 사용된다. 약속 정하기는 아동들이 정해진 1주일 동안 여러 영역을 들러야 하는 것과 몇 명의 아동이 한꺼번에 일정 영역에 들어갈 수 있는지 알 수 있도록 만들어진 규칙이다.

둘째, 연관성 있는 영역끼리 인접하도록 배치함으로써 영역들 간의 통합성을 유지하면서 각 영역의 특수성을 살려야 하며, 접근이 용이해야 한다. 예를 들어, 블록영역에서 만들어진 집이나 동네는 역할놀이영역에서 사회극놀이에 활용될 수 있으며, 과학영역에서의 실험결과나 활동내용을 수학영역에서 그래프로 그릴 수 있다.

셋째, 깨끗하고 조용한 활동뿐만 아니라 시끄럽고 지저분한 활동이 균형 있게 이루어질 수 있도록 자료와 소음 정도에 따라 서로 방해가 되지 않도록 구성해야 한다. 즉, 소음을 줄이기 위한 설비를 하거나, 영역별로 서로 분리하는 방안과 소음이 심한 영역은 실외에 두는 방안 등을 생각해 볼 수 있다. 이렇게 함으로써 필요한 자료와의 충분한 상호작용이 가능하도록 해야 한다.

넷째, 발달적으로 적합한 능동적 학습을 할 수 있도록 환경을 정비한다. 각 개인의 성장과 발달을 증진시키기 위하여 다양한 경험과 자극을 줄 수 있는 환경을 제공해야 한다. 교사나 다른 성인과 함께해야 하는 활동과 독립적으로 할 수 있는 활동이 균형 있게 이루어질 수 있도록 다양한 영역을 구성해 주어야 한다.

다섯째, 효율적인 학습환경의 위치에 있는 성인의 역할은 중요하다. 발달적으로 적합한 학습이 이루어지도록 하기 위하여 성인은 적당한 격려와 활동의 제안, 활동을 확장하도록 하는 제안 등을 통하여 촉진자의 역할을 해야 한다. 성인이 아동들의 활동에 함께 참여하며, 놀아주고 칭찬해 줌으로써 아동은 발달과 동시에 세련된 활동을 하게 된다.

2) 학급공간의 효율적 활용

학급공간은 유아의 행동발달이나 신체적·정신적 측면에 많은 영향을 미치게 된다. 따라서 유아에게 적합한 공간 구성을 하고자 노력해야 한다. 그리고 학급공간이 구성된 후에는 이를 효율적으로 활용하고자 실행해야 하는데, 아래에서는 이러한 활용방법에 대해 살펴보기로 하겠다.

(1) 실내와 실외를 연결하기

실외활동은 실내활동 못지않게 매우 중요하다. 실외 놀이시간에 역시 계획적이고 풍부한 활동을 마련해 주어야 하며, 자유롭게 뛰어노는 활동뿐 아니라 차분히 실행해 가는 활동도 필요하다. 교실에서의 학구적인 활동들을 실외로 연결하여 계속할 수 있도록 안내를 하며 교재·교구를 마련해 주는 것이 좋다. 예를 들어, 자석에 관한 활동을 했다면 자석을 가지고 나가 모래 속에서 철 가루도 모아보고, 밖에 있는 사물 중에 자석에 붙는 물건은 무엇인지 알아보는 활동을 마련해 줄 필요가 있다. 또 여러 가지 촉감에 관해 탐구하는 중이라면 실내에서 인위적으로 만든 촉감자료만 가지고 활동하지 말고 실외로 직접 나가서 나무나 흙, 돌, 꽃잎 등을 만져 볼 수 있는 활동을 마련해 주어야 한다. 그러기 위해서는 실외와 실내를 쉽게 드나들 수 있도록 공간적인 배려를 해주는 것이 필요하다. 신발을 갈아 신지 않고도 밖으로 나갈 수 있는 곳(예를 들면, 테라스에 식물을 재배하거나 그림을 그리고 물놀이를 할 수 있도록 꾸며 주기)을 만들어 준다든가, 신발장이 있는 곳까지 가지 않아도 교실에서 밖으로 직접 나갈 수 있도록 여분의 놀이 신발을 교실에 나 있는 쪽문에 비치해 두는 방법, 창문을 통하여 밖의 풍경을 항상 접할 수 있도록 해주는 방법이 있다.

(2) 게시물과 전시물은 유아의 활동과 연결된 것으로 전시하기

주제에 따라 모든 게시물들을 완전히 바꿀 수는 없지만 주제가 전개되어 가면서 바뀔 수 있도록 하는 교사의 전시계획이 있어야 한다. 교실의 환경은 유아들이 새로 시작되는 주제에 흥미를 느낄 수 있도록 도입환경을 구성한 후에는 주제가 전개되면서 활동의 내용과 연결된 게시물, 활동의 결과물들로 유아들이 참여하여 꾸며지는 것이 바람직하다.

(3) 일관성 있는 영역을 두어 유아의 혼란을 피하기

수시로 교실환경에 변화를 주는 것은 매우 중요하나 어느 정도 일관성이 있어야 하는 영역이 있다. 예를 들면, 유아들의 소지품을 보관하는 곳이나 출석을 확인하는 곳, 계획을 하는 곳, 간식의 공고가 붙는 곳, 빗자루·걸레·휴지·쓰레기통을 놓아두는 곳, 가위나 풀 등 기본 용품을 놓아두는 곳은 일관성 있게 관리되어야 한다.

(4) 역할영역에서 여러 가지 놀이가 일어날 수 있도록 예쁘고 풍부하게 준비해 주기

실제생활을 모방해 볼 수 있도록 다양한 사물들을 마련해 주어야 한다. 또한 주제나 시기에 따라서 특별한 상상놀이가 일어날 수 있도록 교재·교구를 다양하게 변화시켜 주는 것이 좋다. 만약 매력적인 역할놀이영역을 마련한다면 유치원에 오려 하지 않거나 적응을 잘하지 못하는 유아를 좀 더 쉽게 적응할 수 있도록 도와줄 수 있다.

(5) 미술영역의 재료를 다양하게 주고 자유로운 작업활동이 일어나도록 고무하기

도화지, 색종이와 같은 전형적인 재료 이외에 크고 작은 상자들, 털실, 병뚜껑, 천 조각들 등 다양한 재료를 마음껏 사용할 수 있을 때 색다른 작품, 창의적인 작품들이 나올 수 있으며 여러 재료를 사용하는 방법을 알게 되고 유아들이 다양한 재료를 다루어 보는 기쁨을 줄 수 있다.

(6) 유아들의 활동을 늘 관찰하여 문제가 야기되는 공간을 보완해 주기

우리는 교실환경을 유아들 중심으로 구성해야 한다는 것을 알면서도 유아들의 편리와 안전에 대한 대책을 세우는 것에 게으를 때가 있다. 예를 들면, 영역과 영역 사이에 유아들의 통행량이 많아서 유아들끼리 부딪치는 일이 자주 발생하는데도 교사가 보는 관점에서 그 영역은 바로 그 자리에 있어야 한다고 생각하기 때문에 좀처럼 영역의 위치를 바꾸지 않는다. 또 미술영역의 물감놀이 후 바닥에 물감을 많이 흘려 유아들이 늘 꾸중을 듣게 되는데도 방치해 두는 경우가 있다. 교사는 그 원인을 파악하고 그 대책을 세워 주어야 한다.

(7) 동료 교사와 서로 도우며 학급의 환경을 구성하기

교실의 공간을 구성할 때는 동료 교사의 도움을 많이 받도록 하는 것이 좋다. 혼자의 아이디어보다는 여러 명의 아이디어가 합리적이고 교사 혼자 사용하는 공간이 아니고 30여 명의 유아가 사용하는 공간이기 때문에 다양한 관점으로 공간을 보고 구성할 필요가 있다. 교사 상호 간의 돕는 우호적인 관계는 남자교사가 흔하지 않은 유치원의 일을 수월하게 해준다. 커다란 게시물을 부착해야 하거나 천장에 모빌류를 달아야 할 경우, 무거운 물건을 들어야 할 경우 힘을 덜 수 있다. 반복적인 작업이 필요할 경우뿐만 아니라 철거하는 게시물을 서로 바꾸어 이용할 수 있다. 한 유치원에서 근무하는 교사 간의 이러한 관계는 애정 있는 동료의식으로 발전할 수 있다.

02 흥미영역의 배치

흥미영역은 교구장이나 가리개 등을 이용하거나 또는 다른 방법을 사용하여 공간을 구분하는 놀이영역을 의미한다. 유아교육기관에서 흥미영역을 설치할 경우 유아들의 자발적인 활동과 적극적인 태도를 유도하여 유아의 발달을 돕게 된다. 따라서 대부분의 유아교육기관에서는 유아의 연령과 발달수준을 고려하여 자율적으로 흥미영역을 설치하고 운영하고 있다.

흥미영역은 유아들이 자발적으로 놀이활동에 참여하도록 하는 핵심적인 역할을 담당한다. 이러한 놀이활동은 단독으로 할 수도 있고, 2명 이상의 소집단을 형성하여 이루어질 수 있다. 그리고 흥미영역에서의 활동은 유아들에게 혼자 하는 놀이도 자연스럽게 일어나지만 함께 하는 놀이도 이루어져 유아들이 학급의 구성원으로 인식하고 소속감을 느끼게 되는 계기가 된다.

또한 흥미영역에서 활동하면서 유아는 활동에 대한 성취감을 갖게 되는데, 이는 다른 활동이나 영역에서의 문제가 생겼을 때 스스로 해결할 수 있는 기초 능력을 키우는 데 도움이 된다. 흥미영역이 의미가 있는 것은 이러한 유아의 성취감이나 문제해결 능력은 교사 주도적인 접근에 의해서가 아니라 흥미영역이라는 교실 환경 구성으로 유아 스스로가 알게 되는 것이기 때문이다.

다음에서는 흥미영역 구성의 장점에 대해 살펴보기로 하겠다.

- 효과적이고 창의적으로 폭넓고 다양한 경험을 할 기회를 많이 제공한다.
- 한 활동에 참여하는 인원을 조절하므로 공격성이 줄어든다.
- 유아가 다른 유아의 방해 없이 안정된 분위기에서 활동에 몰두할 수 있도록 배려할 수 있다.
- 여러 활동 중에서 유아 스스로 선택할 기회를 풍부히 해준다.
- 자신의 활동계획, 수행을 좀 더 분명하고 손쉽게 해주어 유아놀이활동의 목적이 뚜렷한 활동으로 이끌어지도록 도와준다.

위에서 살펴본 것처럼 흥미영역별 공간 구성은 유아에게 자발적으로 놀이를 함으로써 성취감과 문제해결력 증진 등 전인적 발달에 도움이 됨을 알 수 있다.

Frost와 Kissinger(1976)는 교실의 흥미영역을 구성하는 데 있어 각 영역에서 이루어지는 학습활동의 성격에 따라 다음 네 가지 사항을 고려해야 한다고 주장한다. 즉, 건조하고 조용한 영역, 건조하고 활동적인 영역, 조용하고 물이 있는 영역 및 활동적이고 물이 있는 영역 등을 고려하여 각 영역 간에 방해가 되지 않고 상호 보완에 의해 학습활동이 효율적으로 이루어지도록 해야 한다는 것이다.

이기숙(1984)은 흥미영역을 구성하는 데 고려해야 할 일반적 원리에 대해 다음 다섯 가지를 들고 있다(임재택, 2001에서 재인용).

- 아동의 발달적 요구수준과 성장발달의 기초 원리를 고려해야 한다.
- 충분한 공간이 마련되어야 한다.
- 교실은 전체를 한눈에 볼 수 있도록 개방적이어야 한다.
- 각 영역은 활동의 성격과 그 영역에 발생하는 소음의 정도에 따라 구성·배치해야 한다.
- 다양한 융통성을 고려해야 한다. 즉, 흥미영역의 구성에 있어 각 영역들이 특수성과 통합성을 유지하도록 해야 한다는 것이다.

Decker와 Decker(1976)는 흥미영역의 구성과 배열 시 유의해야 할 사항으로 다음과 같은 내용을 제시하고 있다.

첫째, 흥미영역은 정해진 공간(defined space)이 있어야 한다. 흥미영역의 공간은 융통성이 있으면서도 구획된 느낌을 주어야 하는데, 이를 위한 몇 가지 방안은 아래와 같다.

- 칸막이나 보관장을 L자형이나 U자형으로 놓을 것
- 흥미영역의 벽면, 바닥 및 카펫의 색깔이나 명암의 차이를 둘 것
- 바닥면을 다양하게 할 것(평면보다 높거나 같거나 낮도록 다양하게 처리할 것)
- 흥미영역 간의 시각적 차단이 되도록 할 것(120cm 높이의 칸막이는 서서 활동하는 유아들에게 시각적 차단이 되며, 60cm 높이의 칸막이는 앉아서 활동하는 유아들에게 시각적 차단을 시킴)

둘째, 흥미영역은 활동 유형에 따라 충분한 공간이 주어져야 한다.

역할놀이영역, 쌓기놀이영역, 모래놀이영역 등은 다른 영역에 비해 더 넓은 공간을 필요로 한다.

셋째, 흥미영역에서의 소음 정도에 따라 서로 방해가 되지 않도록 구성해야 한다. 소음을 줄이거나 없애기 위해 바닥, 벽, 천장 등에 적절한 방음 재료를 사용하거나 음악활동영역에는 헤드폰이나 이어폰 시설을 설치해 둘 수도 있다. 또한 시끄러운 영역과 조용한 영역을 분리하는 방안도 있으며, 소음이 심한 영역은 실외에 두는 방법도 생각할 수 있다.

03 흥미영역의 유형

학급공간을 운영하는 교사는 흥미영역을 정할 때 유아교육기관의 목적과 특성, 유아의 발달수준, 지역사회적 여건을 고려하게 된다. 따라서 흥미영역은 학급의 특성에 따라 적을 수도 있고, 많을 수도 있다. 아래에서는 다양한 흥미영역의 유형을 살펴보고 자신의 학급에 맞는 흥미영역을 선정할 수 있는 안목을 기르고자 한다.

1) 쌓기영역

이 영역은 건조하고 활동적인 곳에 위치하는 것이 좋으며, 역할놀이영역 가까이에 둔다. 유아 혼자 활동할 수도 있고 다른 유아와 함께할 수도 있으며, 때로는 4~5명 이상의 유아들이 집단적인 협력활동을 할 수 있도록 충분한 공간을 마련해 주어야 한다. 블록을 쌓고 부수는 과정에서 생기는 소음을 줄이기 위해 바닥이나 보관장 및 선반에 적당한 깔개를 마련해 두는 것도 필요하다.

또한 블록의 보관장이나 선반은 문이 없는 개방식이 좋으며 아랫부분에는 큰 블록을 넣고 윗부분에는 작은 블록을 넣도록 한다. 블록의 종류, 모양, 색깔 등에 따라 잘 구분하여 보관하고 유아들이 스스로 사용하고 정돈할 수 있도록 선반에 블록의 모형그림을 부착해 두는 것도 좋은 방안이다.

이 영역은 유아의 신체발달, 사회·정서발달, 언어발달, 인지발달 등 모든 발달영역에 긍정적인 영향을 주게 된다. 따라서 블록뿐만 아니라 인형이나 도로와 같은 소품과 그림들을 제공하여 놀이가 활발하게 이루어질 수 있도록 한다.

2) 역할영역

이 영역은 소꿉놀이영역이라고도 부른다. 그러나 이 영역은 소꿉놀이뿐 아니라 가게놀이, 병원놀이 등 여러 가지 작업과 사회생활에 관한 역할놀이를 할 수 있도록 다양하게 구성하고 변화시킬 수 있다. 따라서 역할영역에는 필요한 자료나 물품들을 다양하게 준비하여 여러 가지 놀이가 이루어질 수 있도록 해야 한다. 그리고 이러한 자료는 유아교육기관에서 실시되고 있는 주제나 단원에 따라 수시로 바꾸어 주어야 교육효과가 극대화될 수 있다.

역할놀이영역은 유아의 주변에서 흔히 볼 수 있는 환경으로 구성하며 분위기는 편안하게 유지하는 것이 좋다.

역할놀이영역에 비치하는 자료나 물품은 일상생활에서 사용하는 물건과 상업적인 제품 모두 가능하다. 유아교육기관의 상황에 따라 적절하게 이용하면 된다.

3) 조형영역

조형영역은 조용하고 물이 있는 곳에 설치하여 그림 그리기, 색칠하기, 오리기, 풀칠하기, 손가락 그림, 판화, 점토 등 다양한 활동이 효과적으로 이루어질 수 있도록 구성해야 한다. 이 영역에는 유아들이 앉거나 서서도 활동할 수 있도록 탁자와 의자를 놓아두고 여러 가지 미술용품이나 자료를 보관할 수 있는 선반과 보관함을 설치해 둔다. 이 영역은 바닥은 물이 떨어져도 괜찮고 청소하기 쉽도록 해야 하며, 각종 작품을 걸거나 진열할 수 있는 줄이나 진열대를 마련해 두는 것이 좋다.

조형영역이 활발하게 이루어지기 위해서는 기본적인 재료와 도구를 잘 준비하고, 충분한 공간을 확보하여 완성품을 전시하거나 미완성품을 보관할 수 있도록 해야 한다.

4) 음률영역

이 영역은 음악 감상을 할 수 있도록 조용한 곳이어야 하고, 편안한 자세를 취할 수 있도록 카펫이나 방석 혹은 소파를 두는 것이 좋으며, 노래 부르기나 율동 및 악기놀이를 위해서는 소음을 최소로 줄이기 위한 시설과 설비를 갖추어야 한다. 이 영역은 유아들이 자유롭게 움직일 수 있어야 하고, 넘어질 위험을 최소화하기 위해 마룻바닥을 매끈하게 해야 하며 충분한 공간이 있어야 한다. 악기류의 보관을 위해 창문, 출입문 및 냉난방시설, 습기가 있는 곳 등은 피하는 것이 좋다.

일상생활에서 유아는 가만히 있지 않고 끊임없이 소리와 움직임을 탐색하고, 따라 하기에 이 영역은 매우 중요한 영역이다. 따라서 다양한 능력을 발달시킬 수 있도록 환경을 구성해야 한다.

5) 조작영역

이 영역은 조용하고 건조한 곳에 위치해야 하며 개별적인 활동이나 소집단 활동이 이루어지도록 구성한다. 이 영역에는 주로 논리·수학적 개념이나 어휘 및 소근육 발달을 위한 각종 교구나 자료들을 비치할 수 있는 낮은 선반과 책상과 의자가 놓여 있어야 한다.

이 영역에서는 교사가 직접 제작한 교구를 제작할 수도 있고, 상업적인 제품을 구입할 수도 있다. 교구는 상황에 따라 비치하되 별도 교구장에 배열하여 정기적으로 교체해 주는 것이 효과적이다. 이러한 교사의 노력은 유아들이 흥미와 호기심을 갖고 활동하는 데 매우 중요한 역할을 한다.

6) 과학영역

이 영역도 역시 조용하고 햇볕이 들어오는 창가에 위치하는 것이 좋으며, 개별활동이나 소집단활동이 이루어지도록 구성한다. 여기에는 유아들이 접하게 되는 자연환경이나 현상을 감상하고 탐구하고 이해하도록 여러 가지 실물, 모형자료, 그림자료, 과학기자재 등이 제공되어야 한다. 이러한 자료들을 단순히 나열하기만 하는 것은 효과적이지 못하며, 유아들의 흥미를 끌 수 있도록 배치하고, 유아들이 직접 탐색할 기회를 제공하는 것이 좋다.

유아들에게 동식물의 생태나 물질의 성질 및 자연현상 등을 관찰하고 실험하고 발견하는 능력과 태도를 길러 주는 것은 유아교육의 중요한 목표의 하나이므로 이 영역의 구성에 세심한 배려가 필요하다.

7) 언어영역

이 영역은 유아들에게 책보기 활동이나 언어활동을 도와주기 위한 곳으로 가능한 조용하고 밝은 곳에 위치하는 것이 좋다. 즉, 언어영역은 책보기영역, 듣기영역, 말하기영역, 쓰기영역, 읽기영역을 모두 포함한다. 모두 같은 공간에 교구를 비치할 수도 있으며, 공간의 여유가 있을 경우에는 책읽기영역과 구분하여 설치하기도 한다. 그리고 유아의 연령에 따라 언어영역을 적절하게 통합하거나 세분화할 수도 있다.

언어영역에는 유아용 각종 도서를 난이도나 내용에 따라 체계적으로 진열할 수 있는 책장과 편안하게 책을 보거나 이야기를 들을 수 있도록 방석이나 카펫을 설치하는 것이 필요하며, 글씨를 쓰거나 책 보기를 위한 책상과 의자도 마련해 두어야 한다.

8) 수영역

수영역은 수의 이해뿐만 아니라 관계를 탐색하고 문제해결을 하는 과정을 통해 다양한 수학 개념의 탐구가 이루어지는 공간이다. 이 영역에서는 수학에 대한 지식 습득과 더불어 수학을 대하는 태도와 기술이 길러지게 된다.

수영역은 조용한 곳에 위치하는 것이 좋으며, 유아가 주변의 다양한 사물에 대해 궁금증을 갖고 끊임없이 탐구하는 태도를 키울 수 있도록 다양한 자료와 활동을 준비하는 것이 좋다. 즉, 유아교육기관에서 진행되는 주제나 단원에 따라 교구를 배치한 다음 정기적으로 교체하여야 한다.

9) 디지털 미디어 영역

디지털 미디어 영역의 구성 장소는 각 학급의 공간 구성 특징에 따라 달라질 수 있다. 그리고 디지털 미디어 영역은 전원을 필요로 하므로 다른 흥미영역보다는 장소 선정에 제약을 받을 수 있다. 장소 선정에서 가장 우선적으로 고려해야 할 부분은 유아들의 안전을 고려하는 것이다. 전원을 이용하기 때문에 되도록 긴 전선이 유아들의 눈에 띄지 않도록 설치하는 것이 좋으며, 안전 덮개를 이용해서 콘센트를 막아 혹시 있을 안전사고를 막도록 해야 한다. 하지만 디지털 미디어 영역에서 가장 주의해야 할 점은 유아들에게 제대로 알려 주어 사고를 미리 예방하는 것이다(김수향·이용주, 2006).

또한 디지털 미디어 영역은 다른 흥미영역을 고려하여 적절하게 구성하여야 한다. 디지털 미디어 영역은 기계음으로 인한 소음과 유아들 간의 상호작용으로 인한 소음이 많이 발생하기 때문에 언어영역 같은 조용한 영역과는 떨어져 있는 것이 좋으나, 쌓기영역이나 역할영역과 가까울 경우 지나친 소음으로 인해 활동에 집중하지 못할 것으로 예상되므로 이러한 영역은 피하여 설치해야 한다. 그리고 물을 많이 사용하는 미술영역과 모래영역에 인접할 경우 고장의 위험이 있으므로 역시 그 주위는 피하도록 한다. 그리고 유아들이 순서대로 활동할 수 있도록 순서표와 끝나는 시간을 잘 알 수 있게 시계를 준비하는 것이 좋다. 이러한 준비를 통해 유아들 간의 갈등을 미연에 방지할 수 있다.

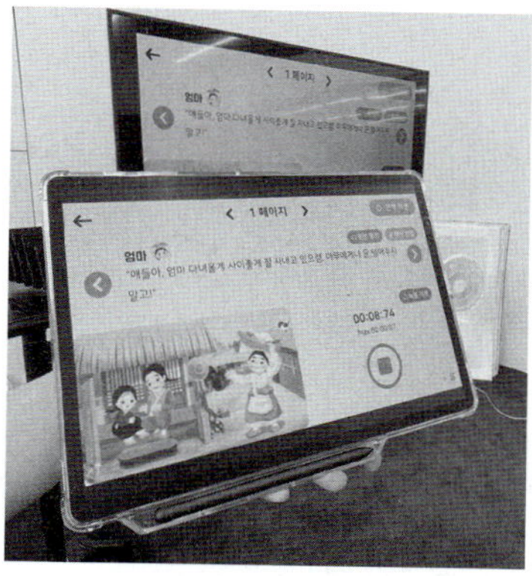

10) 물놀이영역

물놀이영역은 실외에 설치하는 것으로 생각하는 경향이 있으나, 실내 물놀이 영역도 대단히 중요한 교육적 가치를 갖는다. 이 영역은 유아들의 자연과학적 개념 형성과 언어발달을 위해 필요하며 급수시설 가까이에 두어야 하며, 배수구 시설이 필요하다. 여기에 놀이를 위한 각종 도구와 자료를 비치하는 것이 필요하다. 물놀이영역에서 이용하는 여러 가지 자료들은 교사가 필요에 의해 제작할 수도 있고, 상업화된 제품을 사용할 수 있다. 이러한 자료들은 교사가 두 가지 중에서 선택하여 적절하게 사용하면 되고, 물놀이가 실제로 진행되면 특히 안전사고에 유의해야 한다.

11) 모래놀이영역

모래놀이영역에는 유아들이 서서 작업할 수 있는 모래상자가 있어야 하고, 각종 모래놀이 도구가 필요하다. 모래상자는 이동식으로 제작하여 실내외로 옮겨 사용할 수 있도록 하며, 사용하지 않을 때는 치워 둘 수 있도록 한다. 모래상자의 아랫부분은 각종 도구를 보관할 수 있는 보관장이 될 수 있도록 제작하는 것이 좋다.

모래놀이영역 역시 놀이 도중에 일어날 수 있는 모래 뿌리기나 자료 던지기 등이 일어나지 않도록 안전교육을 철저히 한 다음 시작하며, 자유선택활동 시작 전에 항상 이야기하여 기억할 수 있도록 해야 한다.

12) 목공놀이영역

목공놀이영역에 대해서는 유아들의 발달수준이나 위험성의 입장에서 볼 때 학습활동영역으로 적합한 것인가에 대해 의문을 제기하는 사람들도 있다. 그러나 이 영역은 유아들의 대·소근육의 발달, 창의력, 문제해결력 등의 발달뿐만 아니라 유아들에게 작업이나 일의 가치와 중요성을 인식시키는 의미에서도 중요한 가치를 가진다. 이 영역은 실외에서는 물론 실내에서의 설치를 권장할 만하다. 여기에 각종 나무와 목공도구를 비치하고 교사의 지도와 감독하에 유아들이 활동을 하도록 하면 된다.

이 영역에서 사용되는 자료는 플라스틱으로 제작한 것과 실제 성인들이 사용하는 공구와 도구가 있는데, 상황에 적합한 것을 사용하면 된다. 이 영역 역시 유아들의 안전에 각별한 주의를 해야 하며, 유아들에게도 안전교육을 철저하게 해야 한다.

04 2019 개정 누리과정에 기반한 놀이공간

2019 개정 누리과정에서 놀이공간은 교사가 유아의 관심과 흥미, 개별 특성을 고려하여 유아의 다양한 놀이와 경험을 확장하고 지원할 수 있는 공간을 제안하고 있다. 개정 누리과정 이전에는 교사가 배치한 흥미영역에 따라 유아들이 한정된 공간에서 놀이를 했다면 이제는 놀이 속에서 공간이 어떤 의미를 가지는지 고민해 보아야 한다. 2019 개정 누리과정 놀이실행자료에서는 놀이공간 지원 요령을 다음과 같이 제시하고 있다(교육부·보건복지부, 2019).

1) 놀이공간을 융통성 있게 배치해 본다.

교사는 유아교육기관의 교육 철학이나 교실의 물리적 구조, 유아의 연령, 흥미 등에 따라 자율성을 가지고 교실 공간을 구성할 수 있다. 교실 내에 반드시 배치되어야 하는 흥미영역이 정해져 있는 것이 아니므로 유아의 놀이를 지원할 수 있도록 공간을 융통성 있게 구성한다.

유아의 놀이에 따라 넓은 공간이 필요하기도 하고 분리된 작은 공간이 필요하기도 하므로 영역의 크기는 무조건 넓게 하는 것이 아니라 유아의 흥미와 놀이 흐름에 따라 조정하도록 한다. 즉, 확장하거나 축소하기도 하고, 구석진 곳이나 조용한 곳에 옮겨주기도 하고, 놀이가 서로 연결될 수 있도록 가까이 배치해 주기도 하는 등 자율성을 발휘해 본다.

출처: 대전 상지초등학교 병설유치원

2) 놀이하는 공간을 넓혀본다.

지나치게 많은 놀잇감, 교구장, 책상과 의자로 가득 찬 교실은 정작 유아가 놀이할 수 있는 공간이 충분하지 않은 경우가 많다. 모든 흥미영역을 배치하고 놀이 인원수를 제한하거나 공간이 좁아 놀이 결과물을 즉시 치워야 한다면 놀이의 흐름이 중단될 수 있다.

유아의 놀이를 관찰한 결과 좁은 공간이 놀이를 방해하는 요소라고 판단되었거나, 유아가 놀이공간을 넓히고 싶다고 스스로 요구하였을 때, 교사는 놀이를 방해하는 가구와 설비를 치우거나, 유아에게 관심이 적은 놀잇감을 제거함으로써 놀이할 수 있는 충분한 공간을 만들어 줄 수 있다. 이때 교실에서 꺼낸 자료를 보관할 수 있는 기관 내 여유 공간을 확보하고 동료 교원들과 의논하여 안전이 보장되는 범위에서 놀이공간을 확장한다.

출처: 대전 화랑유치원

3) 유아에게 공간 배치의 주도권을 주어본다.

놀이공간은 모든 구성원의 삶이 반영되는 곳이다. 대부분의 유아들은 교실의 소유권이 교사에게 있다고 생각한다. 그러나 교사가 유아의 놀이를 따라가면서 자연스럽게 유아 스스로 놀이공간을 배치하거나 변경하도록 지원하다 보면 유아도 교실이 자신의 공간이라고 생각하게 된다. 다만 어떤 유아는 조용한 혼자만의 놀이공간이 필요하거나 공간 구성이 지나치게 자주 바뀌는 것을 싫어할 수도 있으므로 다수와 개인의 놀이가 고루 존중되는 교실의 문화를 만드는 것이 좋다.

출처: 동아유치원

4) 다른 놀이공간을 찾아본다.

유아는 스스로 찾아낸 공간, 놀이를 하다가 우연히 발견한 공간을 더 좋아하고 애착을 갖는다. 교사는 교실이나 실외 놀이터 외에 복도, 현관 입구, 교실과 교실 사이의 공유 공간, 계단 밑 등도 안전하다면 유아의 놀이공간으로 허용할 수 있다. 단, 교사는 각 공간의 위험요소를 사전에 점검하고, 위험요소를 치우거나 안전하게 처리한 후 유아와 함께 안전에 유의할 수 있는 방법 및 공간을 활용할 수 있는 방법에 대해 함께 의논한다. 비상구나 비상계단 등 비상시 대피경로에 놀잇감이나 자료장을 배치하지 않도록 주의한다.

출처: 동아유치원

연구문제

01 학급공간을 관리하기 위해 고려해야 할 원리를 적으시오.

02 학급공간을 효율적으로 활용할 수 있는 방안을 설명하시오.

Chapter 15

생활습관의 관리

유아기에 형성된 식습관이나 자신의 물건을 정리정돈하는 것과 같은 생활습관은 지속적으로 유지되어, 한 인간의 생활 패턴을 형성하게 된다. 이러한 생활습관은 사회, 정서적인 발달에도 영향을 미칠 뿐만 아니라 한 번 형성된 습관은 쉽게 수정되지 않으며, 수정하려면 최초의 습관이 형성되는 데 걸린 시간보다 더 많은 시간을 요구하게 되므로 유아기에 이에 대한 적절한 지도 및 관리가 이루어져야 할 것이다.

01 점심 및 간식

유아기는 성장과 발육이 빠르게 이루어지며 가만히 있지 못하는 유아의 특성상 신체활동량이 많은 시기로 발달과 활동에 필요한 영양소를 충분히 섭취해야 한다. 특히 최근 들어 유아들이 유아교육기관에서 생활하는 시간이 길어지면서 기관에서 제공하는 간식이나 식사를 먹는 기회가 증가하고 있다. 이로 인해 가정 안의 부모에게 전적으로 일임되어 오던 유아기 식습관 지도는 부모뿐만 아니라 유아교사의 책임으로 인식되고 있으며, 이에 유아교사들은 유아의 식습관 지도방법을 알고 이를 적절하게 지도할 수 있어야 할 것이다.

1) 적합한 급식관리

(1) 급식관리

유아교육기관에서는 영유아에게 위생적이고 균형적인 안전한 급식을 제공하여야 하며, 급식은 정상적인 발달에 필요한 영양을 섭취할 수 있도록 영양사가 작성한 식단에 의하여 공급하여야 한다.

어린이집의 경우, 보건복지부(2019)에서 다음과 같은 급식관리를 하도록 제시하고 있다. 영유아 100인 이상을 보육하는 시설은 영양사 1인을 두어야 하며 영양사는 영유아의 건강·영양 및 위생을 고려하여 어린이집의 급·간식을 관리하여야 한다(전담 원칙). 2개 이내 어린이집 공동으로 영양사를 둘 수 있으나, 이 경우 영양사는 2개 시설 중 어느 한 시설에 반드시 배치되어야 하며 나머지 시설은 보육통합정보시스템을 통해 등록되어야 한다. 또한 2개 시설을 1인이 담당함으로 인해 영유아에 대한 영양관리가 소홀히 되지 않도록 담당시설에 대한 정기적인 순회지도 등 체계적인 관리계획을 세워 실행하여야 한다. 영유아 100인 미만을 보육하는 시설의 경우에는 어린이 식생활 안전관리 특별법 제21조에 따른 어린이급식관리지원센터에 등록하고, 어린이급식관리지원센터 등의 영양사의 지도를 받아 식단을 작성하여야 한다. 다만, 급식소에 영양사를 두는 경우에는 등록을 하지 않을 수 있다. 식품위생법에 따라 상시 1회 50인 이상(영유아 및 보육교직원 포함)에게 식사를 제공하는 어린이집의 경우 시·군·구청 위생관련 부서에 집단급식소로 신고·운영하고 조리사를 배치하여야 한다. 어린이집의 원장 및 급식을 조리·제공하는 보육교직원은 어린이집에서 식중독 환자가 발생하지 않도록 위생관리를 철저히 하여야 하며 시장·군수·구청장은 부실급식 관련 집단 민원제기, 식중독 등 급식 관련 사고, 집단 감염병이 발생하였을 경우에는 시설 현황, 사고 내역 및 조치사항 등을 즉시 시·도지사를 경유하여 보건복지부 장관에게 보고하여야 한다.

이러한 어린이집의 급식관리 및 위생관리를 위한 어린이집 급식위생 지도·점검표는 **표 15-1**과 같다.

표 15-1 어린이집 급식위생 지도·점검표

점검일자 : 20 .　　.　　. (　　:　　)
점검시설 :　　　　　　　　어린이집
(어린이급식관리지원센터　등록 ◻　미등록 ◻)

구분	점검사항	점검결과		비고
1. 개인위생 관리	• 건강상태 확인(손세척 및 소독/감기, 손상처 등) • 위생모·위생복·작업화 등의 착용 및 청결 여부 • 앞치마 구분 사용 여부(배식용, 보육용)			
2. 시설·설비 관리	• 적정 보관 온도 준수 여부(냉장고 0~5℃, 냉동고 -18℃ 이하) • 칼, 도마의 구분사용 여부 • 조리기구 및 배식도구의 세척, 소독의 적정성 여부 • 조리장 내 수세시설 및 소독시설의 구비 및 작동 여부 • 세제, 소독제, 살충제 라벨 부착 후 분리보관 여부 • 방충망, 후드, 환풍기 설치 및 청결 관리 여부 • 조리실, 식품 등의 원료·제품 보관실 등의 소독 및 청결 관리 여부			
3. 식재료 관리	• 유통기한이 경과된 제품의 보관·조리, 이미 급식에 제공되었던 음식물의 재사용 여부 • 부패·변질 및 무신고(허가), 무표시제품의 사용여부 • 먹는 물 정기 수질검사 여부(지하수 사용 시 검사결과 적합한 물 사용 등) • 식재료 저장조건, 포장·용기 등의 적정 상태 • 조리된 음식의 보관 및 위생상태 적정 여부			
4. 식단표 관리	• 식단표와 실제 제공되는 식단과의 일치 여부 • 식단표 작성의 적정성 여부 • 식단표의 게시판 공개 여부 • 원산지 표시 여부(쇠고기, 돼지고기, 닭고기, 오리고기, 쌀, 배추김치)			
5. 급식경영 관리	• 단체급식소 신고, 영양사·조리사 면허증 게시(의무시설만) • 어린이집에서의 직접조리 제공 여부 • 급식일지의 작성 및 보관 여부			
6. 기타 지적사항				

조사자　소속)　　　직)　　성명)　　(서명)

(2) 점심의 양과 식품 종류

0~3개월까지의 영유아는 거의 모유나 분유에 의존하다가, 5개월 이후부터 점차 이유식을 통하여 연한 것에서부터 단단한 고형식으로 옮아간다. 유아기가 시작되면서 성장속도는 영아기에 비해 감소하지만 모든 영양소의 권장량이 연령에 따라 증가한다.

영유아기는 성장속도가 빠른 시기이므로 이 시기에 공급되는 단백질, 무기질, 비타민 등 영양소의 양은 적절한 성장과 발육을 촉진하기 위하여 충분하게 공급되어야 하나 영아의 소화 기능을 고려하여 이루어져야 한다.

유아교육기관에서는 점심 1식과 간식 2회를 제공하는 경우가 많다. 점심급식에는 1일 영양섭취 기준에 간식으로부터 얻는 양을 제외한 양의 1/3을 제공해야 하므로 1일 필요 에너지의 25~30% 정도를 섭취하도록 계획해야 한다.

영유아들의 성장속도에 부합한 영양을 제공하기 위하여, 유아기에 하루 동안 우유군 4회, 어육류군 3회, 곡류 및 빵류는 4회, 비타민C가 있는 과일·야채군은 1회, 녹황색 야채는 1회, 기타 과일 및 야채류는 2회 제공됨이 적당하다.

식단에 제공되는 음식의 종류수는 식단가, 계절, 식습관 지도, 급식시설 및 기기, 조리인력의 숙련도 등에 따라 정해지며, 일반적으로 다섯 가지 정도로 주식, 국(찌개류), 주반찬, 부반찬, 김치류로 구성된다.

유아교육기관에서 점심 및 간식의 양과 종류는 식품군의 고른 섭취를 위하여 적절하게 조절해야 하며, 기관에 소속된 유아들의 신체발달 특성이나 가정환경 등을 고려하여 구성해야 할 것이다. 예를 들어, 저소득층 밀집지역에 위치한 유아교육기관은 교육 프로그램이나 기타 다른 서비스에 대한 고려도 중요하지만, 질적인 수준의 점심 및 간식을 제공하기 위한 노력에 더 많은 시간을 들여야 할 것이다. 뿐만 아니라 유아교육기관의 식단표를 가정에 배부함으로써, 가정과 기관에서 1일 필요 영양소를 고려한 식사가 이루어지도록 배려해야 할 것이다. 점심의 양이나 종류는 모든 유아에게 일률적으로 배부하는 것이 아니라, 개별적인 유아들의 식사량, 식습관 등을 고려해서 이루어져야 한다.

영양소는 이렇게 해주세요.

- 성장기에 있는 유아의 신체발육에 필요한 칼슘과 양질의 단백질이 충분히 함유되도록 식단을 구성한다.
- 우유는 매일 섭취하도록 한다.
- 다양한 식품으로 식단을 구성하여 영양소를 골고루 섭취하도록 하고 1일 영양필요량 1/3은 점심으로, 10~15%는 간식을 통해 공급되도록 한다.
- 매끼 적어도 한 가지 음식은 만족감을 주는 음식, 적어도 한 가지 씹는 음식과 더운 음식으로 계획한다.
- 부드러운 음식과 질감이 아삭한 음식을 같이 사용하거나 번갈아 사용한다.
- 색, 형태, 음식의 배열 등 음식을 적절히 변화시킴으로써 항상 새로운 느낌을 주는 식단을 구성한다.

출처: 서울특별시학교보건진흥원(2012). 유치원 급식 운영관리 매뉴얼.

(3) 간식의 양과 횟수

유아들에게 필요한 1일 칼로리를 섭취하기 위해서는 하루 3끼의 식사 이외에 간식이 필요하다. 유아기는 성장·발달하는 시기로, 성인에 비해 영양요구량이 많으며 위의 용량이나 기능의 발달이 충분하지 못하기 때문에 3끼 식사로는 1일 필요량을 충분하게 섭취할 수 없다. 이에 유아교육기관에서는 이러한 유아들의 특성을 고려하여 3끼 식사 이외에 적절한 양과 질의 간식을 준비해 주어야 한다. 그러나 최근 들어 유아교육기관에서 점심을 제공함에 따라, 점심 식사에 지장이 있다는 이유로 오전 간식을 제공하지 않는 기관이 늘어나고 있으나 이는 적은 양을 자주 먹어야 하는 유아의 소화 기능, 유아의 급격한 신체 발달 및 활동량을 고려할 때 바람직하지 못한 것으로 생각된다.

간식은 하루 세 끼 식사로 부족한 영양소를 보충하는 음식으로 유아에게 중요한 식품이다. 유아에게 주는 간식은 쉽게 소화되고 정규 식사에 영향을 주지 않는 정도의 가벼운 것으로 제공하는 것이 바람직하며 하루 에너지 필요량의 10~15%가 적합하다.

간식은 오전 10시와 오후 3시경 하루에 두 번 규칙적인 시간을 정해서 주는 것이 중요하다. 식사 후 2시간이면 음식물이 위에서 장으로 내려가므로 간식은 식사하고 2시간 이후가 적당하다. 간식의 양은 한 번에 많은 양의 간식은 좋지 않으며 유아의 연령, 체격, 소화력, 식욕, 식사 상태 등 개인차를 고려하여 제공하는 것이 적당하다. 간식으로 제공되는 식품은 포만감이 작아 정규식사에 영향을 미치지 않는 것이어야 한다. 이에 간식으로는 유제품, 과일 등이 권장되며 가능하면 탄산음료나 빵, 면과 쌀로 만든 죽과 떡이 하루에 겹쳐서 제공되지 않도록 하는 것이 적합하다.

활동량이 많은 유아는 간식을 먹지 못하면 매우 피곤해하고 배고픔을 견디지 못한다. 이처럼 간식은 유아 생활에 활력과 휴식, 기분전환을 할 수가 있으며 식사와는 다른 즐거움을 주므로 꼭 필요하다.

2) 연령별 식습관의 지도

올바른 식습관은 유아의 건강과 발육에 영향을 줄 뿐 아니라 식사하는 과정에서 느끼는 정서적인 만족과 안정감은 유아의 사회, 정서적인 발달에 영향을 준다.

영아기에서 유아기에 접어들면서 이때 형성된 식습관은 이후 평생의 식습관 형성에 영향을 미칠 수 있고, 이 시기에는 또래집단의 식습관이 유아에게 크게 영향을 미치게 된다.

최근 사회적인 변화로 아침 결식, 가정에서의 식사예절 지도 및 올바른 식습관 지도가 이루어지지 않고 있다. 이러한 결과 유아 관련 영양 문제로 편식으로 인한 영양결핍과 과식으로 인한 비만의 문제가 대두되고 있다. 영유아기는 아직 음식의 섭취량을 스스로 조절하고 관리할 수 없으므로 다양한 식품과 균형 잡힌 식사를 제공하는 것이 무엇보다 중요하다. 또한 영유아가 음식에 흥미를 잃을 경우에는 다양한 종류의 영양가 있는 음식을 제공하고, 쾌적한 식사환경을 조성해 주어 단계적으로 싫어하는 음식이나 낯선 음식에 대하여 거부반응을 고쳐나가도록 해야 한다.

영유아기부터 식사예절로 음식의 소중함을 알고 감사하는 마음을 가지는 것, 식사 전과 후에 적절한 인사말을 하는 습관을 가지도록 하는 것, 어른이 식사하기 전에 먼저 식사하지 않는 것, 식사 시 다른 사람에게 불쾌감이나 거부감을 주지 않도록 하는 것 등에 대한 습관이 형성되도록 지도해야 한다. 식사태도는 식사 전에 손 씻기, 올바른 자세로 자리를 뜨지 않고 식사하기, 식사 시 간단한 대화는 하되 조용한 분위기 유지하기, 정해진 시간 내에 식사하기, 식사 시 조금 흘릴 수는 있으나 자신이 사용한 식기와 수저는 스스로 정리하는 습관을 기르는 것, 식사 후에는 손 등을 깨끗이 닦도록 지도해야 한다.

간식 시간

(1) 12개월 미만

5~8개월의 영아들은 반 유동식 음식을 조금씩 먹을 수 있으므로 매일 정해진 시간에 이유식을 주어 규칙적인 식사시간을 알게 한다. 8~12개월 영아들은 고형식을 씹기 시작하고 수저로 음식을 받아먹을 수 있으므로 수저를 사용할 기회를 줄 수 있다.

(2) 1세

만 1세가 지나면서 영아는 컵이나 수저를 사용하여 혼자 먹으려고 하기 때문에 영아 스스로 먹는 연습을 시작한다. 컵이나 수저의 사용이 서툴기 때문에 음식을 많이 흘린다. 식사습관으로 하루에 3번 식사하기, 정해진 시간과 장소에서 식사하기, 골고루 맛있게 먹기, 즐겁게 식사하기 등을 지도할 수 있다. 흘리는 것에 대해서 지나치게 강조하는 것은 오히려 영아에게 식사하는 것에 대한 즐거움을 사라지게 할 수 있다. 이 시기에는 끝이 둥근 수저를 사용하는 것이 좋으며, 수저를 올바르게 사용하도록 강요하기보다는 영아가 즐겁게 식사하는 것을 더 강조해야 한다.

이 시기에는 혼자 먹으려고 하다 보니 음식을 많이 흘리게 되므로 주머니가 있는 비닐 앞치마를 입히고 낮은 식탁에 앉아 음식을 먹도록 한다. 또한 영아들의 개별적 신체 크기에 따라 이용할 수 있도록 재질이 부드러운 보조 의자나 방석을 준비해 준다.

(3) 2세

만 2세가 되면 스스로 숟가락이나 포크를 사용하여 음식을 먹을 수 있다. 성인의 도움이 필요하지만, 스스로 먹을 수 있는 기회를 제공해야 한다. 이 시기에 영아들은 스스로 숟가락이나 포크를 사용하여 음식을 먹으려고 하나, 아직 미숙하여 음식을 많이 흘리게 된다. 음식을 흘리는 것이 싫어 교사가 떠먹여 주는 습관을 드리게 되면 영아의 소근육 발달 및 자조기술의 습득을 느리게 할 뿐만 아니라 오랜 시간 동안 교사가 떠먹여 주어야 하는 결과를 초래하게 된다. 따라서 비록 처음에는 영아가 음식을 먹는 데 오랜 시간이 걸리고 음식을 많이 흘리더라도 일단 스스로 숟가락이나 포크를 사용하여 먹을 수 있는 기회를 제공하는 것이 바람직하다.

(4) 3세

이 시기의 유아들은 활동량의 증가로 식욕이 증가하고, 음식에 대한 흥미가 생기며 식사태도를 이해하기 시작한다. 3세가 되면 젓가락을 사용하게 할 수 있다.

식사나 간식 시간에 스스로 자신의 식판을 받아 갈 수 있도록 유도할 수 있고, 음식을 먹고 난 후 스스로 자신의 식판을 정리할 수 있도록 할 수 있다. 또한 자신이 먹은 자리를 깨끗이 정리할 수 있도록 여러 장의 유아용 행주를 준비해 준다.

(5) 4~5세

이 시기가 되면 엎지르지 않고 식사를 할 수 있으며, 식사 시 타인을 의식하고 친구나 어른들과 대화를 하며 식사를 하는 등 바른 식사 태도를 습득할 수 있다. 이 시기에 유아가 지켜야 할 식사 규칙이나 예절 및 다양한 상황에서의 식사예절에 대해 가르치는 것이 효과적이다. 유아기에 다룰 식사예절 및 규칙은 다음과 같다.

유아기에 습득 가능한 식사예절 및 규칙

- 음식을 먹기 전에 손을 씻는다.
- 음식을 먹기 전에는 감사하는 마음을 표현한다.
- 음식을 기쁘고 즐거운 마음으로 먹는다.
- 음식을 골고루 먹는다.
- 음식을 천천히 꼭꼭 씹어서 먹는다.
- 음식을 돌아다니지 않고, 자리에 앉아서 먹는다.
- 음식을 깨끗이 먹는다.
- 음식을 먹은 후에 자기 자리 및 그릇은 스스로 정리한다.
- 음식을 먹은 후에는 이를 닦는다.

4~5세 유아의 경우, 당번을 정하여 간식을 각 분단에 가져가거나 친구들에게 반찬을 나누어 주는 역할을 수행하게 하는 경험을 제공할 수 있다.

3) 식습관 지도 시 유의점

유아교육기관에서 종일반의 증가로 유아들은 가정에서보다 기관에서 식사나 간식을 먹는 횟수가 더 많다. 따라서 유아들의 식습관 지도는 교사에게 중요한 임무라고 할 수 있다. 식습관 지도 시 유아교육기관에서 고려해야 할 점들을 살펴보면 다음과 같다.

① 점진적으로 새로운 음식을 소개하는 것이 적합하다. 새로운 음식을 소개할 때는 친숙한 음식과 함께 작은 양을 주어서 점차적으로 익숙해지게 한다.

② 사용하기 쉬운 도구를 제공한다. 유아는 소근육 발달이 미숙하고 도구의 사용이 서툴기 때문에 유아가 사용할 수 있고 크기가 알맞은 식사도구를 준비해 준다.

③ 요리방법을 적절하게 고려한다. 유아는 음식의 모양, 크기, 씹는 느낌 때문에 음식을 싫어할 수 있으므로 유아들이 좋아하는 모양, 크기, 느낌의

음식을 제공한다.

④ 교사가 지나치게 간섭하거나 강요하는 것은 바람직하지 않다. 간식과 식사는 즐겁게 먹는 것이 중요하므로 편안한 분위기에서 식사지도를 한다.

⑤ 간식시간은 15분, 식사시간은 30분 내외로 진행하는 것이 좋으나 개인 유아에 따라 유동적으로 지도한다.

⑥ 직접적인 지도방법보다는 관련 동화나 비디오 자료를 보거나, 이야기 나누기, 토의, 견학 등의 활동을 통해서 유아 스스로 이해하고 문제를 해결해 나가도록 지도한다.

⑦ 교사 스스로 바른 식습관을 보여주고 가정과 연계하여 일관성 있게 식습관을 지도한다.

유아가 올바른 식습관을 가지도록 교사는 끊임없이 유아를 관찰하고 필요시 적절한 개입을 통하여 유아가 편식이나 기타 다른 부정적인 식습관을 가지지 않도록 유도해야 할 것이다.

02 낮잠과 휴식

유아기에는 끊임없이 활동하면서 놀이를 하기 때문에 적절한 휴식이나 낮잠이 필요하다. 특히 8시간 이상 유아교육기관에서 생활을 하게 되는 종일반의 경우에는 매일 일정한 시간을 정하여 규칙적으로 낮잠과 휴식을 취하도록 고려해야 한다.

반일반의 경우에도, 학기 초 유아들은 기관 생활에 완전하게 적응하지 못하고 유아교육기관과 가정을 오가는 생활 리듬에 충분히 적응을 하지 못한 관계로 놀이를 하다가 졸려 하는 유아가 종종 있다. 이러한 경우에는 개별적으로 자거나 잠깐 휴식을 취할 수 있도록 배려해 주어야 한다.

1) 낮잠의 시기

낮잠시간은 점심을 먹고 실외놀이나 간단한 놀이를 한 후에 가질 수 있다. 그러나 유아들은 한 번 놀이에 몰두하면 미처 피곤한 것을 느끼지 못하거나 휴식하고자 하는 신체적 요구를 무시하는 경우가 많다. 따라서 꼭 정해진 시간이 아니더라도 유아들이 피곤하거나 졸리면 짜증을 내는 경향이 있으므로, 이런 행동을 관찰하여 유아들이 적절히 휴식이나 낮잠을 취할 수 있게 해주어야 한다. 따라서 교사는 유아가 나타내는 표정이나 행동을 주의 깊게 관찰하고 이를 기초로 적절한 휴식이나 낮잠시간을 배정해 주어야 한다. 교사들이 참고할 수 있는 낮잠의 신호는 다음과 같다.

유아들의 낮잠 신호

- 눈을 비빈다.
- 눈 주변이 빨개진다.
- 교사에게 투정 부린다.
- 머리를 바닥에 댄다.
- 하품을 한다.
- 놀이에 흥미를 보이지 않는다.
- 엄지손가락을 빤다.
- 이유 없이 짜증을 낸다.

또한 유아가 하루 중 언제, 얼마나 낮잠을 자느냐 하는 것은 중요한 문제인데, 낮잠을 너무 오래 자거나 오후 늦게 자면 밤잠을 설치기 때문이다. 유아가 언제, 얼마나 낮잠을 잘 것인가는 유아 자신뿐 아니라 부모의 일상생활과도 관련이 있다. 즉, 유아가 저녁에 늦게 자도 부모에게 문제가 없다면 오후에 늦게 낮잠을 자거나 오래 자도 별 지장이 없다. 그러나 저녁에 유아가 일찍 자기를 부모가 원한다면 오후 늦게 낮잠을 자게 하거나, 너무 오랫동안 낮잠을 자게 하는 것은 가급적 피하는 것이 바람직하다.

2) 연령별 낮잠의 지도

낮잠을 자는 횟수나 시간은 연령에 따라 변화하며 이러한 변화에 따라 고려해야 할 중점적 지도사항도 변화하게 된다. 따라서 유아의 연령별 낮잠의 특성과 이에 따라 중점적으로 고려해야 할 사항에 대해 살펴보고자 한다.

(1) 12개월 미만

6~12개월 영아는 하루에 13~14시간 정도 잠을 자며 낮에 2~3번 낮잠을 잔다. 이때부터 규칙적인 수면 리듬을 갖도록 매일 일정한 시간에 잠을 재우는 것이 좋다. 오전에 한 번, 오후에 한 번 1시간 30분~2시간 정도 재우는 것이 적절하다.

(2) 1~2세

한돌 반을 전후로 하여 낮잠의 횟수는 1일 1회로 줄어든다. 보통 점심을 먹고 낮잠을 잔다. 쉽게 잠이 들며 낮잠시간은 보통 2시간에서 2시간 반 정도가 된다. 잠을 많이 자는 영아의 경우 3시간 넘게 자는 경우도 있다. 잠자는 시간은 개별적인 영아의 특성에 따라 충분히 숙면을 취하도록 배려해야 한다.

낮잠을 오래 자더라도 그것이 밤에 자는 것을 방해하지 않는 한 스스로 깨도록 내버려 둔다. 영아에 따라 낮잠을 자지 않기도 하는데 낮잠은 짧아도 한번은 재우는 것이 건강에 좋다.

(3) 3세

이 시기에는 1회 정도 낮잠을 자며 1~2시간 정도 잔다. 이 시기의 유아 중에는 낮잠을 자지 않으려고 하는 유아들도 있다. 그러나 종일반의 경우에는 낮잠을 자지 않는 유아도 1시간 정도의 휴식을 취할 수 있도록 해야 한다. 낮잠시간에 낮잠이나 휴식을 취하지 않은 유아의 경우, 오후시간 활동에 적극적으로 참여하지 못하거나 졸고 있는 경우가 있다. 가능한 한 낮잠이나 휴식을 취할 수 있도록 유도해야 한다.

(4) 4~5세

이 시기에는 1회 정도 자거나 자지 않는 유아도 있다. 1회 낮잠시간은 30분에서 1시간 30분 정도이다. 낮잠을 거부하는 유아는 낮잠을 자야 하는 이유와 규칙을 인식시키고, 다른 유아에게 방해가 되지 않도록 휴식을 가지도록 지도해야 한다. 만약 낮잠을 자지 않는 유아의 경우에는 조용한 음악을 틀어주고 책을 읽게 하는 등 활동적인 놀이보다는 정적인 놀이를 하도록 지도해야 한다.

3) 낮잠 지도 시 유의점

유아마다 낮잠을 자는 것은 아주 다르다. 어떤 유아는 두 돌이나 두 돌 반경에 이미 낮잠을 더 이상 자지 않는 반면, 어떤 유아는 4세가 넘도록 반드시 낮잠을 자야 한다. 유아가 낮잠을 몇 살까지 자야 하느냐, 얼마나 오랫동안 자야 하느냐, 언제 자야 하느냐 등은 유아의 신체적인 필요성에 달린 것이다.

낮잠은 강제로 재우지 않는 것에서부터 시작해야 한다. 낮잠을 재우려고 방을 어둡게 하고 방에 들어가자마자 가만히 누워서 무조건 눈감게 하는 것은 유아들로 하여금 낮잠 자는 시간에 대하여 거부감을 가지게 할 수 있다. 오히려 낮잠 자는 방은 환하고 예쁘게 만들고, 활동하던 교실에서 잘 경우에도 커튼이나 칸막이를 특별하게 하여 유아들이 스스로 그곳에 들어가고 싶게 해야 한다.

아침에 아이가 깬 시간을 고려해 두었다가 낮잠을 재우고 자장가나 책 읽기 등의 낮잠 자기 전의 준비 과정을 거친 후, 유아들이 잠들게 해야 한다. 잘 재우기 위해서는 낮잠 잘 준비를 잘 해야 한다. 본격적으로 자기 전에 동화를 들려주고 간단한 수수께끼, 다양한 음악 감상, 이불 위에서 간단한 체조, 동시 외우기, 마사지, 동화책 읽어주기, 조용히 이야기하기 등을 하며 에너지를 발산할 시간을 먼저 주어야 한다.

교사가 개별적인 유아들의 낮잠 특성과 함께 기관의 전체적인 일과를 고려하여 낮잠 지도를 할 때 고려해야 할 원칙에 대해 살펴보면 다음과 같다.

① 규칙적으로 잠자는 습관을 길러준다. 매일 일정한 시간에 잠자리에 들고 깨어나게 해야 한다. 수면리듬이 한 번 깨지면 다시 회복하기 어렵다. 개별 유아의 수면 습관을 고려하되, 일정한 시간에 잠자는 습관을 가질 수 있도록 해야 한다.

② 낮잠은 유아의 요구와 낮잠 패턴에 맞추어 준다. 유아들은 모두 개별적인 욕구가 다르므로 뭐든 획일적으로 함께 하는 것은 지양해야 한다. 유아들

의 낮잠은 오전 생활에서 쌓인 피로를 풀고 활기찬 오후 생활을 위해 꼭 필요한 것으로 낮잠을 취하는 시간은 유아들마다 개인차가 있을 수 있다. 따라서 개별적으로 필요한 만큼 자게 해야 한다. 낮에 잘 자고 나면 밤에도 잘 자게 되며 낮잠을 못 자고 피곤하면 밤잠도 설치게 된다. 오후 5~6시에 낮잠을 자면 밤에 잘 못 자게 되며 아침에 너무 늦게 일어나는 것도 주의해야 한다. 따라서 낮잠 자는 시간은 개별적인 유아들의 신체적인 요구에 따라 충분한 시간 동안 유아들이 휴식을 취할 수 있도록 환경을 마련해 주어야 한다.

또한 어떤 유아는 우유병을 물고, 어떤 유아는 엎드려 자야 하는 경우가 있다. 물론 올바르지 못한 잠자리 습관은 고쳐져야 하겠지만, 학기 초에는 이러한 유아들의 개별적인 특성을 고려해서 잠자리를 제공해야 하며 유아들의 건강상이나 습관상에 문제가 없다면 개별적인 유아들이 가정에서 가지고 있는 잠자리 습관을 최대한 배려해 주어야 한다. 유아들이 원에 적응을 하게 되면 차츰 이러한 습관들을 하나씩 수정해 나아가야 할 것이다.

③ 잠을 푹 잘 수 있는 환경을 만들어 준다. 유아들이 숙면을 취하기 위해서는 실내온도가 너무 덥거나 춥지 않게 하고, 조명의 밝기를 낮추거나 부분조명을 이용하여 유아들이 무서워하지 않으면서 아늑한 분위기를 만들어 주어야 한다. 외부의 소음 특히 다른 유아들이 재미있게 노는 소리나 텔레비전 소리 등도 들리지 않게 해 준다.

유아들이 낮잠을 잘 수 있도록 조용하고 아늑하며 따뜻한 별도의 침실을 두는 것이 바람직하나 별도의 공간을 따로 마련할 수 없는 경우, 활동실에 낮잠을 위한 공간을 마련해야 한다. 이때, 오전 시간에 활동했던 내용이나 놀잇감이 유아들의 잠자는 시간을 방해하지 않도록 적절하게 분리된 공간을 형성하여 낮잠을 취할 수 있도록 해야 한다. 낮잠과 휴식을 위해 낮잠용 매트와 이불, 베개 등이 필요하며 유아의 베개와 이불은 자주 빨아주고 햇빛에 일광소독을 하여 유아의 위생을 고려해야 한다. 기관에서의 소독이나 세탁이 불가피할 경우에는 1~2주에 한 번씩 가정으로 보내 소독해 올 수 있도록 한다. 특히 낮잠실을 분리한 경우, 그 위치는 유아가 활동하는 방 가까이 있어야 이동에 따르는 문제와 교사의 수고를 덜어주며 잠자리에서 빨리 깬 유아가 활동실로 이동하여 다른 유아들의 낮잠을 방해하지 않도록 할 수 있다.

④ 일관성 있는 낮잠시간의 운영을 위하여 기관의 일정을 계획할 때는 낮잠시간을 고려해야 할 것이다. 낮잠시간이나 낮잠 장소는 일정하게 유지하고 이를 기준으로 기관의 일과나 점심, 행사시간을 배정하도록 해야 한다. 가능한 한 낮잠의 운영은 일관성 있게 틀을 유지하고 이를 기준으로 기관의 일정을 고려해야 한다. 예를 들면, 유아교육기관의 행사계획 시 유아들의 신체리듬이나 낮잠시간 등을 고려하여 시간을 조정함으로써 이미 습관들여진 유아들의 낮잠 패턴을 깨지 않아야 할 것이다.

⑤ 잘 자지 않는 유아보다 쉽게 잠이 드는 유아부터 재우는 것도 하나의 요령이다. 잠을 자는 데도 유아들마다의 특성이 있다. 따라서 잘 자는 유아는 주변의 상황이나 장애물에도 불구하고 쉽게 잠자리에 들 수 있다. 그러나 쉽게 잠자리에 들 수 없는 유아의 경우에는 주변 상황이 정리되어야만, 잠자리에 들 수 있다. 따라서 쉽게 잠자리에 드는 유아부터 재우고 주변 상황이 정리된 후 쉽게 잠들지 않는 유아를 재우는 것도 재우기의 한 요령이 될 수 있다.

유아들은 일차적인 욕구에서 항상 엄마 생각을 하며, 유아교육기관에서 잘 놀던 유아들도 낮잠 자는 시간이 되면 울곤 한다. 따라서 낮잠시간이 교사에게는 어려운 시간이며, 교사는 이러한 유아들의 마음을 잘 이해하고 유아들이 적절한 휴식을 취하고 편안하게 잠들 수 있도록 배려해야 할 것이다. 낮잠시간에 이루어지는 구체적인 교사의 역할을 살펴보면 다음과 같다.

① 유아들이 누울 수 있도록 매트를 깔아두고 이불을 준비한다.

② 유아들이 잠을 자는 방의 조명은 약간 어둡게 하고 조용한 음악을 미리 준비한다.

③ 유아들에 따라서 개별적인 낮잠시간이나 습관이 다르므로 개별 유아들의 낮잠 습관에 대한 정보를 미리 알아둔다.

④ 특별히 잠을 자기 어려워하는 유아가 있는 경우 눕게 하여 등을 토닥여 준다.

⑤ 유아들이 잠을 자는 동안 곁을 떠나지 않고, 이불을 잘 덮어 주고, 특히 영아인 경우에는 이불을 뒤집어쓰지 않도록 지켜보아야 한다.

⑥ 잠에서 깨어나면 가벼운 운동을 함께 하도록 하고, 화장실에 가고 싶은지 묻는다.

⑦ 모든 유아들이 잠에서 깨어난 경우, 다시 한번 잠자는 방을 정리하고, 유아들이 정리한 이불이나 매트 등을 점검하고 문을 열어서 환기시킨다.

유아교육기관의 일과 운영은 유아들의 신체리듬을 고려하여 이루어져야 하며 낮잠은 유아들의 일차적인 욕구이다. 따라서 적합한 낮잠의 시기, 시간적인 배려 등을 통하여 유아들이 원에서 편안하게 하루를 보낼 수 있도록 해야 할 것이다.

03 개인용품의 관리

유아들이 유아교육기관에서 관리하고 정리해야 하는 물건은 가방과 실내화, 외투와 같은 겉옷, 크레파스, 스케치북과 같은 그리기 도구, 양치질 도구, 작업 도구 등이다. 이러한 물건들의 활용 및 관리 상황을 살펴보면 유아들은 유아교육기관에 등원하여 현관에서 신발을 실내화로 갈아 신은 후 교실로 이동하게 된다. 그리고 복도의 신발장에 신발을 정리하고 교실로 들어와 가방에서 알림장을 꺼내 담임교사의 책상 위에 올려두고, 그 외 물건은 사물함에 보관하게 된다.

그러나 유아들이 이러한 물품들을 관리하고 정리하는 것은 성인들처럼 쉬운 일이 아니므로 이에 대한 적절한 지도가 필요하다.

1) 개인용품 관리가 잘 안 되는 원인

자신의 소지품을 관리하고 물건들을 정리정돈하는 일은 유아들에게 있어 매우 성가신 일이므로, 일상생활을 통해 몸에 익혀두지 않으면 제대로 실행하기 힘든 과제이다. 이러한 생활습관이 잘 이루어지지 않는 원인으로는 유아가 처해 있는 상황에 따라 다르겠지만 대체적으로 다음의 몇 가지 사항을 생각할 수 있다.

첫째, 신체적·정신적 발달의 미성숙을 들 수 있다. 발달 특성상, 일반적으로 만 3~4세가 되어야 유아는 자신의 물건을 관리하고 스스로 치우는 일을 할 수 있게 된다. 유아들이 장난감을 가지고 놀 때 하나하나씩을 꺼내어 노는 것이 아니라 여기저기 어질러 놓는 경우를 볼 수 있다. 그것은 이 시기에는 한 가지 물건만을 가지고 오랫동안 열중할 수 있는 능력이 부족하여 여러 물건을 닥치는 대로 꺼내어 만져보면서 놀기 때문이다.

둘째, 부모나 교사의 모델링 미흡이 원인일 수 있다. 유아에 따라 차이가 있겠지만, 평소 유아들의 활동 모습을 보면 그 부모나 가정의 모습을 어느 정도 추측할 수 있다. 또한 교사나 학급의 분위기에 따라 유아들의 활동도 달라질 수 있다. 평상시에 교사가 정리정돈을 잘 수행하고 학급의 환경 구성이 깔끔하게 잘 정리정돈되어 있을 때, 어느새 유아들도 스스로 정리정돈하는 모습을 나타내기 시작한다.

셋째, 부모나 교사의 과잉보호나 지나친 기대가 원인일 수 있다. 자신의 소지품 관리나 정리정돈은 하나의 생활습관이므로 일상생활 속에서 꾸준히 지도되지 않으면 배울 수 없다. 그러므로 자녀에 대한 부모의 요구수준이 매우 낮아 지나치게 응석받이로 자란 유아의 경우 스스로 정리정돈하는 능력이 미흡할 수밖에 없다.

유아에게 청결과 정리정돈에 대한 의식을 어릴 때부터 심어주는 것은 대단히 중요한 일이다. 그러나 이것을 너무 강조하다 보면 유아는 그 요구에 반발하거나 자발적인 의지보다는 지시할 때만 따르는 소극적인 대응을 하게 된다. 어떤 부모나 교사는 유아가 놀이나 학습에 열중하고 있는데 어질러져 있는 장난감이나 교재, 교구를 정리하도록 계속적인 간섭을 하는 경우가 있다. 그렇게 되면 유아의 정리정돈에 대한 의식이 자리 잡기보다는 가능한 한 어른들을 피하려고 할 것이다.

넷째, 좁은 환경이나 정리정돈이 되어 있지 않은 환경이 원인이 될 수 있다. 정리정돈을 바르게 하고, 소지품들을 제대로 관리하려면 일정한 공간이 필요하게 된다. 좁은 공간에 많은 자료가 쌓여 있다면 아무리 자주 치워도 물건들이 흐트러져 있는 느낌을 받게 된다. 따라서 교사는 놀잇감을 분류 기준(예를 들어, 흥미영역, 생활 주제, 놀이 종류 등)에 따라 분류하고, 비품 대장이나 목록을 작성하여 체계적으로 보관해야 하며 한꺼번에 모든 놀잇감을 제공하는 것이 아니라, 공간을 고려하여 순환적으로 제공해야 할 것이다.

2) 개인용품 관리의 지도

교사는 유아교육기관에서 유아들이 개인 소지품을 적절하게 관리할 수 있도록 지도해야 할 것이며, 이러한 모든 과제를 잘 수행하는 것은 가정과의 긴밀한 협조하에 수행될 때 그 효과성을 지속시킬 수 있다는 것을 명심해야 할 것이다.

생활습관이나 개인용품의 관리는 가정과의 연계가 중요하지만 우선 유아교육기관에서 유아들의 개인용품 관리가 많이 요구되는 부분을 중심으로 지도방법에 대해 살펴보고자 한다. 특히 유아들의 등·하원 시 개인 용품의 관리와 관련이 깊은 현관과 일상적인 하루 일과를 주로 보내게 되는 교실에서의 개인용품 관리에 대해 살펴보고자 한다.

(1) 현관에서의 지도

현관에서는 신고 온 신발을 벗고 실내화로 갈아 신도록 한다. 신발을 갈아 신을 수 있는 위치를 정해 주거나 나무깔판을 설치하여 그곳에서 항상 갈아 신을 수 있도록 한다. 현관 출입문 쪽에 있는 신발장에 신발을 가지런히 모아 정리하도록 하고, 신발장 칸마다 유아의 이름과 함께 사진 또는 유아가 좋아하는 동물이나 꽃 그림 등을 붙여두면 유아가 쉽게 자신의 신발장 위치를 찾을 수 있다.

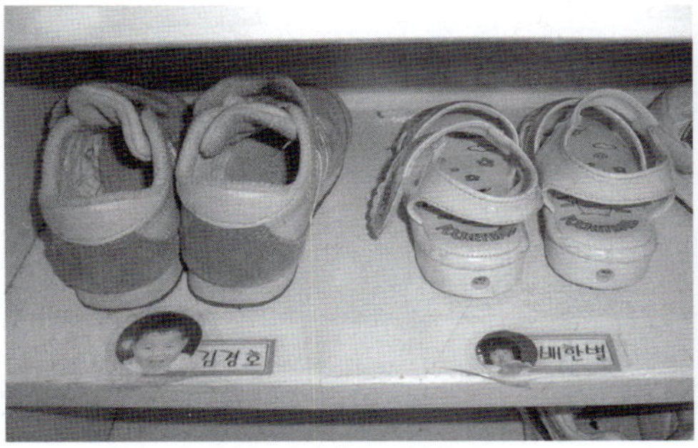

만 1세 미만 신발장

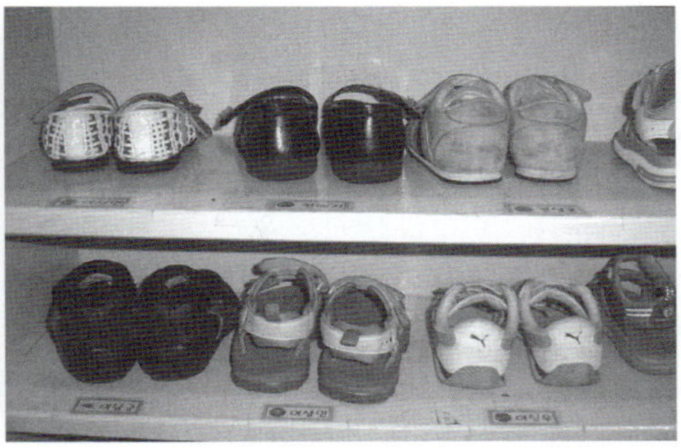

만 2세 신발장

유아교육기관으로 들고 오는 준비물이나 가정으로 가지고 가는 활동결과물 및 비가 올 때 들고 오는 우산 등을 잃어버리지 않고 잘 간수할 수 있도록 신을 벗고 신을 때 이러한 것들을 옆에 두고 할 수 있도록 충분한 공간을 마련해 주어야 한다. 뿐만 아니라 이러한 부분에 대한 평상시의 지속적인 지도를 통하여 습관화되도록 해야 한다.

(2) 교실에서의 지도

교실에 들어서면 먼저 가방에서 알림장을 꺼내 교사에게 전달하도록 한다. 처음에는 교사의 도움이 필요하겠지만, 점차적으로 유아가 매일 스스로 할 수 있도록 습관화시켜야 한다. 이때, 교사는 알림장만 단순히 전달받는 것이 아니라 유아와의 의사소통을 통해 유아의 건강상태나 특별한 사항 등을 파악하는 일도 빠뜨려서는 안 된다. 외투를 입고 왔을 경우에는 벗어서 옷걸이에 정리하고 그 외의 물품들은 개인 사물함에 정리한다. 이때 유아들이 스스로 정리정돈하는 습관을 빨리 습득하고 지속적으로 수행하도록 하기 위해서, 정리정돈에 필요한 비품이나 가구들이 적절하게 구비되어 있어야 할 것이며 또한 일정한 장소에 비치되어 유아들이 익숙해지도록 해야 할 것이다.

유아의 개인용품 관리에서 자주 발생하는 문제 중의 하나는 이름이 표기되어 있지 않아 주인을 찾아주지 못하는 경우이다. 그러므로 학기 초에 부모교육을 통해 색연필이나 크레파스는 하나하나에 반드시 이름을 표시할 수 있도록 강조할 필요가 있다. 또한 칫솔과 치약, 컵, 수건 등에도 각 유아마다 특정 스티커를 붙여주어 유아가 쉽게 자신의 소지품을 인식하고 정리할 수 있도록 유도할 수 있다.

그리고 사물함의 정리정돈은 평상시뿐만 아니라 지정된 날을 정하여 정기적으로 지도하는 것이 필요하다. 왜냐하면, 유아에 따라 수행하는 정도의 차이는 있겠지만 이와 같이 지정된 날을 정해 두고 자신의 소지품을 관리하고 정리정돈 하는 일을 생활화하게 되면 스스로 정리하는 습관과 함께 다른 영역에서도 이러한 행동이 확장되어 수행될 수 있을 것이다.

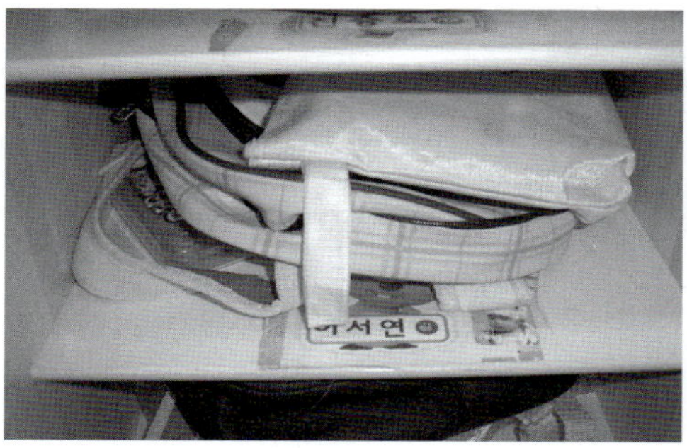

만 2세 사물함

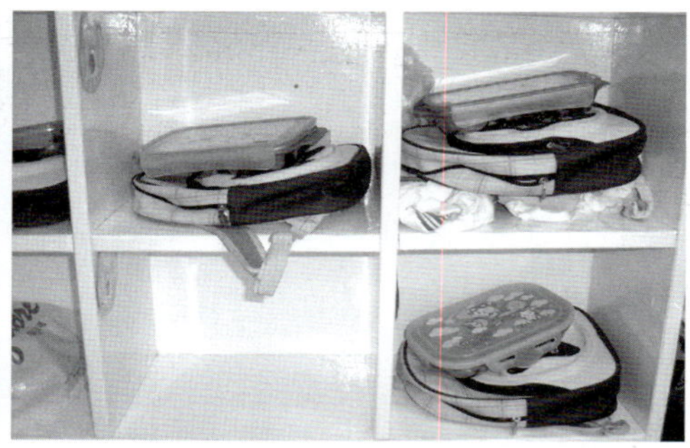

만 4세 사물함

3) 교사의 역할

개인용품의 관리 지도 시 교사는 연령이나 유아들의 발달단계에 따라 적절한 개입을 통하여 유아들이 스스로 자신의 물품을 관리할 수 있도록 이끌어야 할 것이다. 이러한 개인용품의 관리 지도 시 유의해야 할 점에 대해 살펴보고자 한다.

먼저, 유아에게 자신의 소지품은 스스로 관리하고 정리정돈해야 한다는 규칙을 분명히 정해 두도록 한다.

둘째, 유아가 정리정돈활동을 수행할 때 부모나 교사는 유아가 혼자 할 수 없는 부분만 도와준다.

셋째, 유아가 어떤 소지품을 정돈할 때에 잘 못 한다고 해서 비난을 하거나 도중에 그만두게 하지 말고 그것을 완성할 때까지 격려하면서 계속 지도한다.

넷째, 유아의 특성을 고려하여 과제수행 내용이나 지도방법을 달리 적용하되, 가능한 한 칭찬을 많이 하여 정리정돈하는 일이 의무감이 아닌 하나의 놀이활동으로 인식할 수 있도록 한다.

다섯째, 부모나 교사의 생활습관이 유아의 소지품 관리 및 정리정돈활동에 매우 큰 영향을 미치므로 먼저 어른들이 모범을 보이도록 한다.

여섯째, 다른 생활습관도 마찬가지이지만 이러한 활동은 가정에서 어릴 때부터 적절한 지도와 훈련이 필요하고, 특히 유아의 경우 유아교육기관과 가정의 연계지도가 더욱 절실하다.

요즘 방과후의 초등학교 교실에 주인 없이 돌아다니는 학용품들, 아침에 입고 와서 그냥 두고 간 겉옷, 비 온 날 남겨진 우산을 보는 것은 흔한 일이라고 한다. 풍족하고 과보호적인 물질 환경에서 자란 학생들이 자신의 물건을 소중하게 여기지 못하고 스스로 정리정돈하는 습관을 형성하지 못한 결과이다. 따라서 유아기부터 이러한 개인용품에 대한 관리 및 정리정돈에 대한 습관을 형성할 수 있도록 지속적이고 체계적인 지도가 반드시 이루어져야 할 것이다.

04 화장실 사용

최근 어린 유아들이 종일제 유아교육기관에서 생활하게 되면서 유아들의 배변지도나 화장실 사용에 대한 지도는 부모뿐 아니라 교사들에게도 필요한 역할이 되었다.

1) 대소변 가리기

대소변 가리기는 영아기의 중요한 과업 중의 하나이다. 따라서 영아도 반드시 거쳐야 하는 발달의 한 과정이기도 하나, 교사도 반드시 거쳐야 하는 지도과정의 하나이다. 교사가 세심한 관찰을 통하여 대소변 상황에서 각 영아가 나타내는 행동적인 특성을 파악하고 이에 적절한 대소변 가리기 훈련을 시도한다면, 영아와 교사 모두 스트레스를 받지 않으면서 자연스럽게 대소변 가리기를 성공적으로 이끌 수 있을 것이다.

(1) 대소변 가리기의 지도 시기

영아기는 신체, 운동발달이 급속히 이루어지나 언어발달에서 아직 자신의 의사를 명확하게 표현할 수 있는 능력이 부족한 시기이다. 이 시기에 대소변 가리기는 영아가 이루어야 하는 주요 과업 중의 하나이나, 영아가 너무 스트레스를 받지 않게 하는 것이 중요하다.

영아들은 일반적으로 18~24개월 사이에 방광과 항문의 괄약근을 통제할 수 있는 생리적 능력이 생긴다. 대소변 가리기를 시작할 수 있는 시기는 대개 18~30개월 사이이지만, 무엇보다 아이 스스로 준비가 되어 있어야 한다. 아이가 스스로 기저귀에 소변이나 대변을 본 것에 대해 간단한 언어나 표정, 울음으로 언급을 한다거나 찝찝해하는 행동을 나타낼 때 서서히 대소변 가리기를 시작할 수 있다. 특히 이 시기의 영아들은 대소변에 대한 의사가 분명해지고, 변기에 관심을 갖기 시작하고, 언어적 표현이 가능해지므로 배련 훈련이 가능한 시기이다.

그러나 다른 발달과 마찬가지로 영아들의 개인차를 고려하여야 하며, 예민한 영아들의 경우 심리적으로 부담을 갖게 되면 대소변을 더 가리지 못하는 경우가 있으므로 아이가 스스로 '쉬' 또는 '응가'를 하겠다고 의사를 표현할 때까지 기다리는 것도 좋은 방법이다. 더욱이 영아의 발달을 고려하지 않은 강압적인 훈련은 영아에게 스트레스 요인으로 정신건강이나 성격형성에 해롭기 때문에 따뜻한 격려로 점진적으로 자연스럽게 접근하는 것이 좋다.

(2) 대소변 가리기의 지도 요령

대소변 가리기 훈련을 성공적으로 수행하기 위해서 먼저 양육자는 각 유아의 대소변 간격과 시간을 파악해서 배설할 시간이 되면 아기용 변기에 자연스럽게 앉혀 본다. 보통 잠자고 일어난 직후나 아기의 표정이나 행동에서 배변할 때 나타나는 모습이 관찰될 때 자연스럽게 변기에 앉히도록 한다. 변기에 앉혀 놓는 시간은 너무 길지 않게 하며, 변기에 앉아 있는 것이 지루하지 않은 시간이 되도록 해야 한다. 특히 아이가 일어나고 싶어 하는데 앉아 있으라고 강요하면 안 된다.

대소변 훈련을 성공적으로 하려면 양육자의 세심한 관찰이 중요하다. 양육자가 하루도 거르지 않고 24시간 함께 생활하면서 영아의 배변 리듬을 파악하여 하루에 3~4번 규칙적으로 같은 시간에 변기에 앉아서 대소변을 보게 한다. 영아가 성공하면 칭찬을 하고, 성공하지 못한 경우에는 무시한다. 혼을 내거나 강요하는 것은 바람직하지 못하다. 이러한 노력을 기울일 때 짧은 기간 내에 대소변 가리기를 성공적으로 수행할 수 있다.

그러나 영아들은 어느 정도 성공적으로 배변을 가리게 되었어도 잠잘 때라든가, 놀이에 열중한다거나 피로할 때 옷에 그냥 싸는 경우가 있다. 이때, 혼을 내는 것은 금물이며, 약 36개월 정도가 되면 스스로 창피함을 느끼게 되므로 아이의 실수에 대해서 너무 많은 스트레스를 주지 않도록 해야 한다.

2) 화장실 사용의 지도

대소변 가리기에 익숙해지면, 유아들에게 스스로 화장실을 깨끗하고 안전하게 사용하는 방법과 규칙에 대해 지도해야 한다.

(1) 2세

2세의 경우에는 학급 인원수가 많지 않으므로, 학기 초에는 일정한 시간을 정하여 오전 간식 먹기 전, 점심 먹기 전, 낮잠 자기 전, 낮잠 자고 일어난 후, 오후 귀가 전 모두 함께 차례를 정하여 화장실을 사용하도록 한다. 아직 화장실 사용이 익숙하지 않은 유아들의 경우, 함께 화장실을 사용하는 경험을 통해 친구들이 화장실을 사용하는 모습을 보면서 화장실 사용에 대한 동기를 부여받을 수 있다.

5~6월 정도 되어 화장실 사용에 익숙해지면, 화장실 사용을 바르게 하는 영아와 그렇지 못한 영아 간에 짝을 지어 함께 이용할 수 있도록 할 수 있다. 이

때도 소변은 교사의 도움 없이도 가능하지만, 대변의 경우에는 교사가 뒤처리를 도와주어야 한다.

화장실 사용

(2) 3~5세

너무 많은 유아들이 한꺼번에 화장실을 이용하지 않도록 그룹별로 차례로 화장실을 이용하도록 한다. 어느 정도 화장실 사용에 익숙한 연령이기는 하나 3세의 경우 아직 화장실 사용에 익숙하지 않은 유아나 실수를 하는 유아가 있으므로 이런 유아에 대해서는 교사가 지속적으로 관리하고 필요한 도움을 제공해야 한다. 또한 3～4세의 경우 교사가 뒤처리를 도와주어야 하는 유아도 있으므로 이러한 부분에 대해서도 주의를 기울여야 한다.

또한 이 시기부터는 유아들 스스로 올바른 화장실 사용의 규칙을 준수할 수 있도록 올바른 화장실 사용의 규칙에 대해서 지도할 수 있다. 유아교육기관에서 3～5세 유아에게 다룰 수 있는 화장실 사용의 지도 내용은 다음과 같다.

화장실 사용의 지도 내용

- 화장실을 깨끗하게 사용한다.
- 화장실 내의 휴지를 아껴 쓰고 쓰레기통에 버린다.
- 대소변 후에는 손을 씻는다.
- 화장실에 들어가기 전에 노크를 한다.
- 화장실을 나올 때는 문을 닫는다.

연구문제

01 개인 용품에 대한 관리가 잘 이루어지지 않는 유아에 대한 지도방법을 모색해 보시오.

02 생활습관 지도 시 가정과의 연계방법에 대해 생각해 보시오.

Part 05

가정 및 지역사회 연계

Chapter 16

부모 및 지역사회와의 연계

01 부모 연계의 필요성

유아교육에서 제일의 교육 책임자는 부모이다. 유아교육기관과 가정의 긴밀한 연계는 일관성 있는 교육을 통하여 유아교육의 효율성을 극대화하기 위하여 필수적인 요소이다. 뿐만 아니라, 가정환경의 변화로 말미암아, 부모들 스스로도 부모 역할에 관한 도움을 제공해 주는 누군가를 필요로 하게 되었다. 따라서 유아교육기관을 운영함에 있어 가정과 긴밀한 연계를 유지하는 것은 질 높은 유아교육을 제공함으로써 유아가 한층 더 질적인 삶을 누릴 수 있도록 하는 데 필수적인 요소이다.

유아교육기관과 부모 연계에 대한 논의는 '부모 참여', '부모교육', '부모 훈련', '부모 개입' 등의 여러 용어를 사용하며 오래전부터 지속되어 왔다. 이러한 용어들이 의미하는 바는 부모가 유아교육기관의 활동이나 운영에 참여하는 정도에 따라 약간의 차이가 있으나 유사한 의미로 사용되어 왔다. 일반적으로 부모 연계란 가정과 유아교육기관의 환경 그리고 그 속에서 이루어지는 교육 간의 상호작용 및 연결을 의미하는 것으로, 유아교육기관에서 부모 연계는 유아의 양육과 교육활동에 관여하고 있는 부모들이 그들의 역할과 기능을 보다 효과적으로 충분히 발휘할 수 있도록 그들의 교육적 자질과 소양을 높이기 위해 제공되는 모든 활동이다(유안진·김연진, 2003). 즉, 부모들이 유아의 바람직한 교육과 발달에 필요한 지식, 기술 및 태도를 습득하도록 도와주고, 유아교육의 효과를 높이기 위해 부모로 하여금 유아교육활동과 운영에 적극적으로 참여하게 하는 모든 과정이며 일체의 활동이다.

그러나 부모 연계의 일반적인 개념은 사회의 변화에 따라 그 의미에서 약간의 차이를 나타내고 있다. 1960년대 이전의 부모 연계는 교사나 전문가들이 부모를 교육시켜야 하므로 부모는 단순히 교육을 받기만 하면 되는 소극적인 의미로 사용되었다. 그러나 1960년대 이후의 부모교육 및 부모 연계의 의미는 교사 및 전문가와 가정의 부모가 동반자로서, 동등한 입장에서 상호작용이 이루질 때 바람직한 부모교육이 이루어진다고 설명하고 있다.

이러한 유아교육기관과 가정의 연계가 유아, 유아교육기관, 가정에 미치는 영향을 살펴보면 다음과 같다(이영자·신동주, 2006).

① 유아교육기관에 미치는 영향

- 유아에 대한 중요한 정보를 알려주어 교사가 유아를 좀 더 잘 이해할 수 있도록 돕는다.
- 학부모들이 자원봉사자로서 교사를 보조하는 역할을 수행함으로써 유아교육기관의 성인 대 유아의 비율을 낮출 수 있다.
- 부모 참여를 통해 자신의 자녀와 비슷한 또래 유아들을 관찰할 기회를 가짐으로써 부모들은 자기자녀에 대해 현실적인 시각을 갖게 되고, 유아교육기관에서 이루어지는 프로그램에 대해 좀 더 협력적인 자세를 가지게 된다.
- 유아교육기관의 정책을 결정하는 데 부모들이 참여함으로써 기관의 발전을 위한 새로운 시각 및 비전을 제시하기도 한다.

② 유아에게 미치는 영향

- 교사로 하여금 유아에 대한 보다 깊은 이해를 가지게 하고, 부모로 하여금 기관에서 이루어지는 활동과 연계하여 가정에서 자녀들과 상호작용하게 함으로써 유아교육의 효율성을 높이고 다양한 측면의 유아발달을 이끌 수 있다.

③ 부모에게 미치는 영향

- 부모들이 부모로서 자신감을 가질 수 있게 도와주어 부모들이 자신감을 가지고 가정에서 자녀들을 교육하고 양육할 수 있도록 한다.

따라서 유아교육기관에서 부모 연계는 유아교육의 효율성을 높이고 질적이고 일관성 있는 교육을 제공한다는 측면에서 그 필요성이 강조되고 있다.

02 열린어린이집 지원

보건복지부에서는 유아교육기관 부모 연계를 강화하고자 열린어린이집 운영을 권장하고 열린어린이집 선정 기준을 제시하고 있다. 다음에는 보건복지부(2023)에서 제시하는 열린어린이집의 의미, 목적, 선정 요건, 선정 및 운영에 대해 자세히 살펴보고자 한다.

1) 열린어린이집의 의미

어린이집의 물리적 공간 개방성과 함께 보육 프로그램, 어린이집 운영에 이르기까지 부모의 일상적 참여가 이루어지는 어린이집 운영 형태이다. 열린어린이집은 부모, 어린이집, 지역사회가 더불어 건강한 양육환경을 조성하고 영유아와 그 가족의 행복을 증진하기 위한 것이다.

2) 열린어린이집의 목적 및 기능

① 어린이집의 물리적 구조·프로그램 운영에서 개방적이고 부모의 일상적 참여가 이루어지는 열린어린이집을 지정·확산하여 믿고 맡길 수 있는 보육환경을 조성한다.

② 열린어린이집 선정 시 어린이집의 자율적인 운영 보장과 보육사업 지원 등 인센티브 제공으로 열린어린이집의 확산을 유도한다.

열린어린이집의 목적

3) 열린어린이집의 선정 요건

① 개방성: 부모의 어린이집 공간 접근성이 확보되며, 어린이집 운영 관련 정보가 공개되고, 부모와 어린이집의 활발한 소통이 이루어진다.

② 자발성과 참여성: 어린이집 운영 및 보육과정 실행에 부모의 자발적 참여가 활발히 이루어진다.

③ 지속가능성: 어린이집과 가정의 신뢰 구축을 위해 일회성이 아닌 지속적 교류가 일어난다.

④ 다양성: 시설 유형 및 규모, 지역적 특성, 영유아 가족의 여건, 영유아의 연령 등을 반영하여 다양한 부모참여활동이 계획되고 운영되는 것이다.

표 16-1 열린어린이집 선정 기본요건

구분	내용
① 개방성	공간 개방성(참관실, 창문, 투명 창 중 공간 개방성을 1개 이상 설치)을 확보하지 않은 경우 열린어린이집으로 선정할 수 없음
가. 공간 개방성	
나. 부모 공용 공간	
다. 정보공개	
라. 온라인 소통 창구	
② 참여성	
가. 신입원아 부모 오리엔테이션	연 1회 이상
나. 부모 개별상담	연 2회 이상
다. 어린이집 운영위원회	분기별 1회 이상
라. 부모교육	연 2회 이상

구분	내용
마. 부모참여 프로그램(열린어린이집의 날 운영)	분기별 1회 이상
바. 부모 만족도조사	연 1회
사. 부모의 어린이집 참관	연중
③ 지속가능성	
가. 부모참여활동 수요조사	연 1회
나. 부모참여활동 정기 안내 및 공지	분기별 1회
④ 다양성	
가. 부모참여활동의 균형적 운영	
나. 지역사회와의 연계 및 협력활동	연 2회 이상
⑤ 지자체 자체 선정 기준	
선정권자	지방자치단체의 장(시·도지사 또는 시·군·구청장)
선정 및 재선정	• (신규) 지방자치단체의 장이 매년 선정 기준에 따라 평가하여 80점 이상인 어린이집 중에서 선정 • (재선정) 지방자치단체의 장이 기존 지정된 열린어린이집을 평가하여 80점 이상인 경우 재선정
선정취소	선정취소 사유에 해당하는 경우에 선정한 지방자치단체의 장이 선정취소 조치

표 16-2 열린어린이집 선정관리 체계

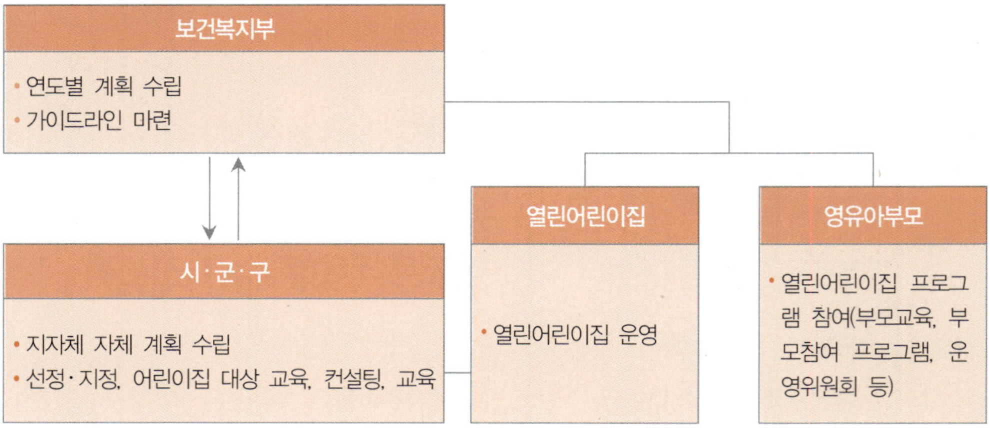

03 부모 연계의 유형

유아교육기관에서 이루어질 수 있는 부모 연계의 유형은 매우 다양하다. 유아에 대한 정보나 유아교육기관에서 이루어지는 교육과정에 대한 내용을 기관에서 가정으로 알려주는 형태로부터 유아교육기관의 운영 및 교육과정 구성 등에 대한 결정에 부모가 참여하는 적극적인 형태까지 다양하게 이루어질 수 있다.

부모 연계의 유형은 부모의 참여형태에 따라 부모의 참여가 극히 소극적인 최소한의 부모참여 형태로부터 완전히 프로그램을 통제하는 형태에 이르기까지 크게 네 가지로 요약될 수 있다(유안진·김연진, 2003).

첫째, 교사가 주도적인 입장에서 부모교육 전문가나 각 분야의 전문가와 함께 부모에게 유아발달 및 유아교육, 유아교육기관의 교육방향과 운영에 관한 정보와 지식을 전달하고 부모는 이를 수동적으로 수용하는 소극적인 입장이다. 부모회, 수업참관, 가정통신, 면담 등의 형태가 이에 속한다.

둘째, 직접적인 교수활동에 부모가 참여하도록 계획하는 방법이다. 유아교육기관 프로그램과 일치하는 범위 내에서 부모가 도울 수 있는 활동을 교사가 결정하고, 부모들은 이를 조절하여 보조자나 자원봉사자로 봉사하는 형태이다.

셋째, 부모가 학급에 참여하여 보조자나 자원봉사자로 봉사하는 형태로, 부모가 교구나 교육자료를 제작하는 활동, 환경 구성, 각종행사, 간식, 휴식, 신체검사, 안전지도, 귀가지도, 놀이지도와 같은 학급 내의 일상적 과정을 지원하고 조절하는 것을 말하며, 교사의 감독하에 보조교사 기능을 수행하는 것을 말한다.

넷째, 교사가 부모의 권한을 최대로 인정함으로써 유아교육기관의 운영에 직접 참여하려는 부모의 요구를 존중하는 가장 진보적인 부모참여 형태이다. 부모들이 교육과정의 운영이나 교육목표 선정, 유아교육기관의 재정 및 설비에 대한 여러 가지 문제를 결정하는 데 참여하는 형태이다.

보건복지부(2019)의 열린어린이집 선정기준에서는 다음과 같이 영유아의 부모가 부모교육, 부모상담, 부모행사, 봉사활동, 의사결정자/평가자로서 참여할 수 있도록 운영하도록 하고 있다.

- 신입원아 부모 오리엔테이션: 어린이집에 처음 오는 영유아의 부모에게 어린이집의 운영철학, 운영현황, 보육 프로그램 등 운영 전반에 대해 안내하고 소통함으로써 친밀감을 조성하는 활동
- 부모 개별상담: 보육교직원과 개별 부모가 영유아의 성장과 발달, 생활 전반에 대해 서로 의견을 교환하고 긴밀한 협력관계를 유지하는 활동
- 어린이집 운영위원회: 어린이집 운영의 자율성과 투명성을 높이고 지역사회와의 연계를 강화하기 위해 원장, 보육교사, 부모, 지역사회 인사 등이 참여하여 어린이집의 운영 전반을 심의하는 의사결정활동
- 부모교육: 영유아의 발달 및 자녀 양육관, 육아정보에 이르기까지 육아에 필요한 다양한 내용을 강의, 토의 등으로 제공하는 폭넓은 의미의 교육활동
- 부모참여 프로그램: 어린이집 행사나 영유아 보육과정에 부모가 참여하여 영유아의 어린이집 생활을 참관하거나 경험을 공유할 수 있도록 하는 프로그램
- 부모만족도 조사: 부모가 어린이집의 보육서비스 및 운영 전반에 대해 평가하는 부모만족도조사를 실시함으로써 어린이집 운영 개선을 위해 활용

다음은 유아교육기관에서 접근 가능한 다양한 부모 연계의 방법들을 구체적으로 살펴보고자 한다.

1) 부모교육

영유아의 발달, 자녀 양육에 대한 정보, 교육철학 등에 대한 정보 등을 제공하기 위하여 소그룹이나 대그룹으로 부모교육을 실시할 수 있으며 최근에는 오프라인뿐만 아니라 온라인이나 가정통신문 등을 통하여 개별적으로도 부모교육이 이루어지고 있다.

또한 영유아보육법 시행규칙 제4조의2 제1항에는 유아교육기관 부모교육의 내용으로 다음과 같은 내용이 포함되어야 한다고 제시되어 있다.

첫째, 영유아의 성장·양육방법

둘째, 보호자의 역할

셋째, 영유아의 인권보호 및 아동학대 예방

넷째, 가족윤리 및 예절

다섯째, 가족의 건강·영양·안전 등

또한 제1항에 따른 보호자교육은 육아종합지원센터 등 보육 관련 기관의 집합교육이나 인터넷 강의 등의 방법으로 실시할 수 있다고 제시되어 있다.

(1) 가정통신문

유아교육기관에서 가장 많이 사용하는 정보교환 및 의사소통방법이다. 가정통신문은 매주, 매월마다 정기적으로 또는 필요시마다 비정기적으로 가정에 보낼 수 있다. 가정통신문의 내용으로는 유아교육기관에서 이루어지는 모든 일을 다룰 수 있으며 작은 일도 쉽게 메모를 주고받을 수 있다. 즉, 교육 계획 및 행사 안내, 가정에서 할 수 있는 유아를 위한 활동 안내, 유아 관련 신간 서적, 놀잇감 소개 등이 포함될 수 있다.

〈가정통신문의 예〉

가족소풍 안내

안녕하십니까?

가정의 달을 맞아 저희 원에서는 아래와 같이 모든 가족을 모시고 봄소풍을 떠나기로 했습니다. 모처럼 어린이와 함께 즐거운 하루가 되셨으면 하며 온 가족이 함께 할 수 있는 자리가 되었으면 합니다. 아무쪼록 많은 가족이 참석해 주셨으면 고맙겠습니다.

– 아 래 –

ㅇ 장 소: ㅇㅇ 캠프장
ㅇ 날 짜: ㅇㅇㅇㅇ년 5월 17일 토요일
ㅇ 시 간: 출발–오전 9시, 도착–오후 5시(출발과 도착지는 모두 원입니다.)
ㅇ 준비물: 점심, 간단한 다과, 가족용 돗자리, 곤충 채집 도구
ㅇ 복 장: 간편한 복장, 운동화
ㅇ 기 타: 우천 시에는 가족소풍이 조정될 수 있습니다.

※가족소풍 참석여부를 아래에 ㅇ표 하셔서 원으로 보내주시기 바랍니다.

반	이 름:
참석합니다.	참석하지 못합니다.

(2) 학부모를 위한 안내책자

유아교육기관에 대한 안내책자는 부모들이 기관에서 제공하는 프로그램에 대해 이해하고 유아가 기관에 다니는 동안 가정에서 참고할 사항들에 대한 내용을 다룬다. 3월 초 전반적인 유아교육기관에 대한 소개를 담은 안내책자를 배부할 수 있으며, 기관의 교육방침에 따라 월별, 주별로 안내책자를 작성·배

부할 수 있다.

(3) 전화 통화

많은 경우 교사와 부모는 전화로 유아에 대한 정보를 교환하고 상담하게 된다. 기관에서 가정에 전화를 하는 경우는 기관에서 일어난 유아사고 및 유아의 문제 행동에 대한 내용이 많으나, 유아와 관련된 긍정적인 내용도 전화로 가정에 알리는 것이 중요하다. 교사가 생각하기에는 아주 사소한 사항도 부모에게는 큰 의미일 수 있기 때문에 기관에서 일과 중 일어난 사소한 부분도 전화나 메모를 통하여 부모에게 사건의 경위에 대해서 알려주는 것이 바람직하다.

(4) 강연회

강연회는 매월 1회 또는 매년 1~2회 정도 유아교육 관련 전문가, 원장, 교사, 부모, 지역사회 인사 등을 강사로 초빙하여 개최한다. 강연회의 주제는 부모의 요구 및 교사들이 꼭 필요하다고 생각하는 내용을 기초로 할 수 있으며, 강사 선정 및 섭외 과정에 부모들이 참여하면 더욱 효과적으로 강연회가 운영될 수 있다.

강연회는 약 1시간 정도 진행되는 것이 바람직하며, 부모들이 자녀들을 동반한 경우 돌봐주는 서비스가 제공되어야 한다. 참석인원에 따라 다양하게 좌석을 변형시키고 인원이 적거나 강의 내용이 실제적인 문제를 다루는 경우에는 원형이나 반원으로 앉고, 인원이 많은 경우에는 단상을 향해서 앞으로 배열하는 것이 일반적이다.

(5) 워크숍

워크숍은 부모들이 유아교육과 관련된 실제적인 활동에 참여하여 배우고 실습해 보는 집중적인 교육 프로그램이다. 부모들이 이를 통해 유아교육과 아동발달에 유용한 학습자료를 준비하거나 직접 제작해 보는 경험을 가지거나 유아지도에 필요한 노래, 율동, 게임, 놀이활동 등을 직접 경험해 보는 기회를 가질 수 있다.

(6) 온라인 부모 연계

인터넷, 이메일 등을 활용하여 유아교육과 관련이 있는 정보를 알려주거나 서로 간에 간단한 메시지를 주고받을 수 있다. 온라인 부모교육은 시간과 장소의 제약을 받지 않으므로 부모들이 편리한 시간에 이용할 수 있고 맞벌이 부모가 많은 기관에서 쉽고 편리하게 이용할 수 있는 방법이다. 유아교육에 대한 부모의 능동적인 참여를 유도할 수 있고 각종 가정과 기관의 정보를 교환할 수 있다. 뿐만 아니라, 부모들이 직접 원에 오지 않고도 기관에서 이루어지고 있는 여러 가지 행사, 교육 프로그램, 부모교육자료, 유아들의 활동사진이나 자료 등을 볼 수 있는 방법이다. 이에 종일제, 맞벌이 부모가 많아지고 있는 현대사회의 변화를 고려할 때, 바람직한 부모 연계의 방법으로 고려된다.

2) 상호 의사소통을 통한 연계

(1) 부모 개별상담

교사와 부모가 서로 직접 대면하여 바람직한 유아지도 방안을 모색하는 활동이다. 영유아의 발달상황, 가정에서의 생활과 유아교육기관에서의 생활에 대해서 상호 의견을 교환하고 연계함으로써, 영유아의 긍정적 발달을 도모하고자 하는 데 목적이 있다. 이때, 면담의 효과를 높이기 위해서는 부모가 모두 참여하는 것이 바람직하다.

부모-교사 면담은 부모와 교사 간에 상호 친밀감을 형성하게 하여 교사가 유아에게 영향을 주는 가정생활이나 가족관계에 대해 알 수 있게 하므로 유아를 이해하는 데 도움을 준다. 유아의 문제행동이 발생할 경우 해결방법을 부모와 교사가 함께 연구할 수 있으며, 부모가 유아교육기관의 교육목적이나 프로그램에 대해 알 수 있는 기회를 제공한다.

부모 개별상담은 연 2회 이상 1학기와 2학기로 나누어 실시하는 것이 적합하며 개별상담 전에 가정으로부터 유아와 관련된 자료를 사전 작성하도록 하여 이를 기초로 상담을 실시해야 한다. 또한 부모로부터 신뢰감을 얻을 수 있는 상담을 위하여 유아에 대한 관찰기록, 활동결과물, 신체발달 측정자료 등과 같은 영유아의 발달적 특성이 담겨 있는 다양한 자료나 결과물 등을 준비하여 영유아의 발달에 대한 객관적인 상담이 이루어지도록 해야 한다.

이러한 부모-교사 간의 개별면담을 준비할 때 고려해야 할 사항들이 있다(이영자·신동주, 2006).

① 특정한 사항에 대한 논의를 위한 것이라면 그 내용을 부모에게 미리 통보한다.
② 교사는 면담을 위해 여러 가지 자료를 미리 검토하고 이를 문서화하여 면담 시 참고할 수 있도록 준비한다.
③ 개별면담을 위한 장소는 다른 사람들로부터 방해를 받지 않을 뿐만 아니라 편안한 분위기를 제공할 수 있는 곳이어야 한다.
④ 유아에 대해 부모에게 이야기할 때 항상 유아의 강점과 긍정적인 측면을 먼저 말한 다음, 가정과 기관에서 함께 유아에 대해 신경 써야 하는 부분에 대해 말한다.
⑤ 부모를 절대로 방어적으로 만들지 않도록 한다. 교사는 부모들이 자신의 자녀가 문제가 있다는 말을 들을 때 취할 수 있는 여러 가지 태도에 대해 인지하고 있어야 하며, 유아의 문제에 대해 부모에게 논쟁적으로 반응하지 않아야 한다.
⑥ 면담 시 전문적인 용어나 어려운 단어를 사용하지 않도록 하며, 너무 길고 복잡한 문장을 사용하지 않는다.
⑦ 면담 내용은 반드시 기록하여 유아별로 정리한다.

(2) 학부모회

학부모회는 부모들의 정기적 또는 비정기적으로 갖는 집단 모임으로, 유아교육기관에서 가장 보편적으로 활용하고 있는 운영방법이다. 대부분의 기관에서 적게는 한 학기에 한 번, 많게는 한 달에 한 번 정도 전체 학부모를 대상으로 회의를 개최한다. 유아들이 기관에 입학하고 첫 번째로 실시하는 학부모회는 참석자들이 서로에 대해 소개하고 친목을 다지는 기회로 활용되기도 한다.

학부모회를 개최할 때 기관에서 고려해야 할 사항을 살펴보면 다음과 같다(이영자·신동주, 2006). 첫째, 최대한 많은 가정에서 참여할 수 있도록 시간을 정한다. 둘째, 학부모회의 대상은 어머니뿐만 아니라 아버지도 포함됨을 알린다. 셋째, 학부모회가 개최되는 장소에 기관의 프로그램에 대한 정보를 제공할 수 있는 자료를 비치하거나, 학부모들이 자신의 자녀가 속해 있는 학급을 둘러볼 기회를 제공한다. 넷째, 학부모회의 진행 순서를 정하고, 각 순서를 어떻게 진행할 것인지에 대한 계획을 세운다.

학부모회 모습

(3) 소그룹 모임(토론회, 독서회)

동일한 관심을 가지거나 비슷한 상황에 처해 있는 가정을 함께 모아 소그룹 모임을 구성할 수 있다. 소그룹 모임은 학부모들로만 구성되어 진행될 수도 있으며, 교직원 및 전문가가 함께 참여하는 형태로 이루어질 수도 있다. 1시간 정도 진행되는 것이 바람직하며, 소그룹 모임은 적은 수의 가정에서 참여하기 때문에 모임시간을 정하기가 용이하고 특정한 문제나 관심을 가지고 있는 가정의 요구를 충족시킬 수 있으며, 모임을 통해 다른 가정도 비슷한 상황을 겪고 있음을 확인시킬 수 있다.

자녀교육이나 생활 전반의 문제들을 주제로 하여 부모들이 자신의 경험과 문제를 서로 토론하거나 대화를 나눔으로써 나름대로 문제 해결방안을 모색할 수 있다. 시청각 매체를 이용하거나 책을 선정하여 읽고 의견을 교환하는 기회를 마련할 수 있다. 좌석의 배치는 반원형으로 하는 것이 적합하다.

3) 부모들이 유아교육기관의 활동에 참여하는 형태

부모가 유아교육기관의 교육활동과정, 특별활동 프로그램 진행, 행사 등에 다양한 방법으로 참여하는 기회를 제공함으로써 자녀의 유아교육기관 생활에 대해서 직접 참관하여 관찰하거나 함께 유아교육기관 경험을 공유하게 하는 활동이다. 이러한 활동을 통하여 부모가 유아교육기관 프로그램과 교사의 역할이나 어려움에 대해 이해하는 기회를 제공할 수 있다.

표 16-3 부모참여활동 유형(예시)

유형	종류
교육지원	신체활동, 요리활동, 악기연주, 과학활동, 미술활동 등
지속적인 봉사활동 도우미	텃밭 가꾸기, 어린이집 화초 돌보기, 그림책 읽어주기, 청소(반/공동구역), 장난감 세척, 교구제작, 바느질, 나들이 도시락, 교통안전 도우미 등
일일지원	수업보조, 급식보조, 산책(나들이/견학)
운영지원	운영위원회, 안심보육 모니터링, 식단자문, 대체인력(보육교사/조리사 자격증 소지자)

출처: 보건복지부(2019). 열린어린이집 가이드라인.

(1) 보조교사나 자원봉사자

부모가 유아교육기관 현장에서 교사의 보조자 형태로 참여하는 방법은 보다 적극적인 부모참여 형태이다. 특히 우리나라 유아교육기관의 경우, 교사 대 유아의 비율이 높게 나타나고 있는 교육현실을 감안하면 이 방법은 그에 대한 하나의 해결책으로 사용될 수 있다.

유아교육기관에서 부모가 보조교사로서 할 수 있는 역할에는 간식준비와 간식시간의 소집단 지도, 자유선택활동 시간에 교사의 시선이나 손이 미치지 못하는 환경에서 안전지도 또는 유아의 요구에 반응하는 것이다. 또한 소집단활동의 보조자로서 교사는 주된 활동을 하고 조용히 도와주는 역할을 수행할 수 있으며 환경정리나 교재교구의 정리, 부분적으로 프로그램에 참여, 현장견학·소풍·운동회 등 특별행사에서 보조자의 역할, 교사와 함께 청소지도 등의 활동에 참여할 수 있다.

부모가 기관의 보조교사로 참여할 때는 기관의 교육방침에 대한 이해, 유아발달에 대한 이해에 관한 사전교육을 통하여 담임교사의 교육활동을 보조해주는 보조자로서의 역할을 수행할 수 있도록 해야 할 것이다.

(2) 부모참여활동

부모참여활동은 부모가 교실에 들어가서 유아와 함께 활동할 기회를 제공하는 것과 같은 매우 적극적인 형태로부터 참관실에서 유아의 행동을 관찰하는 형태까지 매우 다양하게 이루어질 수 있다. 유아의 행동을 관찰하는 참관을 통해 부모는 기관에서 제공되는 프로그램을 이해하고 다른 또래 유아들과 함께 활동하는 자녀의 모습을 관찰하면서 자녀에 대한 현실적인 시각 및 기대를 가질 수 있게 된다. 부모참여활동의 경우, 부모들이 직접 유아들과 함께 활동에 참여할 수 있도록 프로그램을 계획하는 것이 바람직하다.

부모는 이러한 부모참여활동을 통해 자녀의 유아교육기관에서의 생활에 대해서 이해할 수 있게 되며 유아교육기관 프로그램에 대해서도 이해하게 된다. 또한 자녀와 함께 하는 시간을 통해서 부모 역할의 중요성을 인식하게 되고 부모와 자녀 간의 긍정적인 관계 형성도 이룰 수 있다.

(3) 유아교육기관 운영 참여

가장 적극적이고 진보적인 부모참여의 형태로서 유아교육 운영, 프로그램 계획, 행사 등의 계획과정에 부모가 참여할 기회를 제공함으로써 부모의 참여도를 높이고자 하는 방법이다.

현대적인 관점에서 가장 주목받고 있는 부모 연계의 방법이며 많은 유아교육기관에서 부모의 적극적인 참여를 높이고자 학부모, 지역사회 인사, 보육시설을 대표할 수 있는 대표자들을 중심으로 운영위원회를 설치·운영하고 있다.

보육시설의 경우, 보육시설 운영의 자율성과 투명성을 높이고 지역사회와의 연계를 강화하여 지역실정과 특성에 맞는 보육을 실시할 수 있도록 하기 위하여 의무적으로 보육시설 운영위원회를 설치·운영하도록 하고 있다.

운영위원회를 통한 부모 참여뿐만 아니라 유아교육기관의 운영에 인터넷이나 서면 등의 다양한 방법을 통하여 부모들이 적극적으로 유아교육기관의 운영에 참여할 수 있도록 기회를 제공해야 할 것이다.

유아교육기관은 기관의 특성과 철학에 적합한 부모교육 및 부모 연계의 방법을 선정하여 가능한 한 기관의 모든 부모들이 적극적으로 유아교육기관의 활동에 참여하도록 유도함으로써 유아교육의 질적 수준 향상뿐만 아니라 유아교육의 효율성을 높일 수 있도록 해야 할 것이다.

4) 기타

(1) 신입원아 부모 오리엔테이션

신입원아 부모 오리엔테이션은 유아교육기관의 교육철학, 운영방향, 담임교사 등에 대한 전반적인 유아교육기관 운영 내용에 대해 상호 소통하고 이해하는 기회를 가짐으로써 유아교육기관과 부모, 지역사회와의 친밀감 형성을 통해 상호 협력하는 관계를 맺는 것이다. 매년 2월경 신입원아가 입학하기 전에 실시하는 것이 바람직하며 학기 중에 입학하는 원아의 경우에는 신입원아 부모 오리엔테이션 자료를 활용하여 수시로 개별적으로 진행할 수 있다.

신입원아 부모 오리엔테이션 자료에는 유아교육기관의 운영철학, 교육목표, 교육 프로그램의 특성, 교육시간, 교육료, 교직원 구성 현황, 학급별 원아수, 유아교육기관의 환경, 등하원 절차 및 안전지침, 부모 연계방법 및 협조사항 등을 제시할 수 있다.

(2) 운영위원회

어린이집의 경우에는 영유아보육법 제25조에 의해 어린이집 운영의 자율성과 투명성을 높이고 지역 실정과 어린이집 특성에 맞는 바람직한 보육을 실시하기 위하여 원장, 학부모 대표, 보육교사 대표, 지역사회인사(직장어린이집의 경우에는 당해 직장의 어린이집 업무담당자) 등을 운영위원으로 하는 운영위원회를 구성하여 운영하여야 한다. 어린이집 규모에 따라 5인 이상 15인 이내로 구성하여야 하며 학부모 대표는 최대한 영유아 연령을 대표할 수 있도록 구성되어야 하며, 운영위원회 정수의 2분의 1 이상이 되어야 한다. 운영위원회는 분기별 1회 이상이며 연 4회 이상 실시하여야 하며 어린이집 운영에 대한 전반적인 사항에 대해 보고, 평가 및 심의하여야 한다.

어린이집 운영위원회의 심의 사항은 다음과 같다.

① 어린이집 운영규정 제·개정에 관한 사항
② 어린이집의 예산 및 결산의 보고에 관한 사항
③ 영유아의 건강·영양, 안전 및 학대예방에 관한 사항
※ 급식 위탁업체 선정, 관리현황(식재료 조달, 식중독 예방조치 등) 확인
④ 보육시간·보육과정의 운영방법 등 어린이집의 운영에 관한 사항
⑤ 보육교직원의 근무환경 개선에 관한 사항
⑥ 영유아의 보육환경 개선에 관한 사항
⑦ 어린이집과 지역사회의 협력에 관한 사항
⑧ 보육교사의 권익 보호에 관한 사항
⑨ 보육료 외의 필요경비를 받는 경우, 영유아보육법 제38조에 따른 범위에서 그 수납액 결정에 관한 사항
⑩ 그 밖에 부모모니터링단의 모니터링 결과 등 어린이집 운영에 대한 제안 및 건의사항

어린이집 원장은 어린이집 평가결과를 운영위원회에 보고하여야 한다.

04 연간 부모 연계의 예

유아교육기관의 연간 부모 연계의 실제적인 예를 월별로 구체적인 부모 연계의 목표, 내용, 방법을 위주로 제시하고자 한다.

표 16-4 ○○어린이집의 연간부모교육 계획안

월	목표	내용	방법
3	• 유아교육기관의 교육방침과 활동에 대해 알 수 있다. • 유아교육의 중요성에 대해 이해한다.	• 유아교육기관의 교육방침과 교육활동 • 원 생활 및 적응에 필요한 주의사항 및 안내	• 학부모 오리엔테이션 및 학부모회 • 학부모를 위한 안내책자 • 가정통신문 • 컴퓨터를 활용한 부모 연계(연중 지속적으로)
		• 유아교육의 중요성	• 강연회
4	• 기본생활습관 지도방법에 대해 알고 지도할 수 있다. • 유아안전에 대해 관심을 가진다.	• 기본생활습관 지도(이 닦기, 간식지도)	• 가정통신문 • 부모-교사 개별면담
		• 유아안전교육(유괴, 미아, 가족소풍 시 안전지도)	• 강연회 및 토론회
5	• 유아의 발달 특징에 대해 이해한다. • 칭찬의 효과에 대해 알고 이를 적절하게 실천할 수 있다.	• 유아의 발달 특징(사회, 정서, 신체, 인지)	• 가정통신문
		• 어린이날 선물 만들기	• 워크숍
		• 봄소풍	• 보조교사
		• 칭찬의 효과	• 가정통신문
6	• 놀이의 교육적 의미에 대해 알고 이를 적극적으로 활용할 수 있다. • 유아의 문제 행동에 대한 원인과 지도방법을 알 수 있다.	• 놀이의 교육적 의의	• 강연회
		• 유아의 문제 행동	• 수업참관 및 역할극
7, 8	• 여름철 건강관리에 대해 알고 가정에서 적절하게 지도할 수 있다. • 편식에 관심을 가지고 지도할 수 있다.	• 방학 중 생활 안내 • 여름철 건강관리	• 학부모를 위한 안내책자 • 가정통신문
		• 식습관 지도	• 토론회
9	• 유아 독서지도법을 알고, 유아와 함께 독서를 생활화할 수 있다. • 가정에서 할 수 있는 문학활동에 관심을 가진다.	• 유아독서지도방법	• 강연회
		• 가정에서 할 수 있는 유아문학활동	• 학부모 참여수업

월	목표	내용	방법
10	• 부모의 양육태도와 자녀의 성격 형성의 관계에 대해 알 수 있다. • 창의성 형성에 대해 관심을 가진다.	• 부모의 양육태도와 성격형성	• 가정통신문 • 부모-교사 개별면담
		• 창의성 육성방법	• 가정통신문
		• 가족참여 운동회	• 운동회 계획에 참여(원의 운영에 참여)
11	• 부모 스스로에 대한 긍정적인 자아상을 확립한다.	• 부모로서의 가치명료화	• 독서토론회
12	• 부모 스스로에 대한 긍정적인 자아상을 확립한다.	• 따뜻한 가족사랑	• 독서토론회
1, 2	• 초등학교 입학을 위한 준비를 할 수 있다. • 성교육에 대해 관심을 가지고 지도할 수 있다.	• 초등학교 입학준비	• 학부모를 위한 안내 책자
		• 성교육	• 비디오 감상 후 토론회

표 16-5 연간 부모 연계 운영계획(예시)

월	내용	비고
3	제1차 어린이집 운영위원회	분기별 1회 이상 준수
4	상반기 부모 개별상담	방문상담 원칙(발달상황에 관한 전화상담 가능)
5	부모참여 프로그램	분기별 1회 이상 계획
6	제2차 어린이집 운영위원회	분기별 1회 이상 준수
7,8	부모교육	연 1회(단독 또는 공동실시 가능)
	부모참여 프로그램	분기별 1회 이상 계획
9	제3차 어린이집 운영위원회	분기별 1회 이상 준수
10	하반기 부모 개별상담	방문상담 원칙(발달상황에 관한 전화상담 가능)
11	부모참여 프로그램	분기별 1회 이상 계획
12	제4차 어린이집 운영위원회	분기별 1회 이상 준수
1	부모만족도	연 1회
	부모참여 프로그램	분기별 1회 이상 계획
2	신입원아 부모 오리엔테이션	중간 입소 원아의 경우 연중 수시
	부모교육	연 2회(단독 또는 공동실시 가능)
	부모참여활동 수요조사	연 1회 이상 계획

출처: 보건복지부(2019). 열린어린이집 가이드라인.

05 지역사회와의 연계

1) 지역사회와의 연계 필요성

유아교육기관, 지역사회 간의 협력적인 관계는 교육활동에 긍정적인 영향을 미친다. 유아교육기관이 속해 있는 지역의 문화적 특성, 인적 구성원의 특성 및 물리적 환경 등을 충분히 반영하여 교육활동을 전개한다면 교육의 효과를 높일 수 있다.

유아교육기관과 지역사회와의 연계는 유아교육기관에서 지역사회의 기관이나 인적 자원을 이용하는 일방향적인 연계에서 끝나는 것이 아니라 유아교육기관과 지역사회가 상호 도움을 주고받는, 상호 협력을 이룰 수 있는 방향이 되어야 한다. 특히 최근 들어 유아교육기관에 다니는 유아들의 가정환경이나 지역사회의 문화가 다양하게 변화하고 있으므로 유아교육기관에서는 이러한 특성을 잘 반영하여 유아교육기관의 교육활동 프로그램이나 행사 등을 진행하여야 할 것이다. 앞으로의 유아교육기관은 획일화된 하나의 모습이 아닌 유아교육기관에 다니는 유아들의 수준, 부모들의 특성 및 유아교육기관이 속해 있는 지역사회의 다양한 특성 등을 반영한 다양한 모습으로 운영되어야 할 것이다. 이를 위해서 먼저, 유아교육기관은 유아교육기관이 속해 있는 지역사회의 다양한 특성과 지역사회의 요구를 파악해야 한다. 둘째, 지역사회의 여러 인적, 물적 자원과 유아교육기관 간의 상호 협력의 방안을 모색해야 한다.

2) 지역사회의 특성과 요구 파악하기

유아교육기관이 지역사회와의 원만한 관계를 형성하고 이를 기초로 원활한 유아교육기관의 운영을 이루기 위해서는 유아교육기관이 속해 있는 지역사회의 특성과 요구를 잘 파악하고 이를 유아교육기관의 운영이나 교육활동에 반영할 수 있어야 한다.

유아교육기관과 지역사회와의 연계를 위해서는 유아교육기관이 속해 있는 지역사회의 특성을 파악해야 한다. 지역사회가 위치한 자연적인 환경은 어떠한

지, 유아들의 교육활동에 연계 가능한 환경적인 요소는 무엇인지, 부모들의 주 수입원은 무엇인지, 가정환경의 수준은 어떠한지, 다문화 가정이 많은 지역인지, 맞벌이 부모가 많은 지역인지, 유아와 부모와의 상호작용의 정도는 어떠한지 등에 관한 특성을 파악해야 한다. 이러한 지역사회의 여러 가지 특성은 앞으로 유아교육기관의 운영 방향, 행사계획이나 교육활동을 전개하는 데 기초자료로 활용되어야 한다.

유아교육기관에서는 지역사회의 요구를 적극적으로 경청하고 이를 반영하여 유아교육기관을 운영하여야 한다. 물론 지역사회에서 요구하는 바를 모두 수용할 수는 없겠으나 지역사회의 요구를 적극적으로 경청하여 이를 반영하고자 노력하여야 한다. 지역사회의 가정에서 요구하는 교육 프로그램, 희망하는 유아교육기관의 운영 시간, 급식이나 간식의 희망 여부 등에 대한 요구 사항을 파악하고 이를 적극적으로 반영하고자 노력하여야 한다.

3) 지역사회와의 연계 방안

유아교육기관과 지역사회와의 연계는 유아교육기관에서 지역사회의 기관이나 인적 자원을 이용하는 일방향적인 연계에서 끝나는 것이 아니라 유아교육기관과 지역사회가 상호 도움을 주고받는, 상호 협력을 이룰 수 있는 방향이 되어야 한다. 이러한 상호 협력적인 관계를 형성하기 위하여 유아교육기관에서 지역사회에 도움을 제공하기도 하고 유아교육기관이 지역사회로부터 도움을 제공받기도 해야 한다.

(1) 유아교육기관에서 지역사회에 도움 제공하기

유아교육기관에서는 지역사회로부터 도움만 제공받을 것이 아니라 지역사회의 여러 기관에서 요구하는 도움을 제공할 수 있어야 한다. 첫째, 유아교육기관이 지역사회의 여러 가지 물적 자원을 이용만 할 것이 아니라, 지역사회에서 유아교육기관의 시설을 이용하고자 할 때 이에 대한 도움을 제공할 수 있어야 한다. 유아교육기관의 놀이터를 지역사회에서 이용하고자 하거나 유아교육기관의 시설을 이용하여 전시회나 공연 등을 하고자 할 때 협조적으로 수용해 주어야 한다. 둘째, 유아교육기관에서는 지역사회의 대학에서 유아교육을 전공하고 있는 예비유아교사들의 유아교육기관 참관, 교육봉사, 현장실습, 보육실습 등에 적극적으로 협조해 주어야 한다. 셋째, 유아교육기관의 원장, 원감, 교사 등은 지역사회의 여러 가지 행사 참가자, 평가위원, 자원봉사 등의 활동에 참여하여야 한다. 뿐만 아니라 필요한 경우 지역사회의 여러 사람들을 위하여 유아들이 특별 공연을 계획하여 실시하거나 유아들의 작품전시회, 운동회 등의 행사에 유아들의 학부모만 참여하는 것이 아니라 지역사회의 여러 사람들이 참여할 수 있게 하거나 지역사회와 연계하여 프로그램을 운영할 수 있는 방안을 모색할 수도 있다.

(2) 유아교육기관에서 지역사회로부터 도움 받기

유아교육기관은 지역사회에 있는 여러 가지 인적·물적 자원을 파악하여 유아교육기관의 운영이나 교육활동 계획 시 적절하게 이용하여야 한다. 첫째, 지역사회에 위치하고 있는 여러 가지 문화 시설, 공공기관, 자연환경 등과 같은 물적 자원을 파악하여 유아교육기관의 현장 견학이나 교육활동 프로그램 운영 시 이용할 수 있어야 한다. 둘째, 지역사회의 여러 인적 자원을 파악하여 유아교육기관의 생활주제에 따라 특별한 직업을 소개할 때 초청하거나 인적 자원의 특성에 따라 '옛날이야기 들려주기', '예의범절 가르치기' 등과 같은 다양한 특별활동 프로그램을 개설하여 운영할 수 있다. 유아교육기관의 행사나 일상적인 교육활동 운영 시 지역사회의 인적 자원을 다양한 자원봉사자로 활용할 수 있다. 노인 인적 자원, 부모 인적 자원, 지역에 위치하고 있는 대학생 인적 자원 등 다양한 인적 자원을 유아교육기관을 운영하는 데 다양한 측면에서 자원봉사자로 활용함으로써 유아 대 성인의 비율을 낮추어 유아교육기관을 운영하는 데 효율성을 높일 수 있을 것이다.

연구문제

01 유아교육기관에서 부모를 참여시킬 수 있는 방안에 대해 설명하시오.

02 유아교육기관과 부모와의 협력이 유아교육활동에 미치는 영향에 대해 설명하시오.

Chapter 17

유아교육기관의 행사

01 행사의 의미

행사의 개념을 살펴보면 행사란 '일정한 계획에 의하여 어떤 일을 진행함'을 의미하는 것이다. 이것은 교육활동을 더욱 충실하게 진행하고 일정한 목적을 달성하기 위해 계획하고 진행되는 일련의 과정을 포함하는 것이다.

또한 유아교육기관에서는 유아들의 모든 발달이 원만하게 이루어질 수 있도록 세밀한 계획을 하게 된다. 매일 일과 중의 활동뿐만 아니라 유아교육기관 생활 전체를 통하여 교육이 이루어지지만 때로는 반복되는 하루의 일과 외에 독특한 프로그램을 필요로 한다. 이러한 독특한 프로그램, 즉 행사교육은 평소의 생활에서 얻지 못하는 다양하고 풍부한 활동을 직접 경험할 수 있는 소중한 기회이기 때문에 유아들의 성장에는 빼놓을 수 없는 것이 된다.

그리고 유아교육기관에서는 원아모집 등의 홍보 일환으로 많은 행사를 수행하고 있다. 저출산이 심화됨에 따라 다른 유아교육기관과의 경쟁력을 확보하기 위해 행사를 강화하는 경향이 늘어날 수 있기에 정부 차원에서의 행정적이고 재정적인 지원이 요청된다.

그런데 단순한 기관의 홍보수단으로서 잦은 행사를 치르게 된다면 유아를 교육하는 원래 목적을 달성하는 데 지장을 줄 수 있으므로 교육목적에 꼭 필요한 행사만을 계획하고, 유아들과 부모님에게 도움이 되는 방법으로 진행되어야 할 것이다.

위에서 살펴본 바와 같이 유아교육기관의 행사는 유아, 부모, 기관 측면에서 다양한 의미를 포함하고 있으며 교사는 이러한 행사의 중요성을 인식하고 행사에 관련한 직무를 잘 수행할 수 있는 능력을 갖추어야 한다.

다음에서는 유치원에서 행해지는 다양한 행사를 치르기 위해 교사가 수행하는 모든 직무를 알아보기로 한다(김은영, 2006).

직무 구분	직무내용	비고
행사 준비	행사 계획하기, 행사 준비를 위한 정보 수집하기, 행사 역할 분담하기, 행사 관련 유인물 제작 및 발송하기, 행사 관련 물품 준비하기, 행사 관련 프로그램 준비하기, 행사 관련 환경 구성하기	
행사 진행	행사 진행하기	
행사 마무리	행사 뒷정리하기, 행사 평가하기	

이와 같이 교사들은 계획·준비·진행·마무리의 과정을 거치면서 행사를 치르게 된다. 이러한 행사는 유치원이나 어린이집의 특성과 목적에 따라 다양하게 나타나며, 그 시행횟수에서도 차이가 있다. 따라서 예비교사들이 교육과정에서 행사의 의미와 유형을 잘 파악하여 실제 현장에서 적용할 수 있는 지식과 능력을 쌓는 것은 매우 중요하다고 하겠다.

다음에서는 유아교육기관에서의 행사의 의미에 대한 일반적인 견해를 요약 정리한 내용을 제시하였다. 세부적인 내용은 다음과 같다.

① 유아교육기관에서 '행사'라 칭하는 것은 기념일이나 명절의 의미를 다지기 위해, 교육주제를 더욱 충실히 전개하기 위해 평상의 일과에서 벗어나 특별한 의도를 갖고 계획하여 실시하는 교육내용이라고 볼 수 있다. 유아교육기관의 행사는 남에게 잘 보이기 위해 별도로 마련하는 것이 아니고 교육과정 운영 시 필요에 의해 유아를 중심으로 계획되고 실시되어야 하는 것이다.

② 행사 진행 시에는 매우 조직적이고 치밀하게 계획을 세워서 자료를 준비하고 유아들과 의사소통이 잘 될 수 있도록 운영되어야 한다.

③ 영유아교육기관의 행사는 해당 학급의 연령에 따라 다양하게 계획되어야

하며 행사의 유형에 따라 서로 다른 유의사항이 있다.

④ 영유아들이 기관에서 생활하는 시간이 많고 부모와 함께하지 못하는 시간 동안 기관의 교사가 부모 역할을 해주어야 한다는 관점에서 어린이집은 유치원보다 많은 견학이나 나들이가 계획되어야 한다고 본다.

⑤ 영유아들과의 일과 진행을 위한 준비에도 빠듯한 교사들이 행사를 준비하고 진행해 나가는 과정은 많은 시간적인 여유를 가지고 계획되어야 하며, 각 학급별로 이루어지는 행사 외에 기관 전체가 참여하는 행사는 치밀한 준비단계와 역할 분담이 이루어져야 원활한 진행이 가능하다.

⑥ 기관의 행사교육을 통하여 영유아들은 생활 경험을 풍부히 하게 되고 공동체 의식을 갖게 되며 통합적인 학습의 장을 마련하게 된다(김영옥 · 진명희 · 김혜경, 1995). 여러 가지 행사들은 기관의 일과 속에서 자연스럽게 포함되어 교육과정의 일환으로 계획되고 진행되고 평가됨으로써 교육과정의 한 측면을 향상시키는 것이 가능하다(김혜경, 2006에서 재인용).

02 행사의 유형

유아교육기관에서는 기관의 특성과 유아의 발달적 특성을 고려하여 연간 행사계획을 계획하며, 확정된 행사계획에 따라 세부 계획안을 작성하게 된다. 유아교육기관에서의 행사 유형은 다양하나, 유사점을 지닌 행사를 묶어 분류하여 아래에 제시하였다.

① 입학과 졸업식(진급식) 행사: 유아가 유아교육기관에 들어오기 위한 절차에 관련된 내용과 졸업(진급)을 위한 내용이 해당된다. 즉, 원아모집 설명회, 원아 면접, 신학기 오리엔테이션, 입학식, 졸업식(진급식)이 해당된다.

② 교육과정 운영 행사: 미리 정해진 유아교육기관의 교육과정을 운영하는 과정에서 이루어지는 행사로, 생활주제에 따라 우리 동네 견학하기, 시장놀이, 병원놀이, 김장하기, 소방서 등 각종 기관 견학하기 등으로 이루어진다.

③ 학부모 참여 행사: 학부모를 대상으로 하는 것으로, 각종 부모교육, 부모참여수업, 부모면담, 운동회 그리고 부모들이 참여하는 활동(예: 아빠와 함께 하는 기차여행, ㅇㅇ산 등반대회)으로 구성된다.

④ 계절 행사: 계절과 관련된 행사로, 봄과 가을에 이루어지는 소풍, 물놀이 활동, 산타 행사, 설날이나 추석과 관련된 행사(예: 민속놀이 한마당, 송편 빚기, 한복 입는 날, 세배하기)로 이루어진다.

⑤ 기타 행사: 위에서 제시되지 않은 행사 유형으로는 유아의 생일을 기념하는 생일행사, 어린이날이나 어버이날과 같은 기념일에 이루어지는 행사, 1년에 두 번 이루어지는 신체검사 등이 해당된다.

다음은 실제 유아교육기관에서 운영되고 있는 연간 행사계획안의 예를 제시하였다. 먼저 어린이집 연간 행사계획의 실례를 제시하고자 한다.

월	행사 내용	월	행사 내용
3월	• 진급 및 입학식 • 개원 기념 파티 • 연령별 부모 모임 • 현장 학습(스타지오 교통나라) • 안전교육	9월	• 송편 빚기 • 현장학습(고궁/민속촌, 고구마 캐기) • 안전교육(직원 소방교육)
4월	• 봄 소풍 • 각반 꽃밭 가꾸기 • 안전교육(안전 대피 훈련)	10월	• 유치반 간담회 • 가을 소풍 • 안전교육(난방 기구)
5월	• 어린이날 행사 • 어버이날, 스승의 날 • 현장 학습(우리 동네) • 안전교육(옥상놀이기구)	11월	• 현장 학습(우주 과학관) • 소방의 날 행사 • 안전교육(불조심) • 오픈 하우스
6월	• 현장 학습(동물원) • 등반 대회 • 시장놀이 • 안전교육(교통안전)	12월	• 아빠 참여 수업 • 가족 송년 잔치 • 현장 학습(소방서) • 안전교육(안전 대피 훈련)
7월	• 병원놀이 • 현장 학습(조류 박물관) • 물놀이 • 여름 캠프 • 안전교육(물놀이 안전)	1월	• 현장 학습(충렬사) • 세배하기 • 연극 공연 관람 • 안전교육(동절기 건강 지도)
8월	• 현장 학습(철도 박물관) • 물놀이 • 예절 학교(만 5세) • 안전교육(장마철 안전)	2월	• 졸업 여행 • 졸업식 • 신학기 오리엔테이션 • 원아 면접 • 초등학교 견학 • 안전교육(협력기관을 통한 소방교육)

이번에는 유치원 연간 행사계획의 예를 제시하였다.

월	행사 내용	월	행사 내용
3월	• 입학식 • 어머니 교실 • 생일잔치	9월	• 민속놀이 • 송편 빚기 • 생일잔치 • 생일맞이 가을잔치 • 견학(화폐박물관) • 시골생활 아빠캠프
4월	• 씨앗 뿌리기 • 부활절 행사 • 민속놀이 • 생일잔치 • 어머니 교실 • 신체검사	10월	• 민속놀이 • 생일잔치 • 생일맞이 가을잔치(동요, 운동회) • 시골생활
5월	• 어린이날 행사 • 어버이날, 스승의 날 행사 • 시장놀이 • 민속놀이 • 선생님과의 면담 • 생일잔치 • 인형극 관람 • 캠핑놀이	11월	• 신체검사 • 추수감사절 행사 • 생일잔치 • 시장놀이 • 개인관찰 기록표 발송 • 어머니 교실 • 원아모집 • 아빠참여 수업 • 견학 • 추수하기
6월	• 선생님과의 면담 • 민속놀이 • 생일잔치	12월	• 겨울방학 • 산타잔치 • 생일잔치
7월	• 여름방학 • 생일잔치 • 병원놀이	1월	• 겨울방학
8월	• 개학 • 생일잔치 • 물놀이	2월	• 개학 • 생일잔치 • 졸업식

03 행사의 사례

유아교사들은 유아교육기관의 행사가 중요한 업무 중의 하나라고 생각하며, 이를 진행하는 것에 대한 어려움을 가지고 있기도 하다. 다음에서는 유아교육기관의 중요한 행사 사례를 살펴보면서 교사가 담당해야 할 역할에 대해 탐색하고자 한다.

1) 유아교육기관의 첫날(입학일)

유아교육기관의 첫날은 다른 교육기관과 다르다. 일반적으로 입학하는 날은 입학식이라고 하여 그 기관의 모든 사람(교장 또는 원장 이하 교직원)이 한자리에 모여 국민의례와 함께 의식행사를 갖는다. 그러나 유아교육기관에서는 평소와 다르게 하루 일과를 짧게 진행하는 것이 바람직하다. 왜냐하면, 대부분 집단생활을 처음 경험하는 유아들은 갑자기 부딪히게 되는 새로운 환경과 많은 또래와 어른(친구들의 부모) 속에서 두려움을 느끼고 긴장하며 위축되기 쉽기 때문이다. 그러므로 유아교육기관에서의 첫날 느낌은 편안하고 즐거운 것이 되도록 세심한 준비를 하여 유아들이 새로운 생활에 쉽게 접근할 수 있도록 배려한다. 그리고 유아교육기관에서 많은 유아들을 식장에 줄을 세워 식순에 의한 행사에 참여하게 하는 것은 지양되어야 할 것이다.

(1) 계획 및 준비

① 이름표를 준비한다.

유아들이 가슴에 달고 다닐 것으로 부드럽고 안전한 재료를 선택하여 이름표를 마련하여야 한다.

② 어린이의 개인장과 신발장에 이름을 써서 붙여 놓는다.

이때, 이름표는 예쁜 새나 꽃 모양 등 어린이들과 친숙한 모양을 고르거나 그 반의 특색에 맞는 모양의 이름표를 만들어 개인용 사물함과 신발장에 붙인다. 특히 글씨를 잘 모르는 만 3세 유아를 위해서는 각각의 유아에게 상징이 되는 그림을 붙여 주어 자신의 이름을 글자로 분별하지 못해도 그림으로 자신의 장을 찾을 수 있도록 도움을 준다.

③ 첫날의 유아교육기관 환경 구성은 유아들이 익숙하고 즐거워할 수 있는 자료를 유아들의 수를 고려하여 충분히 마련해 놓아야 한다.

이때 너무 많은 교구를 내놓으면 유아에게 부담감을 준다. 유아들이 유아교육기관의 생활에 잘 적응하기까지 약 1개월 정도는 집단놀이가 활발하지 않으므로 교실공간을 가능한 한 가정과 같은 아늑한 분위기로 조성해 주어야 한다.

④ 교실, 복도의 벽면과 게시판에도 환경조성을 한다.

벽에 전시할 사진틀이나 그림은 유아교육기관의 생활을 소개할 수 있는 내용이나 계절에 관계있는 것을 준비하여 게시하도록 한다. 현관 게시판에는 유아들을 환영하는 뜻이 담긴 내용의 그림으로 붙이거나 환경 구성을 해 놓는다. 또 부모님께 전달할 내용도 게시하도록 한다(예를 들면, '유아의 준비물에 이름을 써 주십시오' 등의 전달사항을 게시할 수 있다).

⑤ 유아를 맞이할 준비를 한다.

교사는 유아들을 대하기 전에 유아들의 개인 환경조사서를 읽고 각 유아의 특성을 미리 알고 맞이하면, 유아와의 상호작용이 훨씬 수월하고 편안하게 이루어질 수 있다.

교사는 유아들의 입학원서와 개인 조사서를 미리 익혀 유아들의 이름과 얼굴(사진을 통하여)을 기억하도록 하고, 유아들의 가정환경, 형제관계, 성장과정, 유아의 취미, 유아가 좋아하는 음식, 부모의 교육 정도, 문화수준 등을 기억하여 개원 첫날에 유아를 잘 알고 있는 듯한 태도로 맞이하여 유아가 교사에게 쉽게 친밀감을 느낄 수 있도록 한다.

⑥ 개원일을 정한다.

개원일은 주초에 잡는 것보다 주 중간(수요일 혹은 목요일)에 날을 잡아 2~3일간 새 생활에 적응하는 긴장을 주말에 풀고 기대 속에 새 주간을 맞게 하는 것이 바람직하다.

⑦ 일과계획을 세운다.

첫날의 수업시간은 짧게 계획하되 교사와 유아, 유아와 유아가 서로 만나 보는 경험에 초점을 둔다. 교사와 유아가 좋은 관계를 형성하여 보다 친숙하게 되도록 계획한다. 유아의 수가 많을 때는 두 집단으로 나누어 단축수업을 진행한다. 유아의 수가 적을 때 교사는 유아를 친숙하게 맞아 주고, 이름표를 달아 주고, 친구들을 소개해 주고 스스로 자유롭게 탐색할 기회를 갖도록 유도할 수 있다. 단축수업을 하는 시간은 유아들의 활동 상황을 보면서 융통성 있게 조절한다.

예를 들어, 첫날은 약 한 시간 반의 프로그램을 준비한다. 첫 번째 집단은 아침 9시에 시작하여 10시 30분에 마치고, 두 번째 집단은 11시에 시작하여 12시 30분에 마친다. 이날은 유아교육기관의 환경과 교구를 자유로우면서도 재미있게 탐색하는 시간을 충분히 주고, 귀가 전에 정리하고 짧은 그림 동화나 인형극을 한 후 끝낸다. 정리시간도 최소한으로 줄이도록 한다. 교사는 유아들의 행동 등을 기록할 수 있는 수첩을 준비하여 유아의 장점과 단점을 기록한다.

(2) 일과 진행의 예

■ 9:00~9:30 등원, 유아 맞이하기, 실내 자유선택활동

- 주교사: 인사 나누기, 활동실 안내, 놀이관찰 및 개별적 상호작용
- 보조교사: 인사 나누기, 이름표 달아 주기, 개인장 사용법 안내
- 교사는 유아들의 놀이를 관찰하며 개별적 상호작용을 한다.
- 화장실 사용법을 개별적으로 안내한다.
- 미술영역: 밀가루 점토(분홍, 연두)

■ **9:30~9:40 정리정돈/화장실 다녀오기**

- 악기 소리가 나면 가지고 놀던 것을 치운다.

■ **9:40~9:55 이야기 나누기(출석·인사 및 간식 안내)**

- 주의집중: 아는 노래 부르기(산토끼, 우리나라 꽃, 송아지, 태극기)
- 정리정돈 평가
- 출석 부르기
- 담임교사 소개, 인사 나누기
- 출석 표지판 안내
- 간식 안내
- 소변이 급한 유아부터 화장실로 보낸다.
- 전이활동: 북소리에 맞추어 손뼉 치기, 걷기

■ **9:55~10:15 간식 준비 및 간식**

- 간식: 과자 2개, 우유
- 간식을 다 먹은 유아는 책을 본다.

■ **10:15~10:25 동화**

- 청소차 아저씨: 그림동화

■ **10:25~10:30 평가 및 귀가 지도**

- 통신문 배부: 3월 행사 예정안, 전화번호부
- 출석 표지판의 사진 이름표 돌려놓고 줄 서기

■ **10:30 귀가**

첫날부터 자신이 해야 할 일을 알고, 자신이 해야 할 일은 스스로 찾아서 할 수 있도록 준비를 해주어 유아를 돕는다. 흥분되고 불안하고 매우 복잡한 감정을 갖기 쉬우므로, 이런 감정을 갖지 않고 안정된 감정으로 자연스럽게 유아교육기관의 첫날 프로그램에 참여할 수 있도록 배려한다.

출처: 동아유치원

2) 소풍

소풍은 계절의 변화에 따른 자연환경을 관찰하고 탐색할 뿐만 아니라 공중도덕과 단체생활을 경험하게 되는 좋은 기회이다. 교사는 사전계획과 사전답사를 실시하여 프로그램을 잘 진행할 수 있도록 장소와 시간을 꼼꼼히 확인해야 한다. 즉, 활동을 진행할 장소, 점심식사 장소, 휴식장소, 화장실 등을 정확히 파악하고, 소요되는 시간을 미리 예측할 필요가 있다. 그리고 소풍 가기 전에 유아의 건강상태와 준비사항 등을 미리 살펴보고 소풍활동이 원활하게 이루어지도록 해야 한다.

(1) 계획 및 준비

① 소풍 가기 일주일 전쯤부터 각 흥미영역에 소풍에 관한 그림 및 사진을 붙인다.

② 소풍을 가기 일주일 전에 모든 교사는 소풍 장소를 답사하고 유아들에게 사전에 알려 줄 여러 가지 정보를 수집한다.

- 지형적 특성, 역사적 유래, 사용상의 문제들
- 전 해와 같은 장소를 가더라도 1년 사이에 변화되었을 가능성이 많으므로 매번 답사를 간다.

③ 봄 소풍 편지를 배부하면서 '소풍'에 관해 안내를 한다.

- 가는 날짜와 장소에 관해 이야기해 준다.
- 소풍을 가서 하고 싶은 활동에 관해 유아들과 함께 이야기를 나눈다(월간 생활 예정안을 통해 소풍의 일자는 미리 알려졌으므로 소풍 장소, 시간, 준비물 등의 자세한 내용이 담긴 편지는 소풍 가기 3~4일 전에 배부한다).

④ 소풍을 위한 준비물을 점검한다.

- 약품 가방(외상 치료액, 연고, 해열제, 소화제, 지사제, 소독약, 일회용 밴드, 솜, 붕대, 압박 붕대, 핀셋, 거즈, 가위 등)
- 호루라기
- 확성기, 마이크, 에코밴드, 건전지
- 녹음기, 녹음테이프(행진곡, 점심시간에 들려줄 소품곡, 율동곡)
- 각반 유아의 명단, 필기도구
- 각종 게임자료
- 유아교육기관 장소 안내 방향 표시 카드, 스카치테이프, 압핀
- 상품: 상품은 각 연령에 맞는 유아용품으로 준비한다.

⑤ 행사진행을 위한 준비를 한다.

교사는 유아보다 약 1시간 정도 목적지에 도착하여 다음의 사항을 준비한다.

- 모여서 지낼 장소를 재확인하고 점검한다.
- 도착 장소를 알리는 방향 표시 카드를 입구 쪽부터 곳곳에 붙여 길을 안내한다.
- 준비물(약품, 게임자료, 상품, 녹음기 등)을 점검하고 배열한다.
- 소풍 일정 및 각 교사가 분담해서 맡은 일을 확인한다.
- 유아들과 같이 견학하기로 계획한 장소를 다시 한번 둘러본다.

(2) 일과 진행의 예

■ 10:30~11:00 도착

- 유아교육기관 장소 안내 방향 표시 카드를 따라 유아들은 모이는 장소로 간다.

- 교사 2명이 소풍지 입구에서 모이는 장소를 안내한다.
- 도착한 유아와 부모님은 모이는 장소의 가장자리에 깔개를 깔고 각자의 자리를 준비한다.
- 모이는 장소에는 행진곡을 배경음악으로 틀어준다.

■ 11:00~11:25 출석 확인 및 일과 안내
- 반별로 모여서 출석을 점검한다.
- 다 함께 '소풍' 노래를 부른다.
- 각 반별로 소풍의 일정 및 화장실 안내, 주의사항을 이야기한다.

■ 11:25~12:00 견학(동물원, 식물원 등)
- 연령별, 학급별로 견학하며, 견학하는 장소와 모이는 장소와 시간을 다르게 한다.
- 사진촬영: 견학하는 동안 적당한 장소에서 각 학급별로 단체 사진을 찍는다.
- 견학에서 돌아오면 점심식사 시간 중의 주의사항을 환기시키고 식사 후 모이는 시간을 알려준다.

■ 12:00~1:00 점심식사
- 음악을 틀어준다.
- 식사 후에는 자기가 앉았던 자리 주위를 깨끗이 정리한다.

■ 1:00~2:00 레크리에이션
- 체조
- 율동
- 게임

■ 2:00 귀가
- 원장선생님의 인사 말씀
- 갈 때 인사 노래를 부른다(사용했던 장소의 쓰레기를 줍고 정리하여 처음처럼 깨끗이 해 놓는다).

출처: 동아유치원

3) 운동회

운동회는 유아, 교사, 학부모가 함께 참여하는 행사로 '전인교육'을 위한 좋은 교육적 기회가 된다. 유아와 교사가 함께 운동회를 계획하고 준비하는 과정에서 집단에 대한 소속감이 생겨나며, 협동심과 책임감이 길러진다. 그리고 규칙을 이해하고 응원하는 방법을 배우며 자신이 가진 능력을 다양한 표현방법을 통해 표출하는 기회가 된다.

(1) 계획 및 준비

① 행사일을 정한다.

- 10월 초의 공휴일, 민속의 날 행사 등을 고려하여 운동회를 하고, 쉴 수 있는 날을 정하고, 생활계획안을 통하여 부모에게 알려 참석할 수 있도록 한다.

② 유아들이 함께 계획하고 운영하는 행사가 되도록 교육계획안을 준비한다.

- 유아들과 함께 게임에 필요한 것들을 함께 수리하거나 만든다.
- 유아들과 함께 만국기를 그려 비닐 끈에 약간의 간격을 두고 스테이플러로 찍어 준비한다.

• 만 5세반과 만 4세반은 유아들과 논의하여 운동회 2일 전에 청군과 백군으로 나눈다. 만 3세반의 경우는 편에 대한 개념이 없기에 운동회 날에 임의로 나누기로 한다.

③ 행사를 위한 환경 구성을 한다.

• 의자들을 운동장 둘레에 둥글게 놓는다.
• 준비된 만국기를 운동회날 아침에 비닐 끈의 중간 중간 풍선을 불어 매달고 여러 줄을 국기게양대에 묶어 운동회의 분위기가 나게 한다.
• 점수판을 준비한다.
• 단상을 준비하여 체조를 하거나 점수판을 잘 보이게 올려놓는다.

④ 행사 준비물을 점검한다.

행사진행에 필요한 물건

• 청군·백군 표시 깃발 4개(출발용 2개, 반환점용 2개)
• 돗자리 또는 깔개
• 마이크 등 음향시설
• 행진곡이 녹음된 녹음테이프
• 비상약품
• 게임에 필요한 물건
• 간식 및 물, 물수건 등
• 쓰레기통

(2) 일과 진행의 예

■ **10:00~10:05 입장**

– 청군과 백군이 일렬로 서서 행진곡에 맞추어 5세, 4세, 3세의 순서로 입장한다.

■ **10:05~11:10 1부**

– 개회사: 원장선생님이 개회사를 말한다.
– 준비체조: 유아체조를 함께한다.

- ▸ 유아와 선생님, 부모님이 모두 함께한다.
- ▸ 준비물: 교사가 올라갈 단상, 녹음기, '유아체조' 음악 테이프

-팔주머니 넣기

-색공 넣고 돌아오기

-지구의 굴리기

■ 11:10~12:00 2부

-율동: 연령별로 율동을 한다.

-장애물 경기: 장애물을 통과하여 징 치고 돌아오기를 한다.

-줄다리기를 한다.

-바구니 터뜨리기를 한다.

-율동체조

-폐회사: 원장선생님이 폐회를 선언한다. 유아는 부모님과 함께 귀가한다.

출처: 동아유치원

4) 송편 만들기

추석에는 그 해 수확한 곡식으로 송편을 빚어 먹는다. 유아들과 함께 송편의 재료를 탐색하고, 송편을 만들고, 송편이 완성되는 변화과정을 경험하면서 관찰력과 집중력을 기를 수 있다. 그리고 송편의 유래와 종류를 살펴보면서 추석

의 의미를 생각해 보고, 함께 먹는 경험을 통해 음식을 나누는 기쁨을 느껴본다.

(1) 계획 및 준비

① 송편에 대한 이야기 나누기를 한다.

- 추석날에 먹는 송편에 대해 기억하는 각자의 경험을 말해본다.
- 송편의 의미와 종류에 대한 이야기 나누기를 한다.
- 송편을 만드는 데 필요한 솔잎을 구하기 위해 산책활동을 계획한다.

② 산책활동을 하면서 솔잎을 구한다.

- 솔잎을 담을 봉투를 준비한다.
- 장갑을 끼고 직접 솔잎을 채취한다.
- 산책을 다녀와서 직접 딴 솔잎을 깨끗이 씻는다.

③ 송편 만들기 재료와 순서도를 준비한다.

- 송편 만들기 재료를 준비한다.
- 송편 만들기 순서도를 준비한 다음 만드는 순서를 살펴본다.
- 송편을 만들 때 지켜야 할 약속을 정하고, 불이 사용될 때 가까이 오지 않도록 주의시킨다.

(2) 일과 진행의 예

■ **10:30~10:40 손 씻기**

– 송편을 빚기 위해 손을 깨끗이 씻고 자리에 앉는다.

■ **10:40~11:00 이야기 나누기**

– 송편 만드는 과정에 대한 이야기 나누기를 한다.

▸ 준비물: 송편빚기 순서도, 익반죽된 떡뭉치, 고물(콩, 깨, 건포도 등), 개인접시, 솔잎 등

▸ 순서: 동그란 모양 만들기 → 고물 넣기 → 반달 모양으로 만들기

■ 11:00~11:30 송편 만들기

- 익반죽을 떼어서 동그란 모양으로 빚는다.
- 동그란 모양을 납작하게 눌러서 그 속에 콩이나 깨를 넣는다.
- 콩이나 깨를 넣고 나서 다시 반달 모양으로 만든다.
- 자신이 생각하는 재미있는 모양으로 송편을 만들어 본다.

■ 11:30~12:00 송편 찌기

- 솥에 물을 부어 끓어오르면 빚어 놓은 송편을 넣고 10~15분가량 찐다.
- 불이 있는 쪽은 위험하므로 개별적으로 오지 않도록 한다. 특별히 안전에 유의하도록 주의시킨다.

■ 12:00~12:30 송편 먹기

- 송편이 완성되면 개인접시에 담아준다.
- 감사기도를 한 후 맛있게 먹는다.
- 다른 친구들이 만든 송편을 보면서 내가 만든 것과 다른 점이 있는지 살펴보면서 즐겁게 먹는다.

출처: 동아유치원

연구문제

01 유아교육기관에서 칭하는 행사의 의미에 대해 설명하시오.

02 유아교육기관 유형(유치원, 어린이집)과 원아의 연령을 선정한 후, 연간 행사계획안을 작성하시오.

참고문헌

강문희·윤애희·이경희·정정옥(2006). 유치원·보육시설 운영관리. 서울: 학지사.

________________________(2007). 유치원·보육시설 운영관리. 서울: 학지사.

강영삼·신충식(1986). 교육행정학 및 교육경영. 서울: 교육출판사.

강혜정(2018). 어린이집 평가인증 통합지표와 운영체계에 대한 보육교직원의 인식. 경성대학교 교육대학원.

교육부(2016.11.1.). 11월 1일 "처음학교로" 학부모서비스 시작(보도자료). 교육부.

_____(2017.09.29.). 2018학년도 편리하고 공정한 유치원입학관리시스템 처음학교로 사용설명서. 세종: 교육부.

_____(2021). 2022학년도 편리하고 공정한 유치원입학관리시스템 처음학교로 사용안내서 세종: 교육부.

교육과학기술부·보건복지부(2012). 인성교육 우수 유치원 및 어린이집 심사 매뉴얼. 서울: 한국시각장애인연합회.

교육과학기술부(2008). 유치원 평가 매뉴얼. 서울: 교육과학기술부.

____________(2010). 유치원 평가 매뉴얼. 서울: 교육과학기술부.

교육인적자원부(2007). 유치원 평가 매뉴얼. 서울: 교육인적자원부.

구현숙 외(1997). 유치원교사의 근무 시간 사용에 관한 연구. 배재유아교육연구, 제2집, 5-26.

국가인권위원회(2006). 인권감수성 향상과정. 서울: 국가인권위원회.

____________(2011). 유아용 인권교육 프로그램 개발을 위한 기초연구. 서울: 국가인권위원회.

권기태(1990). 교사의 직무스트레스와 대처방법에 관한 조사 연구. 경북대학교 대학원 석사학위청구논문.

김경중(2013). 한국유아교육·보육복지학회 동계학술대회. 한국유아교육.

김경철(1991). 교육의 기회균등 측면에서 본 한국의 유아교육정책. 효성대학교 대학원 박사학위청구논문.

김남희(1993). 유치원의 조직풍토와 교사의 직무스트레스에 관한 연구. 한국교원대학교 대학원 석사학위청구논문.

김동환(2022). 유치원 입학관리시스템 '처음학교로'에 대한 사립유치원 원장의 인식과 경험. 생태유아교육연구, 21(2), 151-173.

김수향·이용주(2006). 유아교사를 위한 컴퓨터 교육. 서울: 학지사.

김숙자·김현정·장윤정(2008). 경험학습 중심의 인권교육 프로그램 개발 및 현장적용연구: 유아 인권교육 프로그램 개발을 위한 기초연구 6-1. 유아교육학논집,

12(5), 205-228.

김숙자·김현정·박현진(2008a). 경험중심 학습의 인권교육 프로그램 개발 및 현장적용 연구: 유아 인권교육 프로그램 개발을 위한 기초연구 Ⅳ-2, **교육학연구**, 46(4), 255-284.

김숙자·김현정(2010). **유아인권교육 프로그램: 경험학습이론 중심의 교수·학습과정 기본모형에 터하여**. 경기: 공동체.

김옥련(1993). **유치원 경영관리**. 서울: 교육과학사.

김은영(2006). 유치원교사의 직무 분석. 이화여자대학교 대학원 박사학위청구논문.

김은영·최경숙(2011). 유치원과 어린이집의 시설·설비 사례연구. **육아정책연구**, 5(2), 65-95.

김정휘·김태욱(2006). **교사의 직무 스트레스와 탈진**. 서울: 박학사.

김주건(1997). **유아교육기관의 경영관리**. 서울: 창지사.

김준영(2003). 학교에서 인성교육 방향과 그 실천방안. 인제대학교 교육대학원 석사학위청구논문.

김지현(1994). 유치원교사의 직무스트레스와 교육활동에 관한 연구. 숙명여자대학교 대학원 석사학위청구논문.

김창걸(2003). **교육조직행위론**. 서울: 창지사.

김혜경(2006). **영유아교육기관 경영**. 서울: 창지사.

대한민국정부(2022). 윤석열정부 120대 국정과제. 서울: 대한민국정부.

마경희(1999). 자연친화적 유아교육에 대한 부모의 인식에 관한 연구. 부산대학교 교육대학원 석사학위논문.

문인선(2023). 어린이집 평가제 평가지표에 대한 중요도-실행도(IPA) 연구. 창신대학교 복지문화대학원 석사학위논문.

박원순, 이미화, 장명림, 박인영(2019). 유치원 평가 개선 방안 및 평가 매뉴얼 개발. 세종특별자치시교육청 유초등교육과.

박은혜(2005). **유아교사론**. 서울: 창지사.

______(2007). 교사양성, 현직교육 측면에서의 유아교육·보육의 통합방안 모색. **한국열린유아교육학회**, 2007 춘계학술대회, 51-69.

박재환(2002). **유아교육기관의 경영관리**. 경기: 양서원.

배연희(2022). '유보통합의 과거와 현재 그리고 나아가야 할 방향'에 대한 토론. **디지털전론. 디지털 전환 시대 유아교육의 방향과 과제**. 2022년 한국유아교육학회 추계학술대회 발표자료집, 154-155.

보건복지부(1999). **1999년도 보육사업지침**. 서울: 보건복지부.

_________(2002). **표준보육과정**. 서울: 보건복지부.

_________(2012). **2012년도 보육사업안내**. 서울: 보건복지부.

_________(2013). 제2차 중장기 보육 기본계획. 서울: 보건복지부.

_________(2019). 열린어린이집 가이드라인. 세종: 보건복지부 보육기반과.

_________(2019). 2019년도 보육사업안내. 서울: 보건복지부.

_________(2023). 2023년도 보육사업안내. 세종: 보건복지부

보건복지부·한국보육진흥원(2023). 2023 공공형 어린이집 업무매뉴얼. 서울: 보건복지부, 한국보육진흥원.

보건복지부·한국보육진흥원(2023). 어린이집 평가 매뉴얼, 2023.

서울대학교 교육연구소(2003). 유·초·중·고 인권교육과정 개발연구. 2003년도 국가위원회 연구용역보고서.

서울특별시교육청(2008). 유치원 평가 매뉴얼. 서울: 서울특별시 교육청.

______________(2019). 각급 학교기준(유치원). 서울특별시 교육청고시 제2019-16호.

서울특별시교육청유아교육진흥원(2023). 단위유치원의 자율적 진단과 개선을 위한 2023학년도 유치원 평가 기본 계획. 서울:서울특별시교육청

성영혜·이상희(2004). 최신 유아교육기관 운영관리. 서울: 동문사.

신화식·김명희(2010). 유아교육기관 운영관리. 경기: 양서원.

여성가족부(2005). 표준보육과정. 서울: 여성가족부.

유구종(2015). 국회유보통합포럼(류지영 국회의원실 주최) 발표 자료. 서울: 국회의원회관 소회의실.

유구종(2022). 주제발표에 대한 유보통합 정책의 진행과 쟁점 분석, 제안. 2022년 한국열린유아교육학회 추계학술대회 발표자료집, 71-82.

유미숙(2017). 유아인권교육을 위한 누리과정 만 5세 교사용지도서 활동분석. 경기대학교 대학원 박사학위논문.

유안진·김연진(2003). 부모교육의 이론과 실제. 서울: 동문사.

육아정책개발센터(2007). 육아지원기관 평가의 과제와 전망에 관한 좌담회. 육아정책포럼, 5, 6-15.

육아정책개발센터(2009). 1차 평가인증 개선 핸드북. 서울: 육아정책개발센터.

이경화(2018). 영유아교육기관 평가의 현실과 개선 방향 탐색. 생태유아교육연구, 17(1), 49-73.

이기숙·홍용희·박은혜·김희진(2002). 유아교육기관 인증제. 이화교육총서, 2002(3), 1-130.

이대균·송정원(2004). 최신 유아교육기관의 운영관리. 경기: 양서원.

___________(2006). 영유아를 위한 교재·교구 연구 및 지도. 경기: 양서원.

이덕난(2022). 유아교육과 보육의 행·재정 및 법제 통합 모색: 소관 부처를 일원화하고 물리적 통합으로 시작해야. 유보통합 실현을 위한 행·재정 정책 방안. 2022년 한국열린유아교육학회 추계학술대회 발표자료집, 15-4.

이병진(2005). 유치원장의 교육리더십. 한국교원대학교 종합교원연수원 유치원 원장 자격연수 자료집, 191-210.

이상금(1987). 한국근대 유치원 교육사. 서울: 이화여자대학교출판부.

이연섭(1996). 유아교육론. 경기: 정민사.

이영자· 권영례(1997). 유아교육기관의 운영관리. 서울: 창지사.

____________(2002). 개정유아교육기관의 운영관리. 서울: 창지사.

이영자· 신동주(2006). 유아교육기관 운영관리. 서울: 창지사.

____________(2007). 유아교육기관 운영관리. 서울: 창지사.

이원영 외(1996). 한국 유아교육의 선구자 허길래. 경기: 양서원.

이원영(2004). 유아교육법 제정과정과 그 의의. 유아교육정책토론회 자료. 유아교육발전을 위한 대표자 연대.

이윤경 외(2003). 유아교육개론. 서울: 창지사.

이은화· 배소연· 조부경(1995). 유아교사론. 경기: 양서원.

이일주(1999). 한국 유아교육일원화 체제모형 탐색. 동국대학교 박사학위청구논문.

이지연(2016). 그림책을 활용한 유아인권교육활동이 유아의 인권인식 및 배려적 사고에 미치는 영향. 중앙대학교 교육대학원 석사학위논문.

이태영(2003). 유치원장의 직무와 역할. 한국교원대학교 종합교원연수원 유치원 원장 자격연수 자료집, 87-99.

임승렬(2004). 실습지도교사의 실습 관련 관한 연구. 덕성여자대학교 논문지, 33, 211-234.

임재택(2001). 유치원 운영관리. 경기: 양서원.

______(2006). 생태유아교육개론. 경기: 양서원.

장미아(1996). 유치원교사의 직무스트레스와 대처 방법. 이화여자대학교 석사학위청구논문.

전라북도 교육연구정보원(2012). 유아 인권교육 프로그램 개발 및 현장적용 방안 연구. 전라북도 교육연구정보원 교육정책연구소.

전아영(2018). 문제중심학습(PBL)에 기초한 유아 인권교육 프로그램 개발 및 효과. 전남대학교 대학원 박사학위논문.

정정희(2003). 유아교육기관 원장의 지도성 및 운영관리능력과 교사의 직무만족도와의 관계. 신라대학교 교육대학원 석사학위청구논문.

정정희(2023.02.28). 유보통합을 통한 '유아학교'체제로 나아가야. 대한민국정책브리핑기고. https://korea.kr/news/contributePolicyView.do?newsId=148911444. 2023.12.05. 인출.

정지영(2000). 보육시설의 건축 공간구성 모형에 관한 연구. 한국 영유아보육학회 22권.

조주랑(2010). 국가고시 유치원 교육과정에 나타난 유아 인권 관련 교육내용 분석.

한국교원대학교 대학원 석사학위논문.
중앙교육연구원(1976). 유아교육(취학전 교육)의 현황과 추세.
최연(2017). 사립유치원 행정업무수행 어려움과 개선방안에 관한 사례 연구. 목포대학교 대학원 박사학위논문.
최재숙(1991). 유치원 원장의 지도성 유형에 따른 교사의 직무 스트레스 및 사기에 관한 연구. 원광대학교 교육대학원 석사학위청구논문.
최철용(2007). 사립 영유아교육 기관 평가의 과제. 한국열린유아교육학회 2007년 추계 학술대회. 191-206.
추헌(1993). 조직행동론. 서울: 형설출판사.
한국교육개발원(1986). 우리나라 유아교육기관의 운영실태 분석. 연구보고 RR 86-49.
한국교육과정평가원(2006). 유치원교육과정.
한국보육진흥원(2017). 유치원 어린이집 평가 인증 통합방안. 서울: 한국보육진흥원.
한국보육진흥원(2023). 2023 어린이집 평가매뉴얼. 서울: 한국보육진흥원.
황명원(1999). 교사가 지각하는 유아교육기관 원장의 지도성 유형과 직무 스트레스에 관한 연구. 이화여자대학교 교육대학원 석사학위청구논문.

Arnold, H. J.(1998). *Organizational behavior.* New York: McGraw-Hill.
Bloom, P. J.(1988). *A great place to work: improving conditions for staff in young children's programs*. Washington D.C.: NAEYC.
D'Arienzo, R. V., Maracco, J. C., & Krajewski, R. J.(1982). *Stress in teaching: A comparison of perceived occupational stress factors between special education and regular classroom teachers*. Washington D.C.: University Press of America.
Day, D. E., & Sheehan, R.(1974). Elements of a better school. *Young Children*, 30, 1, 15-23.
Decker, C. A., & Decker, J. R.(1976). *Planning and administering early childhood programs.* Columbus: Charles E. Merrill Publishing Company.
____________________________(1992). *Planning and administering early childhood programs*(5th ed.). N.Y: MacMillan Publishing Co.
___________________________(2001). *Planning and administering early childhood programs*(7th Ed.). Columbus, OH: Prentice Hall.
Frost, J. L, & Kissinger, J. B.(1976). *The young child and the educative process.* N.Y: Holt, Rinehart and winston.
Goodman, V. B.(1980). *Urban teacher stress: A critical literature review.* Eric

Document Reproduction Service No. Ed 221 611.

Greet, C., Eveline, V. C., Valery, L., Leen, H., & Ilse, D. B.(2008). The contribution of preschool playground factors in explaining.

Gupta, N.(1981). Some sources and remedies of work stress among teachers. *Southwest Educational Development Lab.* Austin, Tex., Aug. Eric Document Reproduction Service No. 211 496.

Katz, L. D.(1997). Teachers developmental stage. In L. D. Katz, *Talks with teachers: Reflections on early childhood education*(pp. 7-1). Washington D.C.: National Association for the Education of Young Children.

NAEYC(1997). NAEYC position statement: A conceptual framework for early childhood professional development. *Young Children, 49*(3), 68-77.

Owens, R. G.(1987). *Organizational behavior in education.* Englewood Cliffs, N.J.: Prentice-Hall.

Sara, E. B., Brian, N., Sarah, C. B., Shrikant, I. B., Alice, S. A., & Dianne, S. W.(2007). Reality and validity of a nutrition and physical activity environmental self-assessment for childcare. *International Journal of Behavioral Nutrition and Physical Activity, 4*(29).

Selye, H.(1974). *Stress without distress.* Philadelphia: J. B. Lippincott.

Shapiro, S.(1971). Preschool ecology: *Selected environmental variables and classroom behavior*. Doctoral dissertation, Teachers College, Columbia University.

Swick, K. J., & Hanley, P. E.(1980). *Stress and the classroom teacher.* ERIC Document Reproduction Service No. Ed 201 639.

Thomson, S. D.(1989). *Teaching: Foundation for the principalship.* NASSP Bulletion.

저자 소개

김 수 향
동덕여자대학교 대학원 아동학과 유아교육 전공(아동학 박사)
현 위덕대학교 유아교육과 교수

이 용 주
중앙대학교 대학원 유아교육학과 유아교육학 전공(문학 박사)
전 경북전문대학교 유아교육과 교수

이 은 진
한국교원대학교 대학원 유아교육학과 유아교육학 전공(교육학 박사)
현 계명문화대학교 유아교육과 교수

김 동 환
중앙대학교 대학원 유아교육학과 유아교육학 전공(문학 박사)
현 경북대학교 아동학부 강사

유아교육기관 운영관리

초판 1쇄 인쇄 / 2024년 2월 26일
초판 1쇄 발행 / 2024년 3월 4일

•

공저자 / 김수향 · 이용주 · 이은진 · 김동환
발행인 / 이 중 수
발행처 / **동 문 사**

•

서울특별시 서대문구 홍제원 1길 12
(홍제동 137-8)
Tel : 02)736-3718(대), 736-3710, 3720
Fax : 02)736-3719
등록번호 : 1974.04.27. 제9-17호
가격 : 26,000원

•

ISBN 979-11-6328-566-3 (93370)
E-mail : dong736@naver.com
www.dongmunsa.com